Rechtsanwaltsvergütungsgesetz

dtv

Schnellübersicht

Rechtsanwaltsvergütungsgesetz

mit Gerichtskostengesetz
Gesetz über Gerichtskosten in Familiensachen
und Justizvergütungs- und -entschädigungsgesetz,

Textausgabe mit ausführlichem Sachregister
und einer Einführung
von Rechtsanwalt und Fachanwalt für Arbeitsrecht
und Fachanwalt für Verwaltungsrecht Dr. Hans-Jochem Mayer

13. Auflage
Stand: 1. März 2020

dtv

www.dtv.de
www.beck.de

Sonderausgabe
dtv Verlagsgesellschaft mbH & Co. KG,
Tumblingerstraße 21, 80337 München

Gesamtherstellung: Druckerei C. H. BECK, Nördlingen
(Adresse der Druckerei: Wilhelmstraße 9, 80801 München)
Umschlagtypographie auf der Grundlage
der Gestaltung von Celestino Piatti

CO_2 neutral
chbeck.de/nachhaltig

ISBN 978-3-423-53024-8 (dtv)
ISBN 978-3-406-75264-3 (C. H. BECK)

9 783406 752643

Inhaltsverzeichnis

Abkürzungsverzeichnis

Abs.	Absatz
Anl.	Anlage
ArbGG	Arbeitsgerichtsgesetz
Art.	Artikel
BAG	Bundesarbeitsgericht
BGB	Bürgerliches Gesetzbuch
BGBl.	Bundesgesetzblatt
BGH	Bundesgerichtshof
BRAGO	Bundesgebührenordnung für Rechtsanwälte
BRAO	Bundesrechtsanwaltsordnung
BR-Drs.	Bundesrats-Drucksache
BT-Drs.	Bundestags-Drucksache
EUR	Euro
f (f.)	folgende
FamFG	Gesetz über das Verfahren in Familiensachen und in den Angelegenheiten der freiwilligen Gerichtsbarkeit
FamGKG	Gesetz über Gerichtskosten in Familiensachen
G	Gesetz
GKG	Gerichtskostengesetz
GVG	Gerichtsverfassungsgesetz
JVEG	Justizvergütungs- und entschädigungsgesetz
KostO	Kostenordnung
KostRMoG	Kostenrechtsmodernisierungsgesetz
KV	Kostenverzeichnis
LAG	Ladensarbeitsgericht
NJW	Neue Juristische Wochenschrift (Zeitschrift)
Nr(n).	Nummer
RVG	Rechtsanwaltsvergütungsgesetz
S.	Satz; Seite
SGG	Sozialgerichtsgesetz
StBGebVO	Steuerberatungsgebührenverordnung
StPO	Strafprozessordnung
VV	Vergütungsverzeichnis
Vorb.	Vorbemerkung
VwGO	Verwaltungsgerichtsordnung

Abkürzungsverzeichnis

WEG	Wohnungseigentumsgesetz
ZPO	Zivilprozessordnung
ZSEG	Gesetz über die Entschädigung von Zeugen und Sachverständigen

Einführung

Von Rechtsanwalt und Fachanwalt für Arbeitsrecht und
Fachanwalt für Verwaltungsrecht
Dr. Hans-Jochem Mayer

I. Einleitung

1. Allgemeines

Die Kostengesetze Rechtsanwaltsvergütungsgesetz (RVG), Gerichtskostengesetz (GKG), Gesetz über Gerichtskosten in Familiensachen (FamGKG) sowie Justizvergütungs- und -entschädigungsgesetz (JVEG) regeln die Vergütung der Rechtsanwältinnen und Rechtsanwälte für ihre anwaltlichen Tätigkeiten, die gegenüber der Staatskasse geschuldeten Kosten des gerichtlichen Verfahrens vor den wichtigsten staatlichen Gerichten sowie die Vergütung der Sachverständigen, Dolmetscherinnen, Dolmetscher, Übersetzerinnen und Übersetzer, ferner die Entschädigung von ehrenamtlichen Richterinnen und Richtern, Zeuginnen, Zeugen und bestimmter herangezogener Dritter. Zu beachten ist, dass das RVG grundsätzlich lediglich Vergütungsansprüche des Anwalts gegen den Mandanten, das GKG und das FamGKG Ansprüche der Staatskasse gegen den Kostenschuldner sowie das JVEG die Vergütungs- und Entschädigungsansprüche der Anspruchsberechtigten gegen den Zahlungspflichtigen regeln. Von den genannten Gesetzen nicht umfasst sind etwaige Kostenerstattungspflichten. Ob und in welchem Umfang Erstattungsansprüche für aufgewandte Anwaltsgebühren und verauslagte Gerichtskosten bestehen, bestimmt sich nach anderen Rechtsgrundlagen, insbesondere den jeweiligen Verfahrensordnungen.

2. Systematik

Die vier Kostengesetze weisen eine ähnliche Struktur auf; einem in mehrere Abschnitte gegliederten Paragraphenteil folgen Anlagen, wobei in der Anlage 1 zum RVG – dem Vergütungsverzeichnis – die in Frage kommenden Vergütungstatbestände, und in der Anlage 1 zum GKG und zum FamGKG die für die Tätigkeit der Gerichte heranzuziehenden Gebührentatbestände tabellarisch zusammengestellt sind. Das JVEG führt in seiner Anlage 1 die Honorargruppen der Sachverständigen, in der Anlage 2 das Sachverständigen für besondere Leistungen zustehende Honorar und in Anlage 3 die Entschädigung von Telekommunikationsunternehmen tabellarisch auf.

II. Rechtsanwaltsvergütungsgesetz (RVG)

1. Geltungsbereich

Das RVG regelt die Vergütung der Rechtsanwältinnen und Rechtsanwälte für ihre anwaltlichen Tätigkeiten. Nach der Legaldefinition in § 1 Abs. 1 S. 1 RVG sind unter Vergütung Gebühren und Auslagen zu verstehen. Das RVG erfasst aber nur die Vergütung der berufsspezifischen anwaltlichen Tätigkeiten.

Eine Tätigkeit als Vormund, Betreuer, Pfleger, Verfahrenspfleger, Verfahrensbeistand, Testamentsvollstrecker, Insolvenzverwalter, Sachwalter, Mitglied des Gläubigerausschusses, Nachlassverwalter, Zwangsverwalter, Treuhänder, Schiedsrichter oder für ähnliche Tätigkeiten ist nach § 1 Abs. 2 S. 2 RVG vom Anwendungsbereich dieses Gesetzes ausgenommen. Lediglich mittelbar durch die Regelung des § 1835 Abs. 3 BGB gewinnt das RVG wieder Bedeutung bei der Tätigkeit eines Anwalts als Vormund. Eine Sonderstellung nimmt der Syndikusrechtsanwalt ein; seine Tätigkeit ist zwar anwaltliche Tätigkeit, allerdings richtet sich seine Vergütung nicht nach den gesetzlichen Vergütungsvorschriften des RVG[1], § 1 Abs. 2 S. 1 RVG.

Der territoriale Anwendungsbereich des RVG bestimmt sich nach allgemeinen Grundsätzen. International privatrechtlich ist der zwischen dem Rechtsanwalt und seinen Mandanten bestehende Anwaltsvertrag nach dem Vertragsstatut zu qualifizieren. Mangels Rechtswahl unterliegt der Anwaltsvertrag grundsätzlich dem Recht am Niederlassungsort des Anwalts (Niederlassungsstatut).[2]

2. Aufbau des RVG

Das RVG besteht aus einem in 9 Abschnitte gegliederten Paragrafenteil sowie aus dem seinerseits wiederum in 7 Teile untergliederten Vergütungsverzeichnis, welches als Anlage 1 zu § 2 Abs. 2 RVG in das Gesetz eingebunden ist.

3. Allgemeine Vorschriften

Abschnitt 1 des RVG umfasst die §§ 1–12c. In diesem Abschnitt finden sich wichtige grundlegende Regelungen zur anwaltlichen Vergütung. Insbesondere ist die Festlegung der Wertgebühr in § 2 als die grundsätzlich anzuwendende Vergütungsform hervorzuheben. Die Höhe einer Wertgebühr wird durch zwei Parameter bestimmt: Ausgehend von einem bestimmten, in einem Geldwert ausgedrückten Wert des Gegenstands der anwaltlichen Tätigkeit (Gegenstandswert) ergibt sich aus der Anlage 2 zum RVG eine bestimmte Gebühr, diese beträgt beispielsweise bei einem Gegenstandswert bis 10 000 EUR 558 Euro. Der zweite Parameter wird durch den Gebührensatz bestimmt, welcher im Vergütungsverzeichnis den einzelnen Vergütungstatbeständen zugeordnet ist. Dieses legt beispielsweise die Verfahrensgebühr nach VV Nr. 3100 mit dem Gebührensatz von 1,3 fest; eine 1,3 Verfahrensgebühr bei einem Gegenstandswert von bis zu 10 000 EUR beträgt somit netto 725,40 EUR (558 : 10 × 13). Andere Vergütungstatbestände räumen bei Wertgebühren dem Anwalt ein Gebührenbestimmungsrecht ein, so die Geschäftsgebühr nach VV Nr. 2300, die mit einem Gebührensatz von 0,5–2,5 entstehen kann.

Die Vergütung der anwaltlichen Tätigkeit durch Wertgebühren erfolgt nach § 2 Abs. 1 RVG nur insoweit, soweit das RVG nichts anderes bestimmt. So kennt das RVG ferner noch die so genannte Festgebühr, bei dieser steht der Betrag der Gebühr fest, z. B. bei der Beratungsgebühr nach VV Nr. 2501 mit 35 Euro. Als weitere Vergütungsform kennt das RVG noch die so genannten Betragsrahmengebühren. Bei diesen legt der Vergütungstatbestand nur die Mindest- und die Höchstgebühr fest, so z. B. der Vergütungstatbestand VV Nr. 2302 mit einem Rahmen von 50 Euro–640 Euro. Innerhalb dieses Rahmens erfolgt

[1] BT-Drs. 18/5201, 40 f.

[2] Statt vieler Gerold/Schmidt/*Müller-Rabe* § 1 Rn. 801; Riedel/Sußbauer/*Pankatz* § 1 Rn. 5; Palandt/*Thorn* Rom I 4 Rn. 9.

dann die Festlegung der konkret geschuldeten Gebühr durch die Ausübung des Leistungsbestimmungsrechts des Anwalts.

Eine grundsätzliche Weichenstellung enthält Abschnitt 1 des RVG in seinem § 3 für die Gebühren in sozialrechtlichen Angelegenheiten. So entstehen nach § 3 Abs. 1 S. 1 RVG in Verfahren vor Gerichten der Sozialgerichtsbarkeit, in denen das Gerichtskostengesetz nicht anzuwenden ist, Betragsrahmengebühren; dies sind Verfahren, bei denen im betreffenden Rechtszug ein Versicherter, ein Leistungsempfänger, ein Hinterbliebenenleistungsempfänger oder ein Behinderter in dieser jeweiligen Eigenschaft als Kläger oder Beklagter beteiligt ist.[3] In sonstigen Verfahren in sozialrechtlichen Angelegenheiten entstehen nach § 3 Abs. 1 S. 2 RVG hingegen Wertgebühren, ebenso generell im Vollstreckungsverfahren nach § 201 Abs. 1 SGG, auch wenn in dem zugrundeliegenden Verfahren Betragsrahmengebühren entstanden sind, § 3 Abs. 1 Satz 2 2. Halbsatz.

Wertgebühren sind dann nicht für die anwaltliche Vergütung maßgebend, wenn diese durch eine Vereinbarung zwischen Anwalt und Mandant geregelt wurde (Vergütungsvereinbarung). Es gelten dann die §§ 3a–4b RVG; § 3a RVG enthält die allgemeinen Regelungen, die für alle Vergütungsvereinbarungen gelten, und zwar nicht nur für solche über eine niedrigere oder eine höhere als die gesetzliche Vergütung, sondern auch für Vereinbarungen über erfolgsunabhängige Honorare (§ 4 RVG) und für Erfolgshonorare (§ 4a RVG).[4] Die §§ 3a–4b RVG sind durch das Gesetz zur Neuregelung des Verbots der Vereinbarung von Erfolgshonoraren[5] vom Gesetzgeber teils neu gefasst, teils aber auch erst in das RVG eingeführt worden. § 4a Abs. 1 S. 1 RVG erlaubt nunmehr ein Erfolgshonorar, allerdings darf es nur für den Einzelfall und nur dann vereinbart werden, wenn der Auftraggeber auf Grund seiner wirtschaftlichen Verhältnisse bei verständiger Betrachtung ohne die Vereinbarung eines Erfolgshonorars von der Rechtsverfolgung abgehalten würde. § 4a Abs. 1 S. 2 RVG enthält ferner eine zusätzliche Regelung für die Vereinbarung von Erfolgshonoraren in gerichtlichen Verfahren. Das Gesetz zur Neuregelung des Verbots der Vereinbarung von Erfolgshonoraren war notwendig geworden, weil das Bundesverfassungsgericht das zuvor ausnahmslos bestehende Verbot der Vereinbarung von Erfolgshonoraren in der Entscheidung vom 12. 12. 2006 für verfassungswidrig erklärt hatte und dem Gesetzgeber eine Frist für den Erlass einer verfassungsmäßigen Neuregelung bis 30. 6. 2008 gesetzt hatte.[6] Mittlerweile hat der Gesetzgeber den Anwendungsbereich dieser Vergütungsformen deutlich erweitert; seit 1. 1. 2014 kann auch mit Rechtsuchenden, die Anspruch auf Beratungshilfe haben, eine Vergütungsvereinbarung für den Fall der Aufhebung der Beratungshilfebewilligung geschlossen werden, auch eine Tätigkeit pro bono für diesen Personenkreis ist nach § 4 Abs. 1 Satz 3 RVG möglich. Schließlich können unter erleichterten Voraussetzungen auch Erfolgshonorarvereinbarungen mit Personen, die Anspruch auf Beratungs- oder Prozesskostenhilfe haben, abgeschlossen werden, § 4a Abs. 1 Satz 3 RVG.

Die §§ 5–7 RVG behandeln die Besonderheiten, die zu beachten sind, wenn der Rechtsanwalt eine Tätigkeit nicht persönlich vornimmt, ein Auftrag mehreren Rechtsanwälten zur gemeinschaftlichen Erledigung übertragen oder der Rechtsanwalt in derselben Angelegenheit für mehrere Auftraggeber tätig ist.

---

[3] Mayer/Kroiß/*Dinkat* § 3 Rn. 9.
[4] BT-Drs. 16/8384, 9.
[5] BGBl. 2008 I 1000.
[6] NJW 2007, 979.

Die §§ 8–11 RVG widmen sich verschiedenen wirtschaftlichen Rahmenbedingungen anwaltlicher Vergütung. Technische Regelungen enthalten die §§ 12 bis 12c RVG.

4. Abschnitt 2 – Gebührenvorschriften

Der Gesetzgeber hat in die den Abschnitt 2 bildenden §§ 13–15a RVG alle Vorschriften aufgenommen, die in allgemeiner Form festlegen, wann welche Gebühren und wie oft diese entstehen.[7] So regelt § 13 RVG Aufbau und Inhalt der Wertgebührentabelle. § 14 RVG bestimmt die Kriterien, nach denen der Rechtsanwalt bei Rahmengebühren sein Leistungsbestimmungsrecht auszuüben hat. § 15 RVG legt den Abgeltungsbereich der Gebühren fest und enthält grundlegende Regelungen für den anwaltlichen Vergütungsanspruch. So bestimmt § 15 Abs. 2 RVG, dass der Rechtsanwalt die Gebühren in derselben Angelegenheit nur einmal fordern kann. Der zentrale Begriff, auf den das gesamte Vergütungssystem des RVG aufbaut, nämlich der Begriff der Angelegenheit, wird jedoch im Gesetz nicht ausdrücklich definiert, vielmehr in den §§ 15–18 RVG vorausgesetzt. Gemeinhin wird unter einer „Angelegenheit" im gebührenrechtlichen Sinn das gesamte Geschäft verstanden, das der Rechtsanwalt für den Auftraggeber besorgen soll. Ob eine oder mehrere Angelegenheiten vorliegen, ist unter Berücksichtigung der Lebensverhältnisse im Einzelfall zu entscheiden, maßgeblich ist dabei insbesondere der Inhalt des erteilten Auftrags.[8] Abzugrenzen ist die Angelegenheit von dem Gegenstand der anwaltlichen Tätigkeit, dieser bezeichnet das konkrete Recht oder Rechtsverhältnis, auf das sich die anwaltliche Tätigkeit bezieht; eine Angelegenheit kann mehrere Gegenstände umfassen.[9] Nach § 15 Abs. 1 RVG entgelten die Gebühren, soweit das RVG nichts anderes bestimmt, die gesamte Tätigkeit des Rechtsanwalts vom Auftrag bis zur Erledigung der Angelegenheit ab; die Gebühren erfassen somit im Rahmen ihres Abgeltungsbereichs als Pauschalgebühr sämtliche Tätigkeiten des Anwalts. Eine Berechnungsregel für den Fall, dass für Teile des Gegenstands verschiedene Gebührensätze anzuwenden sind, findet sich in § 15 Abs. 3 RVG. § 15a RVG wurde vom Gesetzgeber durch das Gesetz zur Modernisierung von Verfahren im anwaltlichen und notariellen Berufsrecht, zur Errichtung einer Schlichtungsstelle der Rechtsanwaltschaft sowie zur Änderung sonstiger Vorschriften neu ins RVG aufgenommen.[10] Das RVG schreibt an zahlreichen Stellen vor, dass eine Gebühr ganz oder teilweise auf andere Gebühren anzurechnen ist. Vor diesem Hintergrund hat sich der Gesetzgeber entschlossen, den früher im Gesetz nicht definierten Begriff der Anrechnung legal zu definieren, um unerwünschte Auswirkungen der Anrechnung zum Nachteil des Auftraggebers zu vermeiden und den mit der Anrechnung verfolgten Gesetzeszweck, dass der Rechtsanwalt für eine Tätigkeit nicht doppelt honoriert wird, zu wahren.[11]

5. Abschnitt 3 – Angelegenheit

Abschnitt 3 des RVG mit dem Titel „Angelegenheit" fasst in den §§ 16–21 RVG alle Vorschriften zusammen, die die Abgrenzung der gebührenrechtlichen

---

[7] BT-Drs. 15/1971, 189.
[8] BGH NJW 1995, 1431.
[9] BGH NJW 2010, 3037.
[10] BGBl. 2009 I 2449.
[11] BT-Drs. 16/12717, 58.

Angelegenheiten regeln. Nach § 15 Abs. 2 RVG kann der Rechtsanwalt die Gebühren in derselben Angelegenheit nur einmal fordern. § 16 RVG ordnet bestimmte Tätigkeiten einer Angelegenheit zu, bei denen es ohne die klarstellende Regelung des § 16 RVG zweifelhaft wäre, ob sie eine gemeinsame Angelegenheit bilden.[12] § 17 RVG bildet das Gegenstück zu § 16 RVG und führt die Fälle abschließend auf, bei denen es ohne gesetzliche Regelung zumindest zweifelhaft wäre, ob sie verschiedene Angelegenheiten darstellen.[13] § 18 RVG zählt abschließend eine Reihe von Tätigkeiten auf, die gebührenrechtlich als selbstständige Angelegenheiten gelten, gleichgültig, mit welchen anderen Tätigkeiten des Anwalts sie im Zusammenhang stehen.[14] Die §§ 16–19 RVG wurden vom Gesetzgeber durch das Gesetz zur Reform des Verfahrens in Familiensachen und in den Angelegenheiten der freiwilligen Gerichtsbarkeit[15] in zahlreichen Punkten geändert und angepasst. § 19 RVG konkretisiert den für die Vergütungsabrechnung nach § 15 RVG bedeutsamen Begriff des Rechtszugs und beschreibt den Abgeltungsbereich der Gebührentatbestände näher, die §§ 20 und 21 RVG regeln die gebührenrechtlichen Konsequenzen bei Verweisung, Abgabe, Zurückverweisung eines Verfahrens sowie bei Fortführung einer Folgesache als selbstständige Familiensache.

6. Abschnitt 4 – Gegenstandswert

Eine Zusammenfassung aller Wertvorschriften enthält Abschnitt 4, bestehend aus den §§ 22–33 RVG.[16] Hervorzuheben ist bei diesem Abschnitt insbesondere der durch § 22 Abs. 1 RVG etablierte Grundsatz der Zusammenrechnung, d. h. in derselben Angelegenheit werden die Werte mehrerer Gegenstände zusammengerechnet. Eine allgemeine Wertgrenze enthält § 22 Abs. 2 S. 1 RVG.

Bei der Bemessung des für die Berechnung der Anwaltsgebühren maßgeblichen Gegenstandswerts sind zunächst die im RVG enthaltenen Wertvorschriften maßgebend. Greifen keine besonderen Wertvorschriften des RVG ein, so bindet § 23 Abs. 1 S. 1 RVG den für die Berechnung der Anwaltsgebühren maßgeblichen Wert in gerichtlichen Verfahren an die für die Gerichtsgebühren geltenden Wertvorschriften, soweit sich die Gerichtsgebühren nach Wert richten. Diese Wertvorschriften gelten nach § 23 Abs. 1 S. 3 RVG auch entsprechend für die Tätigkeit außerhalb eines gerichtlichen Verfahrens, wenn der Gegenstand der Tätigkeit auch Gegenstand eines gerichtlichen Verfahrens sein könnte. Eine weitere wichtige Regelung zur Bemessung des für die Berechnung der Anwaltsvergütung maßgeblichen Werts, insbesondere bei nichtvermögensrechtlichen Gegenständen, ist in § 23 Abs. 3 RVG zu finden. Neu eingeführt wurden durch das 2. Kostenrechtsmodernisierungsgesetz § 23a, der den Gegenstandswert im Verfahren über die Prozesskostenhilfe regelt, sowie § 31b, der den Gegenstandswert bei Zahlungsvereinbarungen festlegt, durch das Gesetz zur Einführung von Kapitalanleger-Musterverfahren[17] § 23b RVG, welcher den Gegenstandswert in Musterverfahren nach dem Kapitalanleger-Musterverfahrensgesetz regelt, und

---

[12] BT-Drs. 15/1971, 190.
[13] BT-Drs. 15/1971, 191.
[14] BT-Drs. 15/1971, 192.
[15] BGBl. 2008 I 2586 (2716).
[16] BT-Drs. 15/1971, 194.
[17] BGBl. 2005 I 2437.

durch das Restrukturierungsgesetz[18] § 24 RVG, der den Gegenstandswert im Sanierungs- und Reorganisationsverfahren nach dem Kreditinstitute-Reorganisationsgesetz bestimmt.

7. Abschnitt 5 – Außergerichtliche Beratung und Vertretung

Das RVG fasst in diesem, die §§ 34–36 umfassenden Abschnitt die Regelungen zusammen, die ausschließlich für die außergerichtlichen Tätigkeiten des Rechtsanwalts gelten.[19] Von großer praktischer Bedeutung ist insoweit insbesondere § 34 RVG. Nach Absatz 1 Satz 1 dieser Norm soll der Anwalt für einen mündlichen oder schriftlichen Rat oder eine Auskunft (Beratung), die nicht mit einer anderen gebührenpflichtigen Tätigkeit zusammenhängen, für die Ausarbeitung eines schriftlichen Gutachtens und für die Tätigkeit als Mediator auf eine Gebührenvereinbarung mit dem Mandanten hinwirken, soweit in Teil 2 Abschnitt 1 des Vergütungsverzeichnisses keine Gebühren bestimmt sind. Wird keine Vereinbarung getroffen, erhält nach § 34 Abs. 1 S. 2 RVG der Rechtsanwalt Gebühren nach den Vorschriften des bürgerlichen Rechts. Maßgeblich sind in diesem Fall § 612 Abs. 2 BGB bei einer Beratung, da dann ein Dienstvertrag mit dem Anwalt vorliegt, bzw. § 632 Abs. 2 BGB bei einem als Werkvertrag zu qualifizierenden Mandat auf Erstattung eines Gutachtens.[20]
Ist der Mandant jedoch Verbraucher, so ist dann, falls keine Gebührenvereinbarung getroffen worden ist, nach § 34 Abs. 1 S. 3 RVG die Gebühr für die Beratung oder für die Ausarbeitung eines schriftlichen Gutachtens auf jeweils höchstens 250 EUR und die Gebühr für ein erstes Beratungsgespräch auf höchstens 190 EUR gedeckelt. Nach § 34 Abs. 2 RVG ist die Gebühr für die Beratung, wenn nichts anderes vereinbart ist, auf eine Gebühr für eine sonstige Tätigkeit, die mit der Beratung zusammenhängt, anzurechnen.

8. Abschnitt 6 – Gerichtliche Verfahren

Trotz des sehr weit gefassten Titels – gerichtliche Verfahren – regelt das RVG in diesem Abschnitt lediglich einige Sonderfälle gerichtlicher Verfahren. § 37 RVG behandelt die Gebühren des Anwalts in Verfahren vor Verfassungsgerichten. Welche Gebühren im Verfahren nach Art. 267 AEUV vor dem Gerichtshof der Europäischen Union entstehen, wird durch § 38 RVG festgelegt. Der durch das 2. Kostenrechtsmodernisierungsgesetz neu eingeführte § 38a enthält Regelungen für die Vergütung im Verfahren vor dem Europäischen Gerichtshof für Menschenrechte. Vergütungsrechtliche Sonderfälle in gerichtlichen Verfahren regelt das Gesetz in den §§ 39–41a RVG.

9. Abschnitt 7 – Straf- und Bußgeldsachen

Der lediglich die §§ 42 und 43 RVG umfassende Abschnitt enthält eine Regelung über die Feststellung einer Pauschgebühr sowie über die den Honoraranspruch des Verteidigers sichernde Abtretung des Kostenerstattungsanspruchs des Beschuldigten oder Betroffenen gegen die Staatskasse.

---

[18] BGBl. 2010 I 1900.
[19] BT-Drs. 15/1971, 196.
[20] Mayer/Kroiß/*Winkler* § 34 Rn. 65 f.

10. Abschnitt 8 – Beigeordneter oder bestellter Rechtsanwalt, Beratungshilfe

Das Gesetz fasst in diesem Abschnitt Vorschriften zusammen, die Regelungen für die aus der Staatskasse an beigeordnete oder gerichtlich bestellte Rechtsanwälte zu zahlende Vergütung oder für die Vergütung im Falle der Beratungshilfe betreffen.[21] Hervorzuheben ist insoweit insbesondere § 49 RVG, der die Höhe der bei einem Wert von mehr als 4 000 EUR ermäßigten Wertgebühren des im Rahmen der Prozesskostenhilfe beigeordneten Rechtsanwalts regelt. Große praktische Bedeutung hat auch § 58 RVG, der bestimmt, wie Vorschüsse und Zahlungen, die der beigeordnete oder gerichtlich bestellte Rechtsanwalt erhalten hat, auf seinen Vergütungsanspruch gegenüber der Staatskasse angerechnet werden.

11. Abschnitt 9 – Übergangs- und Schlussvorschriften

§ 59b RVG, eingeführt durch das Gesetz zur Umsetzung der Dienstleistungsrichtlinie in der Justiz und zur Änderung weiterer Vorschriften[22], sieht eine Neubekanntmachungserlaubnis des Bundesministeriums der Justiz und für Verbraucherschutz vor. Die §§ 60 und 61 RVG sind Übergangsvorschriften. Nach der Dauerübergangsvorschrift des § 60 RVG ist bei einer Gesetzesänderung die Vergütung nach bisherigem Recht zu berechnen, wenn der unbedingte Auftrag zur Erledigung derselben Angelegenheit i. S. des § 15 RVG vor dem Inkrafttreten erteilt oder der Rechtsanwalt vor diesem Zeitpunkt bestellt oder beigeordnet worden ist, § 60 Abs. 1 S. 1 RVG. Ist der Rechtsanwalt zum Zeitpunkt des Inkrafttretens einer Gesetzesänderung in derselben Angelegenheit bereits tätig, so ist nach § 60 Abs. 1 S. 2 RVG die Vergütung für das Verfahren über ein Rechtsmittel, das nach diesem Zeitpunkt eingelegt worden ist, nach neuem Recht zu berechnen. Durch das Gesetz zur Neuordnung des Rechts der Sicherheitsverwahrung und zu begleitenden Regelungen[23] wurde schließlich § 62 RVG eingefügt, die Vorschrift wurde erforderlich, da das RVG hinsichtlich seines Geltungsbereichs keinen Vorbehalt für andere bundesgesetzliche Regelungen enthält.[24]

III. Vergütungsverzeichnis

Die für die Vergütungsabrechnung wichtigsten Regelungen finden sich jedoch im Vergütungsverzeichnis. So sind dort die Voraussetzungen sämtlicher Vergütungstatbestände ebenso geregelt wie die jeweiligen Gebührensätze, Betragsrahmen oder Werte bei Festgebühren. Auch ein Großteil der Anrechnungsvorschriften ist im Vergütungsverzeichnis eingestellt. Untergliedert ist das Vergütungsverzeichnis in 7 Teile.

1. Teil 1 – Allgemeine Gebühren

Teil 1 umfasst die Vergütungstatbestände Nrn. 1000–1010 und enthält mit den Nrn. 1000–1009 die Tatbestände für solche Gebühren, die unabhängig da-

---

[21] BT-Drs. 15/1971, 199.
[22] BGBl. 2010 I 2248.
[23] BGBl. 2010 I 2300.
[24] BT-Drs. 17/3403, 60.

von entstehen können, welchen Tätigkeitsbereich der dem Rechtsanwalt erteilte Auftrag umfasst; die Gebühren dieses Teils können neben den in anderen Teilen des Vergütungsverzeichnisses bestimmten Gebühren entstehen.[25]

Mit der symbolträchtigen Nr. 1000 an die erste Stelle des Vergütungsverzeichnisses hat der Gesetzgeber die Einigungsgebühr gestellt, deren Anwendungsbereich durch das 2. Kostenrechtsmodernisierungsgesetz auch auf die in Absatz 1 Nr. 2 der Anmerkung zum Vergütungstatbestand legal definierten Zahlungsvereinbarungen erweitert wurde. Wirkt der Anwalt bei der Aussöhnung von Ehegatten mit, entsteht unter den in VV Nr. 1001 geregelten Voraussetzungen für den insoweit tätigen Anwalt eine Aussöhnungsgebühr. Entsprechend gilt der Gebührentatbestand auch für Lebenspartnerschaften. In Rechtsverhältnissen des öffentlichen Rechts kann eine Einigungsgebühr nach Nr. 1000 VV nur insoweit anfallen, als über die Ansprüche vertraglich verfügt werden kann. Ansonsten kann aber nach VV Nr. 1002 eine Erledigungsgebühr in Betracht kommen. Der Gebührentatbestand VV Nr. 1002 steht jedoch in einem Komplementärverhältnis zum Gebührentatbestand Nr. 1005; die Erledigungsgebühr nach VV Nr. 1002 entsteht nur dann, soweit nicht der Gebührentatbestand VV Nr. 1005 eingreift.

Die Vergütungstatbestände VV Nrn. 1003 und 1004 einerseits sowie Nrn. 1006 andererseits regeln Varianten der Vergütungstatbestände Nrn. 1000–1002 und 1005. Hat der Anwalt in derselben Angelegenheit mehrere Personen als Auftraggeber, so bestimmt sich die Erhöhung der Vergütung nach VV Nr. 1008. VV Nr. 1009 regelt die so genannte Hebegebühr, also des Betrags, den der Anwalt für die Aus- oder Rückzahlung von entgegengenommenen Geldbeträgen vom Mandanten beanspruchen kann. Ebenfalls neu eingeführt durch das 2. Kostenrechtsmodernisierungsgesetz wurde der Vergütungstatbestand Nr. 1010, die Zusatzgebühr für besonders umfangreiche Beweisaufnahmen. Im Gegensatz zu den anderen Vergütungstatbeständen dieses Teils kann diese Gebühr jedoch nur in Angelegenheiten anfallen, in denen sich die Gebühren nach Teil 3 des Vergütungsverzeichnisses richten.

2. Teil 2 – Außergerichtliche Tätigkeiten einschließlich der Vertretung in Verwaltungsverfahren

Teil 2 des Vergütungsverzeichnisses umfasst die Vergütungstatbestände VV Nrn. 2100–2508 und ist in 4 Abschnitte untergliedert. Für die Prüfung der Erfolgsaussichten eines Rechtsmittels erhält der Rechtsanwalt nach dem Vergütungstatbestand VV Nr. 2100 eine Gebühr von 0,5–1,0, soweit nicht im Vergütungstatbestand VV Nr. 2102 etwas anderes bestimmt ist. VV Nr. 2102 regelt die Gebühr für die Prüfung der Erfolgsaussichten eines Rechtsmittels in sozialrechtlichen Angelegenheiten, in denen im gerichtlichen Verfahren Betragsrahmengebühren entstehen, und in den Angelegenheiten, für die nach den Teilen 4–6 des Vergütungsverzeichnisses Betragsrahmengebühren entstehen. Bei Betragsrahmengebühren ist im Regelfall die so genannte Mittelgebühr von großer praktischer Bedeutung, diese beträgt bei dem Vergütungstatbestand VV Nr. 2102 175 EUR (30 EUR + 320 EUR = 350 EUR : 2). Varianten der genannten Gebührentatbestände finden sich in VV Nrn. 2101 und 2103 für den Fall, dass die Prüfung der Erfolgsaussichten eines Rechtsmittels mit der Ausarbeitung eines schriftlichen Gutachtens verbunden ist.

---

[25] BT-Drs. 15/1971, 204.

Abschnitt 2 von Teil 2 regelt die Vergütung für die Zusammenarbeit eines deutschen Rechtsanwalts mit einem dienstleistenden europäischen Rechtsanwalt i. S. von § 25 EuRAG. Dieser darf nämlich in den in § 28 Abs. 1 EuRAG genannten gerichtlichen und behördlichen Verfahren nur im Einvernehmen mit einem so genannten Einvernehmensanwalt handeln.

Abschnitt 3 von Teil 2 mit dem Titel Vertretung umfasst die Vergütungstatbestände VV Nr. 2300 – VV Nr. 2303. Dieser Abschnitt betrifft die außergerichtliche Vertretung, soweit es sich nicht um die in den Teilen 4–6 des Vergütungsverzeichnisses geregelten Angelegenheiten handelt.[26]

Die zentrale Gebühr bei außergerichtlicher Vertretung ist die Geschäftsgebühr. Nach Vorbemerkung 2.3 Abs. 3 entsteht sie für das Betreiben des Geschäfts einschließlich der Information und für die Mitwirkung bei der Gestaltung eines Vertrages. Grundsätzlich entsteht die Geschäftsgebühr bei Wertgebühren nach VV Nr. 2300 mit einem Gebührensatz von 0,5–2,5, die Anmerkung zum Vergütungstatbestand deckelt die Gebühr jedoch auf den Satz von 1,3, wenn die anwaltliche Tätigkeit weder umfangreich noch schwierig war. In sozialrechtlichen Angelegenheiten, in denen im gerichtlichen Verfahren Betragsrahmengebühren entstehen, und in Verfahren nach der Wehrbeschwerdeordnung, wenn im gerichtlichen Verfahren das Verfahren vor dem Truppendienstgericht oder vor dem Bundesverwaltungsgericht an die Stelle des Verwaltungsrechtswegs gemäß § 82 SG tritt, gilt die Geschäftsgebühr Nr. 2302 mit einem Rahmen von 50 bis 640 EUR, Mittelgebühr 345 EUR. Wie bei der Geschäftsgebühr VV Nr. 2300 ist die Gebühr gedeckelt – nach der Anmerkung zum Vergütungstatbestand kann eine Gebühr von mehr als 300 EUR nur gefordert werden, wenn die Tätigkeit umfangreich oder schwierig war.

Auf Grund der Regelung des § 17 Nr. 1a RVG, wonach das Verwaltungsverfahren sowie das einem gerichtlichen Verfahren vorausgehende und der Nachprüfung des Verwaltungsakts dienende weitere Verwaltungsverfahren verschiedene Angelegenheiten darstellen, fällt sowohl im Verwaltungsverfahren wie auch im Nachprüfungsverfahren eine Geschäftsgebühr an. Da die vorausgegangene Tätigkeit im Verwaltungsverfahren die Tätigkeit im weiteren Nachprüfungsverfahren erleichtert, sieht Vorbemerkung 2.3 Abs. 4 Satz 1 vor, dass, soweit wegen desselben Gegenstands eine Geschäftsgebühr für eine Tätigkeit im Verwaltungsverfahren entstanden ist, diese Gebühr zur Hälfte, bei Wertgebühren jedoch höchstens mit einem Gebührensatz von 0,75, auf eine Geschäftsgebühr für eine Tätigkeit im weiteren Verwaltungsverfahren, das der Nachprüfung des Verwaltungsakts dient, angerechnet wird. Bei Betragsrahmengebühren ist der Anrechnungsbetrag nach Vorbemerkung 2.3 Abs. 4 Satz 2 auf höchstens 175 EUR begrenzt. Beschränkt sich der Auftrag des Anwalts auf ein Schreiben einfacher Art, so verdient er nach VV Nr. 2301 eine Geschäftsgebühr lediglich mit einem Satz von 0,3, der Vergütungstatbestand VV Nr. 2303 regelt die Geschäftsgebühr in verschiedenen Sonderfällen.

Abschnitt 4 von Teil 2 wurde durch die Einführung der reinen Anrechnungslösung auch bei Betragsrahmengebühren durch das 2. Kostenrechtsmodernisierungsgesetz überflüssig und konnte daher aufgehoben werden. Abschnitt 5 von Teil 2 widmet sich mit den Vergütungstatbeständen VV Nrn. 2500–2508 der anwaltlichen Vergütung bei Beratungshilfe. Der Gesetzgeber regelt in diesem Abschnitt nicht nur die Geschäftsgebühr bei Beratungshilfe, sondern u. a. auch

[26] BT-Drs. 15/1971, 206.

die Beratungsgebühr nach VV Nr. 2501 sowie die Einigungs- und Erledigungsgebühr nach VV Nr. 2508.

3. Teil 3 – Zivilsachen, Verfahren der öffentlich-rechtlichen Gerichtsbarkeiten, Verfahren nach dem Strafvollzugsgesetz, auch in Verbindung mit § 92 des Jugendgerichtsgesetzes, und ähnliche Verfahren

Teil 3 des Vergütungsverzeichnisses betrifft die Gebühren für alle Tätigkeiten in gerichtlichen Verfahren, die nicht in den Teilen 4–6 des Vergütungsverzeichnisses geregelt sind. Dieser Teil gilt somit insbesondere für alle Zivilsachen einschließlich der Verfahren vor den Gerichten für Arbeitssachen und für die Verfahren vor den Gerichten der Verwaltungs-, Finanz- und Sozialgerichtsbarkeit. Auch das Mahnverfahren und die Verfahren der Zwangsvollstreckung werden in diesem Teil des Vergütungsverzeichnisses behandelt.

Teil 3 des Vergütungsverzeichnisses umfasst die Vergütungstatbestände VV Nrn. 3100–3518 und ist in 5 Abschnitte untergliedert. Das Gesetz arbeitet in Teil 3 ausschließlich mit zwei Grundtypen von Gebühren, nämlich der Verfahrensgebühr und der Terminsgebühr, und nimmt die erforderlichen Differenzierungen ausschließlich über die Gebührenhöhe vor. Die Verfahrensgebühr entsteht nach Absatz 2 der Vorbemerkung 3 für das Betreiben des Geschäfts einschließlich der Information. Der Anspruch auf die Verfahrensgebühr entsteht somit, sobald der Rechtsanwalt von einer Partei in einem unter Teil 3 des Vergütungsverzeichnisses fallenden Verfahren bestellt wird und eine unter den Gebührentatbestand der Verfahrensgebühr fallende Tätigkeit ausgeübt hat, beispielsweise durch die Entgegennahme der Information durch den Mandanten.[27] Die Verfahrensgebühr gilt alle Tätigkeiten des Rechtsanwalts ab, die vom Beginn des ihm erteilten Auftrags bis zum Abschluss der Instanz in dem jeweiligen Rechtszug anfallen, falls nicht für sie eine besondere Gebühr vorgesehen ist oder es sich um ein als besondere Angelegenheit in § 18 RVG bezeichnetes Verfahren handelt. Die Verfahrensgebühr gilt ferner auch alle Tätigkeiten ab, die in § 19 RVG dem jeweiligen Rechtszug zugeordnet werden.

Des Weiteren kann der Anwalt nach Teil 3 des Vergütungsverzeichnisses die in ihrem Anwendungsbereich etwas schillernde Terminsgebühr verdienen. Nach Vorbemerkung 3 Absatz 3 Satz 1 entsteht die Terminsgebühr sowohl für die Wahrnehmung von gerichtlichen Terminen als auch für die Wahrnehmung von außergerichtlichen Terminen und Besprechungen, wenn nichts anderes bestimmt ist. Sie entsteht jedoch nicht für die Wahrnehmung eines gerichtlichen Termins nur zur Verkündung einer Entscheidung. Nach Vorbemerkung 3 Abs. 3 Satz 3 entsteht die Gebühr für außergerichtliche Termine und Besprechungen für

1. die Wahrnehmung eines von einem gerichtlich bestellten Sachverständigen anberaumten Termins und
2. die Mitwirkung an Besprechungen, die auf die Vermeidung oder Erledigung des Verfahrens gerichtet sind; dies gilt aber nicht für Besprechungen mit dem Auftraggeber.

Gerade die zuletzt genannte Entstehungsvariante der Terminsgebühr durch eine außergerichtliche Besprechung, die auf die Vermeidung oder Erledigung eines Verfahrens gerichtet ist, führt zu einer erheblichen Ausweitung des An-

---

[27] Gerold/Schmidt/*Müller-Rabe* VV Vorb. 3 Rn. 68.

wendungsbereichs der Terminsgebühr. Eine solche Terminsgebühr auslösende außergerichtliche Besprechung ist abzugrenzen von den Besprechungen, die noch zu den in Teil 2 des Vergütungsverzeichnisses geregelten anwaltlichen Tätigkeiten gehören. So hat eine Besprechung mit dem Gegner im Anwendungsbereich der Geschäftsgebühr keine eigenständige Bedeutung, sondern wirkt sich allenfalls in der Höhe des Gebührensatzes aus; die entscheidende Schnittstelle zu einer unter Teil 3 des Vergütungsverzeichnisses fallenden, eine Terminsgebühr auslösenden Besprechung wird durch Vorbemerkung 3 Abs. 1 Satz 1 VV festgelegt; danach erhält Gebühren nach Teil 3 der Rechtsanwalt, dem ein unbedingter Auftrag als Prozess- oder Verfahrensbevollmächtigter, als Beistand für einen Zeugen oder Sachverständigen oder für eine sonstige Tätigkeit in einem gerichtlichen Verfahren erteilt worden ist, die Anhängigkeit eines Rechtsstreits bei Gericht ist nicht erforderlich.

Eine nach den Nrn. 2300–2303 aus Teil 2 VV entstandene Geschäftsgebühr hat auch Auswirkungen auf die Höhe der Verfahrensgebühr, soweit beide Gebühren denselben Gegenstand betreffen. Nach Vorbemerkung 3 Abs. 4 Satz 1 und 2 wird, soweit wegen desselben Gegenstands eine Geschäftsgebühr nach Teil 2 entsteht, diese Gebühr zur Hälfte, bei Wertgebühren höchstens mit einem Gebührensatz von 0,75 und bei Betragsrahmengebühren höchstens in Höhe von 175 EUR auf die Verfahrensgebühr des gerichtlichen Verfahrens angerechnet.

Abschnitt 1 – 1. Rechtszug – von Teil 3 umfasst die Vergütungstatbestände VV Nrn. 3100–3106. Die Verfahrensgebühr für Verfahren vor den Sozialgerichten, in denen Betragsrahmengebühren entstehen, wird durch den Vergütungstatbestand VV Nr. 3102 geregelt, die Verfahrensgebühr in den sonstigen Fällen durch VV Nr. 3100. Der Vergütungstatbestand Nr. 3103 VV a. F., welcher für Verfahren vor den Sozialgerichten, in denen Betragsrahmengebühren entstehen, im Falle der Vorbefassung eine Verfahrensgebühr mit einem verringerten Rahmen vorsah, wurde bei Einführung der reinen Anrechnungslösung auch bei Betragsrahmengebühren durch das 2. Kostenrechtsmodernisierungsgesetz aufgehoben.

Außer in Verfahren vor den Sozialgerichten, in denen Betragsrahmengebühren entstehen, entsteht die Terminsgebühr nach VV Nr. 3104, in den genannten Verfahren vor den Sozialgerichten als Betragsrahmengebühr nach VV Nr. 3106. Weitere Entstehungsvarianten der Terminsgebühr sind in Absatz 1 der Anmerkung zu VV Nr. 3104 bzw. Satz 1 der Anmerkung zu VV Nr. 3106 aufgeführt. Fällt die Terminsgebühr in Verfahren vor den Sozialgerichten, in denen Betragsrahmengebühren entstehen, nach Satz 1 der Anmerkung zu Nr. 3106 als „fiktive" Terminsgebühr an, gilt kein Betragsrahmen, sondern nach Satz 2 der Anmerkung beträgt die Gebühr in diesen Fällen 90% der in derselben Angelegenheit dem Rechtsanwalt zustehenden Verfahrensgebühr ohne Berücksichtigung einer Erhöhung nach Nr. 1008. Eine verminderte Terminsgebühr entsteht nach dem Vergütungstatbestand VV Nr. 3105 dann, wenn der Anwalt nur einen Termin wahrnimmt, in dem eine Partei oder ein Beteiligter nicht erschienen oder nicht ordnungsgemäß vertreten ist und lediglich ein Antrag auf Versäumnisurteil, Versäumnisentscheidung oder zur Prozess-, Verfahrens- oder Sachleitung gestellt wird.

Abschnitt 2 von Teil 3 gliedert sich auf in die Unterabschnitte 1 und 2. In Unterabschnitt 1, den Vergütungstatbeständen VV Nrn. 3200–3205, sind die Vergütungstatbestände für das Berufungsverfahren, bestimmte Beschwerdeverfahren und Verfahren vor dem Finanzgericht zusammengefasst. Die Struktur der Gebühren entspricht der Regelung im erstinstanzlichen gerichtlichen Verfahren. Die Terminsgebühren entstehen in diesem Unterabschnitt in der Regel in derselben Höhe wie in 1. Instanz, die Verfahrensgebühren sind gegenüber den erstinstanzlichen Werten etwas erhöht. Unterabschnitt 2 mit dem Titel Revision, bestimmte Beschwerden und Rechtsbeschwerden entspricht seiner Struktur nach ebenfalls der Regelung der erstinstanzlichen Gebühren in Abschnitt 1. Zu beachten ist, dass dieser Unterabschnitt eine Sonderregelung für Verfahren enthält, in denen sich die Parteien oder die Beteiligten nur durch einen beim Bundesgerichtshof zugelassenen Rechtsanwalt vertreten lassen können.

Abschnitt 3 – Gebühren für besondere Verfahren – umfasst die Vergütungstatbestände VV Nrn. 3300–3338 und ist in 6 Unterabschnitte untergliedert. Entsprechend seiner praktischen Bedeutung hervorzuheben ist insoweit der Unterabschnitt 2, welcher das Mahnverfahren regelt. Abschnitt 4 von Teil 3 regelt die Vergütung von anwaltlichen Einzeltätigkeiten, insbesondere mit dem Vergütungstatbestand VV Nr. 3400 die dem Verkehrsanwalt zustehende Verfahrensgebühr sowie mit den Vergütungstatbeständen VV Nr. 3401 und VV Nr. 3402 die Verfahrens- und Terminsgebühr für den so genannten Terminsvertreter. Abschnitt 5 von Teil 3 umfasst schließlich die Vergütungstatbestände VV Nrn. 3500–3518 und enthält die Regelung der Gebühren des Rechtsanwalts in Erinnerungsverfahren sowie in Verfahren über die Beschwerde, soweit diese nicht den Abschnitten 1 und 2 unterfallen.[28] Auch die Gebührenvorschriften für Nichtzulassungsbeschwerden sind in diesen Abschnitt eingestellt.

4. Teil 4 – Strafsachen

Teil 4 umfasst die Vergütungstatbestände VV Nr. 4100 – VV Nr. 4304, er teilt sich auf in den Abschnitt 1 – Gebühren des Verteidigers – mit den Unterabschnitten allgemeine Gebühren, vorbereitendes Verfahren, gerichtliches Verfahren, Wiederaufnahmeverfahren sowie zusätzliche Gebühren, Abschnitt 2 – Gebühren in der Strafvollstreckung und Abschnitt 3 – Einzeltätigkeiten. Auch in diesem Teil des Vergütungsverzeichnisses arbeitet das Gesetz mit Verfahrens- und Terminsgebühren, wenngleich auch die Terminsgebühr in Teil 4 VV an andere tatbestandliche Voraussetzungen geknüpft ist als die Terminsgebühr in Teil 3 des Vergütungsverzeichnisses. Anders als Teil 3 des Vergütungsverzeichnisses kennt aber Teil 4 noch die so genannte Grundgebühr nach VV Nr. 4100 sowie die zusätzliche Gebühr nach VV Nr. 4141. Die Grundgebühr nach VV Nr. 4100 entsteht neben der Verfahrensgebühr für die erstmalige Einarbeitung in den Rechtsfall, und zwar nur einmal, allerdings unabhängig davon, in welchem Verfahrensabschnitt sie erfolgt.

Absatz 4 von Vorbemerkung 4 bestimmt, dass dann, wenn sich der Beschuldigte nicht auf freiem Fuß befindet, die Gebühr mit Zuschlag entsteht. Das Gesetz kennt einen solchen Zuschlag bei einer Vielzahl von unter Teil 4 des Vergütungsverzeichnisses fallenden Gebührentatbeständen.

Die für die Praxis wichtigsten Gebühren dieses Teils, nämlich die Gebühren im gerichtlichen Verfahren, finden sich in Unterabschnitt 3 und sind untergliedert nach 1. Rechtszug, Berufung und Revision. Die Gebühren im 1. Rechtszug unterscheiden danach, ob das Verfahren vor dem Amtsgericht, vor der Strafkammer oder vor dem Oberlandesgericht, dem Schwurgericht oder der Strafkammer nach den §§ 74a und 74c GVG geführt wird. Für den Wahlanwalt

[28] BT-Drs. 15/1971, 218.

weisen die Vergütungstatbestände jeweils Betragsrahmengebühren aus, für den gerichtlich bestellten oder beigeordneten Rechtsanwalt Festgebühren. Da der gerichtlich bestellte oder beigeordnete Rechtsanwalt mit der für ihn vorgesehenen Festgebühr keine Möglichkeit hat, bei der Terminsgebühr eine überdurchschnittliche Dauer der Hauptverhandlung zu berücksichtigen – der Wahlanwalt hat, da für ihn Betragsrahmengebühren vorgesehen sind, die Möglichkeit, innerhalb des Gebührenrahmens unter Zugrundelegung der Bemessungskriterien des § 14 RVG auch die Dauer des Hauptverhandlungstermins zu berücksichtigen – werden nach der Länge der Hauptverhandlung gestaffelte zusätzliche Gebühren für den gerichtlich bestellten oder beigeordneten Rechtsanwalt vorgesehen.

Die Vergütungstatbestände VV Nr. 4124–4129 regeln die Vergütung im Berufungsverfahren. Strukturell entsprechen die Gebühren denjenigen im 1. Rechtszug. Die Gebühren für das Revisionsverfahren finden sich in den Vergütungstatbeständen VV Nrn. 4130–4135. Auch hier bleibt die Struktur der Gebühren gegenüber dem Berufungsverfahren unverändert.

Aus Unterabschnitt 5, den Vergütungstatbeständen VV Nrn. 4141–4147, ist insbesondere der Vergütungstatbestand VV Nr. 4141 hervorzuheben. Danach erhält der Rechtsanwalt, wenn durch seine Mitwirkung die Hauptverhandlung entbehrlich wird, eine zusätzliche Gebühr.

Abschnitt 2 mit den Vergütungstatbeständen VV Nrn. 4200–4207 regelt die Gebühren in der Strafvollstreckung, strukturell wird hier ebenfalls zwischen Verfahrens- und Terminsgebühren, ggf. mit Zuschlag, unterschieden. Abschnitt 3 mit den Vergütungstatbeständen VV Nrn. 4300–4304 fasst die Regelungen für Einzeltätigkeiten in Strafverfahren zusammen, die der Rechtsanwalt erbringt, dem sonst die Verteidigung nicht übertragen ist.

5. Teil 5 – Bußgeldsachen

Teil 5 ist in zwei Abschnitte untergliedert, nämlich Abschnitt 1 – Gebühren des Verteidigers – sowie Abschnitt 2 – Einzeltätigkeiten. Die Gebührenstruktur in Teil 5 entspricht grundsätzlich der in Strafsachen.

Abschnitt 1, welcher die Gebühren des Verteidigers regelt, sieht in Unterabschnitt 1 mit dem Vergütungstatbestand VV Nr. 5100 eine der Grundgebühr in Strafsachen nach VV Nr. 4100 vergleichbare Gebühr vor, die neben der Verfahrensgebühr für die erstmalige Einarbeitung in den Rechtsfall entsteht, unabhängig davon, in welchem Verfahrenabschnitt sie erfolgt. Mit den Unterabschnitten 2, 3 und 4 sieht das Vergütungsverzeichnis gesonderte Gebühren in Bußgeldsachen für das Verfahren vor der Verwaltungsbehörde, für das gerichtliche Verfahren im 1. Rechtszug sowie für das Verfahren über die Rechtsbeschwerde vor. In den drei genannten Verfahrensstadien können jeweils Verfahrens- und Terminsgebühren verdient werden, wobei diese nach der Höhe der Geldbuße differenziert sind. Das Vergütungsverzeichnis kennt insoweit drei Stufen, nämlich eine Geldbuße von weniger als 60 Euro, eine Geldbuße von 60 EUR bis 5000 EUR sowie eine Geldbuße von mehr als 5000 Euro. Lediglich im Rechtsbeschwerdeverfahren wird vom Vergütungsverzeichnis bei der Verfahrens- und der Terminsgebühr nicht mehr nach der Höhe der Geldbuße differenziert. Vergleichbar mit dem Vergütungstatbestand VV Nr. 4141 in Strafsachen kann auch in Bußgeldsachen eine zusätzliche Gebühr nach VV Nr. 5115 verdient werden, wenn durch die anwaltliche Mitwirkung das Verfahren vor der Verwaltungsbehörde erledigt oder die Hauptverhandlung entbehrlich wird.

Für einzelne Tätigkeiten verdient der Rechtsanwalt, wenn ihm nicht sonst die Verteidigung in einer Bußgeldsache übertragen ist, die in Abschnitt 2 geregelte Verfahrensgebühr nach VV Nr. 5200.

6. Teil 6 – Sonstige Verfahren

Das Vergütungsverzeichnis fasst in diesem Teil die sonstigen Verfahren zusammen, die nach den für das Strafverfahren geltenden Gebührengrundsätzen behandelt werden sollen.[29] Hierzu gehören u.a. die in Abschnitt 2 geregelten Disziplinarverfahren und berufsgerichtlichen Verfahren wegen der Verletzung einer Berufspflicht sowie die in Abschnitt 3 geregelten gerichtlichen Verfahren bei Freiheitsentziehung, bei Unterbringung und bei sonstigen Zwangsmaßnahmen.

7. Teil 7 – Auslagen

Die Auslagen, die nach der Legaldefinition in § 1 Abs. 1 S. 1 RVG zusammen mit den Gebühren die Vergütung des Anwalts bilden, werden in Teil 7 des Vergütungsverzeichnisses mit den Vergütungstatbeständen Nr. 7000– Nr. 7008 geregelt; von besonderer praktischer Bedeutung ist die Pauschale für Entgelte für Post- und Telekommunikationsdienstleistungen nach VV Nr. 7002 sowie die auf die Vergütung entfallende Umsatzsteuer nach VV Nr. 7008.

IV. Gerichtskostengesetz (GKG)

1. Anwendungsbereich und Aufbau

Das Gerichtskostengesetz regelt die gegenüber der Staatskasse geschuldeten Kosten des Verfahrens vor den in § 1 Abs. 1 bis 3 GKG aufgeführten Gerichten und staatlichen Organen nach den jeweils genannten Verfahrensordnungen.

Untergliedert ist das Gerichtskostengesetz in 9 Abschnitte, nämlich Abschnitt 1 – allgemeine Vorschriften, Abschnitt 2 – Fälligkeit, Abschnitt 3 – Vorschuss und Vorauszahlung, Abschnitt 4 – Kostenansatz, Abschnitt 5 – Kostenhaftung, Abschnitt 6 – Gebührenvorschriften, Abschnitt 7 – Wertvorschriften, Abschnitt 8 – Erinnerung und Beschwerde sowie Abschnitt 9 – Schluss- und Übergangsvorschriften.

2. Vorschuss und Vorauszahlung

Von großer praktischer Bedeutung ist der so genannte Gerichtskostenvorschuss. Nach § 12 Abs. 1 S. 1 GKG soll in bürgerlichen Rechtsstreitigkeiten die Klage erst nach Zahlung der Gebühr für das Verfahren im Allgemeinen zustellt werden. Anders ist es jedoch in Verfahren vor den Gerichten für Arbeitssachen, dort sind nach § 11 GKG die Vorschriften des Abschnitts 3 nicht anzuwenden. Eine Kostenvorschusspflicht nach § 12 GKG besteht auch dann nicht, soweit dem Antragsteller Prozesskostenhilfe bewilligt ist (§ 14 Nr. 1 GKG), wenn dem Antragsteller Gebührenfreiheit zusteht (§ 14 Nr. 2 GKG) oder die beabsichtigte Rechtsverfolgung weder aussichtslos noch ihre Inanspruchnahme mutwillig erscheint und wenn glaubhaft gemacht wird, dass dem Antragsteller die alsbaldige

---

[29] BT-Drs. 15/1971, 231.

Zahlung der Kosten mit Rücksicht auf seine Vermögenslage oder aus sonstigen Gründen Schwierigkeiten bereiten würde oder eine Verzögerung dem Antragsteller einen nicht oder nur schwer zu ersetzenden Schaden bringen würde (§ 14 Nr. 3 GKG).

3. Wertvorschriften

Abschnitt 7 des GKG, untergliedert in die Unterabschnitte 1 – allgemeine Wertvorschriften, Unterabschnitt 2 – besondere Wertvorschriften und Unterabschnitt 3 – Wertfestsetzung enthält ausführliche Regelungen über die Festsetzung der für die Gerichtsgebühren maßgeblichen Werte. Im gerichtlichen Verfahren sind diese Wertvorschriften nach § 23 Abs. 1 S. 1 RVG auch für die Anwaltsgebühren von Bedeutung.

Das GKG arbeitet mit Wertgebühren und mit Festgebühren. Soweit eine Wertgebühr vorliegt, ergibt sich ihre Höhe aus dem maßgeblichen Streitwert und § 34 GKG. Eine Gebührentabelle für Streitwerte bis 500 000 EUR bildet die Anlage 2 zum GKG.

4. Kostenverzeichnis

Ähnlich wie das Vergütungsverzeichnis zum RVG enthält das als Anlage 1 zu § 3 Abs. 2 GKG dem Gesetz beigefügte Kostenverzeichnis eine tabellarische Übersicht der jeweils anfallenden Gerichtskosten. Soll beispielsweise ein zivilrechtliches Prozessverfahren im 1. Rechtszug vor ordentlichen Gerichten geführt werden, so weist der Kostentatbestand Nr. 1210 KV eine Gebühr für das Verfahren im Allgemeinen i. H. von 3,0 aus. Da nach § 12 Abs. 1 S. 1 GKG in bürgerlichen Rechtsstreitigkeiten die Klage erst nach Zahlung der Gebühr für das Verfahren im Allgemeinen zugestellt werden soll, muss somit ein Gerichtskostenvorschuss i. H. von 3,0 aus dem maßgeblichen Streitwert des gerichtlichen Verfahrens eingezahlt werden. Bei einem Streitwert von beispielsweise 10 000 EUR beträgt eine 1,0 Gebühr 241 Euro, die als Kostenvorschuss einzuzahlende Gebühr für das Verfahren im Allgemeinen beläuft sich somit auf 723 EUR (241 EUR × 3).

V. Gesetz über Gerichtskosten in Familiensachen (FamGKG)

Das am 1.9.2009 in Kraft getretene FamGKG wurde durch das Gesetz zur Reform des Verfahrens in Familiensachen und in Angelegenheiten der freiwilligen Gerichtsbarkeit[30] neu eingeführt. Nach dem Willen des Gesetzgebers sollte dem FamFG als Verfahrensordnung für alle Familiensachen ein einheitliches Gerichtskostenrecht zur Seite gestellt werden[31] Aufbau und Struktur des FamGKG entsprechen dem GKG; ebenso wie dieses ist es in neun Abschnitte gegliedert, ein Kostenverzeichnis und eine Gebührentabelle bilden Anlagen zu dem Gesetz.

Hervorzuheben sind insbesondere die Wertvorschriften in Abschnitt 7 des FamGKG. Unterabschnitt 1 mit dem Titel allgemeine Wertvorschriften regelt mit den §§ 33–42 allgemeine Fragen der Wertfestsetzung; Unterabschnitt 2 mit dem Titel besondere Wertvorschriften enthält insbesondere Regelungen über

---

[30] BGBl. 2008 I 2586 ff.
[31] BT-Drs. 16/6308, 2.

die Wertfestsetzung in Ehesachen (§ 43 FamGKG), im Verbund (§ 44 FamGKG), in bestimmten Kindschaftssachen (§ 45 FamGKG), Ehewohnungs- und Haushaltssachen (§ 48 FamGKG), Versorgungsausgleichssachen (§ 50 FamGKG), Unterhaltssachen und sonstige den Unterhalt betreffende Familiensachen (§ 51 FamGKG) sowie Güterrechtssachen (§ 52 FamGKG).

VI. Justizvergütungs- und -entschädigungsgesetz (JVEG)

Das JVEG gilt für den in § 1 Abs. 1 S. 1 Nr. 1–Nr. 3 JVEG näher umschriebenen Personenkreis, insbesondere somit für die Vergütung von Sachverständigen, Dolmetscherinnen, Dolmetschern, Übersetzerinnen und Übersetzern und für die Entschädigung ehrenamtlicher Richterinnen und Richter bei den ordentlichen Gerichten und den Gerichten für Arbeitssachen sowie bei den Gerichten der Verwaltungs-, der Finanz- und der Sozialgerichtsbarkei mit Ausnahme der ehrenamtlichen Richterinnen und Richter in Handelssachen, in berufsgerichtlichen Verfahren oder bei Dienstgerichten.

In Abschnitt 1 mit den §§ 1–4c sind allgemeine Vorschriften enthalten, Abschnitt 2 mit dem Titel gemeinsame Vorschriften befasst sich in den §§ 5–7 mit Fahrtkostenersatz, Entschädigung für Aufwand und Ersatz für sonstige Aufwendungen. In Abschnitt 3 mit den §§ 8–14 sind die Regelungen über die Vergütung von Sachverständigen, Dolmetschern und Übersetzern eingestellt, Abschnitt 4 mit den §§ 15–18 regelt die Entschädigung von ehrenamtlichen Richtern, Abschnitt 5 mit den §§ 19–23 schließlich die Entschädigung von Zeugen und Dritten.

Anlage 1 zum JVEG bildet eine Aufstellung der für die Honorierung der Sachverständigen nach § 9 JVEG relevanten Honorargruppen, Anlage 2 eine Tabelle über das Sachverständigen für besondere Leistungen zustehende Honorar und Anlage 3 eine Darstellung der Entschädigung von Telekommunikationsunternehmen für die Umsetzung von Anordnungen zur Überwachung der Telekommunikation und die Erteilung von Auskünften.

1. Gesetz über die Vergütung der Rechtsanwältinnen und Rechtsanwälte (Rechtsanwaltsvergütungsgesetz – RVG) [1)2)]

Vom 5. Mai 2004

(BGBl. I S. 718, 788)

FNA 368-3

zuletzt geänd. durch Art. 7 G zur Neuregelung des Rechts der notwendigen Verteidigung v. 10.12. 2019 (BGBl. I S. 2128)

Inhaltsübersicht

[1)] Verkündet als Art. 3 KostenrechtsmodernisierungsG v. 5.5.2004 (BGBl. I S. 718); Inkrafttreten gem. Art. 8 Satz 1 dieses G am 1.7.2004.

[2)] Die Änderung durch G v. 18.7.2017 (BGBl. I S. 2739) tritt an dem Tag in Kraft, an dem die Rechtsverordnung nach § 10 des Wettbewerbsregistergesetzes in Kraft tritt, und ist im Text noch nicht berücksichtigt.

Abschnitt 5. Außergerichtliche Beratung und Vertretung

Abschnitt 6. Gerichtliche Verfahren

Abschnitt 7. Straf- und Bußgeldsachen sowie bestimmte sonstige Verfahren

Abschnitt 8. Beigeordneter oder bestellter Rechtsanwalt, Beratungshilfe

Abschnitt 9. Übergangs- und Schlussvorschriften

Anlage 1 (zu § 2 Abs. 2)
Anlage 2 (zu § 13 Abs. 1)

Abschnitt 1. Allgemeine Vorschriften

§ 1 Geltungsbereich. (1) [1] Die Vergütung (Gebühren und Auslagen) für anwaltliche Tätigkeiten der Rechtsanwältinnen und Rechtsanwälte bemisst sich nach diesem Gesetz. [2] Dies gilt auch für eine Tätigkeit als Prozesspfleger nach den §§ 57 und 58 der Zivilprozessordnung. [3] Andere Mitglieder einer Rechtsanwaltskammer, Partnerschaftsgesellschaften und sonstige Gesellschaften stehen einem Rechtsanwalt im Sinne dieses Gesetzes gleich.

(2) [1] Dieses Gesetz gilt nicht für eine Tätigkeit als Syndikusrechtsanwalt (§ 46 Absatz 2 der Bundesrechtsanwaltsordnung). [2] Es gilt ferner nicht für eine Tätigkeit als Vormund, Betreuer, Pfleger, Verfahrenspfleger, Verfahrensbeistand, Testamentsvollstrecker, Insolvenzverwalter, Sachwalter, Mitglied des Gläubigerausschusses, Nachlassverwalter, Zwangsverwalter, Treuhänder oder Schiedsrichter oder für eine ähnliche Tätigkeit. [3] § 1835 Abs. 3 des Bürgerlichen Gesetzbuchs bleibt unberührt.

(3) Die Vorschriften dieses Gesetzes über die Erinnerung und die Beschwerde gehen den Regelungen der für das zugrunde liegende Verfahren geltenden Verfahrensvorschriften vor.

§ 2 Höhe der Vergütung. (1) Die Gebühren werden, soweit dieses Gesetz nichts anderes bestimmt, nach dem Wert berechnet, den der Gegenstand der anwaltlichen Tätigkeit hat (Gegenstandswert).

(2) [1] Die Höhe der Vergütung bestimmt sich nach dem Vergütungsverzeichnis der Anlage 1 zu diesem Gesetz. [2] Gebühren werden auf den nächstliegenden Cent auf- oder abgerundet; 0,5 Cent werden aufgerundet.

§ 3 Gebühren in sozialrechtlichen Angelegenheiten. (1) [1] In Verfahren vor den Gerichten der Sozialgerichtsbarkeit, in denen das Gerichtskostengesetz[1)] nicht anzuwenden ist, entstehen Betragsrahmengebühren. [2] In sonstigen Verfahren werden die Gebühren nach dem Gegenstandswert berechnet, wenn der Auftraggeber nicht zu den in § 183 des Sozialgerichtsgesetzes genannten Personen gehört; im Verfahren nach § 201 Absatz 1 des Sozialgerichtsgesetzes werden die Gebühren immer nach dem Gegenstandswert berechnet. [3] In Verfahren wegen überlanger Gerichtsverfahren (§ 202 Satz 2 des Sozialgerichtsgesetzes) werden die Gebühren nach dem Gegenstandswert berechnet.

(2) Absatz 1 gilt entsprechend für eine Tätigkeit außerhalb eines gerichtlichen Verfahrens.

§ 3a Vergütungsvereinbarung. (1) [1] Eine Vereinbarung über die Vergütung bedarf der Textform. [2] Sie muss als Vergütungsvereinbarung oder in vergleichbarer Weise bezeichnet werden, von anderen Vereinbarungen mit Ausnahme der Auftragserteilung deutlich abgesetzt sein und darf nicht in der Vollmacht enthalten sein. [3] Sie hat einen Hinweis darauf zu enthalten, dass die gegnerische Partei, ein Verfahrensbeteiligter oder die Staatskasse im Falle der Kostenerstat-

---

1) Nr. **2**.

tung regelmäßig nicht mehr als die gesetzliche Vergütung erstatten muss. [4]Die Sätze 1 und 2 gelten nicht für eine Gebührenvereinbarung nach § 34.

(2) [1]Ist eine vereinbarte, eine nach § 4 Abs. 3 Satz 1 von dem Vorstand der Rechtsanwaltskammer festgesetzte oder eine nach § 4a für den Erfolgsfall vereinbarte Vergütung unter Berücksichtigung aller Umstände unangemessen hoch, kann sie im Rechtsstreit auf den angemessenen Betrag bis zur Höhe der gesetzlichen Vergütung herabgesetzt werden. [2]Vor der Herabsetzung hat das Gericht ein Gutachten des Vorstands der Rechtsanwaltskammer einzuholen; dies gilt nicht, wenn der Vorstand der Rechtsanwaltskammer die Vergütung nach § 4 Abs. 3 Satz 1 festgesetzt hat. [3]Das Gutachten ist kostenlos zu erstatten.

(3) [1]Eine Vereinbarung, nach der ein im Wege der Prozesskostenhilfe beigeordneter Rechtsanwalt für die von der Beiordnung erfasste Tätigkeit eine höhere als die gesetzliche Vergütung erhalten soll, ist nichtig. [2]Die Vorschriften des bürgerlichen Rechts über die ungerechtfertigte Bereicherung bleiben unberührt.

§ 4 Erfolgsunabhängige Vergütung. (1) [1]In außergerichtlichen Angelegenheiten kann eine niedrigere als die gesetzliche Vergütung vereinbart werden. [2]Sie muss in einem angemessenen Verhältnis zu Leistung, Verantwortung und Haftungsrisiko des Rechtsanwalts stehen. [3]Liegen die Voraussetzungen für die Bewilligung von Beratungshilfe vor, kann der Rechtsanwalt ganz auf eine Vergütung verzichten. [4]§ 9 des Beratungshilfegesetzes bleibt unberührt.

(2) [1]Der Rechtsanwalt kann sich für gerichtliche Mahnverfahren und Zwangsvollstreckungsverfahren nach den §§ 802a bis 863 und 882b bis 882f der Zivilprozessordnung verpflichten, dass er, wenn der Anspruch des Auftraggebers auf Erstattung der gesetzlichen Vergütung nicht beigetrieben werden kann, einen Teil des Erstattungsanspruchs an Erfüllungs statt annehmen werde. [2]Der nicht durch Abtretung zu erfüllende Teil der gesetzlichen Vergütung muss in einem angemessenen Verhältnis zu Leistung, Verantwortung und Haftungsrisiko des Rechtsanwalts stehen.

(3) [1]In der Vereinbarung kann es dem Vorstand der Rechtsanwaltskammer überlassen werden, die Vergütung nach billigem Ermessen festzusetzen. [2]Ist die Festsetzung der Vergütung dem Ermessen eines Vertragsteils überlassen, gilt die gesetzliche Vergütung als vereinbart.

§ 4a Erfolgshonorar. (1) [1]Ein Erfolgshonorar (§ 49b Abs. 2 Satz 1 der Bundesrechtsanwaltsordnung) darf nur für den Einzelfall und nur dann vereinbart werden, wenn der Auftraggeber aufgrund seiner wirtschaftlichen Verhältnisse bei verständiger Betrachtung ohne die Vereinbarung eines Erfolgshonorars von der Rechtsverfolgung abgehalten würde. [2]In einem gerichtlichen Verfahren darf dabei für den Fall des Misserfolgs vereinbart werden, dass keine oder eine geringere als die gesetzliche Vergütung zu zahlen ist, wenn für den Erfolgsfall ein angemessener Zuschlag auf die gesetzliche Vergütung vereinbart wird. [3]Für die Beurteilung nach Satz 1 bleibt die Möglichkeit, Beratungs- oder Prozesskostenhilfe in Anspruch zu nehmen, außer Betracht.

(2) Die Vereinbarung muss enthalten:

1. die voraussichtliche gesetzliche Vergütung und gegebenenfalls die erfolgsunabhängige vertragliche Vergütung, zu der der Rechtsanwalt bereit wäre, den Auftrag zu übernehmen, sowie

2. die Angabe, welche Vergütung bei Eintritt welcher Bedingungen verdient sein soll.

(3) [1] In der Vereinbarung sind außerdem die wesentlichen Gründe anzugeben, die für die Bemessung des Erfolgshonorars bestimmend sind. [2] Ferner ist ein Hinweis aufzunehmen, dass die Vereinbarung keinen Einfluss auf die gegebenenfalls vom Auftraggeber zu zahlenden Gerichtskosten, Verwaltungskosten und die von ihm zu erstattenden Kosten anderer Beteiligter hat.

§ 4b Fehlerhafte Vergütungsvereinbarung. [1] Aus einer Vergütungsvereinbarung, die nicht den Anforderungen des § 3a Abs. 1 Satz 1 und 2 oder des § 4a Abs. 1 und 2 entspricht, kann der Rechtsanwalt keine höhere als die gesetzliche Vergütung fordern. [2] Die Vorschriften des bürgerlichen Rechts über die ungerechtfertigte Bereicherung bleiben unberührt.

§ 5 Vergütung für Tätigkeiten von Vertretern des Rechtsanwalts.

Die Vergütung für eine Tätigkeit, die der Rechtsanwalt nicht persönlich vornimmt, wird nach diesem Gesetz bemessen, wenn der Rechtsanwalt durch einen Rechtsanwalt, den allgemeinen Vertreter, einen Assessor bei einem Rechtsanwalt oder einen zur Ausbildung zugewiesenen Referendar vertreten wird.

§ 6 Mehrere Rechtsanwälte. Ist der Auftrag mehreren Rechtsanwälten zur gemeinschaftlichen Erledigung übertragen, erhält jeder Rechtsanwalt für seine Tätigkeit die volle Vergütung.

§ 7 Mehrere Auftraggeber. (1) Wird der Rechtsanwalt in derselben Angelegenheit für mehrere Auftraggeber tätig, erhält er die Gebühren nur einmal.

(2) [1] Jeder der Auftraggeber schuldet die Gebühren und Auslagen, die er schulden würde, wenn der Rechtsanwalt nur in seinem Auftrag tätig geworden wäre; die Dokumentenpauschale nach Nummer 7000 des Vergütungsverzeichnisses schuldet er auch insoweit, wie diese nur durch die Unterrichtung mehrerer Auftraggeber entstanden ist. [2] Der Rechtsanwalt kann aber insgesamt nicht mehr als die nach Absatz 1 berechneten Gebühren und die insgesamt entstandenen Auslagen fordern.

§ 8 Fälligkeit, Hemmung der Verjährung. (1) [1] Die Vergütung wird fällig, wenn der Auftrag erledigt oder die Angelegenheit beendet ist. [2] Ist der Rechtsanwalt in einem gerichtlichen Verfahren tätig, wird die Vergütung auch fällig, wenn eine Kostenentscheidung ergangen oder der Rechtszug beendet ist oder wenn das Verfahren länger als drei Monate ruht.

(2) [1] Die Verjährung der Vergütung für eine Tätigkeit in einem gerichtlichen Verfahren wird gehemmt, solange das Verfahren anhängig ist. [2] Die Hemmung endet mit der rechtskräftigen Entscheidung oder anderweitigen Beendigung des Verfahrens. [3] Ruht das Verfahren, endet die Hemmung drei Monate nach Eintritt der Fälligkeit. [4] Die Hemmung beginnt erneut, wenn das Verfahren weiter betrieben wird.

§ 9 Vorschuss. Der Rechtsanwalt kann von seinem Auftraggeber für die entstandenen und die voraussichtlich entstehenden Gebühren und Auslagen einen angemessenen Vorschuss fordern.

§ 10 Berechnung. (1) [1] Der Rechtsanwalt kann die Vergütung nur aufgrund einer von ihm unterzeichneten und dem Auftraggeber mitgeteilten Berechnung einfordern. [2] Der Lauf der Verjährungsfrist ist von der Mitteilung der Berechnung nicht abhängig.

(2) [1] In der Berechnung sind die Beträge der einzelnen Gebühren und Auslagen, Vorschüsse, eine kurze Bezeichnung des jeweiligen Gebührentatbestands, die Bezeichnung der Auslagen sowie die angewandten Nummern des Vergütungsverzeichnisses und bei Gebühren, die nach dem Gegenstandswert berechnet sind, auch dieser anzugeben. [2] Bei Entgelten für Post- und Telekommunikationsdienstleistungen genügt die Angabe des Gesamtbetrags.

(3) Hat der Auftraggeber die Vergütung gezahlt, ohne die Berechnung erhalten zu haben, kann er die Mitteilung der Berechnung noch fordern, solange der Rechtsanwalt zur Aufbewahrung der Handakten verpflichtet ist.

§ 11 Festsetzung der Vergütung. (1) [1] Soweit die gesetzliche Vergütung, eine nach § 42 festgestellte Pauschgebühr und die zu ersetzenden Aufwendungen (§ 670 des Bürgerlichen Gesetzbuchs) zu den Kosten des gerichtlichen Verfahrens gehören, werden sie auf Antrag des Rechtsanwalts oder des Auftraggebers durch das Gericht des ersten Rechtszugs festgesetzt. [2] Getilgte Beträge sind abzusetzen.

(2) [1] Der Antrag ist erst zulässig, wenn die Vergütung fällig ist. [2] Vor der Festsetzung sind die Beteiligten zu hören. [3] Die Vorschriften der jeweiligen Verfahrensordnung über das Kostenfestsetzungsverfahren mit Ausnahme des § 104 Abs. 2 Satz 3 der Zivilprozessordnung und die Vorschriften der Zivilprozessordnung über die Zwangsvollstreckung aus Kostenfestsetzungsbeschlüssen gelten entsprechend. [4] Das Verfahren vor dem Gericht des ersten Rechtszugs ist gebührenfrei. [5] In den Vergütungsfestsetzungsbeschluss sind die von dem Rechtsanwalt gezahlten Auslagen für die Zustellung des Beschlusses aufzunehmen. [6] Im Übrigen findet eine Kostenerstattung nicht statt; dies gilt auch im Verfahren über Beschwerden.

(3) [1] Im Verfahren vor den Gerichten der Verwaltungsgerichtsbarkeit, der Finanzgerichtsbarkeit und der Sozialgerichtsbarkeit wird die Vergütung vom Urkundsbeamten der Geschäftsstelle festgesetzt. [2] Die für die jeweilige Gerichtsbarkeit geltenden Vorschriften über die Erinnerung im Kostenfestsetzungsverfahren gelten entsprechend.

(4) Wird der vom Rechtsanwalt angegebene Gegenstandswert von einem Beteiligten bestritten, ist das Verfahren auszusetzen, bis das Gericht hierüber entschieden hat (§§ 32, 33 und 38 Abs. 1).

(5) [1] Die Festsetzung ist abzulehnen, soweit der Antragsgegner Einwendungen oder Einreden erhebt, die nicht im Gebührenrecht ihren Grund haben. [2] Hat der Auftraggeber bereits dem Rechtsanwalt gegenüber derartige Einwendungen oder Einreden erhoben, ist die Erhebung der Klage nicht von der vorherigen Einleitung des Festsetzungsverfahrens abhängig.

(6) [1] Anträge und Erklärungen können ohne Mitwirkung eines Bevollmächtigten schriftlich eingereicht oder zu Protokoll der Geschäftsstelle abgegeben

werden. [2] § 129a der Zivilprozessordnung gilt entsprechend. [3] Für die Bevollmächtigung gelten die Regelungen der für das zugrunde liegende Verfahren geltenden Verfahrensordnung entsprechend.

(7) Durch den Antrag auf Festsetzung der Vergütung wird die Verjährung wie durch Klageerhebung gehemmt.

(8) [1] Die Absätze 1 bis 7 gelten bei Rahmengebühren nur, wenn die Mindestgebühren geltend gemacht werden oder der Auftraggeber der Höhe der Gebühren ausdrücklich zugestimmt hat. [2] Die Festsetzung auf Antrag des Rechtsanwalts ist abzulehnen, wenn er die Zustimmungserklärung des Auftraggebers nicht mit dem Antrag vorlegt.

§ 12 Anwendung von Vorschriften für die Prozesskostenhilfe. [1] Die Vorschriften dieses Gesetzes für im Wege der Prozesskostenhilfe beigeordnete Rechtsanwälte und für Verfahren über die Prozesskostenhilfe sind bei Verfahrenskostenhilfe und im Fall des § 4a der Insolvenzordnung entsprechend anzuwenden. [2] Der Bewilligung von Prozesskostenhilfe steht die Stundung nach § 4a der Insolvenzordnung gleich.

§ 12a Abhilfe bei Verletzung des Anspruchs auf rechtliches Gehör.

(1) Auf die Rüge eines durch die Entscheidung nach diesem Gesetz beschwerten Beteiligten ist das Verfahren fortzuführen, wenn

1. ein Rechtsmittel oder ein anderer Rechtsbehelf gegen die Entscheidung nicht gegeben ist und
2. das Gericht den Anspruch dieses Beteiligten auf rechtliches Gehör in entscheidungserheblicher Weise verletzt hat.

(2) [1] Die Rüge ist innerhalb von zwei Wochen nach Kenntnis von der Verletzung des rechtlichen Gehörs zu erheben; der Zeitpunkt der Kenntniserlangung ist glaubhaft zu machen. [2] Nach Ablauf eines Jahres seit Bekanntmachung der angegriffenen Entscheidung kann die Rüge nicht mehr erhoben werden. [3] Formlos mitgeteilte Entscheidungen gelten mit dem dritten Tage nach Aufgabe zur Post als bekannt gemacht. [4] Die Rüge ist bei dem Gericht zu erheben, dessen Entscheidung angegriffen wird; § 33 Abs. 7 Satz 1 und 2 gilt entsprechend. [5] Die Rüge muss die angegriffene Entscheidung bezeichnen und das Vorliegen der in Absatz 1 Nr. 2 genannten Voraussetzungen darlegen.

(3) Den übrigen Beteiligten ist, soweit erforderlich, Gelegenheit zur Stellungnahme zu geben.

(4) [1] Das Gericht hat von Amts wegen zu prüfen, ob die Rüge an sich statthaft und ob sie in der gesetzlichen Form und Frist erhoben ist. [2] Mangelt es an einem dieser Erfordernisse, so ist die Rüge als unzulässig zu verwerfen. [3] Ist die Rüge unbegründet, weist das Gericht sie zurück. [4] Die Entscheidung ergeht durch unanfechtbaren Beschluss. [5] Der Beschluss soll kurz begründet werden.

(5) Ist die Rüge begründet, so hilft ihr das Gericht ab, indem es das Verfahren fortführt, soweit dies aufgrund der Rüge geboten ist.

(6) Kosten werden nicht erstattet.

§ 12b Elektronische Akte, elektronisches Dokument. [1] In Verfahren nach diesem Gesetz sind die verfahrensrechtlichen Vorschriften über die elektronische Akte und über das elektronische Dokument für das Verfahren anzuwenden, in dem der Rechtsanwalt die Vergütung erhält. [2]Im Fall der Beratungshilfe sind die entsprechenden Vorschriften des Gesetzes über das Verfahren in Familiensachen und in den Angelegenheiten der freiwilligen Gerichtsbarkeit anzuwenden.

§ 12c Rechtsbehelfsbelehrung. Jede anfechtbare Entscheidung hat eine Belehrung über den statthaften Rechtsbehelf sowie über das Gericht, bei dem dieser Rechtsbehelf einzulegen ist, über dessen Sitz und über die einzuhaltende Form und Frist zu enthalten.

Abschnitt 2. Gebührenvorschriften

§ 13 Wertgebühren. (1) [1]Wenn sich die Gebühren nach dem Gegenstandswert richten, beträgt die Gebühr bei einem Gegenstandswert bis 500 Euro 45 Euro. [2]Die Gebühr erhöht sich bei einem

Gegenstandswert bis … Euro	für jeden angefangenen Betrag von weiteren … Euro	um … Euro
2 000	500	35
10 000	1 000	51
25 000	3 000	46
50 000	5 000	75
200 000	15 000	85
500 000	30 000	120
über 500 000	50 000	150

[3]Eine Gebührentabelle für Gegenstandswerte bis 500 000 Euro ist diesem Gesetz als Anlage 2 beigefügt.

(2) Der Mindestbetrag einer Gebühr ist 15 Euro.

§ 14 Rahmengebühren. (1) [1]Bei Rahmengebühren bestimmt der Rechtsanwalt die Gebühr im Einzelfall unter Berücksichtigung aller Umstände, vor allem des Umfangs und der Schwierigkeit der anwaltlichen Tätigkeit, der Bedeutung der Angelegenheit sowie der Einkommens- und Vermögensverhältnisse des Auftraggebers, nach billigem Ermessen. [2]Ein besonderes Haftungsrisiko des Rechtsanwalts kann bei der Bemessung herangezogen werden. [3]Bei Rahmengebühren, die sich nicht nach dem Gegenstandswert richten, ist das Haftungsrisiko zu berücksichtigen. [4]Ist die Gebühr von einem Dritten zu ersetzen, ist die von dem Rechtsanwalt getroffene Bestimmung nicht verbindlich, wenn sie unbillig ist.

(2) [1]Im Rechtsstreit hat das Gericht ein Gutachten des Vorstands der Rechtsanwaltskammer einzuholen, soweit die Höhe der Gebühr streitig ist; dies gilt auch im Verfahren nach § 495a der Zivilprozessordnung. [2]Das Gutachten ist kostenlos zu erstatten.

§ 15 Abgeltungsbereich der Gebühren. (1) Die Gebühren entgelten, soweit dieses Gesetz nichts anderes bestimmt, die gesamte Tätigkeit des Rechtsanwalts vom Auftrag bis zur Erledigung der Angelegenheit.

(2) Der Rechtsanwalt kann die Gebühren in derselben Angelegenheit nur einmal fordern.

(3) Sind für Teile des Gegenstands verschiedene Gebührensätze anzuwenden, entstehen für die Teile gesondert berechnete Gebühren, jedoch nicht mehr als die aus dem Gesamtbetrag der Wertteile nach dem höchsten Gebührensatz berechnete Gebühr.

(4) Auf bereits entstandene Gebühren ist es, soweit dieses Gesetz nichts anderes bestimmt, ohne Einfluss, wenn sich die Angelegenheit vorzeitig erledigt oder der Auftrag endigt, bevor die Angelegenheit erledigt ist.

(5) [1] Wird der Rechtsanwalt, nachdem er in einer Angelegenheit tätig geworden ist, beauftragt, in derselben Angelegenheit weiter tätig zu werden, erhält er nicht mehr an Gebühren, als er erhalten würde, wenn er von vornherein hiermit beauftragt worden wäre. [2] Ist der frühere Auftrag seit mehr als zwei Kalenderjahren erledigt, gilt die weitere Tätigkeit als neue Angelegenheit und in diesem Gesetz bestimmte Anrechnungen von Gebühren entfallen. [3] Satz 2 gilt entsprechend, wenn ein Vergleich mehr als zwei Kalenderjahre nach seinem Abschluss angefochten wird oder wenn mehr als zwei Kalenderjahre nach Zustellung eines Beschlusses nach § 23 Absatz 3 Satz 1 des Kapitalanleger-Musterverfahrensgesetzes der Kläger einen Antrag nach § 23 Absatz 4 des Kapitalanleger-Musterverfahrensgesetzes auf Wiedereröffnung des Verfahrens stellt.

(6) Ist der Rechtsanwalt nur mit einzelnen Handlungen oder mit Tätigkeiten, die nach § 19 zum Rechtszug oder zum Verfahren gehören, beauftragt, erhält er nicht mehr an Gebühren als der mit der gesamten Angelegenheit beauftragte Rechtsanwalt für die gleiche Tätigkeit erhalten würde.

§ 15a Anrechnung einer Gebühr. (1) Sieht dieses Gesetz die Anrechnung einer Gebühr auf eine andere Gebühr vor, kann der Rechtsanwalt beide Gebühren fordern, jedoch nicht mehr als den um den Anrechnungsbetrag verminderten Gesamtbetrag der beiden Gebühren.

(2) Ein Dritter kann sich auf die Anrechnung nur berufen, soweit er den Anspruch auf eine der beiden Gebühren erfüllt hat, wegen eines dieser Ansprüche gegen ihn ein Vollstreckungstitel besteht oder beide Gebühren in demselben Verfahren gegen ihn geltend gemacht werden.

Abschnitt 3. Angelegenheit

§ 16 Dieselbe Angelegenheit. Dieselbe Angelegenheit sind

1. das Verwaltungsverfahren auf Aussetzung oder Anordnung der sofortigen Vollziehung sowie über einstweilige Maßnahmen zur Sicherung der Rechte Dritter und jedes Verwaltungsverfahren auf Abänderung oder Aufhebung in den genannten Fällen;
2. das Verfahren über die Prozesskostenhilfe und das Verfahren, für das die Prozesskostenhilfe beantragt worden ist;
3. mehrere Verfahren über die Prozesskostenhilfe in demselben Rechtszug;

3a. das Verfahren zur Bestimmung des zuständigen Gerichts und das Verfahren, für das der Gerichtsstand bestimmt werden soll; dies gilt auch dann, wenn das Verfahren zur Bestimmung des zuständigen Gerichts vor Klageerhebung oder Antragstellung endet, ohne dass das zuständige Gericht bestimmt worden ist;

4. eine Scheidungssache oder ein Verfahren über die Aufhebung einer Lebenspartnerschaft und die Folgesachen;

5. das Verfahren über die Anordnung eines Arrests, zur Erwirkung eines Europäischen Beschlusses zur vorläufigen Kontenpfändung, über den Erlass einer einstweiligen Verfügung oder einstweiligen Anordnung, über die Anordnung oder Wiederherstellung der aufschiebenden Wirkung, über die Aufhebung der Vollziehung oder die Anordnung der sofortigen Vollziehung eines Verwaltungsakts und jedes Verfahren über deren Abänderung, Aufhebung oder Widerruf;

6. das Verfahren nach § 3 Abs. 1 des Gesetzes zur Ausführung des Vertrages zwischen der Bundesrepublik Deutschland und der Republik Österreich vom 6. Juni 1959 über die gegenseitige Anerkennung und Vollstreckung von gerichtlichen Entscheidungen, Vergleichen und öffentlichen Urkunden in Zivil- und Handelssachen in der im Bundesgesetzblatt Teil III, Gliederungsnummer 319-12, veröffentlichten bereinigten Fassung, das zuletzt durch Artikel 23 des Gesetzes vom 27. Juli 2001 (BGBl. I S. 1887) geändert worden ist, und das Verfahren nach § 3 Abs. 2 des genannten Gesetzes;

7. das Verfahren über die Zulassung der Vollziehung einer vorläufigen oder sichernden Maßnahme und das Verfahren über einen Antrag auf Aufhebung oder Änderung einer Entscheidung über die Zulassung der Vollziehung (§ 1041 der Zivilprozessordnung);

8. das schiedsrichterliche Verfahren und das gerichtliche Verfahren bei der Bestellung eines Schiedsrichters oder Ersatzschiedsrichters, über die Ablehnung eines Schiedsrichters oder über die Beendigung des Schiedsrichteramts, zur Unterstützung bei der Beweisaufnahme oder bei der Vornahme sonstiger richterlicher Handlungen;

9. das Verfahren vor dem Schiedsgericht und die gerichtlichen Verfahren über die Bestimmung einer Frist (§ 102 Abs. 3 des Arbeitsgerichtsgesetzes), die Ablehnung eines Schiedsrichters (§ 103 Abs. 3 des Arbeitsgerichtsgesetzes) oder die Vornahme einer Beweisaufnahme oder einer Vereidigung (§ 106 Abs. 2 des Arbeitsgerichtsgesetzes);

10. im Kostenfestsetzungsverfahren und im Verfahren über den Antrag auf gerichtliche Entscheidung gegen einen Kostenfestsetzungsbescheid (§ 108 des Gesetzes über Ordnungswidrigkeiten) einerseits und im Kostenansatzverfahren sowie im Verfahren über den Antrag auf gerichtliche Entscheidung gegen den Ansatz der Gebühren und Auslagen (§ 108 des Gesetzes über Ordnungswidrigkeiten) andererseits jeweils mehrere Verfahren über
    a) die Erinnerung,
    b) den Antrag auf gerichtliche Entscheidung,
    c) die Beschwerde in demselben Beschwerderechtszug;

11. das Rechtsmittelverfahren und das Verfahren über die Zulassung des Rechtsmittels; dies gilt nicht für das Verfahren über die Beschwerde gegen die Nichtzulassung eines Rechtsmittels;
12. das Verfahren über die Privatklage und die Widerklage und zwar auch im Fall des § 388 Abs. 2 der Strafprozessordnung und
13. das erstinstanzliche Prozessverfahren und der erste Rechtszug des Musterverfahrens nach dem Kapitalanleger-Musterverfahrensgesetz.

§ 17 Verschiedene Angelegenheiten. Verschiedene Angelegenheiten sind
1. das Verfahren über ein Rechtsmittel und der vorausgegangene Rechtszug,
1a. jeweils das Verwaltungsverfahren, das einem gerichtlichen Verfahren vorausgehende und der Nachprüfung des Verwaltungsakts dienende weitere Verwaltungsverfahren (Vorverfahren, Einspruchsverfahren, Beschwerdeverfahren, Abhilfeverfahren), das Verfahren über die Beschwerde und die weitere Beschwerde nach der Wehrbeschwerdeordnung, das Verwaltungsverfahren auf Aussetzung oder Anordnung der sofortigen Vollziehung sowie über einstweilige Maßnahmen zur Sicherung der Rechte Dritter und ein gerichtliches Verfahren,
2. das Mahnverfahren und das streitige Verfahren,
3. das vereinfachte Verfahren über den Unterhalt Minderjähriger und das streitige Verfahren,
4. das Verfahren in der Hauptsache und ein Verfahren
   a) auf Anordnung eines Arrests oder zur Erwirkung eines Europäischen Beschlusses zur vorläufigen Kontenpfändung,
   b) auf Erlass einer einstweiligen Verfügung oder einer einstweiligen Anordnung,
   c) über die Anordnung oder Wiederherstellung der aufschiebenden Wirkung, über die Aufhebung der Vollziehung oder über die Anordnung der sofortigen Vollziehung eines Verwaltungsakts sowie
   d) über die Abänderung, die Aufhebung oder den Widerruf einer in einem Verfahren nach den Buchstaben a bis c ergangenen Entscheidung,
5. der Urkunden- oder Wechselprozess und das ordentliche Verfahren, das nach Abstandnahme vom Urkunden- oder Wechselprozess oder nach einem Vorbehaltsurteil anhängig bleibt (§§ 596, 600 der Zivilprozessordnung),
6. das Schiedsverfahren und das Verfahren über die Zulassung der Vollziehung einer vorläufigen oder sichernden Maßnahme sowie das Verfahren über einen Antrag auf Aufhebung oder Änderung einer Entscheidung über die Zulassung der Vollziehung (§ 1041 der Zivilprozessordnung),
7. das gerichtliche Verfahren und ein vorausgegangenes
   a) Güteverfahren vor einer durch die Landesjustizverwaltung eingerichteten oder anerkannten Gütestelle (§ 794 Abs. 1 Nr. 1 der Zivilprozessordnung) oder, wenn die Parteien den Einigungsversuch einvernehmlich unternehmen, vor einer Gütestelle, die Streitbeilegung betreibt (§ 15a Abs. 3 des Einführungsgesetzes zur Zivilprozessordnung),

b) Verfahren vor einem Ausschuss der in § 111 Abs. 2 des Arbeitsgerichtsgesetzes bezeichneten Art,

c) Verfahren vor dem Seemannsamt zur vorläufigen Entscheidung von Arbeitssachen und

d) Verfahren vor sonstigen gesetzlich eingerichteten Einigungsstellen, Gütestellen oder Schiedsstellen,

8. das Vermittlungsverfahren nach § 165 des Gesetzes über das Verfahren in Familiensachen und in den Angelegenheiten der freiwilligen Gerichtsbarkeit und ein sich anschließendes gerichtliches Verfahren,
9. das Verfahren über ein Rechtsmittel und das Verfahren über die Beschwerde gegen die Nichtzulassung des Rechtsmittels,
10. das strafrechtliche Ermittlungsverfahren und
    a) ein nachfolgendes gerichtliches Verfahren und
    b) ein sich nach Einstellung des Ermittlungsverfahrens anschließendes Bußgeldverfahren,
11. das Bußgeldverfahren vor der Verwaltungsbehörde und das nachfolgende gerichtliche Verfahren,
12. das Strafverfahren und das Verfahren über die im Urteil vorbehaltene Sicherungsverwahrung und
13. das Wiederaufnahmeverfahren und das wiederaufgenommene Verfahren, wenn sich die Gebühren nach Teil 4 oder 5 des Vergütungsverzeichnisses richten.

§ 18 Besondere Angelegenheiten. (1) Besondere Angelegenheiten sind

1. jede Vollstreckungsmaßnahme zusammen mit den durch diese vorbereiteten weiteren Vollstreckungshandlungen bis zur Befriedigung des Gläubigers; dies gilt entsprechend im Verwaltungszwangsverfahren (Verwaltungsvollstreckungsverfahren);
2. jede Vollziehungsmaßnahme bei der Vollziehung eines Arrests oder einer einstweiligen Verfügung (§§ 928 bis 934 und 936 der Zivilprozessordnung), die sich nicht auf die Zustellung beschränkt;
3. solche Angelegenheiten, in denen sich die Gebühren nach Teil 3 des Vergütungsverzeichnisses richten, jedes Beschwerdeverfahren, jedes Verfahren über eine Erinnerung gegen einen Kostenfestsetzungsbeschluss und jedes sonstige Verfahren über eine Erinnerung gegen eine Entscheidung des Rechtspflegers, soweit sich aus § 16 Nummer 10 nichts anderes ergibt;
4. das Verfahren über Einwendungen gegen die Erteilung der Vollstreckungsklausel, auf das § 732 der Zivilprozessordnung anzuwenden ist;
5. das Verfahren auf Erteilung einer weiteren vollstreckbaren Ausfertigung;
6. jedes Verfahren über Anträge nach den §§ 765a, 851a oder 851b der Zivilprozessordnung und jedes Verfahren über Anträge auf Änderung oder Aufhebung der getroffenen Anordnungen, jedes Verfahren über Anträge nach § 1084 Absatz 1, § 1096 oder § 1109 der Zivilprozessordnung und über Anträge nach § 31 des Auslandsunterhaltsgesetzes;
7. das Verfahren auf Zulassung der Austauschpfändung (§ 811a der Zivilprozessordnung);

8. das Verfahren über einen Antrag nach § 825 der Zivilprozessordnung;
9. die Ausführung der Zwangsvollstreckung in ein gepfändetes Vermögensrecht durch Verwaltung (§ 857 Abs. 4 der Zivilprozessordnung);
10. das Verteilungsverfahren (§ 858 Abs. 5, §§ 872 bis 877, 882 der Zivilprozessordnung);
11. das Verfahren auf Eintragung einer Zwangshypothek (§§ 867, 870a der Zivilprozessordnung);
12. die Vollstreckung der Entscheidung, durch die der Schuldner zur Vorauszahlung der Kosten, die durch die Vornahme einer Handlung entstehen, verurteilt wird (§ 887 Abs. 2 der Zivilprozessordnung);
13. das Verfahren zur Ausführung der Zwangsvollstreckung auf Vornahme einer Handlung durch Zwangsmittel (§ 888 der Zivilprozessordnung);
14. jede Verurteilung zu einem Ordnungsgeld gemäß § 890 Abs. 1 der Zivilprozessordnung;
15. die Verurteilung zur Bestellung einer Sicherheit im Fall des § 890 Abs. 3 der Zivilprozessordnung;
16. das Verfahren zur Abnahme der Vermögensauskunft (§§ 802f und 802g der Zivilprozessordnung);
17. das Verfahren auf Löschung der Eintragung im Schuldnerverzeichnis (§ 882e der Zivilprozessordnung);
18. das Ausüben der Veröffentlichungsbefugnis;
19. das Verfahren über Anträge auf Zulassung der *Zwangsvollsteckung*[1] nach § 17 Abs. 4 der Schifffahrtsrechtlichen Verteilungsordnung;
20. das Verfahren über Anträge auf Aufhebung von Vollstreckungsmaßregeln (§ 8 Abs. 5 und § 41 der Schifffahrtsrechtlichen Verteilungsordnung) und
21. das Verfahren zur Anordnung von Zwangsmaßnahmen durch Beschluss nach § 35 des Gesetzes über das Verfahren in Familiensachen und in den Angelegenheiten der freiwilligen Gerichtsbarkeit.

(2) Absatz 1 gilt entsprechend für

1. die Vollziehung eines Arrestes und
2. die Vollstreckung

nach den Vorschriften des Gesetzes über das Verfahren in Familiensachen und in den Angelegenheiten der freiwilligen Gerichtsbarkeit.

§ 19 Rechtszug; Tätigkeiten, die mit dem Verfahren zusammenhängen. (1) [1] Zu dem Rechtszug oder dem Verfahren gehören auch alle Vorbereitungs-, Neben- und Abwicklungstätigkeiten und solche Verfahren, die mit dem Rechtszug oder Verfahren zusammenhängen, wenn die Tätigkeit nicht nach § 18 eine besondere Angelegenheit ist. [2] Hierzu gehören insbesondere

1. die Vorbereitung der Klage, des Antrags oder der Rechtsverteidigung, soweit kein besonderes gerichtliches oder behördliches Verfahren stattfindet;

[1] Richtig wohl: „Zwangsvollstreckung".

1a. die Einreichung von Schutzschriften und die Anmeldung von Ansprüchen oder Rechtsverhältnissen zum Klageregister für Musterfeststellungsklagen sowie die Rücknahme der Anmeldung;
2. außergerichtliche Verhandlungen;
3. Zwischenstreite, die Bestellung von Vertretern durch das in der Hauptsache zuständige Gericht, die Ablehnung von Richtern, Rechtspflegern, Urkundsbeamten der Geschäftsstelle oder Sachverständigen, die Entscheidung über einen Antrag betreffend eine Sicherungsanordnung, die Wertfestsetzung, die Beschleunigungsrüge nach § 155b des Gesetzes über das Verfahren in Familiensachen und in den Angelegenheiten der freiwilligen Gerichtsbarkeit;
4. das Verfahren vor dem beauftragten oder ersuchten Richter;
5. das Verfahren
   a) über die Erinnerung (§ 573 der Zivilprozessordnung),
   b) über die Rüge wegen Verletzung des Anspruchs auf rechtliches Gehör,
   c) nach Artikel 18 der Verordnung (EG) Nr. 861/2007 des Europäischen Parlaments und des Rates vom 13. Juni 2007 zur Einführung eines europäischen Verfahrens für geringfügige Forderungen,
   d) nach Artikel 20 der Verordnung (EG) Nr. 1896/2006 des Europäischen Parlaments und des Rates vom 12. Dezember 2006 zur Einführung eines Europäischen Mahnverfahrens und
   e) nach Artikel 19 der Verordnung (EG) Nr. 4/2009 über die Zuständigkeit, das anwendbare Recht, die Anerkennung und Vollstreckung von Entscheidungen und die Zusammenarbeit in Unterhaltssachen;
6. die Berichtigung und Ergänzung der Entscheidung oder ihres Tatbestands;
7. die Mitwirkung bei der Erbringung der Sicherheitsleistung und das Verfahren wegen deren Rückgabe;
8. die für die Geltendmachung im Ausland vorgesehene Vervollständigung der Entscheidung und die Bezifferung eines dynamisierten Unterhaltstitels;
9. die Zustellung oder Empfangnahme von Entscheidungen oder Rechtsmittelschriften und ihre Mitteilung an den Auftraggeber, die Einwilligung zur Einlegung der Sprungrevision oder Sprungrechtsbeschwerde, der Antrag auf Entscheidung über die Verpflichtung, die Kosten zu tragen, die nachträgliche Vollstreckbarerklärung eines Urteils auf besonderen Antrag, die Erteilung des Notfrist- und des Rechtskraftzeugnisses;
9a. die Ausstellung von Bescheinigungen, Bestätigungen oder Formblättern einschließlich deren Berichtigung, Aufhebung oder Widerruf nach
   a) § 1079 oder § 1110 der Zivilprozessordnung,
   b) § 48 des Internationalen Familienrechtsverfahrensgesetzes,
   c) § 57 oder § 58 des Anerkennungs- und Vollstreckungsausführungsgesetzes,
   d) § 14 des EU-Gewaltschutzverfahrensgesetzes,
   e) § 71 Absatz 1 des Auslandsunterhaltsgesetzes,
   f) § 27 des Internationalen Erbrechtsverfahrensgesetzes und
   g) § 27 des Internationalen Güterrechtsverfahrensgesetzes;

10. die Einlegung von Rechtsmitteln bei dem Gericht desselben Rechtszugs in Verfahren, in denen sich die Gebühren nach Teil 4, 5 oder 6 des Vergütungsverzeichnisses richten; die Einlegung des Rechtsmittels durch einen neuen Verteidiger gehört zum Rechtszug des Rechtsmittels;
10a. Beschwerdeverfahren, wenn sich die Gebühren nach Teil 4, 5 oder 6 des Vergütungsverzeichnisses richten und dort nichts anderes bestimmt ist oder keine besonderen Gebührentatbestände vorgesehen sind;
11. die vorläufige Einstellung, Beschränkung oder Aufhebung der Zwangsvollstreckung, wenn nicht eine abgesonderte mündliche Verhandlung hierüber stattfindet;
12. die einstweilige Einstellung oder Beschränkung der Vollstreckung und die Anordnung, dass Vollstreckungsmaßnahmen aufzuheben sind (§ 93 Abs. 1 des Gesetzes über das Verfahren in Familiensachen und in den Angelegenheiten der freiwilligen Gerichtsbarkeit), wenn nicht ein besonderer gerichtlicher Termin hierüber stattfindet;
13. die erstmalige Erteilung der Vollstreckungsklausel, wenn deswegen keine Klage erhoben wird;
14. die Kostenfestsetzung und die Einforderung der Vergütung;
15. *(aufgehoben)*
16. die Zustellung eines Vollstreckungstitels, der Vollstreckungsklausel und der sonstigen in § 750 der Zivilprozessordnung genannten Urkunden und
17. die Herausgabe der Handakten oder ihre Übersendung an einen anderen Rechtsanwalt.

(2) Zu den in § 18 Abs. 1 Nr. 1 und 2 genannten Verfahren gehören ferner insbesondere
1. gerichtliche Anordnungen nach § 758a der Zivilprozessordnung sowie Beschlüsse nach den §§ 90 und 91 Abs. 1 des Gesetzes über das Verfahren in Familiensachen und in den Angelegenheiten der freiwilligen Gerichtsbarkeit,
2. die Erinnerung nach § 766 der Zivilprozessordnung,
3. die Bestimmung eines Gerichtsvollziehers (§ 827 Abs. 1 und § 854 Abs. 1 der Zivilprozessordnung) oder eines Sequesters (§§ 848 und 855 der Zivilprozessordnung),
4. die Anzeige der Absicht, die Zwangsvollstreckung gegen eine juristische Person des öffentlichen Rechts zu betreiben,
5. die einer Verurteilung vorausgehende Androhung von Ordnungsgeld und
6. die Aufhebung einer Vollstreckungsmaßnahme.

§ 20 Verweisung, Abgabe. [1] Soweit eine Sache an ein anderes Gericht verwiesen oder abgegeben wird, sind die Verfahren vor dem verweisenden oder abgebenden und vor dem übernehmenden Gericht ein Rechtszug. [2] Wird eine Sache an ein Gericht eines niedrigeren Rechtszugs verwiesen oder abgegeben, ist das weitere Verfahren vor diesem Gericht ein neuer Rechtszug.

§ 21 Zurückverweisung, Fortführung einer Folgesache als selbständige Familiensache. (1) Soweit eine Sache an ein untergeordnetes Gericht zurückverwiesen wird, ist das weitere Verfahren vor diesem Gericht ein neuer Rechtszug.

(2) In den Fällen des § 146 des Gesetzes über das Verfahren in Familiensachen und in den Angelegenheiten der freiwilligen Gerichtsbarkeit, auch in Verbindung mit § 270 des Gesetzes über das Verfahren in Familiensachen und in den Angelegenheiten der freiwilligen Gerichtsbarkeit, bildet das weitere Verfahren vor dem Familiengericht mit dem früheren einen Rechtszug.

(3) Wird eine Folgesache als selbständige Familiensache fortgeführt, sind das fortgeführte Verfahren und das frühere Verfahren dieselbe Angelegenheit.

Abschnitt 4. Gegenstandswert

§ 22 Grundsatz. (1) In derselben Angelegenheit werden die Werte mehrerer Gegenstände zusammengerechnet.

(2) [1]Der Wert beträgt in derselben Angelegenheit höchstens 30 Millionen Euro, soweit durch Gesetz kein niedrigerer Höchstwert bestimmt ist. [2]Sind in derselben Angelegenheit mehrere Personen wegen verschiedener Gegenstände Auftraggeber, beträgt der Wert für jede Person höchstens 30 Millionen Euro, insgesamt jedoch nicht mehr als 100 Millionen Euro.

§ 23 Allgemeine Wertvorschrift. (1) [1]Soweit sich die Gerichtsgebühren nach dem Wert richten, bestimmt sich der Gegenstandswert im gerichtlichen Verfahren nach den für die Gerichtsgebühren geltenden Wertvorschriften. [2]In Verfahren, in denen Kosten nach dem Gerichtskostengesetz[1)] oder dem Gesetz über Gerichtskosten in Familiensachen[2)] erhoben werden, sind die Wertvorschriften des jeweiligen Kostengesetzes entsprechend anzuwenden, wenn für das Verfahren keine Gerichtsgebühr oder eine Festgebühr bestimmt ist. [3]Diese Wertvorschriften gelten auch entsprechend für die Tätigkeit außerhalb eines gerichtlichen Verfahrens, wenn der Gegenstand der Tätigkeit auch Gegenstand eines gerichtlichen Verfahrens sein könnte. [4]§ 22 Abs. 2 Satz 2 bleibt unberührt.

(2) [1]In Beschwerdeverfahren, in denen Gerichtsgebühren unabhängig vom Ausgang des Verfahrens nicht erhoben werden oder sich nicht nach dem Wert richten, ist der Wert unter Berücksichtigung des Interesses des Beschwerdeführers nach Absatz 3 Satz 2 zu bestimmen, soweit sich aus diesem Gesetz nichts anderes ergibt. [2]Der Gegenstandswert ist durch den Wert des zugrunde liegenden Verfahrens begrenzt. [3]In Verfahren über eine Erinnerung oder eine Rüge wegen Verletzung des rechtlichen Gehörs richtet sich der Wert nach den für Beschwerdeverfahren geltenden Vorschriften.

(3) [1]Soweit sich aus diesem Gesetz nichts anderes ergibt, gelten in anderen Angelegenheiten für den Gegenstandswert die Bewertungsvorschriften des Gerichts- und Notarkostengesetzes und die §§ 37, 38, 42 bis 45 sowie 99 bis 102 des Gerichts- und Notarkostengesetzes entsprechend. [2]Soweit sich der Gegenstandswert aus diesen Vorschriften nicht ergibt und auch sonst nicht feststeht, ist er nach billigem Ermessen zu bestimmen; in Ermangelung genügender tatsächlicher Anhaltspunkte für eine Schätzung und bei nichtver-

---

[1)] Nr. **2**.
[2)] Nr. **2a**.

mögensrechtlichen Gegenständen ist der Gegenstandswert mit 5 000 Euro, nach Lage des Falles niedriger oder höher, jedoch nicht über 500 000 Euro anzunehmen.

§ 23a Gegenstandswert im Verfahren über die Prozesskostenhilfe.

(1) Im Verfahren über die Bewilligung der Prozesskostenhilfe oder die Aufhebung der Bewilligung nach § 124 Absatz 1 Nummer 1 der Zivilprozessordnung bestimmt sich der Gegenstandswert nach dem für die Hauptsache maßgebenden Wert; im Übrigen ist er nach dem Kosteninteresse nach billigem Ermessen zu bestimmen.

(2) Der Wert nach Absatz 1 und der Wert für das Verfahren, für das die Prozesskostenhilfe beantragt worden ist, werden nicht zusammengerechnet.

§ 23b Gegenstandswert im Musterverfahren nach dem Kapitalanleger-Musterverfahrensgesetz. Im Musterverfahren nach dem Kapitalanleger-Musterverfahrensgesetz bestimmt sich der Gegenstandswert nach der Höhe des von dem Auftraggeber oder gegen diesen im Ausgangsverfahren geltend gemachten Anspruchs, soweit dieser Gegenstand des Musterverfahrens ist.

§ 24 Gegenstandswert im Sanierungs- und Reorganisationsverfahren nach dem Kreditinstitute-Reorganisationsgesetz. Ist der Auftrag im Sanierungs- und Reorganisationsverfahren von einem Gläubiger erteilt, bestimmt sich der Wert nach dem Nennwert der Forderung.

§ 25 Gegenstandswert in der Vollstreckung und bei der Vollziehung.

(1) In der Zwangsvollstreckung, in der Vollstreckung, in Verfahren des Verwaltungszwangs und bei der Vollziehung eines Arrests oder einer einstweiligen Verfügung bestimmt sich der Gegenstandswert

1. nach dem Betrag der zu vollstreckenden Geldforderung einschließlich der Nebenforderungen; soll ein bestimmter Gegenstand gepfändet werden und hat dieser einen geringeren Wert, ist der geringere Wert maßgebend; wird künftig fällig werdendes Arbeitseinkommen nach § 850d Abs. 3 der Zivilprozessordnung gepfändet, sind die noch nicht fälligen Ansprüche nach § 51 Abs. 1 Satz 1 des Gesetzes über Gerichtskosten in Familiensachen[1] und § 9 der Zivilprozessordnung zu bewerten; im Verteilungsverfahren (§ 858 Abs. 5, §§ 872 bis 877 und 882 der Zivilprozessordnung) ist höchstens der zu verteilende Geldbetrag maßgebend;
2. nach dem Wert der herauszugebenden oder zu leistenden Sachen; der Gegenstandswert darf jedoch den Wert nicht übersteigen, mit dem der Herausgabe- oder Räumungsanspruch nach den für die Berechnung von Gerichtskosten maßgeblichen Vorschriften zu bewerten ist;
3. nach dem Wert, den die zu erwirkende Handlung, Duldung oder Unterlassung für den Gläubiger hat, und
4. in Verfahren über die Erteilung der Vermögensauskunft nach § 802c der Zivilprozessordnung nach dem Betrag, der einschließlich der Nebenforderungen aus dem Vollstreckungstitel noch geschuldet wird; der Wert beträgt jedoch höchstens 2 000 Euro.

---

[1] Nr. 2a.

(2) In Verfahren über Anträge des Schuldners ist der Wert nach dem Interesse des Antragstellers nach billigem Ermessen zu bestimmen.

§ 26 Gegenstandswert in der Zwangsversteigerung. In der Zwangsversteigerung bestimmt sich der Gegenstandswert

1. bei der Vertretung des Gläubigers oder eines anderen nach § 9 Nr. 1 und 2 des Gesetzes über die Zwangsversteigerung und die Zwangsverwaltung Beteiligten nach dem Wert des dem Gläubiger oder dem Beteiligten zustehenden Rechts; wird das Verfahren wegen einer Teilforderung betrieben, ist der Teilbetrag nur maßgebend, wenn es sich um einen nach § 10 Abs. 1 Nr. 5 des Gesetzes über die Zwangsversteigerung und die Zwangsverwaltung zu befriedigenden Anspruch handelt; Nebenforderungen sind mitzurechnen; der Wert des Gegenstands der Zwangsversteigerung (§ 66 Abs. 1, § 74a Abs. 5 des Gesetzes über die Zwangsversteigerung und die Zwangsverwaltung), im Verteilungsverfahren der zur Verteilung kommende Erlös, sind maßgebend, wenn sie geringer sind;
2. bei der Vertretung eines anderen Beteiligten, insbesondere des Schuldners, nach dem Wert des Gegenstands der Zwangsversteigerung, im Verteilungsverfahren nach dem zur Verteilung kommenden Erlös; bei Miteigentümern oder sonstigen Mitberechtigten ist der Anteil maßgebend;
3. bei der Vertretung eines Bieters, der nicht Beteiligter ist, nach dem Betrag des höchsten für den Auftraggeber abgegebenen Gebots, wenn ein solches Gebot nicht abgegeben ist, nach dem Wert des Gegenstands der Zwangsversteigerung.

§ 27 Gegenstandswert in der Zwangsverwaltung. [1] In der Zwangsverwaltung bestimmt sich der Gegenstandswert bei der Vertretung des Antragstellers nach dem Anspruch, wegen dessen das Verfahren beantragt ist; Nebenforderungen sind mitzurechnen; bei Ansprüchen auf wiederkehrende Leistungen ist der Wert der Leistungen eines Jahres maßgebend. [2] Bei der Vertretung des Schuldners bestimmt sich der Gegenstandswert nach dem zusammengerechneten Wert aller Ansprüche, wegen derer das Verfahren beantragt ist, bei der Vertretung eines sonstigen Beteiligten nach § 23 Abs. 3 Satz 2.

§ 28 Gegenstandswert im Insolvenzverfahren. (1) [1] Die Gebühren der Nummern 3313, 3317 sowie im Fall der Beschwerde gegen den Beschluss über die Eröffnung des Insolvenzverfahrens der Nummern 3500 und 3513 des Vergütungsverzeichnisses werden, wenn der Auftrag vom Schuldner erteilt ist, nach dem Wert der Insolvenzmasse (§ 58 des Gerichtskostengesetzes[1)]) berechnet. [2] Im Fall der Nummer 3313 des Vergütungsverzeichnisses beträgt der Gegenstandswert jedoch mindestens 4 000 Euro.

(2) [1] Ist der Auftrag von einem Insolvenzgläubiger erteilt, werden die in Absatz 1 genannten Gebühren und die Gebühr nach Nummer 3314 nach dem Nennwert der Forderung berechnet. [2] Nebenforderungen sind mitzurechnen.

(3) Im Übrigen ist der Gegenstandswert im Insolvenzverfahren unter Berücksichtigung des wirtschaftlichen Interesses, das der Auftraggeber im Verfahren verfolgt, nach § 23 Abs. 3 Satz 2 zu bestimmen.

[1)] Nr. 2.

§ 29 Gegenstandswert im Verteilungsverfahren nach der Schifffahrtsrechtlichen Verteilungsordnung. Im Verfahren nach der Schifffahrtsrechtlichen Verteilungsordnung gilt § 28 entsprechend mit der Maßgabe, dass an die Stelle des Werts der Insolvenzmasse die festgesetzte Haftungssumme tritt.

§ 30 Gegenstandswert in gerichtlichen Verfahren nach dem Asylgesetz. (1) [1]In Klageverfahren nach dem Asylgesetz beträgt der Gegenstandswert 5 000 Euro, in Verfahren des vorläufigen Rechtsschutzes 2 500 Euro. [2]Sind mehrere natürliche Personen an demselben Verfahren beteiligt, erhöht sich der Wert für jede weitere Person in Klageverfahren um 1 000 Euro und in Verfahren des vorläufigen Rechtsschutzes um 500 Euro.

(2) Ist der nach Absatz 1 bestimmte Wert nach den besonderen Umständen des Einzelfalls unbillig, kann das Gericht einen höheren oder einen niedrigeren Wert festsetzen.

§ 31 Gegenstandswert in gerichtlichen Verfahren nach dem Spruchverfahrensgesetz. (1) [1]Vertritt der Rechtsanwalt im Verfahren nach dem Spruchverfahrensgesetz einen von mehreren Antragstellern, bestimmt sich der Gegenstandswert nach dem Bruchteil des für die Gerichtsgebühren geltenden Geschäftswerts, der sich aus dem Verhältnis der Anzahl der Anteile des Auftraggebers zu der Gesamtzahl der Anteile aller Antragsteller ergibt. [2]Maßgeblicher Zeitpunkt für die Bestimmung der auf die einzelnen Antragsteller entfallenden Anzahl der Anteile ist der jeweilige Zeitpunkt der Antragstellung. [3]Ist die Anzahl der auf einen Antragsteller entfallenden Anteile nicht gerichtsbekannt, wird vermutet, dass er lediglich einen Anteil hält. [4]Der Wert beträgt mindestens 5 000 Euro.

(2) Wird der Rechtsanwalt von mehreren Antragstellern beauftragt, sind die auf die einzelnen Antragsteller entfallenden Werte zusammenzurechnen; Nummer 1008 des Vergütungsverzeichnisses ist insoweit nicht anzuwenden.

§ 31a Ausschlussverfahren nach dem Wertpapiererwerbs- und Übernahmegesetz. [1]Vertritt der Rechtsanwalt im Ausschlussverfahren nach § 39b des Wertpapiererwerbs- und Übernahmegesetzes einen Antragsgegner, bestimmt sich der Gegenstandswert nach dem Wert der Aktien, die dem Auftraggeber im Zeitpunkt der Antragstellung gehören. [2]§ 31 Abs. 1 Satz 2 bis 4 und Abs. 2 gilt entsprechend.

§ 31b Gegenstandswert bei Zahlungsvereinbarungen. Ist Gegenstand einer Einigung nur eine Zahlungsvereinbarung (Nummer 1000 des Vergütungsverzeichnisses), beträgt der Gegenstandswert 20 Prozent des Anspruchs.

§ 32 Wertfestsetzung für die Gerichtsgebühren. (1) Wird der für die Gerichtsgebühren maßgebende Wert gerichtlich festgesetzt, ist die Festsetzung auch für die Gebühren des Rechtsanwalts maßgebend.

(2) [1]Der Rechtsanwalt kann aus eigenem Recht die Festsetzung des Werts beantragen und Rechtsmittel gegen die Festsetzung einlegen. [2]Rechtsbehelfe, die gegeben sind, wenn die Wertfestsetzung unterblieben ist, kann er aus eigenem Recht einlegen.

§ 33 Wertfestsetzung für die Rechtsanwaltsgebühren. (1) Berechnen sich die Gebühren in einem gerichtlichen Verfahren nicht nach dem für die Gerichtsgebühren maßgebenden Wert oder fehlt es an einem solchen Wert, setzt das Gericht des Rechtszugs den Wert des Gegenstands der anwaltlichen Tätigkeit auf Antrag durch Beschluss selbstständig fest.

(2) [1] Der Antrag ist erst zulässig, wenn die Vergütung fällig ist. [2] Antragsberechtigt sind der Rechtsanwalt, der Auftraggeber, ein erstattungspflichtiger Gegner und in den Fällen des § 45 die Staatskasse.

(3) [1] Gegen den Beschluss nach Absatz 1 können die Antragsberechtigten Beschwerde einlegen, wenn der Wert des Beschwerdegegenstands 200 Euro übersteigt. [2] Die Beschwerde ist auch zulässig, wenn sie das Gericht, das die angefochtene Entscheidung erlassen hat, wegen der grundsätzlichen Bedeutung der zur Entscheidung stehenden Frage in dem Beschluss zulässt. [3] Die Beschwerde ist nur zulässig, wenn sie innerhalb von zwei Wochen nach Zustellung der Entscheidung eingelegt wird.

(4) [1] Soweit das Gericht die Beschwerde für zulässig und begründet hält, hat es ihr abzuhelfen; im Übrigen ist die Beschwerde unverzüglich dem Beschwerdegericht vorzulegen. [2] Beschwerdegericht ist das nächsthöhere Gericht, in Zivilsachen der in § 119 Abs. 1 Nr. 1 des Gerichtsverfassungsgesetzes bezeichneten Art jedoch das Oberlandesgericht. [3] Eine Beschwerde an einen obersten Gerichtshof des Bundes findet nicht statt. [4] Das Beschwerdegericht ist an die Zulassung der Beschwerde gebunden; die Nichtzulassung ist unanfechtbar.

(5) [1] War der Beschwerdeführer ohne sein Verschulden verhindert, die Frist einzuhalten, ist ihm auf Antrag von dem Gericht, das über die Beschwerde zu entscheiden hat, Wiedereinsetzung in den vorigen Stand zu gewähren, wenn er die Beschwerde binnen zwei Wochen nach der Beseitigung des Hindernisses einlegt und die Tatsachen, welche die Wiedereinsetzung begründen, glaubhaft macht. [2] Ein Fehlen des Verschuldens wird vermutet, wenn eine Rechtsbehelfsbelehrung unterblieben oder fehlerhaft ist. [3] Nach Ablauf eines Jahres, von dem Ende der versäumten Frist an gerechnet, kann die Wiedereinsetzung nicht mehr beantragt werden. [4] Gegen die Ablehnung der Wiedereinsetzung findet die Beschwerde statt. [5] Sie ist nur zulässig, wenn sie innerhalb von zwei Wochen eingelegt wird. [6] Die Frist beginnt mit der Zustellung der Entscheidung. [7] Absatz 4 Satz 1 bis 3 gilt entsprechend.

(6) [1] Die weitere Beschwerde ist nur zulässig, wenn das Landgericht als Beschwerdegericht entschieden und sie wegen der grundsätzlichen Bedeutung der zur Entscheidung stehenden Frage in dem Beschluss zugelassen hat. [2] Sie kann nur darauf gestützt werden, dass die Entscheidung auf einer Verletzung des Rechts beruht; die §§ 546 und 547 der Zivilprozessordnung gelten entsprechend. [3] Über die weitere Beschwerde entscheidet das Oberlandesgericht. [4] Absatz 3 Satz 3, Absatz 4 Satz 1 und 4 und Absatz 5 gelten entsprechend.

(7) [1] Anträge und Erklärungen können ohne Mitwirkung eines Bevollmächtigten schriftlich eingereicht oder zu Protokoll der Geschäftsstelle abgegeben werden; § 129a der Zivilprozessordnung gilt entsprechend. [2] Für die Bevollmächtigung gelten die Regelungen der für das zugrunde liegende Verfahren geltenden Verfahrensordnung entsprechend. [3] Die Beschwerde ist bei dem Gericht einzulegen, dessen Entscheidung angefochten wird.

(8) [1] Das Gericht entscheidet über den Antrag durch eines seiner Mitglieder als Einzelrichter; dies gilt auch für die Beschwerde, wenn die angefochtene

Entscheidung von einem Einzelrichter oder einem Rechtspfleger erlassen wurde. [2] Der Einzelrichter überträgt das Verfahren der Kammer oder dem Senat, wenn die Sache besondere Schwierigkeiten tatsächlicher oder rechtlicher Art aufweist oder die Rechtssache grundsätzliche Bedeutung hat. [3] Das Gericht entscheidet jedoch immer ohne Mitwirkung ehrenamtlicher Richter. [4] Auf eine erfolgte oder unterlassene Übertragung kann ein Rechtsmittel nicht gestützt werden.

(9) [1] Das Verfahren über den Antrag ist gebührenfrei. [2] Kosten werden nicht erstattet; dies gilt auch im Verfahren über die Beschwerde.

Abschnitt 5. Außergerichtliche Beratung und Vertretung

§ 34 Beratung, Gutachten und Mediation. (1) [1] Für einen mündlichen oder schriftlichen Rat oder eine Auskunft (Beratung), die nicht mit einer anderen gebührenpflichtigen Tätigkeit zusammenhängen, für die Ausarbeitung eines schriftlichen Gutachtens und für die Tätigkeit als Mediator soll der Rechtsanwalt auf eine Gebührenvereinbarung hinwirken, soweit in Teil 2 Abschnitt 1 des Vergütungsverzeichnisses keine Gebühren bestimmt sind. [2] Wenn keine Vereinbarung getroffen worden ist, erhält der Rechtsanwalt Gebühren nach den Vorschriften des bürgerlichen Rechts. [3] Ist im Fall des Satzes 2 der Auftraggeber Verbraucher, beträgt die Gebühr für die Beratung oder für die Ausarbeitung eines schriftlichen Gutachtens jeweils höchstens 250 Euro; § 14 Abs. 1 gilt entsprechend; für ein erstes Beratungsgespräch beträgt die Gebühr jedoch höchstens 190 Euro.

(2) Wenn nichts anderes vereinbart ist, ist die Gebühr für die Beratung auf eine Gebühr für eine sonstige Tätigkeit, die mit der Beratung zusammenhängt, anzurechnen.

§ 35 Hilfeleistung in Steuersachen. (1) Für die Hilfeleistung bei der Erfüllung allgemeiner Steuerpflichten und bei der Erfüllung steuerlicher Buchführungs- und Aufzeichnungspflichten gelten die §§ 23 bis 39 der Steuerberatervergütungsverordnung in Verbindung mit den §§ 10 und 13 der Steuerberatervergütungsverordnung entsprechend.

(2) [1] Sieht dieses Gesetz die Anrechnung einer Geschäftsgebühr auf eine andere Gebühr vor, stehen die Gebühren nach den §§ 23, 24 und 31 der Steuerberatervergütungsverordnung, bei mehreren Gebühren deren Summe, einer Geschäftsgebühr nach Teil 2 des Vergütungsverzeichnisses gleich. [2] Bei der Ermittlung des Höchstbetrags des anzurechnenden Teils der Geschäftsgebühr ist der Gegenstandswert derjenigen Gebühr zugrunde zu legen, auf die angerechnet wird.

§ 36 Schiedsrichterliche Verfahren und Verfahren vor dem Schiedsgericht. (1) Teil 3 Abschnitt 1, 2 und 4 des Vergütungsverzeichnisses ist auf die folgenden außergerichtlichen Verfahren entsprechend anzuwenden:

1. schiedsrichterliche Verfahren nach Buch 10 der Zivilprozessordnung und
2. Verfahren vor dem Schiedsgericht (§ 104 des Arbeitsgerichtsgesetzes).

(2) Im Verfahren nach Absatz 1 Nr. 1 erhält der Rechtsanwalt die Terminsgebühr auch, wenn der Schiedsspruch ohne mündliche Verhandlung erlassen wird.

Abschnitt 6. Gerichtliche Verfahren

§ 37 Verfahren vor den Verfassungsgerichten. (1) Die Vorschriften für die Revision in Teil 4 Abschnitt 1 Unterabschnitt 3 des Vergütungsverzeichnisses gelten entsprechend in folgenden Verfahren vor dem Bundesverfassungsgericht oder dem Verfassungsgericht (Verfassungsgerichtshof, Staatsgerichtshof) eines Landes:

1. Verfahren über die Verwirkung von Grundrechten, den Verlust des Stimmrechts, den Ausschluss von Wahlen und Abstimmungen,
2. Verfahren über die Verfassungswidrigkeit von Parteien,
3. Verfahren über Anklagen gegen den Bundespräsidenten, gegen ein Regierungsmitglied eines Landes oder gegen einen Abgeordneten oder Richter und
4. Verfahren über sonstige Gegenstände, die in einem dem Strafprozess ähnlichen Verfahren behandelt werden.

(2) [1] In sonstigen Verfahren vor dem Bundesverfassungsgericht oder dem Verfassungsgericht eines Landes gelten die Vorschriften in Teil 3 Abschnitt 2 Unterabschnitt 2 des Vergütungsverzeichnisses entsprechend. [2] Der Gegenstandswert ist unter Berücksichtigung der in § 14 Abs. 1 genannten Umstände nach billigem Ermessen zu bestimmen; er beträgt mindestens 5 000 Euro.

§ 38 Verfahren vor dem Gerichtshof der Europäischen Gemeinschaften. (1) [1] In Vorabentscheidungsverfahren vor dem Gerichtshof der Europäischen Gemeinschaften gelten die Vorschriften in Teil 3 Abschnitt 2 Unterabschnitt 2 des Vergütungsverzeichnisses entsprechend. [2] Der Gegenstandswert bestimmt sich nach den Wertvorschriften, die für die Gerichtsgebühren des Verfahrens gelten, in dem vorgelegt wird. [3] Das vorlegende Gericht setzt den Gegenstandswert auf Antrag durch Beschluss fest. [4] § 33 Abs. 2 bis 9 gilt entsprechend.

(2) Ist in einem Verfahren, in dem sich die Gebühren nach Teil 4, 5 oder 6 des Vergütungsverzeichnisses richten, vorgelegt worden, sind in dem Vorabentscheidungsverfahren die Nummern 4130 und 4132 des Vergütungsverzeichnisses entsprechend anzuwenden.

(3) Die Verfahrensgebühr des Verfahrens, in dem vorgelegt worden ist, wird auf die Verfahrensgebühr des Verfahrens vor dem Gerichtshof der Europäischen Gemeinschaften angerechnet, wenn nicht eine im Verfahrensrecht vorgesehene schriftliche Stellungnahme gegenüber dem Gerichtshof der Europäischen Gemeinschaften abgegeben wird.

§ 38a Verfahren vor dem Europäischen Gerichtshof für Menschenrechte. [1] In Verfahren vor dem Europäischen Gerichtshof für Menschenrechte gelten die Vorschriften in Teil 3 Abschnitt 2 Unterabschnitt 2 des Vergütungsverzeichnisses entsprechend. [2] Der Gegenstandswert ist unter Berücksichtigung der in § 14 Absatz 1 genannten Umstände nach billigem Ermessen zu bestimmen; er beträgt mindestens 5 000 Euro.

§ 39 Von Amts wegen beigeordneter Rechtsanwalt. (1) Der Rechtsanwalt, der nach § 138 des Gesetzes über das Verfahren in Familiensachen und in den Angelegenheiten der freiwilligen Gerichtsbarkeit, auch in Verbindung mit § 270 des Gesetzes über das Verfahren in Familiensachen und in den Angelegenheiten der freiwilligen Gerichtsbarkeit, dem Antragsgegner beigeordnet ist, kann von diesem die Vergütung eines zum Prozessbevollmächtigten bestellten Rechtsanwalts und einen Vorschuss verlangen.

(2) Der Rechtsanwalt, der nach § 109 Absatz 3 oder § 119a Absatz 6 des Strafvollzugsgesetzes einer Person beigeordnet ist, kann von dieser die Vergütung eines zum Verfahrensbevollmächtigten bestellten Rechtsanwalts und einen Vorschuss verlangen.

§ 40 Als gemeinsamer Vertreter bestellter Rechtsanwalt. Der Rechtsanwalt kann von den Personen, für die er nach § 67a Abs. 1 Satz 2 der Verwaltungsgerichtsordnung bestellt ist, die Vergütung eines von mehreren Auftraggebern zum Prozessbevollmächtigten bestellten Rechtsanwalts und einen Vorschuss verlangen.

§ 41 Prozesspfleger. [1] Der Rechtsanwalt, der nach § 57 oder § 58 der Zivilprozessordnung dem Beklagten als Vertreter bestellt ist, kann von diesem die Vergütung eines zum Prozessbevollmächtigten bestellten Rechtsanwalts verlangen. [2] Er kann von diesem keinen Vorschuss fordern. [3] § 126 der Zivilprozessordnung ist entsprechend anzuwenden.

§ 41a Vertreter des Musterklägers. (1) [1] Für das erstinstanzliche Musterverfahren nach dem Kapitalanleger-Musterverfahrensgesetz kann das Oberlandesgericht dem Rechtsanwalt, der den Musterkläger vertritt, auf Antrag eine besondere Gebühr bewilligen, wenn sein Aufwand im Vergleich zu dem Aufwand der Vertreter der beigeladenen Kläger höher ist. [2] Bei der Bemessung der Gebühr sind der Mehraufwand sowie der Vorteil und die Bedeutung für die beigeladenen Kläger zu berücksichtigen. [3] Die Gebühr darf eine Gebühr mit einem Gebührensatz von 0,3 nach § 13 Absatz 1 nicht überschreiten. [4] Hierbei ist als Wert die Summe der in sämtlichen nach § 8 des Kapitalanleger-Musterverfahrensgesetzes ausgesetzten Verfahren geltend gemachten Ansprüche zugrunde zu legen, soweit diese Ansprüche von den Feststellungszielen des Musterverfahrens betroffen sind, höchstens jedoch 30 Millionen Euro. [5] Der Vergütungsanspruch gegen den Auftraggeber bleibt unberührt.

(2) [1] Der Antrag ist spätestens vor dem Schluss der mündlichen Verhandlung zu stellen. [2] Der Antrag und ergänzende Schriftsätze werden entsprechend § 12 Absatz 2 des Kapitalanleger-Musterverfahrensgesetzes bekannt gegeben. [3] Mit der Bekanntmachung ist eine Frist zur Erklärung zu setzen. [4] Die Landeskasse ist nicht zu hören.

(3) [1] Die Entscheidung kann mit dem Musterentscheid getroffen werden. [2] Die Entscheidung ist dem Musterkläger, den Musterbeklagten, den Beigeladenen sowie dem Rechtsanwalt mitzuteilen. [3] § 16 Absatz 1 Satz 2 des Kapitalanleger-Musterverfahrensgesetzes ist entsprechend anzuwenden. [4] Die Mitteilung kann durch öffentliche Bekanntmachung ersetzt werden, § 11 Absatz 2

Satz 2 des Kapitalanleger-Musterverfahrensgesetzes ist entsprechend anzuwenden. [5] Die Entscheidung ist unanfechtbar.

(4) [1] Die Gebühr ist einschließlich der anfallenden Umsatzsteuer aus der Landeskasse zu zahlen. [2] Ein Vorschuss kann nicht gefordert werden.

Abschnitt 7. Straf- und Bußgeldsachen sowie bestimmte sonstige Verfahren

§ 42 Feststellung einer Pauschgebühr. (1) [1] In Strafsachen, gerichtlichen Bußgeldsachen, Verfahren nach dem Gesetz über die internationale Rechtshilfe in Strafsachen, in Verfahren nach dem IStGH-Gesetz, in Freiheitsentziehungs- und Unterbringungssachen sowie in Verfahren nach § 151 Nummer 6 und 7 des Gesetzes über das Verfahren in Familiensachen und in den Angelegenheiten der freiwilligen Gerichtsbarkeit stellt das Oberlandesgericht, zu dessen Bezirk das Gericht des ersten Rechtszugs gehört, auf Antrag des Rechtsanwalts eine Pauschgebühr für das ganze Verfahren oder für einzelne Verfahrensabschnitte durch unanfechtbaren Beschluss fest, wenn die in den Teilen 4 bis 6 des Vergütungsverzeichnisses bestimmten Gebühren eines Wahlanwalts wegen des besonderen Umfangs oder der besonderen Schwierigkeit nicht zumutbar sind. [2] Dies gilt nicht, soweit Wertgebühren entstehen. [3] Beschränkt sich die Feststellung auf einzelne Verfahrensabschnitte, sind die Gebühren nach dem Vergütungsverzeichnis, an deren Stelle die Pauschgebühr treten soll, zu bezeichnen. [4] Die Pauschgebühr darf das Doppelte der für die Gebühren eines Wahlanwalts geltenden Höchstbeträge nach den Teilen 4 bis 6 des Vergütungsverzeichnisses nicht übersteigen. [5] Für den Rechtszug, in dem der Bundesgerichtshof für das Verfahren zuständig ist, ist er auch für die Entscheidung über den Antrag zuständig.

(2) [1] Der Antrag ist zulässig, wenn die Entscheidung über die Kosten des Verfahrens rechtskräftig ist. [2] Der gerichtlich bestellte oder beigeordnete Rechtsanwalt kann den Antrag nur unter den Voraussetzungen des § 52 Abs. 1 Satz 1, Abs. 2, auch in Verbindung mit § 53 Abs. 1, stellen. [3] Der Auftraggeber, in den Fällen des § 52 Abs. 1 Satz 1 der Beschuldigte, ferner die Staatskasse und andere Beteiligte, wenn ihnen die Kosten des Verfahrens ganz oder zum Teil auferlegt worden sind, sind zu hören.

(3) [1] Der Senat des Oberlandesgerichts ist mit einem Richter besetzt. [2] Der Richter überträgt die Sache dem Senat in der Besetzung mit drei Richtern, wenn es zur Sicherung einer einheitlichen Rechtsprechung geboten ist.

(4) Die Feststellung ist für das Kostenfestsetzungsverfahren, das Vergütungsfestsetzungsverfahren (§ 11) und für einen Rechtsstreit des Rechtsanwalts auf Zahlung der Vergütung bindend.

(5) [1] Die Absätze 1 bis 4 gelten im Bußgeldverfahren vor der Verwaltungsbehörde entsprechend. [2] Über den Antrag entscheidet die Verwaltungsbehörde. [3] Gegen die Entscheidung kann gerichtliche Entscheidung beantragt werden. [4] Für das Verfahren gilt § 62 des Gesetzes über Ordnungswidrigkeiten.

§ 43 Abtretung des Kostenerstattungsanspruchs. [1] Tritt der Beschuldigte oder der Betroffene den Anspruch gegen die Staatskasse auf Erstattung von Anwaltskosten als notwendige Auslagen an den Rechtsanwalt ab, ist eine von der Staatskasse gegenüber dem Beschuldigten oder dem Betroffenen erklärte

Aufrechnung insoweit unwirksam, als sie den Anspruch des Rechtsanwalts vereiteln oder beeinträchtigen würde. [2]Dies gilt jedoch nur, wenn zum Zeitpunkt der Aufrechnung eine Urkunde über die Abtretung oder eine Anzeige des Beschuldigten oder des Betroffenen über die Abtretung in den Akten vorliegt.

Abschnitt 8. Beigeordneter oder bestellter Rechtsanwalt, Beratungshilfe

§ 44 Vergütungsanspruch bei Beratungshilfe. [1]Für die Tätigkeit im Rahmen der Beratungshilfe erhält der Rechtsanwalt eine Vergütung nach diesem Gesetz aus der Landeskasse, soweit nicht für die Tätigkeit in Beratungsstellen nach § 3 Abs. 1 des Beratungshilfegesetzes besondere Vereinbarungen getroffen sind. [2]Die Beratungshilfegebühr (Nummer 2500 des Vergütungsverzeichnisses) schuldet nur der Rechtsuchende.

§ 45 Vergütungsanspruch des beigeordneten oder bestellten Rechtsanwalts. (1) Der im Wege der Prozesskostenhilfe beigeordnete oder nach § 57 oder § 58 der Zivilprozessordnung zum Prozesspfleger bestellte Rechtsanwalt erhält, soweit in diesem Abschnitt nichts anderes bestimmt ist, die gesetzliche Vergütung in Verfahren vor Gerichten des Bundes aus der Bundeskasse, in Verfahren vor Gerichten eines Landes aus der Landeskasse.

(2) Der Rechtsanwalt, der nach § 138 des Gesetzes über das Verfahren in Familiensachen und in den Angelegenheiten der freiwilligen Gerichtsbarkeit, auch in Verbindung mit § 270 des Gesetzes über das Verfahren in Familiensachen und in den Angelegenheiten der freiwilligen Gerichtsbarkeit, nach § 109 Absatz 3 oder § 119a Absatz 6 des Strafvollzugsgesetzes beigeordnet oder nach § 67a Abs. 1 Satz 2 der Verwaltungsgerichtsordnung bestellt ist, kann eine Vergütung aus der Landeskasse verlangen, wenn der zur Zahlung Verpflichtete (§ 39 oder § 40) mit der Zahlung der Vergütung im Verzug ist.

(3) [1]Ist der Rechtsanwalt sonst gerichtlich bestellt oder beigeordnet worden, erhält er die Vergütung aus der Landeskasse, wenn ein Gericht des Landes den Rechtsanwalt bestellt oder beigeordnet hat, im Übrigen aus der Bundeskasse. [2]Hat zuerst ein Gericht des Bundes und sodann ein Gericht des Landes den Rechtsanwalt bestellt oder beigeordnet, zahlt die Bundeskasse die Vergütung, die der Rechtsanwalt während der Dauer der Bestellung oder Beiordnung durch das Gericht des Bundes verdient hat, die Landeskasse die dem Rechtsanwalt darüber hinaus zustehende Vergütung. [3]Dies gilt entsprechend, wenn zuerst ein Gericht des Landes und sodann ein Gericht des Bundes den Rechtsanwalt bestellt oder beigeordnet hat.

(4) [1]Wenn der Verteidiger von der Stellung eines Wiederaufnahmeantrags abrät, hat er einen Anspruch gegen die Staatskasse nur dann, wenn er nach § 364b Abs. 1 Satz 1 der Strafprozessordnung bestellt worden ist oder das Gericht die Feststellung nach § 364b Abs. 1 Satz 2 der Strafprozessordnung getroffen hat. [2]Dies gilt auch im gerichtlichen Bußgeldverfahren (§ 85 Abs. 1 des Gesetzes über Ordnungswidrigkeiten).

(5) [1]Absatz 3 ist im Bußgeldverfahren vor der Verwaltungsbehörde entsprechend anzuwenden. [2]An die Stelle des Gerichts tritt die Verwaltungsbehörde.

§ 46 Auslagen und Aufwendungen. (1) Auslagen, insbesondere Reisekosten, werden nicht vergütet, wenn sie zur sachgemäßen Durchführung der Angelegenheit nicht erforderlich waren.

(2) [1] Wenn das Gericht des Rechtszugs auf Antrag des Rechtsanwalts vor Antritt der Reise feststellt, dass eine Reise erforderlich ist, ist diese Feststellung für das Festsetzungsverfahren (§ 55) bindend. [2] Im Bußgeldverfahren vor der Verwaltungsbehörde tritt an die Stelle des Gerichts die Verwaltungsbehörde. [3] Für Aufwendungen (§ 670 des Bürgerlichen Gesetzbuchs) gelten Absatz 1 und die Sätze 1 und 2 entsprechend; die Höhe zu ersetzender Kosten für die Zuziehung eines Dolmetschers oder Übersetzers ist auf die nach dem Justizvergütungs- und -entschädigungsgesetz[1)] zu zahlenden Beträge beschränkt.

(3) [1] Auslagen, die durch Nachforschungen zur Vorbereitung eines Wiederaufnahmeverfahrens entstehen, für das die Vorschriften der Strafprozessordnung gelten, werden nur vergütet, wenn der Rechtsanwalt nach § 364b Abs. 1 Satz 1 der Strafprozessordnung bestellt worden ist oder wenn das Gericht die Feststellung nach § 364b Abs. 1 Satz 2 der Strafprozessordnung getroffen hat. [2] Dies gilt auch im gerichtlichen Bußgeldverfahren (§ 85 Abs. 1 des Gesetzes über Ordnungswidrigkeiten).

§ 47 Vorschuss. (1) [1] Wenn dem Rechtsanwalt wegen seiner Vergütung ein Anspruch gegen die Staatskasse zusteht, kann er für die entstandenen Gebühren und die entstandenen und voraussichtlich entstehenden Auslagen aus der Staatskasse einen angemessenen Vorschuss fordern. [2] Der Rechtsanwalt, der nach § 138 des Gesetzes über das Verfahren in Familiensachen und in den Angelegenheiten der freiwilligen Gerichtsbarkeit, auch in Verbindung mit § 270 des Gesetzes über das Verfahren in Familiensachen und in den Angelegenheiten der freiwilligen Gerichtsbarkeit, nach § 109 Absatz 3 oder § 119a Absatz 6 des Strafvollzugsgesetzes beigeordnet oder nach § 67a Abs. 1 Satz 2 der Verwaltungsgerichtsordnung bestellt ist, kann einen Vorschuss nur verlangen, wenn der zur Zahlung Verpflichtete (§ 39 oder § 40) mit der Zahlung des Vorschusses im Verzug ist.

(2) Bei Beratungshilfe kann der Rechtsanwalt aus der Staatskasse keinen Vorschuss fordern.

§ 48 Umfang des Anspruchs und der Beiordnung. (1) Der Vergütungsanspruch bestimmt sich nach den Beschlüssen, durch die die Prozesskostenhilfe bewilligt und der Rechtsanwalt beigeordnet oder bestellt worden ist.

(2) [1] In Angelegenheiten, in denen sich die Gebühren nach Teil 3 des Vergütungsverzeichnisses bestimmen und die Beiordnung eine Berufung, eine Beschwerde wegen des Hauptgegenstands, eine Revision oder eine Rechtsbeschwerde wegen des Hauptgegenstands betrifft, wird eine Vergütung aus der Staatskasse auch für die Rechtsverteidigung gegen ein Anschlussrechtsmittel und, wenn der Rechtsanwalt für die Erwirkung eines Arrests, einer einstweiligen Verfügung oder einer einstweiligen Anordnung beigeordnet ist, auch für deren Vollziehung oder Vollstreckung gewährt. [2] Dies gilt nicht, wenn der Beiordnungsbeschluss ausdrücklich etwas anderes bestimmt.

[1)] Nr. 3.

(3) [1] Die Beiordnung in einer Ehesache erstreckt sich im Fall des Abschlusses eines Vertrags im Sinne der Nummer 1000 des Vergütungsverzeichnisses auf alle mit der Herbeiführung der Einigung erforderlichen Tätigkeiten, soweit der Vertrag

1. den gegenseitigen Unterhalt der Ehegatten,
2. den Unterhalt gegenüber den Kindern im Verhältnis der Ehegatten zueinander,
3. die Sorge für die Person der gemeinschaftlichen minderjährigen Kinder,
4. die Regelung des Umgangs mit einem Kind,
5. die Rechtsverhältnisse an der Ehewohnung und den Haushaltsgegenständen oder
6. die Ansprüche aus dem ehelichen Güterrecht

betrifft. [2] Satz 1 gilt im Fall der Beiordnung in Lebenspartnerschaftssachen nach § 269 Abs. 1 Nr. 1 und 2 des Gesetzes über das Verfahren in Familiensachen und in den Angelegenheiten der freiwilligen Gerichtsbarkeit entsprechend.

(4) [1] Die Beiordnung in Angelegenheiten, in denen nach § 3 Absatz 1 Betragsrahmengebühren entstehen, erstreckt sich auf Tätigkeiten ab dem Zeitpunkt der Beantragung der Prozesskostenhilfe, wenn vom Gericht nichts anderes bestimmt ist. [2] Die Beiordnung erstreckt sich ferner auf die gesamte Tätigkeit im Verfahren über die Prozesskostenhilfe einschließlich der vorbereitenden Tätigkeit.

(5) [1] In anderen Angelegenheiten, die mit dem Hauptverfahren nur zusammenhängen, erhält der für das Hauptverfahren beigeordnete Rechtsanwalt eine Vergütung aus der Staatskasse nur dann, wenn er ausdrücklich auch hierfür beigeordnet ist. [2] Dies gilt insbesondere für

1. die Zwangsvollstreckung, die Vollstreckung und den Verwaltungszwang;
2. das Verfahren über den Arrest, den Europäischen Beschluss zur vorläufigen Kontenpfändung, die einstweilige Verfügung und die einstweilige Anordnung;
3. das selbstständige Beweisverfahren;
4. das Verfahren über die Widerklage oder den Widerantrag, ausgenommen die Rechtsverteidigung gegen den Widerantrag in Ehesachen und in Lebenspartnerschaftssachen nach § 269 Abs. 1 Nr. 1 und 2 des Gesetzes über das Verfahren in Familiensachen und in den Angelegenheiten der freiwilligen Gerichtsbarkeit.

(6) [1] Wird der Rechtsanwalt in Angelegenheiten nach den Teilen 4 bis 6 des Vergütungsverzeichnisses im ersten Rechtszug bestellt oder beigeordnet, erhält er die Vergütung auch für seine Tätigkeit vor dem Zeitpunkt seiner Bestellung, in Strafsachen einschließlich seiner Tätigkeit vor Erhebung der öffentlichen Klage und in Bußgeldsachen einschließlich der Tätigkeit vor der Verwaltungsbehörde. [2] Wird der Rechtsanwalt in einem späteren Rechtszug beigeordnet, erhält er seine Vergütung in diesem Rechtszug auch für seine Tätigkeit vor dem Zeitpunkt seiner Bestellung. [3] Werden Verfahren verbunden, kann das Gericht die Wirkungen des Satzes 1 auch auf diejenigen Verfahren erstrecken, in denen vor der Verbindung keine Beiordnung oder Bestellung erfolgt war.

§ 49 Wertgebühren aus der Staatskasse. Bestimmen sich die Gebühren nach dem Gegenstandswert, werden bei einem Gegenstandswert von mehr als 4 000 Euro anstelle der Gebühr nach § 13 Absatz 1 folgende Gebühren vergütet:

Gegenstandswert bis ... Euro	Gebühr Euro	Gegenstandswert bis ... Euro	Gebühr Euro
5 000	257	16 000	335
6 000	267	19 000	349
7 000	277	22 000	363
8 000	287	25 000	377
9 000	297	30 000	412
10 000	307	über	
13 000	321	30 000	447

§ 50 Weitere Vergütung bei Prozesskostenhilfe. (1) [1] Nach Deckung der in § 122 Absatz 1 Nummer 1 der Zivilprozessordnung bezeichneten Kosten und Ansprüche hat die Staatskasse über die auf sie übergegangenen Ansprüche des Rechtsanwalts hinaus weitere Beträge bis zur Höhe der Regelvergütung einzuziehen, wenn dies nach den Vorschriften der Zivilprozessordnung und nach den Bestimmungen, die das Gericht getroffen hat, zulässig ist. [2] Die weitere Vergütung ist festzusetzen, wenn das Verfahren durch rechtskräftige Entscheidung oder in sonstiger Weise beendet ist und die von der Partei zu zahlenden Beträge beglichen sind oder wegen dieser Beträge eine Zwangsvollstreckung in das bewegliche Vermögen der Partei erfolglos geblieben ist oder aussichtslos erscheint.

(2) Der beigeordnete Rechtsanwalt soll eine Berechnung seiner Regelvergütung unverzüglich zu den Prozessakten mitteilen.

(3) Waren mehrere Rechtsanwälte beigeordnet, bemessen sich die auf die einzelnen Rechtsanwälte entfallenden Beträge nach dem Verhältnis der jeweiligen Unterschiedsbeträge zwischen den Gebühren nach § 49 und den Regelgebühren; dabei sind Zahlungen, die nach § 58 auf den Unterschiedsbetrag anzurechnen sind, von diesem abzuziehen.

§ 51 Festsetzung einer Pauschgebühr. (1) [1] In Straf- und Bußgeldsachen, Verfahren nach dem Gesetz über die internationale Rechtshilfe in Strafsachen, in Verfahren nach dem IStGH-Gesetz, in Freiheitsentziehungs- und Unterbringungssachen sowie in Verfahren nach § 151 Nummer 6 und 7 des Gesetzes über das Verfahren in Familiensachen und in den Angelegenheiten der freiwilligen Gerichtsbarkeit ist dem gerichtlich bestellten oder beigeordneten Rechtsanwalt für das ganze Verfahren oder für einzelne Verfahrensabschnitte auf Antrag eine Pauschgebühr zu bewilligen, die über die Gebühren nach dem Vergütungsverzeichnis hinausgeht, wenn die in den Teilen 4 bis 6 des Vergütungsverzeichnisses bestimmten Gebühren wegen des besonderen Umfangs oder der besonderen Schwierigkeit nicht zumutbar sind. [2] Dies gilt nicht, soweit Wertgebühren entstehen. [3] Beschränkt sich die Bewilligung auf einzelne Verfahrensabschnitte, sind die Gebühren nach dem Vergütungsverzeichnis, an deren Stelle die Pauschgebühr treten soll, zu bezeichnen. [4] Eine Pauschgebühr kann auch für solche Tätigkeiten gewährt werden, für die ein Anspruch nach § 48 Absatz 6 besteht. [5]Auf Antrag ist dem Rechtsanwalt ein angemessener Vorschuss zu bewilligen, wenn ihm insbesondere wegen der langen Dauer des Verfahrens und der Höhe der zu erwartenden Pauschgebühr nicht zugemutet werden kann, die Festsetzung der Pauschgebühr abzuwarten.

(2) [1]Über die Anträge entscheidet das Oberlandesgericht, zu dessen Bezirk das Gericht des ersten Rechtszugs gehört, und im Fall der Beiordnung einer Kontaktperson (§ 34a des Einführungsgesetzes zum Gerichtsverfassungsgesetz) das Oberlandesgericht, in dessen Bezirk die Justizvollzugsanstalt liegt, durch unanfechtbaren Beschluss. [2]Der Bundesgerichtshof ist für die Entscheidung zuständig, soweit er den Rechtsanwalt bestellt hat. [3]In dem Verfahren ist die Staatskasse zu hören. [4]§ 42 Abs. 3 ist entsprechend anzuwenden.

(3) [1]Absatz 1 gilt im Bußgeldverfahren vor der Verwaltungsbehörde entsprechend. [2]Über den Antrag nach Absatz 1 Satz 1 bis 3 entscheidet die Verwaltungsbehörde gleichzeitig mit der Festsetzung der Vergütung.

§ 52 Anspruch gegen den Beschuldigten oder den Betroffenen.

(1) [1]Der gerichtlich bestellte Rechtsanwalt kann von dem Beschuldigten die Zahlung der Gebühren eines gewählten Verteidigers verlangen; er kann jedoch keinen Vorschuss fordern. [2]Der Anspruch gegen den Beschuldigten entfällt insoweit, als die Staatskasse Gebühren gezahlt hat.

(2) [1]Der Anspruch kann nur insoweit geltend gemacht werden, als dem Beschuldigten ein Erstattungsanspruch gegen die Staatskasse zusteht oder das Gericht des ersten Rechtszugs auf Antrag des Verteidigers feststellt, dass der Beschuldigte ohne Beeinträchtigung des für ihn und seine Familie notwendigen Unterhalts zur Zahlung oder zur Leistung von Raten in der Lage ist. [2]Ist das Verfahren nicht gerichtlich anhängig geworden, entscheidet das Gericht, das den Verteidiger bestellt hat.

(3) [1]Wird ein Antrag nach Absatz 2 Satz 1 gestellt, setzt das Gericht dem Beschuldigten eine Frist zur Darlegung seiner persönlichen und wirtschaftlichen Verhältnisse; § 117 Abs. 2 bis 4 der Zivilprozessordnung gilt entsprechend. [2]Gibt der Beschuldigte innerhalb der Frist keine Erklärung ab, wird vermutet, dass er leistungsfähig im Sinne des Absatzes 2 Satz 1 ist.

(4) [1]Gegen den Beschluss nach Absatz 2 ist die sofortige Beschwerde nach den Vorschriften der §§ 304 bis 311a der Strafprozessordnung zulässig. [2]Dabei steht im Rahmen des § 44 Satz 2 der Strafprozessordnung die Rechtsbehelfsbelehrung des § 12c der Belehrung nach § 35a Satz 1 der Strafprozessordnung gleich.

(5) [1]Der für den Beginn der Verjährung maßgebende Zeitpunkt tritt mit der Rechtskraft der das Verfahren abschließenden gerichtlichen Entscheidung, in Ermangelung einer solchen mit der Beendigung des Verfahrens ein. [2]Ein Antrag des Verteidigers hemmt den Lauf der Verjährungsfrist. [3]Die Hemmung endet sechs Monate nach der Rechtskraft der Entscheidung des Gerichts über den Antrag.

(6) [1]Die Absätze 1 bis 3 und 5 gelten im Bußgeldverfahren entsprechend. [2]Im Bußgeldverfahren vor der Verwaltungsbehörde tritt an die Stelle des Gerichts die Verwaltungsbehörde.

§ 53 Anspruch gegen den Auftraggeber, Anspruch des zum Beistand bestellten Rechtsanwalts gegen den Verurteilten. (1) Für den Anspruch des dem Privatkläger, dem Nebenkläger, dem Antragsteller im Klageerzwingungsverfahren oder des sonst in Angelegenheiten, in denen sich die Gebühren nach Teil 4, 5 oder 6 des Vergütungsverzeichnisses bestimmen, beigeordneten Rechtsanwalts gegen seinen Auftraggeber gilt § 52 entsprechend.

(2) [1] Der dem Nebenkläger, dem nebenklageberechtigten Verletzten oder dem Zeugen als Beistand bestellte Rechtsanwalt kann die Gebühren eines gewählten Beistands aufgrund seiner Bestellung nur von dem Verurteilten verlangen. [2] Der Anspruch entfällt insoweit, als die Staatskasse die Gebühren bezahlt hat.

(3) [1] Der in Absatz 2 Satz 1 genannte Rechtsanwalt kann einen Anspruch aus einer Vergütungsvereinbarung nur geltend machen, wenn das Gericht des ersten Rechtszugs auf seinen Antrag feststellt, dass der Nebenkläger, der nebenklageberechtigte Verletzte oder der Zeuge zum Zeitpunkt des Abschlusses der Vereinbarung allein auf Grund seiner persönlichen und wirtschaftlichen Verhältnisse die Voraussetzungen für die Bewilligung von Prozesskostenhilfe in bürgerlichen Rechtsstreitigkeiten nicht erfüllt hätte. [2] Ist das Verfahren nicht gerichtlich anhängig geworden, entscheidet das Gericht, das den Rechtsanwalt als Beistand bestellt hat. [3] § 52 Absatz 3 bis 5 gilt entsprechend.

§ 53a Vergütungsanspruch bei gemeinschaftlicher Nebenklagevertretung. [1] Stellt ein Gericht gemäß § 397b Absatz 3 der Strafprozessordnung fest, dass für einen nicht als Beistand bestellten oder beigeordneten Rechtsanwalt die Voraussetzungen einer Bestellung oder Beiordnung vorgelegen haben, so steht der Rechtsanwalt hinsichtlich der von ihm bis zu dem Zeitpunkt der Bestellung oder Beiordnung eines anderen Rechtsanwalts erbrachten Tätigkeiten einem bestellten oder beigeordneten Rechtsanwalt gleich. [2] Der Rechtsanwalt erhält die Vergütung aus der Landeskasse, wenn die Feststellung von einem Gericht des Landes getroffen wird, im Übrigen aus der Bundeskasse.

§ 54 Verschulden eines beigeordneten oder bestellten Rechtsanwalts.

Hat der beigeordnete oder bestellte Rechtsanwalt durch schuldhaftes Verhalten die Beiordnung oder Bestellung eines anderen Rechtsanwalts veranlasst, kann er Gebühren, die auch für den anderen Rechtsanwalt entstehen, nicht fordern.

§ 55 Festsetzung der aus der Staatskasse zu zahlenden Vergütungen und Vorschüsse. (1) [1] Die aus der Staatskasse zu gewährende Vergütung und der Vorschuss hierauf werden auf Antrag des Rechtsanwalts von dem Urkundsbeamten der Geschäftsstelle des Gerichts des ersten Rechtszugs festgesetzt. [2] Ist das Verfahren nicht gerichtlich anhängig geworden, erfolgt die Festsetzung durch den Urkundsbeamten der Geschäftsstelle des Gerichts, das den Verteidiger bestellt hat.

(2) In Angelegenheiten, in denen sich die Gebühren nach Teil 3 des Vergütungsverzeichnisses bestimmen, erfolgt die Festsetzung durch den Urkundsbeamten des Gerichts des Rechtszugs, solange das Verfahren nicht durch rechtskräftige Entscheidung oder in sonstiger Weise beendet ist.

(3) Im Fall der Beiordnung einer Kontaktperson (§ 34a des Einführungsgesetzes zum Gerichtsverfassungsgesetz) erfolgt die Festsetzung durch den Urkundsbeamten der Geschäftsstelle des Landgerichts, in dessen Bezirk die Justizvollzugsanstalt liegt.

(4) Im Fall der Beratungshilfe wird die Vergütung von dem Urkundsbeamten der Geschäftsstelle des in § 4 Abs. 1 des Beratungshilfegesetzes bestimmten Gerichts festgesetzt.

(5) [1] § 104 Abs. 2 der Zivilprozessordnung gilt entsprechend. [2] Der Antrag hat die Erklärung zu enthalten, ob und welche Zahlungen der Rechtsanwalt bis zum Tag der Antragstellung erhalten hat. [3] Bei Zahlungen auf eine anzurechnende Gebühr sind diese Zahlungen, der Satz oder der Betrag der Gebühr und bei Wertgebühren auch der zugrunde gelegte Wert anzugeben. [4] Zahlungen, die der Rechtsanwalt nach der Antragstellung erhalten hat, hat er unverzüglich anzuzeigen.

(6) [1] Der Urkundsbeamte kann vor einer Festsetzung der weiteren Vergütung (§ 50) den Rechtsanwalt auffordern, innerhalb einer Frist von einem Monat bei der Geschäftsstelle des Gerichts, dem der Urkundsbeamte angehört, Anträge auf Festsetzung der Vergütungen, für die ihm noch Ansprüche gegen die Staatskasse zustehen, einzureichen oder sich zu den empfangenen Zahlungen (Absatz 5 Satz 2) zu erklären. [2] Kommt der Rechtsanwalt der Aufforderung nicht nach, erlöschen seine Ansprüche gegen die Staatskasse.

(7) [1] Die Absätze 1 und 5 gelten im Bußgeldverfahren vor der Verwaltungsbehörde entsprechend. [2] An die Stelle des Urkundsbeamten der Geschäftsstelle tritt die Verwaltungsbehörde.

§ 56 Erinnerung und Beschwerde. (1) [1] Über Erinnerungen des Rechtsanwalts und der Staatskasse gegen die Festsetzung nach § 55 entscheidet das Gericht des Rechtszugs, bei dem die Festsetzung erfolgt ist, durch Beschluss. [2] Im Fall des § 55 Abs. 3 entscheidet die Strafkammer des Landgerichts. [3] Im Fall der Beratungshilfe entscheidet das nach § 4 Abs. 1 des Beratungshilfegesetzes zuständige Gericht.

(2) [1] Im Verfahren über die Erinnerung gilt § 33 Abs. 4 Satz 1, Abs. 7 und 8 und im Verfahren über die Beschwerde gegen die Entscheidung über die Erinnerung § 33 Abs. 3 bis 8 entsprechend. [2] Das Verfahren über die Erinnerung und über die Beschwerde ist gebührenfrei. [3] Kosten werden nicht erstattet.

§ 57 Rechtsbehelf in Bußgeldsachen vor der Verwaltungsbehörde. [1] Gegen Entscheidungen der Verwaltungsbehörde im Bußgeldverfahren nach den Vorschriften dieses Abschnitts kann gerichtliche Entscheidung beantragt werden. [2] Für das Verfahren gilt § 62 des Gesetzes über Ordnungswidrigkeiten.

§ 58 Anrechnung von Vorschüssen und Zahlungen. (1) Zahlungen, die der Rechtsanwalt nach § 9 des Beratungshilfegesetzes erhalten hat, werden auf die aus der Landeskasse zu zahlende Vergütung angerechnet.

(2) In Angelegenheiten, in denen sich die Gebühren nach Teil 3 des Vergütungsverzeichnisses bestimmen, sind Vorschüsse und Zahlungen, die der Rechtsanwalt vor oder nach der Beiordnung erhalten hat, zunächst auf die Vergütungen anzurechnen, für die ein Anspruch gegen die Staatskasse nicht oder nur unter den Voraussetzungen des § 50 besteht.

(3) [1] In Angelegenheiten, in denen sich die Gebühren nach den Teilen 4 bis 6 des Vergütungsverzeichnisses bestimmen, sind Vorschüsse und Zahlungen, die der Rechtsanwalt vor oder nach der gerichtlichen Bestellung oder Beiordnung für seine Tätigkeit in einer gebührenrechtlichen Angelegenheit erhalten hat, auf die von der Staatskasse für diese Angelegenheit zu zahlenden Gebühren anzurechnen. [2] Hat der Rechtsanwalt Zahlungen empfangen, nachdem er Gebühren aus der Staatskasse erhalten hat, ist er zur Rückzahlung an die Staatskasse verpflichtet. [3] Die Anrechnung oder Rückzahlung erfolgt nur, soweit der Rechtsanwalt durch die Zahlungen insgesamt mehr als den doppelten Betrag der ihm ohne Berücksichtigung des § 51 aus der Staatskasse zustehenden Gebühren erhalten würde. [4] Sind die dem Rechtsanwalt nach Satz 3 verbleibenden Gebühren höher als die Höchstgebühren eines Wahlanwalts, ist auch der die Höchstgebühren übersteigende Betrag anzurechnen oder zurückzuzahlen.

§ 59 Übergang von Ansprüchen auf die Staatskasse. (1) [1] Soweit dem im Wege der Prozesskostenhilfe oder nach § 138 des Gesetzes über das Verfahren in Familiensachen und in den Angelegenheiten der freiwilligen Gerichtsbarkeit, auch in Verbindung mit § 270 des Gesetzes über das Verfahren in Familiensachen und in den Angelegenheiten der freiwilligen Gerichtsbarkeit, beigeordneten oder nach § 67a Abs. 1 Satz 2 der Verwaltungsgerichtsordnung bestellten Rechtsanwalt wegen seiner Vergütung ein Anspruch gegen die Partei oder einen ersatzpflichtigen Gegner zusteht, geht der Anspruch mit der Befriedigung des Rechtsanwalts durch die Staatskasse auf diese über. [2] Der Übergang kann nicht zum Nachteil des Rechtsanwalts geltend gemacht werden.

(2) [1] Für die Geltendmachung des Anspruchs sowie für die Erinnerung und die Beschwerde gelten die Vorschriften über die Kosten des gerichtlichen Verfahrens entsprechend. [2] Ansprüche der Staatskasse werden bei dem Gericht des ersten Rechtszugs angesetzt. [3] Ist das Gericht des ersten Rechtszugs ein Gericht des Landes und ist der Anspruch auf die Bundeskasse übergegangen, wird er insoweit bei dem jeweiligen obersten Gerichtshof des Bundes angesetzt.

(3) Absatz 1 gilt entsprechend bei Beratungshilfe.

§ 59a Beiordnung und Bestellung durch Justizbehörden. (1) [1] Für den durch die Staatsanwaltschaft bestellten Rechtsanwalt gelten die Vorschriften über den gerichtlich bestellten Rechtsanwalt entsprechend. [2] Ist das Verfahren nicht gerichtlich anhängig geworden, tritt an die Stelle des Gerichts des ersten Rechtszugs das Gericht, das für die gerichtliche Bestätigung der Bestellung zuständig ist.

(2) [1] Für den durch die Staatsanwaltschaft beigeordneten Zeugenbeistand gelten die Vorschriften über den gerichtlich beigeordneten Zeugenbeistand entsprechend. [2] Über Anträge nach § 51 Absatz 1 entscheidet das Oberlandesgericht, in dessen Bezirk die Staatsanwaltschaft ihren Sitz hat. [3] Hat der Generalbundesanwalt einen Zeugenbeistand beigeordnet, entscheidet der Bundesgerichtshof.

(3) [1] Für den nach § 87e des Gesetzes über die internationale Rechtshilfe in Strafsachen in Verbindung mit § 53 des Gesetzes über die internationale Rechtshilfe in Strafsachen durch das Bundesamt für Justiz bestellten Beistand gelten die Vorschriften über den gerichtlich bestellten Rechtsanwalt entsprechend. [2] An die Stelle des Urkundsbeamten der Geschäftsstelle tritt das Bundes-

amt. [3] Über Anträge nach § 51 Absatz 1 entscheidet das Bundesamt gleichzeitig mit der Festsetzung der Vergütung.

(4) [1] Gegen Entscheidungen der Staatsanwaltschaft und des Bundesamts für Justiz nach den Vorschriften dieses Abschnitts kann gerichtliche Entscheidung beantragt werden. [2] Zuständig ist das Landgericht, in dessen Bezirk die Justizbehörde ihren Sitz hat. [3] Bei Entscheidungen des Generalbundesanwalts entscheidet der Bundesgerichtshof.

Abschnitt 9. Übergangs- und Schlussvorschriften

§ 59b Bekanntmachung von Neufassungen. [1] Das Bundesministerium der Justiz und für Verbraucherschutz kann nach Änderungen den Wortlaut des Gesetzes feststellen und als Neufassung im Bundesgesetzblatt bekannt machen. [2] Die Bekanntmachung muss auf diese Vorschrift Bezug nehmen und angeben

1. den Stichtag, zu dem der Wortlaut festgestellt wird,
2. die Änderungen seit der letzten Veröffentlichung des vollständigen Wortlauts im Bundesgesetzblatt sowie
3. das Inkrafttreten der Änderungen.

§ 60 Übergangsvorschrift. (1) [1] Die Vergütung ist nach bisherigem Recht zu berechnen, wenn der unbedingte Auftrag zur Erledigung derselben Angelegenheit im Sinne des § 15 vor dem Inkrafttreten einer Gesetzesänderung erteilt oder der Rechtsanwalt vor diesem Zeitpunkt bestellt oder beigeordnet worden ist. [2] Ist der Rechtsanwalt im Zeitpunkt des Inkrafttretens einer Gesetzesänderung in derselben Angelegenheit bereits tätig, ist die Vergütung für das Verfahren über ein Rechtsmittel, das nach diesem Zeitpunkt eingelegt worden ist, nach neuem Recht zu berechnen. [3] Die Sätze 1 und 2 gelten auch, wenn Vorschriften geändert werden, auf die dieses Gesetz verweist.

(2) Sind Gebühren nach dem zusammengerechneten Wert mehrerer Gegenstände zu bemessen, gilt für die gesamte Vergütung das bisherige Recht auch dann, wenn dies nach Absatz 1 nur für einen der Gegenstände gelten würde.

(3) In Angelegenheiten nach dem Pflegeberufegesetz ist bei der Bestimmung des Gegenstandswerts § 52 Absatz 4 Nummer 4 des Gerichtskostengesetzes[1)] nicht anzuwenden, wenn der unbedingte Auftrag zur Erledigung derselben Angelegenheit vor dem 15. August 2019 erteilt worden ist.

§ 61 Übergangsvorschrift aus Anlass des Inkrafttretens dieses Gesetzes. (1) [1] Die Bundesgebührenordnung für Rechtsanwälte in der im Bundesgesetzblatt Teil III, Gliederungsnummer 368-1, veröffentlichten bereinigten Fassung, zuletzt geändert durch Artikel 2 Abs. 6 des Gesetzes vom 12. März 2004 (BGBl. I S. 390), und Verweisungen hierauf sind weiter anzuwenden, wenn der unbedingte Auftrag zur Erledigung derselben Angelegenheit im Sinne des § 15 vor dem 1. Juli 2004 erteilt oder der Rechtsanwalt vor diesem Zeitpunkt gerichtlich bestellt oder beigeordnet worden ist. [2] Ist der Rechtsanwalt am 1. Juli 2004 in derselben Angelegenheit und, wenn ein gerichtliches Verfahren anhängig ist, in demselben Rechtszug bereits tätig, gilt für das Ver-

[1)] Nr. **2**.

fahren über ein Rechtsmittel, das nach diesem Zeitpunkt eingelegt worden ist, dieses Gesetz. [3] § 60 Abs. 2 ist entsprechend anzuwenden.

(2) Auf die Vereinbarung der Vergütung sind die Vorschriften dieses Gesetzes auch dann anzuwenden, wenn nach Absatz 1 die Vorschriften der Bundesgebührenordnung für Rechtsanwälte weiterhin anzuwenden und die Willenserklärungen beider Parteien nach dem 1. Juli 2004 abgegeben worden sind.

§ 62 Verfahren nach dem Therapieunterbringungsgesetz. Die Regelungen des Therapieunterbringungsgesetzes zur Rechtsanwaltsvergütung bleiben unberührt.

Anlage 1
(zu § 2 Abs. 2)

Vergütungsverzeichnis

Gliederung

Teil 1. Allgemeine Gebühren

Nr.	Gebührentatbestand	Gebühr oder Satz der Gebühr nach § 13 RVG
Vorbemerkung 1: Die Gebühren dieses Teils entstehen neben den in anderen Teilen bestimmten Gebühren.		
1000	Einigungsgebühr .... (1) Die Gebühr entsteht für die Mitwirkung beim Abschluss eines Vertrags, durch den 1. der Streit oder die Ungewissheit über ein Rechtsverhältnis beseitigt wird oder 2. die Erfüllung des Anspruchs bei gleichzeitigem vorläufigem Verzicht auf die gerichtliche Geltendmachung und, wenn bereits ein zur Zwangsvollstreckung geeigneter Titel vorliegt, bei gleichzeitigem vorläufigem Verzicht auf Vollstreckungsmaßnahmen geregelt wird (Zahlungsvereinbarung). Die Gebühr entsteht nicht, wenn sich der Vertrag ausschließlich auf ein Anerkenntnis oder einen Verzicht beschränkt. Im Privatklageverfahren ist Nummer 4147 anzuwenden. (2) Die Gebühr entsteht auch für die Mitwirkung bei Vertragsverhandlungen, es sei denn, dass diese für den Abschluss des Vertrags im Sinne des Absatzes 1 nicht ursächlich war. (3) Für die Mitwirkung bei einem unter einer aufschiebenden Bedingung oder unter dem Vorbehalt des Widerrufs geschlossenen Vertrag entsteht die Gebühr, wenn die Bedingung eingetreten ist oder der Vertrag nicht mehr widerrufen werden kann. (4) Soweit über die Ansprüche vertraglich verfügt werden kann, gelten die Absätze 1 und 2 auch bei Rechtsverhältnissen des öffentlichen Rechts. (5) Die Gebühr entsteht nicht in Ehesachen und in Lebenspartnerschaftssachen (§ 269 Abs. 1 Nr. 1 und 2 FamFG). Wird ein Vertrag, insbesondere über den Unterhalt, im Hinblick auf die in Satz 1 genannten Verfahren geschlossen, bleibt der Wert dieser Verfahren bei der Berechnung der Gebühr außer Betracht. In Kindschaftssachen ist Absatz 1 Satz 1 und 2 auch für die Mitwirkung an einer Vereinbarung, über deren Gegenstand nicht vertraglich verfügt werden kann, entsprechend anzuwenden.	1,5
1001	Aussöhnungsgebühr .... Die Gebühr entsteht für die Mitwirkung bei der Aussöhnung, wenn der ernstliche Wille eines Ehegatten, eine Scheidungssache oder ein Verfahren auf Aufhebung der Ehe anhängig zu machen, hervorgetreten ist und die Ehegatten die eheliche Lebensgemeinschaft fortsetzen oder die eheliche Lebensgemeinschaft wieder aufnehmen. Dies gilt entsprechend bei Lebenspartnerschaften.	1,5
1002	Erledigungsgebühr, soweit nicht Nummer 1005 gilt Die Gebühr entsteht, wenn sich eine Rechtssache ganz oder teilweise nach Aufhebung oder Änderung des mit einem Rechtsbehelf angefochtenen Verwaltungsakts durch die anwaltliche Mitwirkung erledigt. Das Gleiche gilt, wenn sich eine Rechtssache ganz oder teilweise durch Erlass eines bisher abgelehnten Verwaltungsakts erledigt.	1,5

Nr.	Gebührentatbestand	Gebühr oder Satz der Gebühr nach § 13 RVG
1003	Über den Gegenstand ist ein anderes gerichtliches Verfahren als ein selbstständiges Beweisverfahren anhängig: Die Gebühren 1000 bis 1002 betragen	1,0
	(1) Dies gilt auch, wenn ein Verfahren über die Prozesskostenhilfe anhängig ist, soweit nicht lediglich Prozesskostenhilfe für ein selbständiges Beweisverfahren oder die gerichtliche Protokollierung des Vergleichs beantragt wird oder sich die Beiordnung auf den Abschluss eines Vertrags im Sinne der Nummer 1000 erstreckt (§ 48 Abs. 3 RVG). Die Anmeldung eines Anspruchs zum Musterverfahren nach dem KapMuG steht einem anhängigen gerichtlichen Verfahren gleich. Das Verfahren vor dem Gerichtsvollzieher steht einem gerichtlichen Verfahren gleich. (2) In Kindschaftssachen entsteht die Gebühr auch für die Mitwirkung am Abschluss eines gerichtlich gebilligten Vergleichs (§ 156 Abs. 2 FamFG) und an einer Vereinbarung, über deren Gegenstand nicht vertraglich verfügt werden kann, wenn hierdurch eine gerichtliche Entscheidung entbehrlich wird oder wenn die Entscheidung der getroffenen Vereinbarung folgt.	
1004	Über den Gegenstand ist ein Berufungs- oder Revisionsverfahren, ein Verfahren über die Beschwerde gegen die Nichtzulassung eines dieser Rechtsmittel oder ein Verfahren vor dem Rechtsmittelgericht über die Zulassung des Rechtsmittels anhängig: Die Gebühren 1000 bis 1002 betragen	1,3
	(1) Dies gilt auch in den in den Vorbemerkungen 3.2.1 und 3.2.2 genannten Beschwerde- und Rechtsbeschwerdeverfahren. (2) Absatz 2 der Anmerkung zu Nummer 1003 ist anzuwenden.	
1005	Einigung oder Erledigung in einem Verwaltungsverfahren in sozialrechtlichen Angelegenheiten, in denen im gerichtlichen Verfahren Betragsrahmengebühren entstehen (§ 3 RVG): Die Gebühren 1000 und 1002 entstehen	in Höhe der Geschäftsgebühr
	(1) Die Gebühr bestimmt sich einheitlich nach dieser Vorschrift, wenn in die Einigung Ansprüche aus anderen Verwaltungsverfahren einbezogen werden. Ist über einen Gegenstand ein gerichtliches Verfahren anhängig, bestimmt sich die Gebühr nach Nummer 1006. Maßgebend für die Höhe der Gebühr ist die höchste entstandene Geschäftsgebühr ohne Berücksichtigung einer Erhöhung nach Nummer 1008. Steht dem Rechtsanwalt ausschließlich eine Gebühr nach § 34 RVG zu, beträgt die Gebühr die Hälfte des in der Anmerkung zu Nummer 2302 genannten Betrags. (2) Betrifft die Einigung oder Erledigung nur einen Teil der Angelegenheit, ist der auf diesen Teil der Angelegenheit entfallende Anteil an der Geschäftsgebühr unter Berücksichtigung der in § 14 Abs. 1 RVG genannten Umstände zu schätzen.	

Nr.	Gebührentatbestand	Gebühr oder Satz der Gebühr nach § 13 RVG
1006	Über den Gegenstand ist ein gerichtliches Verfahren anhängig: Die Gebühr 1005 entsteht .... (1) Die Gebühr bestimmt sich auch dann einheitlich nach dieser Vorschrift, wenn in die Einigung Ansprüche einbezogen werden, die nicht in diesem Verfahren rechtshängig sind. Maßgebend für die Höhe der Gebühr ist die im Einzelfall bestimmte Verfahrensgebühr in der Angelegenheit, in der die Einigung erfolgt. Eine Erhöhung nach Nummer 1008 ist nicht zu berücksichtigen. (2) Betrifft die Einigung oder Erledigung nur einen Teil der Angelegenheit, ist der auf diesen Teil der Angelegenheit entfallende Anteil an der Verfahrensgebühr unter Berücksichtigung der in § 14 Abs. 1 RVG genannten Umstände zu schätzen.	in Höhe der Verfahrensgebühr
1007	*(nicht belegt)*	
1008	Auftraggeber sind in derselben Angelegenheit mehrere Personen: Die Verfahrens- oder Geschäftsgebühr erhöht sich für jede weitere Person um .... (1) Dies gilt bei Wertgebühren nur, soweit der Gegenstand der anwaltlichen Tätigkeit derselbe ist. (2) Die Erhöhung wird nach dem Betrag berechnet, an dem die Personen gemeinschaftlich beteiligt sind. (3) Mehrere Erhöhungen dürfen einen Gebührensatz von 2,0 nicht übersteigen; bei Festgebühren dürfen die Erhöhungen das Doppelte der Festgebühr und bei Betragsrahmengebühren das Doppelte des Mindest- und Höchstbetrags nicht übersteigen. (4) Im Fall der Anmerkung zu den Gebühren 2300 und 2302 erhöht sich der Gebührensatz oder Betrag dieser Gebühren entsprechend.	0,3 oder 30 % bei Festgebühren, bei Betragsrahmengebühren erhöhen sich der Mindest- und Höchstbetrag um 30 %
1009	Hebegebühr 1. bis einschließlich 2 500,00 € .... 2. von dem Mehrbetrag bis einschließlich 10 000,00 € .... 3. von dem Mehrbetrag über 10 000,00 € .... (1) Die Gebühr wird für die Auszahlung oder Rückzahlung von entgegengenommenen Geldbeträgen erhoben. (2) Unbare Zahlungen stehen baren Zahlungen gleich. Die Gebühr kann bei der Ablieferung an den Auftraggeber entnommen werden. (3) Ist das Geld in mehreren Beträgen gesondert ausgezahlt oder zurückgezahlt, wird die Gebühr von jedem Betrag besonders erhoben. (4) Für die Ablieferung oder Rücklieferung von Wertpapieren und Kostbarkeiten entsteht die in den Absätzen 1 bis 3 bestimmte Gebühr nach dem Wert. (5) Die Hebegebühr entsteht nicht, soweit Kosten an ein Gericht oder eine Behörde weitergeleitet oder eingezogene Kosten an den Auftraggeber abgeführt oder eingezogene Beträge auf die Vergütung verrechnet werden.	 1,0 % 0,5 % 0,25 % des aus- oder zurückgezahlten Betrags – mindestens 1,00 €

Nr.	Gebührentatbestand	Gebühr oder Satz der Gebühr nach § 13 RVG
1010	Zusatzgebühr für besonders umfangreiche Beweisaufnahmen in Angelegenheiten, in denen sich die Gebühren nach Teil 3 richten und mindestens drei gerichtliche Termine stattfinden, in denen Sachverständige oder Zeugen vernommen werden .... Die Gebühr entsteht für den durch besonders umfangreiche Beweisaufnahmen anfallenden Mehraufwand.	0,3 oder bei Betragsrahmengebühren erhöhen sich der Mindest- und Höchstbetrag der Terminsgebühr um 30 %

Teil 2. Außergerichtliche Tätigkeiten einschließlich der Vertretung im Verwaltungsverfahren

Nr.	Gebührentatbestand	Gebühr oder Satz der Gebühr nach § 13 RVG
Vorbemerkung 2: (1) Die Vorschriften dieses Teils sind nur anzuwenden, soweit nicht die §§ 34 bis 36 RVG etwas anderes bestimmen. (2) Für die Tätigkeit als Beistand für einen Zeugen oder Sachverständigen in einem Verwaltungsverfahren, für das sich die Gebühren nach diesem Teil bestimmen, entstehen die gleichen Gebühren wie für einen Bevollmächtigten in diesem Verfahren. Für die Tätigkeit als Beistand eines Zeugen oder Sachverständigen vor einem parlamentarischen Untersuchungsausschuss entstehen die gleichen Gebühren wie für die entsprechende Beistandsleistung in einem Strafverfahren des ersten Rechtszugs vor dem Oberlandesgericht.		
	Abschnitt 1. Prüfung der Erfolgsaussicht eines Rechtsmittels	
2100	Gebühr für die Prüfung der Erfolgsaussicht eines Rechtsmittels, soweit in Nummer 2102 nichts anderes bestimmt ist ... Die Gebühr ist auf eine Gebühr für das Rechtsmittelverfahren anzurechnen.	0,5 bis 1,0
2101	Die Prüfung der Erfolgsaussicht eines Rechtsmittels ist mit der Ausarbeitung eines schriftlichen Gutachtens verbunden: Die Gebühr 2100 beträgt ...	1,3
2102	Gebühr für die Prüfung der Erfolgsaussicht eines Rechtsmittels in sozialrechtlichen Angelegenheiten, in denen im gerichtlichen Verfahren Betragsrahmengebühren entstehen (§ 3 RVG), und in den Angelegenheiten, für die nach den Teilen 4 bis 6 Betragsrahmengebühren entstehen ... Die Gebühr ist auf eine Gebühr für das Rechtsmittelverfahren anzurechnen.	30,00 bis 320,00 €
2103	Die Prüfung der Erfolgsaussicht eines Rechtsmittels ist mit der Ausarbeitung eines schriftlichen Gutachtens verbunden: Die Gebühr 2102 beträgt ...	50,00 bis 550,00 €
	Abschnitt 2. Herstellung des Einvernehmens	
2200	Geschäftsgebühr für die Herstellung des Einvernehmens nach § 28 EuRAG ...	in Höhe der einem Bevollmächtigten oder Verteidiger zustehenden Verfahrensgebühr

Nr.	Gebührentatbestand	Gebühr oder Satz der Gebühr nach § 13 RVG
2201	Das Einvernehmen wird nicht hergestellt: Die Gebühr 2200 beträgt	0,1 bis 0,5 oder Mindestbetrag der einem Bevollmächtigten oder Verteidiger zustehenden Verfahrensgebühr

Abschnitt 3. Vertretung

Vorbemerkung 2.3:

(1) Im Verwaltungszwangsverfahren ist Teil 3 Abschnitt 3 Unterabschnitt 3 entsprechend anzuwenden.

(2) Dieser Abschnitt gilt nicht für die in den Teilen 4 bis 6 geregelten Angelegenheiten.

(3) Die Geschäftsgebühr entsteht für das Betreiben des Geschäfts einschließlich der Information und für die Mitwirkung bei der Gestaltung eines Vertrags.

(4) Soweit wegen desselben Gegenstands eine Geschäftsgebühr für eine Tätigkeit im Verwaltungsverfahren entstanden ist, wird diese Gebühr zur Hälfte, bei Wertgebühren jedoch höchstens mit einem Gebührensatz von 0,75, auf eine Geschäftsgebühr für eine Tätigkeit im weiteren Verwaltungsverfahren, das der Nachprüfung des Verwaltungsakts dient, angerechnet. Bei einer Betragsrahmengebühr beträgt der Anrechnungsbetrag höchstens 175,00 €. Bei der Bemessung einer weiteren Geschäftsgebühr innerhalb eines Rahmens ist nicht zu berücksichtigen, dass der Umfang der Tätigkeit infolge der vorangegangenen Tätigkeit geringer ist. Bei einer Wertgebühr erfolgt die Anrechnung nach dem Wert des Gegenstands, der auch Gegenstand des weiteren Verfahrens ist.

(5) Absatz 4 gilt entsprechend bei einer Tätigkeit im Verfahren nach der Wehrbeschwerdeordnung, wenn darauf eine Tätigkeit im Beschwerdeverfahren oder wenn der Tätigkeit im Beschwerdeverfahren eine Tätigkeit im Verfahren der weiteren Beschwerde vor den Disziplinarvorgesetzten folgt.

(6) Soweit wegen desselben Gegenstands eine Geschäftsgebühr nach Nummer 2300 entstanden ist, wird diese Gebühr zur Hälfte, jedoch höchstens mit einem Gebührensatz von 0,75, auf eine Geschäftsgebühr nach Nummer 2303 angerechnet. Absatz 4 Satz 4 gilt entsprechend.

2300	Geschäftsgebühr, soweit in den Nummern 2302 und 2303 nichts anderes bestimmt ist	0,5 bis 2,5
	Eine Gebühr von mehr als 1,3 kann nur gefordert werden, wenn die Tätigkeit umfangreich oder schwierig war.	
2301	Der Auftrag beschränkt sich auf ein Schreiben einfacher Art: Die Gebühr 2300 beträgt	0,3
	Es handelt sich um ein Schreiben einfacher Art, wenn dieses weder schwierige rechtliche Ausführungen noch größere sachliche Auseinandersetzungen enthält.	
2302	Geschäftsgebühr in 1. sozialrechtlichen Angelegenheiten, in denen im gerichtlichen Verfahren Betragsrahmengebühren entstehen (§ 3 RVG), und 2. Verfahren nach der Wehrbeschwerdeordnung, wenn im gerichtlichen Verfahren das Verfahren	

Nr.	Gebührentatbestand	Gebühr oder Satz der Gebühr nach § 13 RVG
	vor dem Truppendienstgericht oder vor dem Bundesverwaltungsgericht an die Stelle des Verwaltungsrechtswegs gemäß § 82 SG tritt	50,00 bis 640,00 €
	Eine Gebühr von mehr als 300,00 € kann nur gefordert werden, wenn die Tätigkeit umfangreich oder schwierig war.	
2303	Geschäftsgebühr für 1. Güteverfahren vor einer durch die Landesjustizverwaltung eingerichteten oder anerkannten Gütestelle (§ 794 Abs. 1 Nr. 1 ZPO) oder, wenn die Parteien den Einigungsversuch einvernehmlich unternehmen, vor einer Gütestelle, die Streitbeilegung betreibt (§ 15a Abs. 3 EGZPO), 2. Verfahren vor einem Ausschuss der in § 111 Abs. 2 des Arbeitsgerichtsgesetzes bezeichneten Art, 3. Verfahren vor dem Seemannsamt zur vorläufigen Entscheidung von Arbeitssachen und 4. Verfahren vor sonstigen gesetzlich eingerichteten Einigungsstellen, Gütestellen oder Schiedsstellen	1,5

Abschnitt 4. *(aufgehoben)*

Abschnitt 5. Beratungshilfe

Vorbemerkung 2.5:

Im Rahmen der Beratungshilfe entstehen Gebühren ausschließlich nach diesem Abschnitt.

2500	Beratungshilfegebühr	15,00 €
	Neben der Gebühr werden keine Auslagen erhoben. Die Gebühr kann erlassen werden.	
2501	Beratungsgebühr	35,00 €
	(1) Die Gebühr entsteht für eine Beratung, wenn die Beratung nicht mit einer anderen gebührenpflichtigen Tätigkeit zusammenhängt. (2) Die Gebühr ist auf eine Gebühr für eine sonstige Tätigkeit anzurechnen, die mit der Beratung zusammenhängt.	
2502	Beratungstätigkeit mit dem Ziel einer außergerichtlichen Einigung mit den Gläubigern über die Schuldenbereinigung auf der Grundlage eines Plans (§ 305 Abs. 1 Nr. 1 InsO): Die Gebühr 2501 beträgt	70,00 €
2503	Geschäftsgebühr	85,00 €
	(1) Die Gebühr entsteht für das Betreiben des Geschäfts einschließlich der Information oder die Mitwirkung bei der Gestaltung eines Vertrags. (2) Auf die Gebühren für ein anschließendes gerichtliches oder behördliches Verfahren ist diese Gebühr zur Hälfte anzurechnen. Auf die Gebühren für ein Verfahren auf Vollstreckbarerklärung eines Vergleichs nach den §§ 796a, 796b und 796c Abs. 2 Satz 2 ZPO ist die Gebühr zu einem Viertel anzurechnen.	

Nr.	Gebührentatbestand	Gebühr oder Satz der Gebühr nach § 13 RVG
2504	Tätigkeit mit dem Ziel einer außergerichtlichen Einigung mit den Gläubigern über die Schuldenbereinigung auf der Grundlage eines Plans (§ 305 Abs. 1 Nr. 1 InsO):	
	Die Gebühr 2503 beträgt bei bis zu 5 Gläubigern	270,00 €
2505	Es sind 6 bis 10 Gläubiger vorhanden:	
	Die Gebühr 2503 beträgt	405,00 €
2506	Es sind 11 bis 15 Gläubiger vorhanden:	
	Die Gebühr 2503 beträgt	540,00 €
2507	Es sind mehr als 15 Gläubiger vorhanden:	
	Die Gebühr 2503 beträgt	675,00 €
2508	Einigungs- und Erledigungsgebühr	150,00 €
	(1) Die Anmerkungen zu Nummern 1000 und 1002 sind anzuwenden. (2) Die Gebühr entsteht auch für die Mitwirkung bei einer außergerichtlichen Einigung mit den Gläubigern über die Schuldenbereinigung auf der Grundlage eines Plans (§ 305 Abs. 1 Nr. 1 InsO).	

Teil 3. Zivilsachen, Verfahren der öffentlich-rechtlichen Gerichtsbarkeiten, Verfahren nach dem Strafvollzugsgesetz, auch in Verbindung mit § 92 des Jugendgerichtsgesetzes, und ähnliche Verfahren

Nr.	Gebührentatbestand	Gebühr oder Satz der Gebühr nach § 13 RVG

Vorbemerkung 3:

(1) Gebühren nach diesem Teil erhält der Rechtsanwalt, dem ein unbedingter Auftrag als Prozess- oder Verfahrensbevollmächtigter, als Beistand für einen Zeugen oder Sachverständigen oder für eine sonstige Tätigkeit in einem gerichtlichen Verfahren erteilt worden ist. Der Beistand für einen Zeugen oder Sachverständigen erhält die gleichen Gebühren wie ein Verfahrensbevollmächtigter.

(2) Die Verfahrensgebühr entsteht für das Betreiben des Geschäfts einschließlich der Information.

(3) Die Terminsgebühr entsteht sowohl für die Wahrnehmung von gerichtlichen Terminen als auch für die Wahrnehmung von außergerichtlichen Terminen und Besprechungen, wenn nichts anderes bestimmt ist. Sie entsteht jedoch nicht für die Wahrnehmung eines gerichtlichen Termins nur zur Verkündung einer Entscheidung. Die Gebühr für außergerichtliche Termine und Besprechungen entsteht für

1. die Wahrnehmung eines von einem gerichtlich bestellten Sachverständigen anberaumten Termins und
2. die Mitwirkung an Besprechungen, die auf die Vermeidung oder Erledigung des Verfahrens gerichtet sind; dies gilt nicht für Besprechungen mit dem Auftraggeber.

(4) Soweit wegen desselben Gegenstands eine Geschäftsgebühr nach Teil 2 entsteht, wird diese Gebühr zur Hälfte, bei Wertgebühren jedoch höchstens mit einem Gebührensatz von 0,75, auf die Verfahrensgebühr des gerichtlichen Verfahrens angerechnet. Bei Betragsrahmengebühren beträgt der Anrechnungsbetrag höchstens 175,00 €. Sind mehrere Gebühren entstanden, ist für die Anrechnung die zuletzt entstandene Gebühr maßgebend. Bei einer Betragsrahmengebühr ist nicht zu berücksichtigen, dass der Umfang der Tätigkeit im gerichtlichen Verfahren infolge der vorangegangenen Tätigkeit geringer ist. Bei einer wertabhängigen Gebühr erfolgt die Anrechnung nach dem Wert des Gegenstands, der auch Gegenstand des gerichtlichen Verfahrens ist.

(5) Soweit der Gegenstand eines selbstständigen Beweisverfahrens auch Gegenstand eines Rechtsstreits ist oder wird, wird die Verfahrensgebühr des selbstständigen Beweisverfahrens auf die Verfahrensgebühr des Rechtszugs angerechnet.

(6) Soweit eine Sache an ein untergeordnetes Gericht zurückverwiesen wird, das mit der Sache bereits befasst war, ist die vor diesem Gericht bereits entstandene Verfahrensgebühr auf die Verfahrensgebühr für das erneute Verfahren anzurechnen.

(7) Die Vorschriften dieses Teils sind nicht anzuwenden, soweit Teil 6 besondere Vorschriften enthält.

Abschnitt 1. Erster Rechtszug

Vorbemerkung 3.1:

(1) Die Gebühren dieses Abschnitts entstehen in allen Verfahren, für die in den folgenden Abschnitten dieses Teils keine Gebühren bestimmt sind.

(2) Dieser Abschnitt ist auch für das Rechtsbeschwerdeverfahren nach § 1065 ZPO anzuwenden.

3100	Verfahrensgebühr, soweit in Nummer 3102 nichts anderes bestimmt ist .... (1) Die Verfahrensgebühr für ein vereinfachtes Verfahren über den Unterhalt Minderjähriger wird auf die Verfahrensgebühr angerechnet, die in dem nachfolgenden Rechtsstreit entsteht (§ 255 FamFG). (2) Die Verfahrensgebühr für einen Urkunden- oder Wechselprozess wird auf die Verfahrensgebühr für das ordentliche Verfahren angerechnet, wenn dieses nach Abstandnahme vom Urkunden- oder Wechselprozess oder nach einem Vorbehaltsurteil anhängig bleibt (§§ 596, 600 ZPO).	1,3

Nr.	Gebührentatbestand	Gebühr oder Satz der Gebühr nach § 13 RVG
	(3) Die Verfahrensgebühr für ein Vermittlungsverfahren nach § 165 FamFG wird auf die Verfahrensgebühr für ein sich anschließendes Verfahren angerechnet.	
3101	1. Endigt der Auftrag, bevor der Rechtsanwalt die Klage, den ein Verfahren einleitenden Antrag oder einen Schriftsatz, der Sachanträge, Sachvortrag, die Zurücknahme der Klage oder die Zurücknahme des Antrags enthält, eingereicht oder bevor er einen gerichtlichen Termin wahrgenommen hat; 2. soweit Verhandlungen vor Gericht zur Einigung der Parteien oder der Beteiligten oder mit Dritten über in diesem Verfahren nicht rechtshängige Ansprüche geführt werden; der Verhandlung über solche Ansprüche steht es gleich, wenn beantragt ist, eine Einigung zu Protokoll zu nehmen oder das Zustandekommen einer Einigung festzustellen (§ 278 Abs. 6 ZPO); oder 3. soweit in einer Familiensache, die nur die Erteilung einer Genehmigung oder die Zustimmung des Familiengerichts zum Gegenstand hat, oder in einem Verfahren der freiwilligen Gerichtsbarkeit lediglich ein Antrag gestellt und eine Entscheidung entgegengenommen wird, beträgt die Gebühr 3100	0,8
	(1) Soweit in den Fällen der Nummer 2 der sich nach § 15 Abs. 3 RVG ergebende Gesamtbetrag der Verfahrensgebühren die Gebühr 3100 übersteigt, wird der übersteigende Betrag auf eine Verfahrensgebühr angerechnet, die wegen desselben Gegenstands in einer anderen Angelegenheit entsteht. (2) Nummer 3 ist in streitigen Verfahren der freiwilligen Gerichtsbarkeit, insbesondere in Verfahren nach dem Gesetz über das gerichtliche Verfahren in Landwirtschaftssachen, nicht anzuwenden.	
3102	Verfahrensgebühr für Verfahren vor den Sozialgerichten, in denen Betragsrahmengebühren entstehen (§ 3 RVG)	50,00 bis 550,00 €
3103	*(aufgehoben)*	
3104	Terminsgebühr, soweit in Nummer 3106 nichts anderes bestimmt ist	1,2
	(1) Die Gebühr entsteht auch, wenn 1. in einem Verfahren, für das mündliche Verhandlung vorgeschrieben ist, im Einverständnis mit den Parteien oder Beteiligten oder gemäß § 307 oder § 495a ZPO ohne mündliche Verhandlung entschieden oder in einem solchen Verfahren ein schriftlicher Vergleich geschlossen wird, 2. nach § 84 Abs. 1 Satz 1 VwGO oder § 105 Abs. 1 Satz 1 SGG durch Gerichtsbescheid entschieden wird und eine mündliche Verhandlung beantragt werden kann oder	

Nr.	Gebührentatbestand	Gebühr oder Satz der Gebühr nach § 13 RVG
	3. das Verfahren vor dem Sozialgericht, für das mündliche Verhandlung vorgeschrieben ist, nach angenommenem Anerkenntnis ohne mündliche Verhandlung endet. (2) Sind in dem Termin auch Verhandlungen zur Einigung über in diesem Verfahren nicht rechtshängige Ansprüche geführt worden, wird die Terminsgebühr, soweit sie den sich ohne Berücksichtigung der nicht rechtshängigen Ansprüche ergebenden Gebührenbetrag übersteigt, auf eine Terminsgebühr angerechnet, die wegen desselben Gegenstands in einer anderen Angelegenheit entsteht. (3) Die Gebühr entsteht nicht, soweit lediglich beantragt ist, eine Einigung der Parteien oder der Beteiligten oder mit Dritten über nicht rechtshängige Ansprüche zu Protokoll zu nehmen. (4) Eine in einem vorausgegangenen Mahnverfahren oder vereinfachten Verfahren über den Unterhalt Minderjähriger entstandene Terminsgebühr wird auf die Terminsgebühr des nachfolgenden Rechtsstreits angerechnet.	
3105	Wahrnehmung nur eines Termins, in dem eine Partei oder ein Beteiligter nicht erschienen oder nicht ordnungsgemäß vertreten ist und lediglich ein Antrag auf Versäumnisurteil, Versäumnisentscheidung oder zur Prozess-, Verfahrens- oder Sachleitung gestellt wird: Die Gebühr 3104 beträgt .... (1) Die Gebühr entsteht auch, wenn 1. das Gericht bei Säumnis lediglich Entscheidungen zur Prozess-, Verfahrens- oder Sachleitung von Amts wegen trifft oder 2. eine Entscheidung gemäß § 331 Abs. 3 ZPO ergeht. (2) § 333 ZPO ist nicht entsprechend anzuwenden.	0,5
3106	Terminsgebühr in Verfahren vor den Sozialgerichten, in denen Betragsrahmengebühren entstehen (§ 3 RVG) .... Die Gebühr entsteht auch, wenn 1. in einem Verfahren, für das mündliche Verhandlung vorgeschrieben ist, im Einverständnis mit den Parteien ohne mündliche Verhandlung entschieden oder in einem solchen Verfahren ein schriftlicher Vergleich geschlossen wird, 2. nach § 105 Abs. 1 Satz 1 SGG durch Gerichtsbescheid entschieden wird und eine mündliche Verhandlung beantragt werden kann oder 3. das Verfahren, für das mündliche Verhandlung vorgeschrieben ist, nach angenommenem Anerkenntnis ohne mündliche Verhandlung endet. In den Fällen des Satzes 1 beträgt die Gebühr 90 % der in derselben Angelegenheit dem Rechtsanwalt zustehenden Verfahrensgebühr ohne Berücksichtigung einer Erhöhung nach Nummer 1008.	50,00 bis 510,00 €

Abschnitt 2. Berufung, Revision, bestimmte Beschwerden und Verfahren vor dem Finanzgericht

Vorbemerkung 3.2:

(1) Dieser Abschnitt ist auch in Verfahren vor dem Rechtsmittelgericht über die Zulassung des Rechtsmittels anzuwenden.

Nr.	Gebührentatbestand	Gebühr oder Satz der Gebühr nach § 13 RVG
(2) Wenn im Verfahren auf Anordnung eines Arrests, zur Erwirkung eines Europäischen Beschlusses zur vorläufigen Kontenpfändung oder auf Erlass einer einstweiligen Verfügung sowie im Verfahren über die Aufhebung, den Widerruf oder die Abänderung der genannten Entscheidungen das Rechtsmittelgericht als Gericht der Hauptsache anzusehen ist (§ 943, auch i.V.m. § 946 Abs. 1 Satz 2 ZPO), bestimmen sich die Gebühren nach den für die erste Instanz geltenden Vorschriften. Dies gilt entsprechend im Verfahren der einstweiligen Anordnung und im Verfahren auf Anordnung oder Wiederherstellung der aufschiebenden Wirkung, auf Aussetzung oder Aufhebung der Vollziehung oder Anordnung der sofortigen Vollziehung eines Verwaltungsakts. Satz 1 gilt ferner entsprechend in Verfahren über einen Antrag nach § 169 Absatz 2 Satz 5 und 6, § 173 Absatz 1 Satz 3 oder nach § 176 GWB.		
Unterabschnitt 1. Berufung, bestimmte Beschwerden und Verfahren vor dem Finanzgericht		
Vorbemerkung 3.2.1: Dieser Unterabschnitt ist auch anzuwenden in Verfahren 1. vor dem Finanzgericht, 2. über Beschwerden a) gegen die den Rechtszug beendenden Entscheidungen in Verfahren über Anträge auf Vollstreckbarerklärung ausländischer Titel oder auf Erteilung der Vollstreckungsklausel zu ausländischen Titeln sowie über Anträge auf Aufhebung oder Abänderung der Vollstreckbarerklärung oder der Vollstreckungsklausel, b) gegen die Endentscheidung wegen des Hauptgegenstands in Familiensachen und in den Angelegenheiten der freiwilligen Gerichtsbarkeit, c) gegen die den Rechtszug beendenden Entscheidungen im Beschlussverfahren vor den Gerichten für Arbeitssachen, d) gegen die den Rechtszug beendenden Entscheidungen im personalvertretungsrechtlichen Beschlussverfahren vor den Gerichten der Verwaltungsgerichtsbarkeit, e) nach dem GWB, f) nach dem EnWG, g) nach dem KSpG, h) nach dem VSchDG, i) nach dem SpruchG, j) nach dem WpÜG, 3. über Beschwerden a) gegen die Entscheidung des Verwaltungs- oder Sozialgerichts wegen des Hauptgegenstands in Verfahren des vorläufigen oder einstweiligen Rechtsschutzes, b) nach dem WpHG, c) gegen die Entscheidung über den Widerspruch des Schuldners (§ 954 Abs. 1 Satz 1 ZPO) im Fall des Artikels 5 Buchstabe a der Verordnung (EU) Nr. 655/2014, 4. über Rechtsbeschwerden nach dem StVollzG, auch i.V.m. § 92 JGG.		
3200	Verfahrensgebühr, soweit in Nummer 3204 nichts anderes bestimmt ist	1,6
3201	Vorzeitige Beendigung des Auftrags oder eingeschränkte Tätigkeit des Anwalts: Die Gebühr 3200 beträgt	1,1
	(1) Eine vorzeitige Beendigung liegt vor, 1. wenn der Auftrag endigt, bevor der Rechtsanwalt das Rechtsmittel eingelegt oder einen Schriftsatz, der Sachanträge, Sachvortrag, die Zurücknahme der Klage oder die Zurücknahme des Rechtsmittels enthält, eingereicht oder bevor er einen gerichtlichen Termin wahrgenommen hat, oder 2. soweit Verhandlungen vor Gericht zur Einigung der Parteien oder der Beteiligten oder mit Dritten über in diesem Verfahren nicht rechtshängige Ansprüche geführt werden; der Verhandlung	

Nr.	Gebührentatbestand	Gebühr oder Satz der Gebühr nach § 13 RVG
	über solche Ansprüche steht es gleich, wenn beantragt ist, eine Einigung zu Protokoll zu nehmen oder das Zustandekommen einer Einigung festzustellen (§ 278 Abs. 6 ZPO). Soweit in den Fällen der Nummer 2 der sich nach § 15 Abs. 3 RVG ergebende Gesamtbetrag der Verfahrensgebühren die Gebühr 3200 übersteigt, wird der übersteigende Betrag auf eine Verfahrensgebühr angerechnet, die wegen desselben Gegenstands in einer anderen Angelegenheit entsteht. (2) Eine eingeschränkte Tätigkeit des Anwalts liegt vor, wenn sich seine Tätigkeit 1. in einer Familiensache, die nur die Erteilung einer Genehmigung oder die Zustimmung des Familiengerichts zum Gegenstand hat, oder 2. in einer Angelegenheit der freiwilligen Gerichtsbarkeit auf die Einlegung und Begründung des Rechtsmittels und die Entgegennahme der Rechtsmittelentscheidung beschränkt.	
3202	Terminsgebühr, soweit in Nummer 3205 nichts anderes bestimmt ist .... (1) Absatz 1 Nr. 1 und 3 sowie die Absätze 2 und 3 der Anmerkung zu Nummer 3104 gelten entsprechend. (2) Die Gebühr entsteht auch, wenn nach § 79a Abs. 2, § 90a oder § 94a FGO ohne mündliche Verhandlung durch Gerichtsbescheid entschieden wird.	1,2
3203	Wahrnehmung nur eines Termins, in dem eine Partei oder ein Beteiligter, im Berufungsverfahren der Berufungskläger, im Beschwerdeverfahren der Beschwerdeführer, nicht erschienen oder nicht ordnungsgemäß vertreten ist und lediglich ein Antrag auf Versäumnisurteil, Versäumnisentscheidung oder zur Prozess-, Verfahrens- oder Sachleitung gestellt wird: Die Gebühr 3202 beträgt .... Die Anmerkung zu Nummer 3105 und Absatz 2 der Anmerkung zu Nummer 3202 gelten entsprechend.	0,5
3204	Verfahrensgebühr für Verfahren vor den Landessozialgerichten, in denen Betragsrahmengebühren entstehen (§ 3 RVG)	60,00 bis 680,00 €
3205	Terminsgebühr in Verfahren vor den Landessozialgerichten, in denen Betragsrahmengebühren entstehen (§ 3 RVG) .... Satz 1 Nr. 1 und 3 der Anmerkung zu Nummer 3106 gilt entsprechend. In den Fällen des Satzes 1 beträgt die Gebühr 75 % der in derselben Angelegenheit dem Rechtsanwalt zustehenden Verfahrensgebühr ohne Berücksichtigung einer Erhöhung nach Nummer 1008.	50,00 bis 510,00 €

Nr.	Gebührentatbestand	Gebühr oder Satz der Gebühr nach § 13 RVG
	Unterabschnitt 2. Revision, bestimmte Beschwerden und Rechtsbeschwerden	
	Vorbemerkung 3.2.2: Dieser Unterabschnitt ist auch anzuwenden in Verfahren 1. über Rechtsbeschwerden a) in den in der Vorbemerkung 3.2.1 Nr. 2 genannten Fällen und b) nach § 20 KapMuG, 2. vor dem Bundesgerichtshof über Berufungen, Beschwerden oder Rechtsbeschwerden gegen Entscheidungen des Bundespatentgerichts und 3. vor dem Bundesfinanzhof über Beschwerden nach § 128 Abs. 3 FGO.	
3206	Verfahrensgebühr, soweit in Nummer 3212 nichts anderes bestimmt ist	1,6
3207	Vorzeitige Beendigung des Auftrags oder eingeschränkte Tätigkeit des Anwalts: Die Gebühr 3206 beträgt Die Anmerkung zu Nummer 3201 gilt entsprechend.	1,1
3208	Im Verfahren können sich die Parteien oder die Beteiligten nur durch einen beim Bundesgerichtshof zugelassenen Rechtsanwalt vertreten lassen: Die Gebühr 3206 beträgt	2,3
3209	Vorzeitige Beendigung des Auftrags, wenn sich die Parteien oder die Beteiligten nur durch einen beim Bundesgerichtshof zugelassenen Rechtsanwalt vertreten lassen können: Die Gebühr 3206 beträgt Die Anmerkung zu Nummer 3201 gilt entsprechend.	1,8
3210	Terminsgebühr, soweit in Nummer 3213 nichts anderes bestimmt ist Absatz 1 Nr. 1 und 3 sowie die Absätze 2 und 3 der Anmerkung zu Nummer 3104 und Absatz 2 der Anmerkung zu Nummer 3202 gelten entsprechend.	1,5
3211	Wahrnehmung nur eines Termins, in dem der Revisionskläger oder Beschwerdeführer nicht ordnungsgemäß vertreten ist und lediglich ein Antrag auf Versäumnisurteil, Versäumnisentscheidung oder zur Prozess-, Verfahrens- oder Sachleitung gestellt wird: Die Gebühr 3210 beträgt Die Anmerkung zu Nummer 3105 und Absatz 2 der Anmerkung zu Nummer 3202 gelten entsprechend.	0,8
3212	Verfahrensgebühr für Verfahren vor dem Bundessozialgericht, in denen Betragsrahmengebühren entstehen (§ 3 RVG)	80,00 bis 880,00 €

Nr.	Gebührentatbestand	Gebühr oder Satz der Gebühr nach § 13 RVG
3213	Terminsgebühr in Verfahren vor dem Bundessozialgericht, in denen Betragsrahmengebühren entstehen (§ 3 RVG) .... Satz 1 Nr. 1 und 3 sowie Satz 2 der Anmerkung zu Nummer 3106 gelten entsprechend.	80,00 bis 830,00 €

Abschnitt 3. Gebühren für besondere Verfahren

Unterabschnitt 1. Besondere erstinstanzliche Verfahren

Vorbemerkung 3.3.1:

Die Terminsgebühr bestimmt sich nach Abschnitt 1.

3300	Verfahrensgebühr 1. für das Verfahren vor dem Oberlandesgericht nach § 129 VGG, 2. für das erstinstanzliche Verfahren vor dem Bundesverwaltungsgericht, dem Bundessozialgericht, dem Oberverwaltungsgericht (Verwaltungsgerichtshof) und dem Landessozialgericht sowie 3. für das Verfahren bei überlangen Gerichtsverfahren und strafrechtlichen Ermittlungsverfahren vor den Oberlandesgerichten, den Landessozialgerichten, den Oberverwaltungsgerichten, den Landesarbeitsgerichten oder einem obersten Gerichtshof des Bundes	1,6
3301	Vorzeitige Beendigung des Auftrags: Die Gebühr 3300 beträgt .... Die Anmerkung zu Nummer 3201 gilt entsprechend.	1,0

Unterabschnitt 2. Mahnverfahren

Vorbemerkung 3.3.2:

Die Terminsgebühr bestimmt sich nach Abschnitt 1.

3305	Verfahrensgebühr für die Vertretung des Antragstellers .... Die Gebühr wird auf die Verfahrensgebühr für einen nachfolgenden Rechtsstreit angerechnet.	1,0
3306	Beendigung des Auftrags, bevor der Rechtsanwalt den verfahrenseinleitenden Antrag oder einen Schriftsatz, der Sachanträge, Sachvortrag oder die Zurücknahme des Antrags enthält, eingereicht hat: Die Gebühr 3305 beträgt	0,5
3307	Verfahrensgebühr für die Vertretung des Antragsgegners .... Die Gebühr wird auf die Verfahrensgebühr für einen nachfolgenden Rechtsstreit angerechnet.	0,5

Nr.	Gebührentatbestand	Gebühr oder Satz der Gebühr nach § 13 RVG
3308	Verfahrensgebühr für die Vertretung des Antragstellers im Verfahren über den Antrag auf Erlass eines Vollstreckungsbescheids	0,5
	Die Gebühr entsteht neben der Gebühr 3305 nur, wenn innerhalb der Widerspruchsfrist kein Widerspruch erhoben oder der Widerspruch gemäß § 703a Abs. 2 Nr. 4 ZPO beschränkt worden ist. Nummer 1008 ist nicht anzuwenden, wenn sich bereits die Gebühr 3305 erhöht.	

Unterabschnitt 3. Vollstreckung und Vollziehung

Vorbemerkung 3.3.3:

(1) Dieser Unterabschnitt gilt für
1. die Zwangsvollstreckung,
2. die Vollstreckung,
3. Verfahren des Verwaltungszwangs und
4. die Vollziehung eines Arrestes oder einstweiligen Verfügung,

soweit nachfolgend keine besonderen Gebühren bestimmt sind. Er gilt auch für Verfahren auf Eintragung einer Zwangshypothek (§§ 867 und 870a ZPO).

(2) Im Verfahren nach der Verordnung (EU) Nr. 655/2014 werden Gebühren nach diesem Unterabschnitt nur im Fall des Artikels 5 Buchstabe b der Verordnung (EU) Nr. 655/2014 erhoben. In den Fällen des Artikels 5 Buchstabe a der Verordnung (EU) Nr. 655/2014 bestimmen sich die Gebühren nach den für Arrestverfahren geltenden Vorschriften.

3309	Verfahrensgebühr	0,3
3310	Terminsgebühr	0,3
	Die Gebühr entsteht für die Teilnahme an einem gerichtlichen Termin, einem Termin zur Abgabe der Vermögensauskunft oder zur Abnahme der eidesstattlichen Versicherung.	

Unterabschnitt 4. Zwangsversteigerung und Zwangsverwaltung

3311	Verfahrensgebühr	0,4
	Die Gebühr entsteht jeweils gesondert 1. für die Tätigkeit im Zwangsversteigerungsverfahren bis zur Einleitung des Verteilungsverfahrens; 2. im Zwangsversteigerungsverfahren für die Tätigkeit im Verteilungsverfahren, und zwar auch für eine Mitwirkung an einer außergerichtlichen Verteilung; 3. im Verfahren der Zwangsverwaltung für die Vertretung des Antragstellers im Verfahren über den Antrag auf Anordnung der Zwangsverwaltung oder auf Zulassung des Beitritts; 4. im Verfahren der Zwangsverwaltung für die Vertretung des Antragstellers im weiteren Verfahren einschließlich des Verteilungsverfahrens; 5. im Verfahren der Zwangsverwaltung für die Vertretung eines sonstigen Beteiligten im ganzen Verfahren einschließlich des Verteilungsverfahrens und 6. für die Tätigkeit im Verfahren über Anträge auf einstweilige Einstellung oder Beschränkung der Zwangsvollstreckung und einstweilige Einstellung des Verfahrens sowie für Verhandlungen zwischen Gläubiger und Schuldner mit dem Ziel der Aufhebung des Verfahrens.	

Nr.	Gebührentatbestand	Gebühr oder Satz der Gebühr nach § 13 RVG
3312	Terminsgebühr .... Die Gebühr entsteht nur für die Wahrnehmung eines Versteigerungstermins für einen Beteiligten. Im Übrigen entsteht im Verfahren der Zwangsversteigerung und der Zwangsverwaltung keine Terminsgebühr.	0,4

Unterabschnitt 5. Insolvenzverfahren, Verteilungsverfahren nach der Schifffahrtsrechtlichen Verteilungsordnung

Vorbemerkung 3.3.5:

(1) Die Gebührenvorschriften gelten für die Verteilungsverfahren nach der SVertO, soweit dies ausdrücklich angeordnet ist.

(2) Bei der Vertretung mehrerer Gläubiger, die verschiedene Forderungen geltend machen, entstehen die Gebühren jeweils besonders.

(3) Für die Vertretung des ausländischen Insolvenzverwalters entstehen die gleichen Gebühren wie für die Vertretung des Schuldners.

3313	Verfahrensgebühr für die Vertretung des Schuldners im Eröffnungsverfahren .... Die Gebühr entsteht auch im Verteilungsverfahren nach der SVertO.	1,0
3314	Verfahrensgebühr für die Vertretung des Gläubigers im Eröffnungsverfahren .... Die Gebühr entsteht auch im Verteilungsverfahren nach der SVertO.	0,5
3315	Tätigkeit auch im Verfahren über den Schuldenbereinigungsplan: Die Verfahrensgebühr 3313 beträgt	1,5
3316	Tätigkeit auch im Verfahren über den Schuldenbereinigungsplan: Die Verfahrensgebühr 3314 beträgt	1,0
3317	Verfahrensgebühr für das Insolvenzverfahren .... Die Gebühr entsteht auch im Verteilungsverfahren nach der SVertO und im Verfahren über Anträge nach Artikel 36 Abs. 9 der Verordnung (EU) 2015/848.	1,0
3318	Verfahrensgebühr für das Verfahren über einen Insolvenzplan	1,0
3319	Vertretung des Schuldners, der den Plan vorgelegt hat: Die Verfahrensgebühr 3318 beträgt	3,0
3320	Die Tätigkeit beschränkt sich auf die Anmeldung einer Insolvenzforderung: Die Verfahrensgebühr 3317 beträgt .... Die Gebühr entsteht auch im Verteilungsverfahren nach der SVertO.	0,5
3321	Verfahrensgebühr für das Verfahren über einen Antrag auf Versagung oder Widerruf der Restschuldbefreiung	0,5

Nr.	Gebührentatbestand	Gebühr oder Satz der Gebühr nach § 13 RVG
	(1) Das Verfahren über mehrere gleichzeitig anhängige Anträge ist eine Angelegenheit. (2) Die Gebühr entsteht auch gesondert, wenn der Antrag bereits vor Aufhebung des Insolvenzverfahrens gestellt wird.	
3322	Verfahrensgebühr für das Verfahren über Anträge auf Zulassung der Zwangsvollstreckung nach § 17 Abs. 4 SVertO	0,5
3323	Verfahrensgebühr für das Verfahren über Anträge auf Aufhebung von Vollstreckungsmaßregeln (§ 8 Abs. 5 und § 41 SVertO)	0,5

Unterabschnitt 6. Sonstige besondere Verfahren

Vorbemerkung 3.3.6:

Die Terminsgebühr bestimmt sich nach Abschnitt 1, soweit in diesem Unterabschnitt nichts anderes bestimmt ist. Im Verfahren über die Prozesskostenhilfe bestimmt sich die Terminsgebühr nach den für dasjenige Verfahren geltenden Vorschriften, für das die Prozesskostenhilfe beantragt wird.

3324	Verfahrensgebühr für das Aufgebotsverfahren	1,0
3325	Verfahrensgebühr für Verfahren nach § 148 Abs. 1 und 2, §§ 246a, 319 Abs. 6 des Aktiengesetzes, auch i.V.m. § 327e Abs. 2 des Aktiengesetzes, oder nach § 16 Abs. 3 UmwG	0,75
3326	Verfahrensgebühr für Verfahren vor den Gerichten für Arbeitssachen, wenn sich die Tätigkeit auf eine gerichtliche Entscheidung über die Bestimmung einer Frist (§ 102 Abs. 3 des Arbeitsgerichtsgesetzes), die Ablehnung eines Schiedsrichters (§ 103 Abs. 3 des Arbeitsgerichtsgesetzes) oder die Vornahme einer Beweisaufnahme oder einer Vereidigung (§ 106 Abs. 2 des Arbeitsgerichtsgesetzes) beschränkt	0,75
3327	Verfahrensgebühr für gerichtliche Verfahren über die Bestellung eines Schiedsrichters oder Ersatzschiedsrichters, über die Ablehnung eines Schiedsrichters oder über die Beendigung des Schiedsrichteramts, zur Unterstützung bei der Beweisaufnahme oder bei der Vornahme sonstiger richterlicher Handlungen anlässlich eines schiedsrichterlichen Verfahrens	0,75
3328	Verfahrensgebühr für Verfahren über die vorläufige Einstellung, Beschränkung oder Aufhebung der Zwangsvollstreckung oder die einstweilige Einstellung oder Beschränkung der Vollstreckung und die Anordnung, dass Vollstreckungsmaßnahmen aufzuheben sind	0,5
	Die Gebühr entsteht nur, wenn eine abgesonderte mündliche Verhandlung hierüber oder ein besonderer gerichtlicher Termin stattfindet. Wird der Antrag beim Vollstreckungsgericht und beim Prozessgericht gestellt, entsteht die Gebühr nur einmal.	

Nr.	Gebührentatbestand	Gebühr oder Satz der Gebühr nach § 13 RVG
3329	Verfahrensgebühr für Verfahren auf Vollstreckbarerklärung der durch Rechtsmittelanträge nicht angefochtenen Teile eines Urteils (§§ 537, 558 ZPO)	0,5
3330	Verfahrensgebühr für Verfahren über eine Rüge wegen Verletzung des Anspruchs auf rechtliches Gehör	in Höhe der Verfahrensgebühr für das Verfahren, in dem die Rüge erhoben wird, höchstens 0,5, bei Betragsrahmengebühren höchstens 220,00 €
3331	Terminsgebühr in Verfahren über eine Rüge wegen Verletzung des Anspruchs auf rechtliches Gehör	in Höhe der Terminsgebühr für das Verfahren, in dem die Rüge erhoben wird, höchstens 0,5, bei Betragsrahmengebühren höchstens 220,00 €
3332	Terminsgebühr in den in Nummern 3324 bis 3329 genannten Verfahren	0,5
3333	Verfahrensgebühr für ein Verteilungsverfahren außerhalb der Zwangsversteigerung und der Zwangsverwaltung .... Der Wert bestimmt sich nach § 26 Nr. 1 und 2 RVG. Eine Terminsgebühr entsteht nicht.	0,4
3334	Verfahrensgebühr für Verfahren vor dem Prozessgericht oder dem Amtsgericht auf Bewilligung, Verlängerung oder Verkürzung einer Räumungsfrist (§§ 721, 794a ZPO), wenn das Verfahren mit dem Verfahren über die Hauptsache nicht verbunden ist ..	1,0
3335	Verfahrensgebühr für das Verfahren über die Prozesskostenhilfe	in Höhe der Verfahrensgebühr für das Verfahren, für das die Prozesskostenhilfe beantragt wird,

Nr.	Gebührentatbestand	Gebühr oder Satz der Gebühr nach § 13 RVG
		höchstens 1,0, bei Betragsrahmengebühren höchstens 420,00 €
3336	*(aufgehoben)*	
3337	Vorzeitige Beendigung des Auftrags im Fall der Nummern 3324 bis 3327, 3334 und 3335: Die Gebühren 3324 bis 3327, 3334 und 3335 betragen höchstens .... Eine vorzeitige Beendigung liegt vor, 1. wenn der Auftrag endigt, bevor der Rechtsanwalt den das Verfahren einleitenden Antrag oder einen Schriftsatz, der Sachanträge, Sachvortrag oder die Zurücknahme des Antrags enthält, eingereicht oder bevor er einen gerichtlichen Termin wahrgenommen hat, oder 2. soweit lediglich beantragt ist, eine Einigung der Parteien oder der Beteiligten zu Protokoll zu nehmen oder soweit lediglich Verhandlungen vor Gericht zur Einigung geführt werden.	0,5
3338	Verfahrensgebühr für die Tätigkeit als Vertreter des Anmelders eines Anspruchs zum Musterverfahren (§ 10 Abs. 2 KapMuG)	0,8

Abschnitt 4. Einzeltätigkeiten

Vorbemerkung 3.4:

Für in diesem Abschnitt genannte Tätigkeiten entsteht eine Terminsgebühr nur, wenn dies ausdrücklich bestimmt ist.

3400	Der Auftrag beschränkt sich auf die Führung des Verkehrs der Partei oder des Beteiligten mit dem Verfahrensbevollmächtigten: Verfahrensgebühr .... Die gleiche Gebühr entsteht auch, wenn im Einverständnis mit dem Auftraggeber mit der Übersendung der Akten an den Rechtsanwalt des höheren Rechtszugs gutachterliche Äußerungen verbunden sind.	in Höhe der dem Verfahrensbevollmächtigten zustehenden Verfahrensgebühr, höchstens 1,0, bei Betragsrahmengebühren höchstens 420,00 €
3401	Der Auftrag beschränkt sich auf die Vertretung in einem Termin im Sinne der Vorbemerkung 3 Abs. 3: Verfahrensgebühr	in Höhe der Hälfte der dem Verfahrensbe-

Nr.	Gebührentatbestand	Gebühr oder Satz der Gebühr nach § 13 RVG
		vollmächtigten zustehenden Verfahrensgebühr
3402	Terminsgebühr in dem in Nummer 3401 genannten Fall ...	in Höhe der einem Verfahrensbevollmächtigten zustehenden Terminsgebühr
3403	Verfahrensgebühr für sonstige Einzeltätigkeiten, soweit in Nummer 3406 nichts anderes bestimmt ist ... Die Gebühr entsteht für sonstige Tätigkeiten in einem gerichtlichen Verfahren, wenn der Rechtsanwalt nicht zum Prozess- oder Verfahrensbevollmächtigten bestellt ist, soweit in diesem Abschnitt nichts anderes bestimmt ist.	0,8
3404	Der Auftrag beschränkt sich auf ein Schreiben einfacher Art: Die Gebühr 3403 beträgt ... Die Gebühr entsteht insbesondere, wenn das Schreiben weder schwierige rechtliche Ausführungen noch größere sachliche Auseinandersetzungen enthält.	0,3
3405	Endet der Auftrag 1. im Fall der Nummer 3400, bevor der Verfahrensbevollmächtigte beauftragt oder der Rechtsanwalt gegenüber dem Verfahrensbevollmächtigten tätig geworden ist, 2. im Fall der Nummer 3401, bevor der Termin begonnen hat: Die Gebühren 3400 und 3401 betragen ... Im Fall der Nummer 3403 gilt die Vorschrift entsprechend.	höchstens 0,5, bei Betragsrahmengebühren höchstens 210,00 €
3406	Verfahrensgebühr für sonstige Einzeltätigkeiten in Verfahren vor Gerichten der Sozialgerichtsbarkeit, wenn Betragsrahmengebühren entstehen (§ 3 RVG) Die Anmerkung zu Nummer 3403 gilt entsprechend.	30,00 bis 340,00 €

Abschnitt 5. Beschwerde, Nichtzulassungsbeschwerde und Erinnerung

Vorbemerkung 3.5:

Die Gebühren nach diesem Abschnitt entstehen nicht in den in Vorbemerkung 3.1 Abs. 2 und in den Vorbemerkungen 3.2.1 und 3.2.2 genannten Beschwerdeverfahren.

3500	Verfahrensgebühr für Verfahren über die Beschwerde und die Erinnerung, soweit in diesem Abschnitt keine besonderen Gebühren bestimmt sind ...	0,5

Nr.	Gebührentatbestand	Gebühr oder Satz der Gebühr nach § 13 RVG
3501	Verfahrensgebühr für Verfahren vor den Gerichten der Sozialgerichtsbarkeit über die Beschwerde und die Erinnerung, wenn in den Verfahren Betragsrahmengebühren entstehen (§ 3 RVG), soweit in diesem Abschnitt keine besonderen Gebühren bestimmt sind	20,00 bis 210,00 €
3502	Verfahrensgebühr für das Verfahren über die Rechtsbeschwerde	1,0
3503	Vorzeitige Beendigung des Auftrags: Die Gebühr 3502 beträgt Die Anmerkung zu Nummer 3201 ist entsprechend anzuwenden.	0,5
3504	Verfahrensgebühr für das Verfahren über die Beschwerde gegen die Nichtzulassung der Berufung, soweit in Nummer 3511 nichts anderes bestimmt ist Die Gebühr wird auf die Verfahrensgebühr für ein nachfolgendes Berufungsverfahren angerechnet.	1,6
3505	Vorzeitige Beendigung des Auftrags: Die Gebühr 3504 beträgt Die Anmerkung zu Nummer 3201 ist entsprechend anzuwenden.	1,0
3506	Verfahrensgebühr für das Verfahren über die Beschwerde gegen die Nichtzulassung der Revision oder über die Beschwerde gegen die Nichtzulassung einer der in der Vorbemerkung 3.2.2 genannten Rechtsbeschwerden, soweit in Nummer 3512 nichts anderes bestimmt ist Die Gebühr wird auf die Verfahrensgebühr für ein nachfolgendes Revisions- oder Rechtsbeschwerdeverfahren angerechnet.	1,6
3507	Vorzeitige Beendigung des Auftrags: Die Gebühr 3506 beträgt Die Anmerkung zu Nummer 3201 ist entsprechend anzuwenden.	1,1
3508	In dem Verfahren über die Beschwerde gegen die Nichtzulassung der Revision können sich die Parteien nur durch einen beim Bundesgerichtshof zugelassenen Rechtsanwalt vertreten lassen: Die Gebühr 3506 beträgt	2,3
3509	Vorzeitige Beendigung des Auftrags, wenn sich die Parteien nur durch einen beim Bundesgerichtshof zugelassenen Rechtsanwalt vertreten lassen können: Die Gebühr 3506 beträgt Die Anmerkung zu Nummer 3201 ist entsprechend anzuwenden.	1,8
3510	Verfahrensgebühr für Beschwerdeverfahren vor dem Bundespatentgericht	

Nr.	Gebührentatbestand	Gebühr oder Satz der Gebühr nach § 13 RVG
	1. nach dem Patentgesetz, wenn sich die Beschwerde gegen einen Beschluss richtet, a) durch den die Vergütung bei Lizenzbereitschaftserklärung festgesetzt wird oder Zahlung der Vergütung an das Deutsche Patent- und Markenamt angeordnet wird, b) durch den eine Anordnung nach § 50 Abs. 1 PatG oder die Aufhebung dieser Anordnung erlassen wird, c) durch den die Anmeldung zurückgewiesen oder über die Aufrechterhaltung, den Widerruf oder die Beschränkung des Patents entschieden wird, 2. nach dem Gebrauchsmustergesetz, wenn sich die Beschwerde gegen einen Beschluss richtet, a) durch den die Anmeldung zurückgewiesen wird, b) durch den über den Löschungsantrag entschieden wird, 3. nach dem Markengesetz, wenn sich die Beschwerde gegen einen Beschluss richtet, a) durch den über die Anmeldung einer Marke, einen Widerspruch oder einen Antrag auf Löschung oder über die Erinnerung gegen einen solchen Beschluss entschieden worden ist oder b) durch den ein Antrag auf Eintragung einer geographischen Angabe oder einer Ursprungsbezeichnung zurückgewiesen worden ist, 4. nach dem Halbleiterschutzgesetz, wenn sich die Beschwerde gegen einen Beschluss richtet, a) durch den die Anmeldung zurückgewiesen wird, b) durch den über den Löschungsantrag entschieden wird, 5. nach dem Designgesetz, wenn sich die Beschwerde gegen einen Beschluss richtet, a) durch den die Anmeldung eines Designs zurückgewiesen worden ist, b) durch den über den Löschungsantrag gemäß § 36 DesignG entschieden worden ist, c) durch den über den Antrag auf Feststellung oder Erklärung der Nichtigkeit gemäß § 34a DesignG entschieden worden ist, 6. nach dem Sortenschutzgesetz, wenn sich die Beschwerde gegen einen Beschluss des Widerspruchsausschusses richtet	1,3

Nr.	Gebührentatbestand	Gebühr oder Satz der Gebühr nach § 13 RVG
3511	Verfahrensgebühr für das Verfahren über die Beschwerde gegen die Nichtzulassung der Berufung vor dem Landessozialgericht, wenn Betragsrahmengebühren entstehen (§ 3 RVG) .... Die Gebühr wird auf die Verfahrensgebühr für ein nachfolgendes Berufungsverfahren angerechnet.	60,00 bis 680,00 €
3512	Verfahrensgebühr für das Verfahren über die Beschwerde gegen die Nichtzulassung der Revision vor dem Bundessozialgericht, wenn Betragsrahmengebühren entstehen (§ 3 RVG) .... Die Gebühr wird auf die Verfahrensgebühr für ein nachfolgendes Revisionsverfahren angerechnet.	80,00 bis 880,00 €
3513	Terminsgebühr in den in Nummer 3500 genannten Verfahren	0,5
3514	In dem Verfahren über die Beschwerde gegen die Zurückweisung des Antrags auf Anordnung eines Arrests, des Antrags auf Erlass eines Europäischen Beschlusses zur vorläufigen Kontenpfändung oder des Antrags auf Erlass einer einstweiligen Verfügung bestimmt das Beschwerdegericht Termin zur mündlichen Verhandlung: Die Gebühr 3513 beträgt	1,2
3515	Terminsgebühr in den in Nummer 3501 genannten Verfahren	20,00 bis 210,00 €
3516	Terminsgebühr in den in Nummern 3502, 3504, 3506 und 3510 genannten Verfahren	1,2
3517	Terminsgebühr in den in Nummer 3511 genannten Verfahren	50,00 bis 510,00 €
3518	Terminsgebühr in den in Nummer 3512 genannten Verfahren	60,00 bis 660,00 €

Teil 4. Strafsachen

Nr.	Gebührentatbestand	Gebühr oder Satz der Gebühr nach § 13 oder § 49 RVG	
		Wahlanwalt	gerichtlich bestellter oder beigeordneter Rechtsanwalt

Vorbemerkung 4:

(1) Für die Tätigkeit als Beistand oder Vertreter eines Privatklägers, eines Nebenklägers, eines Einziehungs- oder Nebenbeteiligten, eines Verletzten, eines Zeugen oder Sachverständigen und im Verfahren nach dem Strafrechtlichen Rehabilitierungsgesetz sind die Vorschriften entsprechend anzuwenden.

(2) Die Verfahrensgebühr entsteht für das Betreiben des Geschäfts einschließlich der Information.

(3) Die Terminsgebühr entsteht für die Teilnahme an gerichtlichen Terminen, soweit nichts anderes bestimmt ist. Der Rechtsanwalt erhält die Terminsgebühr auch, wenn er zu einem anberaumten Termin erscheint, dieser aber aus Gründen, die er nicht zu vertreten hat, nicht stattfindet. Dies gilt nicht, wenn er rechtzeitig von der Aufhebung oder Verlegung des Termins in Kenntnis gesetzt worden ist.

(4) Befindet sich der Beschuldigte nicht auf freiem Fuß, entsteht die Gebühr mit Zuschlag.

(5) Für folgende Tätigkeiten entstehen Gebühren nach den Vorschriften des Teils 3:
1. im Verfahren über die Erinnerung oder die Beschwerde gegen einen Kostenfestsetzungsbeschluss (§ 464b StPO) und im Verfahren über die Erinnerung gegen den Kostenansatz und im Verfahren über die Beschwerde gegen die Entscheidung über diese Erinnerung,
2. in der Zwangsvollstreckung aus Entscheidungen, die über einen aus der Straftat erwachsenen vermögensrechtlichen Anspruch oder die Erstattung von Kosten ergangen sind (§§ 406b, 464b StPO), für die Mitwirkung bei der Ausübung der Veröffentlichungsbefugnis und im Beschwerdeverfahren gegen eine dieser Entscheidungen.

Abschnitt 1. Gebühren des Verteidigers

Vorbemerkung 4.1:

(1) Dieser Abschnitt ist auch anzuwenden auf die Tätigkeit im Verfahren über die im Urteil vorbehaltene Sicherungsverwahrung und im Verfahren über die nachträgliche Anordnung der Sicherungsverwahrung.

(2) Durch die Gebühren wird die gesamte Tätigkeit als Verteidiger entgolten. Hierzu gehören auch Tätigkeiten im Rahmen des Täter-Opfer-Ausgleichs, soweit der Gegenstand nicht vermögensrechtlich ist.

Unterabschnitt 1. Allgemeine Gebühren

Nr.	Gebührentatbestand	Wahlanwalt	gerichtlich bestellter oder beigeordneter Rechtsanwalt
4100	Grundgebühr .... (1) Die Gebühr entsteht neben der Verfahrensgebühr für die erstmalige Einarbeitung in den Rechtsfall nur einmal, unabhängig davon, in welchem Verfahrensabschnitt sie erfolgt. (2) Eine wegen derselben Tat oder Handlung bereits entstandene Gebühr 5100 ist anzurechnen.	40,00 bis 360,00 €	160,00 €
4101	Gebühr 4100 mit Zuschlag	40,00 bis 450,00 €	192,00 €
4102	Terminsgebühr für die Teilnahme an 1. richterlichen Vernehmungen und Augenscheinseinnahmen, 2. Vernehmungen durch die Staatsanwaltschaft oder eine andere Strafverfolgungsbehörde,		

Nr.	Gebührentatbestand	Gebühr oder Satz der Gebühr nach § 13 oder § 49 RVG Wahlanwalt	 gerichtlich bestellter oder beigeordneter Rechtsanwalt
	3. Terminen außerhalb der Hauptverhandlung, in denen über die Anordnung oder Fortdauer der Untersuchungshaft oder der einstweiligen Unterbringung verhandelt wird, 4. Verhandlungen im Rahmen des Täter-Opfer-Ausgleichs sowie 5. Sühneterminen nach § 380 StPO ... Mehrere Termine an einem Tag gelten als ein Termin. Die Gebühr entsteht im vorbereitenden Verfahren und in jedem Rechtszug für die Teilnahme an jeweils bis zu drei Terminen einmal.	40,00 bis 300,00 €	136,00 €
4103	Gebühr 4102 mit Zuschlag	40,00 bis 375,00 €	166,00 €

Unterabschnitt 2. Vorbereitendes Verfahren

Vorbemerkung 4.1.2:

Die Vorbereitung der Privatklage steht der Tätigkeit im vorbereitenden Verfahren gleich.

4104	Verfahrensgebühr .... Die Gebühr entsteht für eine Tätigkeit in dem Verfahren bis zum Eingang der Anklageschrift, des Antrags auf Erlass eines Strafbefehls bei Gericht oder im beschleunigten Verfahren bis zum Vortrag der Anklage, wenn diese nur mündlich erhoben wird.	40,00 bis 290,00 €	132,00 €
4105	Gebühr 4104 mit Zuschlag	40,00 bis 362,50 €	161,00 €

Unterabschnitt 3. Gerichtliches Verfahren

Erster Rechtszug

4106	Verfahrensgebühr für den ersten Rechtszug vor dem Amtsgericht	40,00 bis 290,00 €	132,00 €
4107	Gebühr 4106 mit Zuschlag	40,00 bis 362,50 €	161,00 €
4108	Terminsgebühr je Hauptverhandlungstag in den in Nummer 4106 genannten Verfahren	70,00 bis 480,00 €	220,00 €
4109	Gebühr 4108 mit Zuschlag	70,00 bis 600,00 €	268,00 €
4110	Der gerichtlich bestellte oder beigeordnete Rechtsanwalt nimmt mehr		

Nr.	Gebührentatbestand	Gebühr oder Satz der Gebühr nach § 13 oder § 49 RVG	
		Wahlanwalt	gerichtlich bestellter oder beigeordneter Rechtsanwalt
	als 5 und bis 8 Stunden an der Hauptverhandlung teil: Zusätzliche Gebühr neben der Gebühr 4108 oder 4109		110,00 €
4111	Der gerichtlich bestellte oder beigeordnete Rechtsanwalt nimmt mehr als 8 Stunden an der Hauptverhandlung teil: Zusätzliche Gebühr neben der Gebühr 4108 oder 4109		220,00 €
4112	Verfahrensgebühr für den ersten Rechtszug vor der Strafkammer Die Gebühr entsteht auch für Verfahren 1. vor der Jugendkammer, soweit sich die Gebühr nicht nach Nummer 4118 bestimmt, 2. im Rehabilitierungsverfahren nach Abschnitt 2 StrRehaG.	50,00 bis 320,00 €	148,00 €
4113	Gebühr 4112 mit Zuschlag	50,00 bis 400,00 €	180,00 €
4114	Terminsgebühr je Hauptverhandlungstag in den in Nummer 4112 genannten Verfahren	80,00 bis 560,00 €	256,00 €
4115	Gebühr 4114 mit Zuschlag	80,00 bis 700,00 €	312,00 €
4116	Der gerichtlich bestellte oder beigeordnete Rechtsanwalt nimmt mehr als 5 und bis 8 Stunden an der Hauptverhandlung teil: Zusätzliche Gebühr neben der Gebühr 4114 oder 4115		128,00 €
4117	Der gerichtlich bestellte oder beigeordnete Rechtsanwalt nimmt mehr als 8 Stunden an der Hauptverhandlung teil: Zusätzliche Gebühr neben der Gebühr 4114 oder 4115		256,00 €
4118	Verfahrensgebühr für den ersten Rechtszug vor dem Oberlandesgericht, dem Schwurgericht oder der Strafkammer nach den §§ 74a und 74c GVG	100,00 bis 690,00 €	316,00 €

Nr.	Gebührentatbestand	Gebühr oder Satz der Gebühr nach § 13 oder § 49 RVG: Wahlanwalt	Gebühr oder Satz der Gebühr nach § 13 oder § 49 RVG: gerichtlich bestellter oder beigeordneter Rechtsanwalt
	Die Gebühr entsteht auch für Verfahren vor der Jugendkammer, soweit diese in Sachen entscheidet, die nach den allgemeinen Vorschriften zur Zuständigkeit des Schwurgerichts gehören.		
4119	Gebühr 4118 mit Zuschlag	100,00 bis 862,50 €	385,00 €
4120	Terminsgebühr je Hauptverhandlungstag in den in Nummer 4118 genannten Verfahren	130,00 bis 930,00 €	424,00 €
4121	Gebühr 4120 mit Zuschlag	130,00 bis 1 162,50 €	517,00 €
4122	Der gerichtlich bestellte oder beigeordnete Rechtsanwalt nimmt mehr als 5 und bis 8 Stunden an der Hauptverhandlung teil: Zusätzliche Gebühr neben der Gebühr 4120 oder 4121		212,00 €
4123	Der gerichtlich bestellte oder beigeordnete Rechtsanwalt nimmt mehr als 8 Stunden an der Hauptverhandlung teil: Zusätzliche Gebühr neben der Gebühr 4120 oder 4121		424,00 €
	Berufung		
4124	Verfahrensgebühr für das Berufungsverfahren .... Die Gebühr entsteht auch für Beschwerdeverfahren nach § 13 StrRehaG.	80,00 bis 560,00 €	256,00 €
4125	Gebühr 4124 mit Zuschlag	80,00 bis 700,00 €	312,00 €
4126	Terminsgebühr je Hauptverhandlungstag im Berufungsverfahren.......... Die Gebühr entsteht auch für Beschwerdeverfahren nach § 13 StrRehaG.	80,00 bis 560,00 €	256,00 €
4127	Gebühr 4126 mit Zuschlag	80,00 bis 700,00 €	312,00 €
4128	Der gerichtlich bestellte oder beigeordnete Rechtsanwalt nimmt mehr als 5 und bis 8 Stunden an der Hauptverhandlung teil:		

Nr.	Gebührentatbestand	Gebühr oder Satz der Gebühr nach § 13 oder § 49 RVG – Wahlanwalt	Gebühr oder Satz der Gebühr nach § 13 oder § 49 RVG – gerichtlich bestellter oder beigeordneter Rechtsanwalt
	Zusätzliche Gebühr neben der Gebühr 4126 oder 4127		128,00 €
4129	Der gerichtlich bestellte oder beigeordnete Rechtsanwalt nimmt mehr als 8 Stunden an der Hauptverhandlung teil: Zusätzliche Gebühr neben der Gebühr 4126 oder 4127		256,00 €
	Revision		
4130	Verfahrensgebühr für das Revisionsverfahren	120,00 bis 1 110,00 €	492,00 €
4131	Gebühr 4130 mit Zuschlag	120,00 bis 1 387,50 €	603,00 €
4132	Terminsgebühr je Hauptverhandlungstag im Revisionsverfahren	120,00 bis 560,00 €	272,00 €
4133	Gebühr 4132 mit Zuschlag	120,00 bis 700,00 €	328,00 €
4134	Der gerichtlich bestellte oder beigeordnete Rechtsanwalt nimmt mehr als 5 und bis 8 Stunden an der Hauptverhandlung teil: Zusätzliche Gebühr neben der Gebühr 4132 oder 4133		136,00 €
4135	Der gerichtlich bestellte oder beigeordnete Rechtsanwalt nimmt mehr als 8 Stunden an der Hauptverhandlung teil: Zusätzliche Gebühr neben der Gebühr 4132 oder 4133		272,00 €
	Unterabschnitt 4. Wiederaufnahmeverfahren		
	Vorbemerkung 4.1.4: Eine Grundgebühr entsteht nicht.		
4136	Geschäftsgebühr für die Vorbereitung eines Antrags Die Gebühr entsteht auch, wenn von der Stellung eines Antrags abgeraten wird.	in Höhe der Verfahrensgebühr für den ersten Rechtszug	

Nr.	Gebührentatbestand	Gebühr oder Satz der Gebühr nach § 13 oder § 49 RVG – Wahlanwalt	Gebühr oder Satz der Gebühr nach § 13 oder § 49 RVG – gerichtlich bestellter oder beigeordneter Rechtsanwalt
4137	Verfahrensgebühr für das Verfahren über die Zulässigkeit des Antrags	in Höhe der Verfahrensgebühr für den ersten Rechtszug	
4138	Verfahrensgebühr für das weitere Verfahren	in Höhe der Verfahrensgebühr für den ersten Rechtszug	
4139	Verfahrensgebühr für das Beschwerdeverfahren (§ 372 StPO)	in Höhe der Verfahrensgebühr für den ersten Rechtszug	
4140	Terminsgebühr für jeden Verhandlungstag	in Höhe der Terminsgebühr für den ersten Rechtszug	
	Unterabschnitt 5. Zusätzliche Gebühren		
4141	Durch die anwaltliche Mitwirkung wird die Hauptverhandlung entbehrlich: Zusätzliche Gebühr .... (1) Die Gebühr entsteht, wenn 1. das Strafverfahren nicht nur vorläufig eingestellt wird oder 2. das Gericht beschließt, das Hauptverfahren nicht zu eröffnen oder 3. sich das gerichtliche Verfahren durch Rücknahme des Einspruchs gegen den Strafbefehl, der Berufung oder der Revision des Angeklagten oder eines anderen Verfahrensbeteiligten erledigt; ist bereits ein Termin zur Hauptverhandlung bestimmt, entsteht die Gebühr nur, wenn der Einspruch, die Berufung oder die Revision früher als zwei Wochen vor Beginn des Tages, der für die Hauptverhandlung vorgesehen war, zurückgenommen wird; oder 4. das Verfahren durch Beschluss nach § 411 Abs. 1 Satz 3 StPO endet. Nummer 3 ist auf den Beistand oder Vertreter eines Privatklägers entsprechend anzuwenden, wenn die Privatklage zurückgenommen wird. (2) Die Gebühr entsteht nicht, wenn eine auf die Förderung des Verfahrens gerichtete Tätigkeit nicht ersichtlich ist. Sie entsteht nicht neben der Gebühr 4147. (3) Die Höhe der Gebühr richtet sich nach dem Rechtszug, in dem die Hauptverhandlung vermieden wurde. Für den Wahlanwalt bemisst sich	in Höhe der Verfahrensgebühr	

Nr.	Gebührentatbestand	Gebühr oder Satz der Gebühr nach § 13 oder § 49 RVG	
		Wahlanwalt	gerichtlich bestellter oder beigeordneter Rechtsanwalt
	die Gebühr nach der Rahmenmitte. Eine Erhöhung nach Nummer 1008 und der Zuschlag (Vorbemerkung 4 Abs. 4) sind nicht zu berücksichtigen.		
4142	Verfahrensgebühr bei Einziehung und verwandten Maßnahmen	1,0	1,0
	(1) Die Gebühr entsteht für eine Tätigkeit für den Beschuldigten, die sich auf die Einziehung, dieser gleichstehende Rechtsfolgen (§ 439 StPO), die Abführung des Mehrerlöses oder auf eine diesen Zwecken dienende Beschlagnahme bezieht. (2) Die Gebühr entsteht nicht, wenn der Gegenstandswert niedriger als 30,00 € ist. (3) Die Gebühr entsteht für das Verfahren des ersten Rechtszugs einschließlich des vorbereitenden Verfahrens und für jeden weiteren Rechtszug.		
4143	Verfahrensgebühr für das erstinstanzliche Verfahren über vermögensrechtliche Ansprüche des Verletzten oder seines Erben	2,0	2,0
	(1) Die Gebühr entsteht auch, wenn der Anspruch erstmalig im Berufungsverfahren geltend gemacht wird. (2) Die Gebühr wird zu einem Drittel auf die Verfahrensgebühr, die für einen bürgerlichen Rechtsstreit wegen desselben Anspruchs entsteht, angerechnet.		
4144	Verfahrensgebühr im Berufungs- und Revisionsverfahren über vermögensrechtliche Ansprüche des Verletzten oder seines Erben	2,5	2,5
4145	Verfahrensgebühr für das Verfahren über die Beschwerde gegen den Beschluss, mit dem nach § 406 Abs. 5 Satz 2 StPO von einer Entscheidung abgesehen wird	0,5	0,5
4146	Verfahrensgebühr für das Verfahren über einen Antrag auf gerichtliche Entscheidung oder über die Beschwerde gegen eine den Rechtszug beendende Entscheidung nach § 25 Abs. 1 Satz 3 bis 5, § 13 StrRehaG	1,5	1,5
4147	Einigungsgebühr im Privatklageverfahren bezüglich des Strafanspruchs und des Kostenerstattungsanspruchs:		

Nr.	Gebührentatbestand	Gebühr oder Satz der Gebühr nach § 13 oder § 49 RVG	
		Wahlanwalt	gerichtlich bestellter oder beigeordneter Rechtsanwalt
	Die Gebühr 1000 entsteht .... Für einen Vertrag über sonstige Ansprüche entsteht eine weitere Einigungsgebühr nach Teil 1. Maßgebend für die Höhe der Gebühr ist die im Einzelfall bestimmte Verfahrensgebühr in der Angelegenheit, in der die Einigung erfolgt. Eine Erhöhung nach Nummer 1008 und der Zuschlag (Vorbemerkung 4 Abs. 4) sind nicht zu berücksichtigen.	in Höhe der Verfahrensgebühr	

Abschnitt 2. Gebühren in der Strafvollstreckung

Vorbemerkung 4.2:

Im Verfahren über die Beschwerde gegen die Entscheidung in der Hauptsache entstehen die Gebühren besonders.

4200	Verfahrensgebühr als Verteidiger für ein Verfahren über 1. die Erledigung oder Aussetzung der Maßregel der Unterbringung a) in der Sicherungsverwahrung, b) in einem psychiatrischen Krankenhaus oder c) in einer Entziehungsanstalt, 2. die Aussetzung des Restes einer zeitigen Freiheitsstrafe oder einer lebenslangen Freiheitsstrafe oder 3. den Widerruf einer Strafaussetzung zur Bewährung oder den Widerruf der Aussetzung einer Maßregel der Besserung und Sicherung zur Bewährung	60,00 bis 670,00 €	292,00 €
4201	Gebühr 4200 mit Zuschlag	60,00 bis 837,50 €	359,00 €
4202	Terminsgebühr in den in Nummer 4200 genannten Verfahren	60,00 bis 300,00 €	144,00 €
4203	Gebühr 4202 mit Zuschlag	60,00 bis 375,00 €	174,00 €
4204	Verfahrensgebühr für sonstige Verfahren in der Strafvollstreckung	30,00 bis 300,00 €	132,00 €
4205	Gebühr 4204 mit Zuschlag	30,00 bis 375,00 €	162,00 €

Nr.	Gebührentatbestand	Gebühr oder Satz der Gebühr nach § 13 oder § 49 RVG	
		Wahlanwalt	gerichtlich bestellter oder beigeordneter Rechtsanwalt
4206	Terminsgebühr für sonstige Verfahren	30,00 bis 300,00 €	132,00 €
4207	Gebühr 4206 mit Zuschlag	30,00 bis 375,00 €	162,00 €

Abschnitt 3. Einzeltätigkeiten

Vorbemerkung 4.3:

(1) Die Gebühren entstehen für einzelne Tätigkeiten, ohne dass dem Rechtsanwalt sonst die Verteidigung oder Vertretung übertragen ist.

(2) Beschränkt sich die Tätigkeit des Rechtsanwalts auf die Geltendmachung oder Abwehr eines aus der Straftat erwachsenen vermögensrechtlichen Anspruchs im Strafverfahren, so erhält er die Gebühren nach den Nummern 4143 bis 4145.

(3) Die Gebühr entsteht für jede der genannten Tätigkeiten gesondert, soweit nichts anderes bestimmt ist. § 15 RVG bleibt unberührt. Das Beschwerdeverfahren gilt als besondere Angelegenheit.

(4) Wird dem Rechtsanwalt die Verteidigung oder die Vertretung für das Verfahren übertragen, werden die nach diesem Abschnitt entstandenen Gebühren auf die für die Verteidigung oder Vertretung entstehenden Gebühren angerechnet.

4300	Verfahrensgebühr für die Anfertigung oder Unterzeichnung einer Schrift 1. zur Begründung der Revision, 2. zur Erklärung auf die von dem Staatsanwalt, Privatkläger oder Nebenkläger eingelegte Revision oder 3. in Verfahren nach den §§ 57a und 67e StGB .... Neben der Gebühr für die Begründung der Revision entsteht für die Einlegung der Revision keine besondere Gebühr.	60,00 bis 670,00 €	292,00 €
4301	Verfahrensgebühr für 1. die Anfertigung oder Unterzeichnung einer Privatklage, 2. die Anfertigung oder Unterzeichnung einer Schrift zur Rechtfertigung der Berufung oder zur Beantwortung der von dem Staatsanwalt, Privatkläger oder Nebenkläger eingelegten Berufung, 3. die Führung des Verkehrs mit dem Verteidiger, 4. die Beistandsleistung für den Beschuldigten bei einer richterlichen Vernehmung, einer Vernehmung		

Nr.	Gebührentatbestand	Gebühr oder Satz der Gebühr nach § 13 oder § 49 RVG Wahlanwalt	 gerichtlich bestellter oder beigeordneter Rechtsanwalt
	durch die Staatsanwaltschaft oder eine andere Strafverfolgungsbehörde oder in einer Hauptverhandlung, einer mündlichen Anhörung oder bei einer Augenscheinseinnahme, 5. die Beistandsleistung im Verfahren zur gerichtlichen Erzwingung der Anklage (§ 172 Abs. 2 bis 4, § 173 StPO) oder 6. sonstige Tätigkeiten in der Strafvollstreckung .... Neben der Gebühr für die Rechtfertigung der Berufung entsteht für die Einlegung der Berufung keine besondere Gebühr.	40,00 bis 460,00 €	200,00 €
4302	Verfahrensgebühr für 1. die Einlegung eines Rechtsmittels, 2. die Anfertigung oder Unterzeichnung anderer Anträge, Gesuche oder Erklärungen oder 3. eine andere nicht in Nummer 4300 oder 4301 erwähnte Beistandsleistung	30,00 bis 290,00 €	128,00 €
4303	Verfahrensgebühr für die Vertretung in einer Gnadensache .... Der Rechtsanwalt erhält die Gebühr auch, wenn ihm die Verteidigung übertragen war.	30,00 bis 300,00 €	
4304	Gebühr für den als Kontaktperson beigeordneten Rechtsanwalt (§ 34a EGGVG)		3 500,00 €

Teil 5. Bußgeldsachen

Nr.	Gebührentatbestand	Gebühr oder Satz der Gebühr nach § 13 oder § 49 RVG	
		Wahlanwalt	gerichtlich bestellter oder beigeordneter Rechtsanwalt

Vorbemerkung 5:

(1) Für die Tätigkeit als Beistand oder Vertreter eines Einziehungs- oder Nebenbeteiligten, eines Zeugen oder eines Sachverständigen in einem Verfahren, für das sich die Gebühren nach diesem Teil bestimmen, entstehen die gleichen Gebühren wie für einen Verteidiger in diesem Verfahren.

(2) Die Verfahrensgebühr entsteht für das Betreiben des Geschäfts einschließlich der Information.

(3) Die Terminsgebühr entsteht für die Teilnahme an gerichtlichen Terminen, soweit nichts anderes bestimmt ist. Der Rechtsanwalt erhält die Terminsgebühr auch, wenn er zu einem anberaumten Termin erscheint, dieser aber aus Gründen, die er nicht zu vertreten hat, nicht stattfindet. Dies gilt nicht, wenn er rechtzeitig von der Aufhebung oder Verlegung des Termins in Kenntnis gesetzt worden ist.

(4) Für folgende Tätigkeiten entstehen Gebühren nach den Vorschriften des Teils 3:
1. für das Verfahren über die Erinnerung oder die Beschwerde gegen einen Kostenfestsetzungsbeschluss, für das Verfahren über die Erinnerung gegen den Kostenansatz, für das Verfahren über die Beschwerde gegen die Entscheidung über diese Erinnerung und für Verfahren über den Antrag auf gerichtliche Entscheidung gegen einen Kostenfestsetzungsbescheid und den Ansatz der Gebühren und Auslagen (§ 108 OWiG), dabei steht das Verfahren über den Antrag auf gerichtliche Entscheidung dem Verfahren über die Erinnerung oder die Beschwerde gegen einen Kostenfestsetzungsbeschluss gleich,
2. in der Zwangsvollstreckung aus Entscheidungen, die über die Erstattung von Kosten ergangen sind, und für das Beschwerdeverfahren gegen die gerichtliche Entscheidung nach Nummer 1.

Abschnitt 1. Gebühren des Verteidigers

Vorbemerkung 5.1:

(1) Durch die Gebühren wird die gesamte Tätigkeit als Verteidiger entgolten.

(2) Hängt die Höhe der Gebühren von der Höhe der Geldbuße ab, ist die zum Zeitpunkt des Entstehens der Gebühr zuletzt festgesetzte Geldbuße maßgebend. Ist eine Geldbuße nicht festgesetzt, richtet sich die Höhe der Gebühren im Verfahren vor der Verwaltungsbehörde nach dem mittleren Betrag der in der Bußgeldvorschrift angedrohten Geldbuße. Sind in einer Rechtsvorschrift Regelsätze bestimmt, sind diese maßgebend. Mehrere Geldbußen sind zusammenzurechnen.

Unterabschnitt 1. Allgemeine Gebühr

5100	Grundgebühr .... (1) Die Gebühr entsteht neben der Verfahrensgebühr für die erstmalige Einarbeitung in den Rechtsfall nur einmal, unabhängig davon, in welchem Verfahrensabschnitt sie erfolgt. (2) Die Gebühr entsteht nicht, wenn in einem vorangegangenen Strafverfahren für dieselbe Handlung oder Tat die Gebühr 4100 entstanden ist.	30,00 bis 170,00 €	80,00 €

Unterabschnitt 2. Verfahren vor der Verwaltungsbehörde

Vorbemerkung 5.1.2:

(1) Zu dem Verfahren vor der Verwaltungsbehörde gehört auch das Verwarnungsverfahren und das Zwischenverfahren (§ 69 OWiG) bis zum Eingang der Akten bei Gericht.

(2) Die Terminsgebühr entsteht auch für die Teilnahme an Vernehmungen vor der Polizei oder der Verwaltungsbehörde.

Nr.	Gebührentatbestand	Gebühr oder Satz der Gebühr nach § 13 oder § 49 RVG	
		Wahlanwalt	gerichtlich bestellter oder beigeordneter Rechtsanwalt
5101	Verfahrensgebühr bei einer Geldbuße von weniger als 60,00 €	20,00 bis 110,00 €	52,00 €
5102	Terminsgebühr für jeden Tag, an dem ein Termin in den in Nummer 5101 genannten Verfahren stattfindet	20,00 bis 110,00 €	52,00 €
5103	Verfahrensgebühr bei einer Geldbuße von 60,00 bis 5 000,00 €	30,00 bis 290,00 €	128,00 €
5104	Terminsgebühr für jeden Tag, an dem ein Termin in den in Nummer 5103 genannten Verfahren stattfindet	30,00 bis 290,00 €	128,00 €
5105	Verfahrensgebühr bei einer Geldbuße von mehr als 5 000,00 €	40,00 bis 300,00 €	136,00 €
5106	Terminsgebühr für jeden Tag, an dem ein Termin in den in Nummer 5105 genannten Verfahren stattfindet	40,00 bis 300,00 €	136,00 €

Unterabschnitt 3. Gerichtliches Verfahren im ersten Rechtszug

Vorbemerkung 5.1.3:

(1) Die Terminsgebühr entsteht auch für die Teilnahme an gerichtlichen Terminen außerhalb der Hauptverhandlung.

(2) Die Gebühren dieses Unterabschnitts entstehen für das Wiederaufnahmeverfahren einschließlich seiner Vorbereitung gesondert; die Verfahrensgebühr entsteht auch, wenn von der Stellung eines Wiederaufnahmeantrags abgeraten wird.

5107	Verfahrensgebühr bei einer Geldbuße von weniger als 60,00 €	20,00 bis 110,00 €	52,00 €
5108	Terminsgebühr je Hauptverhandlungstag in den in Nummer 5107 genannten Verfahren	20,00 bis 240,00 €	104,00 €
5109	Verfahrensgebühr bei einer Geldbuße von 60,00 bis 5 000,00 €	30,00 bis 290,00 €	128,00 €
5110	Terminsgebühr je Hauptverhandlungstag in den in Nummer 5109 genannten Verfahren	40,00 bis 470,00 €	204,00 €

Nr.	Gebührentatbestand	Gebühr oder Satz der Gebühr nach § 13 oder § 49 RVG Wahlanwalt	gerichtlich bestellter oder beigeordneter Rechtsanwalt
5111	Verfahrensgebühr bei einer Geldbuße von mehr als 5 000,00 €	50,00 bis 350,00 €	160,00 €
5112	Terminsgebühr je Hauptverhandlungstag in den in Nummer 5111 genannten Verfahren	80,00 bis 560,00 €	256,00 €
	Unterabschnitt 4. Verfahren über die Rechtsbeschwerde		
5113	Verfahrensgebühr	80,00 bis 560,00 €	256,00 €
5114	Terminsgebühr je Hauptverhandlungstag	80,00 bis 560,00 €	256,00 €
	Unterabschnitt 5. Zusätzliche Gebühren		
5115	Durch die anwaltliche Mitwirkung wird das Verfahren vor der Verwaltungsbehörde erledigt oder die Hauptverhandlung entbehrlich: Zusätzliche Gebühr (1) Die Gebühr entsteht, wenn 1. das Verfahren nicht nur vorläufig eingestellt wird oder 2. der Einspruch gegen den Bußgeldbescheid zurückgenommen wird oder 3. der Bußgeldbescheid nach Einspruch von der Verwaltungsbehörde zurückgenommen und gegen einen neuen Bußgeldbescheid kein Einspruch eingelegt wird oder 4. sich das gerichtliche Verfahren durch Rücknahme des Einspruchs gegen den Bußgeldbescheid oder der Rechtsbeschwerde des Betroffenen oder eines anderen Verfahrensbeteiligten erledigt; ist bereits ein Termin zur Hauptverhandlung bestimmt, entsteht die Gebühr nur, wenn der Einspruch oder die Rechtsbeschwerde früher als zwei Wochen vor Beginn des Tages, der für die Hauptverhandlung vorgesehen war, zurückgenommen wird, oder 5. das Gericht nach § 72 Abs. 1 Satz 1 OWiG durch Beschluss entscheidet. (2) Die Gebühr entsteht nicht, wenn eine auf die Förderung des Verfahrens gerichtete Tätigkeit nicht ersichtlich ist. (3) Die Höhe der Gebühr richtet sich nach dem Rechtszug, in dem die Hauptverhandlung ver-	in Höhe der jeweiligen Verfahrensgebühr	

Nr.	Gebührentatbestand	Gebühr oder Satz der Gebühr nach § 13 oder § 49 RVG – Wahlanwalt	Gebühr oder Satz der Gebühr nach § 13 oder § 49 RVG – gerichtlich bestellter oder beigeordneter Rechtsanwalt
	mieden wurde. Für den Wahlanwalt bemisst sich die Gebühr nach der Rahmenmitte.		
5116	Verfahrensgebühr bei Einziehung und verwandten Maßnahmen .... (1) Die Gebühr entsteht für eine Tätigkeit für den Betroffenen, die sich auf die Einziehung oder dieser gleichstehende Rechtsfolgen (§ 46 Abs. 1 OWiG, § 439 StPO) oder auf eine diesen Zwecken dienende Beschlagnahme bezieht. (2) Die Gebühr entsteht nicht, wenn der Gegenstandswert niedriger als 30,00 € ist. (3) Die Gebühr entsteht nur einmal für das Verfahren vor der Verwaltungsbehörde und für das gerichtliche Verfahren im ersten Rechtszug. Im Rechtsbeschwerdeverfahren entsteht die Gebühr besonders.	1,0	1,0
	Abschnitt 2. Einzeltätigkeiten		
5200	Verfahrensgebühr .... (1) Die Gebühr entsteht für einzelne Tätigkeiten, ohne dass dem Rechtsanwalt sonst die Verteidigung übertragen ist. (2) Die Gebühr entsteht für jede Tätigkeit gesondert, soweit nichts anderes bestimmt ist. § 15 RVG bleibt unberührt. (3) Wird dem Rechtsanwalt die Verteidigung für das Verfahren übertragen, werden die nach dieser Nummer entstandenen Gebühren auf die für die Verteidigung entstehenden Gebühren angerechnet. (4) Der Rechtsanwalt erhält die Gebühr für die Vertretung in der Vollstreckung und in einer Gnadensache auch, wenn ihm die Verteidigung übertragen war.	20,00 bis 110,00 €	52,00 €

Teil 6. Sonstige Verfahren

Nr.	Gebührentatbestand	Gebühr	
		Wahlverteidiger oder Verfahrensbevollmächtigter	gerichtlich bestellter oder beigeordneter Rechtsanwalt
	Vorbemerkung 6: (1) Für die Tätigkeit als Beistand für einen Zeugen oder Sachverständigen in einem Verfahren, für das sich die Gebühren nach diesem Teil bestimmen, entstehen die gleichen Gebühren wie für einen Verfahrensbevollmächtigten in diesem Verfahren. (2) Die Verfahrensgebühr entsteht für das Betreiben des Geschäfts einschließlich der Information. (3) Die Terminsgebühr entsteht für die Teilnahme an gerichtlichen Terminen, soweit nichts anderes bestimmt ist. Der Rechtsanwalt erhält die Terminsgebühr auch, wenn er zu einem anberaumten Termin erscheint, dieser aber aus Gründen, die er nicht zu vertreten hat, nicht stattfindet. Dies gilt nicht, wenn er rechtzeitig von der Aufhebung oder Verlegung des Termins in Kenntnis gesetzt worden ist.		
	Abschnitt 1. Verfahren nach dem Gesetz über die internationale Rechtshilfe in Strafsachen und Verfahren nach dem Gesetz über die Zusammenarbeit mit dem Internationalen Strafgerichtshof		
	Unterabschnitt 1. Verfahren vor der Verwaltungsbehörde		
	Vorbemerkung 6.1.1: Die Gebühr nach diesem Unterabschnitt entsteht für die Tätigkeit gegenüber der Bewilligungsbehörde in Verfahren nach Abschnitt 2 Unterabschnitt 2 des Neunten Teils des Gesetzes über die internationale Rechtshilfe in Strafsachen.		
6100	Verfahrensgebühr	50,00 bis 340,00 €	156,00 €
	Unterabschnitt 2. Gerichtliches Verfahren		
6101	Verfahrensgebühr	100,00 bis 690,00 €	316,00 €
6102	Terminsgebühr je Verhandlungstag	130,00 bis 930,00 €	424,00 €
	Abschnitt 2. Disziplinarverfahren, berufsgerichtliche Verfahren wegen der Verletzung einer Berufspflicht		
	Vorbemerkung 6.2: (1) Durch die Gebühren wird die gesamte Tätigkeit im Verfahren abgegolten. (2) Für die Vertretung gegenüber der Aufsichtsbehörde außerhalb eines Disziplinarverfahrens entstehen Gebühren nach Teil 2. (3) Für folgende Tätigkeiten entstehen Gebühren nach Teil 3: 1. für das Verfahren über die Erinnerung oder die Beschwerde gegen einen Kostenfestsetzungsbeschluss, für das Verfahren über die Erinnerung gegen den Kostenansatz und für das Verfahren über die Beschwerde gegen die Entscheidung über diese Erinnerung, 2. in der Zwangsvollstreckung aus einer Entscheidung, die über die Erstattung von Kosten ergangen ist, und für das Beschwerdeverfahren gegen diese Entscheidung.		
	Unterabschnitt 1. Allgemeine Gebühren		
6200	Grundgebühr .... Die Gebühr entsteht neben der Verfahrensgebühr für die erstmalige Einarbeitung in den Rechtsfall nur einmal, unabhängig davon, in welchem Verfahrensabschnitt sie erfolgt.	40,00 bis 350,00 €	156,00 €

Nr.	Gebührentatbestand	Gebühr Wahlverteidiger oder Verfahrensbevollmächtigter	Gebühr gerichtlich bestellter oder beigeordneter Rechtsanwalt
6201	Terminsgebühr für jeden Tag, an dem ein Termin stattfindet .... Die Gebühr entsteht für die Teilnahme an außergerichtlichen Anhörungsterminen und außergerichtlichen Terminen zur Beweiserhebung.	40,00 bis 370,00 €	164,00 €
	Unterabschnitt 2. Außergerichtliches Verfahren		
6202	Verfahrensgebühr .... (1) Die Gebühr entsteht gesondert für eine Tätigkeit in einem dem gerichtlichen Verfahren vorausgehenden und der Überprüfung der Verwaltungsentscheidung dienenden weiteren außergerichtlichen Verfahren. (2) Die Gebühr entsteht für eine Tätigkeit in dem Verfahren bis zum Eingang des Antrags oder der Anschuldigungsschrift bei Gericht.	40,00 bis 290,00 €	132,00 €
	Unterabschnitt 3. Gerichtliches Verfahren		
	Erster Rechtszug		
	Vorbemerkung 6.2.3: Die nachfolgenden Gebühren entstehen für das Wiederaufnahmeverfahren einschließlich seiner Vorbereitung gesondert.		
6203	Verfahrensgebühr	50,00 bis 320,00 €	148,00 €
6204	Terminsgebühr je Verhandlungstag	80,00 bis 560,00 €	256,00 €
6205	Der gerichtlich bestellte Rechtsanwalt nimmt mehr als 5 und bis 8 Stunden an der Hauptverhandlung teil: Zusätzliche Gebühr neben der Gebühr 6204		128,00 €
6206	Der gerichtlich bestellte Rechtsanwalt nimmt mehr als 8 Stunden an der Hauptverhandlung teil: Zusätzliche Gebühr neben der Gebühr 6204		256,00 €
	Zweiter Rechtszug		
6207	Verfahrensgebühr	80,00 bis 560,00 €	256,00 €
6208	Terminsgebühr je Verhandlungstag	80,00 bis 560,00 €	256,00 €
6209	Der gerichtlich bestellte Rechtsanwalt nimmt mehr als 5 und bis 8 Stunden an der Hauptverhandlung teil:		

Nr.	Gebührentatbestand	Gebühr Wahlverteidiger oder Verfahrensbevollmächtigter	Gebühr gerichtlich bestellter oder beigeordneter Rechtsanwalt
	Zusätzliche Gebühr neben der Gebühr 6208		128,00 €
6210	Der gerichtlich bestellte Rechtsanwalt nimmt mehr als 8 Stunden an der Hauptverhandlung teil: Zusätzliche Gebühr neben der Gebühr 6208		256,00 €
	Dritter Rechtszug		
6211	Verfahrensgebühr	120,00 bis 1 110,00 €	492,00 €
6212	Terminsgebühr je Verhandlungstag	120,00 bis 550,00 €	268,00 €
6213	Der gerichtlich bestellte Rechtsanwalt nimmt mehr als 5 und bis 8 Stunden an der Hauptverhandlung teil: Zusätzliche Gebühr neben der Gebühr 6212		134,00 €
6214	Der gerichtlich bestellte Rechtsanwalt nimmt mehr als 8 Stunden an der Hauptverhandlung teil: Zusätzliche Gebühr neben der Gebühr 6212		268,00 €
6215	Verfahrensgebühr für das Verfahren über die Beschwerde gegen die Nichtzulassung der Revision .... Die Gebühr wird auf die Verfahrensgebühr für ein nachfolgendes Revisionsverfahren angerechnet.	70,00 bis 1 110,00 €	472,00 €
	Unterabschnitt 4. Zusatzgebühr		
6216	Durch die anwaltliche Mitwirkung wird die mündliche Verhandlung entbehrlich: Zusätzliche Gebühr .... (1) Die Gebühr entsteht, wenn eine gerichtliche Entscheidung mit Zustimmung der Beteiligten ohne mündliche Verhandlung ergeht oder einer beabsichtigten Entscheidung ohne Hauptverhandlungstermin nicht widersprochen wird. (2) Die Gebühr entsteht nicht, wenn eine auf die Förderung des Verfahrens gerichtete Tätigkeit nicht ersichtlich ist. (3) Die Höhe der Gebühr richtet sich nach dem Rechtszug, in dem die Hauptverhandlung ver-	in Höhe der jeweiligen Verfahrensgebühr	

Nr.	Gebührentatbestand	Gebühr: Wahlverteidiger oder Verfahrensbevollmächtigter	Gebühr: gerichtlich bestellter oder beigeordneter Rechtsanwalt
	mieden wurde. Für den Wahlanwalt bemisst sich die Gebühr nach der Rahmenmitte.		

Abschnitt 3. Gerichtliche Verfahren bei Freiheitsentziehung, bei Unterbringung und bei sonstigen Zwangsmaßnahmen

Nr.	Gebührentatbestand	Wahlverteidiger oder Verfahrensbevollmächtigter	gerichtlich bestellter oder beigeordneter Rechtsanwalt
6300	Verfahrensgebühr in Freiheitsentziehungssachen nach § 415 FamFG, in Unterbringungssachen nach § 312 FamFG und in Verfahren nach § 151 Nr. 6 und 7 FamFG .... Die Gebühr entsteht für jeden Rechtszug.	40,00 bis 470,00 €	204,00 €
6301	Terminsgebühr in den Fällen der Nummer 6300 .... Die Gebühr entsteht für die Teilnahme an gerichtlichen Terminen.	40,00 bis 470,00 €	204,00 €
6302	Verfahrensgebühr in sonstigen Fällen . Die Gebühr entsteht für jeden Rechtszug des Verfahrens über die Verlängerung oder Aufhebung einer Freiheitsentziehung nach den §§ 425 und 426 FamFG oder einer Unterbringungsmaßnahme nach den §§ 329 und 330 FamFG.	20,00 bis 300,00 €	128,00 €
6303	Terminsgebühr in den Fällen der Nummer 6302 .... Die Gebühr entsteht für die Teilnahme an gerichtlichen Terminen.	20,00 bis 300,00 €	128,00 €

Abschnitt 4. Gerichtliche Verfahren nach der Wehrbeschwerdeordnung

Vorbemerkung 6.4:

(1) Die Gebühren nach diesem Abschnitt entstehen in Verfahren auf gerichtliche Entscheidung nach der WBO, auch i.V.m. § 42 WDO, wenn das Verfahren vor dem Truppendienstgericht oder vor dem Bundesverwaltungsgericht an die Stelle des Verwaltungsrechtswegs gemäß § 82 SG tritt.

(2) Soweit wegen desselben Gegenstands eine Geschäftsgebühr nach Nummer 2302 für eine Tätigkeit im Verfahren über die Beschwerde oder über die weitere Beschwerde vor einem Disziplinarvorgesetzten entstanden ist, wird diese Gebühr zur Hälfte, höchstens jedoch mit einem Betrag von 175,00 €, auf die Verfahrensgebühr des gerichtlichen Verfahrens vor dem Truppendienstgericht oder dem Bundesverwaltungsgericht angerechnet. Sind mehrere Gebühren entstanden, ist für die Anrechnung die zuletzt entstandene Gebühr maßgebend. Bei der Bemessung der Verfahrensgebühr ist nicht zu berücksichtigen, dass der Umfang der Tätigkeit infolge der vorangegangenen Tätigkeit geringer ist.

Nr.	Gebührentatbestand	Wahlverteidiger oder Verfahrensbevollmächtigter	gerichtlich bestellter oder beigeordneter Rechtsanwalt
6400	Verfahrensgebühr für das Verfahren auf gerichtliche Entscheidung vor dem Truppendienstgericht	80,00 bis 680,00 €	
6401	Terminsgebühr je Verhandlungstag in den in Nummer 6400 genannten Verfahren	80,00 bis 680,00 €	

Nr.	Gebührentatbestand	Gebühr Wahlverteidiger oder Verfahrensbevollmächtigter	Gebühr gerichtlich bestellter oder beigeordneter Rechtsanwalt
6402	Verfahrensgebühr für das Verfahren auf gerichtliche Entscheidung vor dem Bundesverwaltungsgericht, im Verfahren über die Rechtsbeschwerde oder im Verfahren über die Beschwerde gegen die Nichtzulassung der Rechtsbeschwerde .... Die Gebühr für ein Verfahren über die Beschwerde gegen die Nichtzulassung der Rechtsbeschwerde wird auf die Gebühr für ein nachfolgendes Verfahren über die Rechtsbeschwerde angerechnet.	100,00 bis 790,00 €	
6403	Terminsgebühr je Verhandlungstag in den in Nummer 6402 genannten Verfahren	100,00 bis 790,00 €	
	Abschnitt 5. Einzeltätigkeiten und Verfahren auf Aufhebung oder Änderung einer Disziplinarmaßnahme		
6500	Verfahrensgebühr .... (1) Für eine Einzeltätigkeit entsteht die Gebühr, wenn dem Rechtsanwalt nicht die Verteidigung oder Vertretung übertragen ist. (2) Die Gebühr entsteht für jede einzelne Tätigkeit gesondert, soweit nichts anderes bestimmt ist. § 15 RVG bleibt unberührt. (3) Wird dem Rechtsanwalt die Verteidigung oder Vertretung für das Verfahren übertragen, werden die nach dieser Nummer entstandenen Gebühren auf die für die Verteidigung oder Vertretung entstehenden Gebühren angerechnet. (4) Eine Gebühr nach dieser Vorschrift entsteht jeweils auch für das Verfahren nach der WDO vor einem Disziplinarvorgesetzten auf Aufhebung oder Änderung einer Disziplinarmaßnahme und im gerichtlichen Verfahren vor dem Wehrdienstgericht.	20,00 bis 300,00 €	128,00 €

Teil 7. Auslagen

Nr.	Auslagentatbestand	Höhe
Vorbemerkung 7: (1) Mit den Gebühren werden auch die allgemeinen Geschäftskosten entgolten. Soweit nachfolgend nichts anderes bestimmt ist, kann der Rechtsanwalt Ersatz der entstandenen Aufwendungen (§ 675 i.V.m. § 670 BGB) verlangen. (2) Eine Geschäftsreise liegt vor, wenn das Reiseziel außerhalb der Gemeinde liegt, in der sich die Kanzlei oder die Wohnung des Rechtsanwalts befindet. (3) Dient eine Reise mehreren Geschäften, sind die entstandenen Auslagen nach den Nummern 7003 bis 7006 nach dem Verhältnis der Kosten zu verteilen, die bei gesonderter Ausführung der einzelnen Geschäfte entstanden wären. Ein Rechtsanwalt, der seine Kanzlei an einen anderen Ort verlegt, kann bei Fortführung eines ihm vorher erteilten Auftrags Auslagen nach den Nummern 7003 bis 7006 nur insoweit verlangen, als sie auch von seiner bisherigen Kanzlei aus entstanden wären.		
7000	Pauschale für die Herstellung und Überlassung von Dokumenten: 1. für Kopien und Ausdrucke a) aus Behörden- und Gerichtsakten, soweit deren Herstellung zur sachgemäßen Bearbeitung der Rechtssache geboten war, b) zur Zustellung oder Mitteilung an Gegner oder Beteiligte und Verfahrensbevollmächtigte aufgrund einer Rechtsvorschrift oder nach Aufforderung durch das Gericht, die Behörde oder die sonst das Verfahren führende Stelle, soweit hierfür mehr als 100 Seiten zu fertigen waren, c) zur notwendigen Unterrichtung des Auftraggebers, soweit hierfür mehr als 100 Seiten zu fertigen waren, d) in sonstigen Fällen nur, wenn sie im Einverständnis mit dem Auftraggeber zusätzlich, auch zur Unterrichtung Dritter, angefertigt worden sind:	
	für die ersten 50 abzurechnenden Seiten je Seite	0,50 €
	für jede weitere Seite	0,15 €
	für die ersten 50 abzurechnenden Seiten in Farbe je Seite	1,00 €
	für jede weitere Seite in Farbe	0,30 €
	2. Überlassung von elektronisch gespeicherten Dateien oder deren Bereitstellung zum Abruf anstelle der in Nummer 1 Buchstabe d genannten Kopien und Ausdrucke:	
	je Datei	1,50 €
	für die in einem Arbeitsgang überlassenen, bereitgestellten oder in einem Arbeitsgang auf denselben Datenträger übertragenen Dokumente insgesamt höchstens	5,00 €

Nr.	Auslagentatbestand	Höhe
	(1) Die Höhe der Dokumentenpauschale nach Nummer 1 ist in derselben Angelegenheit und in gerichtlichen Verfahren in demselben Rechtszug einheitlich zu berechnen. Eine Übermittlung durch den Rechtsanwalt per Telefax steht der Herstellung einer Kopie gleich. (2) Werden zum Zweck der Überlassung von elektronisch gespeicherten Dateien Dokumente im Einverständnis mit dem Auftraggeber zuvor von der Papierform in die elektronische Form übertragen, beträgt die Dokumentenpauschale nach Nummer 2 nicht weniger, als die Dokumentenpauschale im Fall der Nummer 1 betragen würde.	
7001	Entgelte für Post- und Telekommunikationsdienstleistungen ..... Für die durch die Geltendmachung der Vergütung entstehenden Entgelte kann kein Ersatz verlangt werden.	in voller Höhe
7002	Pauschale für Entgelte für Post- und Telekommunikationsdienstleistungen ..... (1) Die Pauschale kann in jeder Angelegenheit anstelle der tatsächlichen Auslagen nach 7001 gefordert werden. (2) Werden Gebühren aus der Staatskasse gezahlt, sind diese maßgebend.	20 % der Gebühren – höchstens 20,00 €
7003	Fahrtkosten für eine Geschäftsreise bei Benutzung eines eigenen Kraftfahrzeugs für jeden gefahrenen Kilometer ..... Mit den Fahrtkosten sind die Anschaffungs-, Unterhaltungs- und Betriebskosten sowie die Abnutzung des Kraftfahrzeugs abgegolten.	0,30 €
7004	Fahrtkosten für eine Geschäftsreise bei Benutzung eines anderen Verkehrsmittels, soweit sie angemessen sind	in voller Höhe
7005	Tage- und Abwesenheitsgeld bei einer Geschäftsreise	
	1. von nicht mehr als 4 Stunden	25,00 €
	2. von mehr als 4 bis 8 Stunden	40,00 €
	3. von mehr als 8 Stunden ..... Bei Auslandsreisen kann zu diesen Beträgen ein Zuschlag von 50 % berechnet werden.	70,00 €
7006	Sonstige Auslagen anlässlich einer Geschäftsreise, soweit sie angemessen sind	in voller Höhe
7007	Im Einzelfall gezahlte Prämie für eine Haftpflichtversicherung für Vermögensschäden, soweit die Prämie auf Haftungsbeträge von mehr als 30 Mio. € entfällt ..... Soweit sich aus der Rechnung des Versicherers nichts anderes ergibt, ist von der Gesamtprämie der Betrag zu erstatten, der sich aus dem Verhältnis der 30 Mio. € übersteigenden Versicherungssumme zu der Gesamtversicherungssumme ergibt.	in voller Höhe
7008	Umsatzsteuer auf die Vergütung ..... Dies gilt nicht, wenn die Umsatzsteuer nach § 19 Abs. 1 UStG unerhoben bleibt.	in voller Höhe

Anlage 2
(zu § 13 Abs. 1)

Gegenstandswert bis … €	Gebühr … €	Gegenstandswert bis …€	Gebühr … €
500	45,00	**50 000**	1 163,00
1 000	80,00	**65 000**	1 248,00
1 500	115,00	**80 000**	1 333,00
2 000	150,00	**95 000**	1 418,00
3 000	201,00	**110 000**	1 503,00
4 000	252,00	**125 000**	1 588,00
5 000	303,00	**140 000**	1 673,00
6 000	354,00	**155 000**	1 758,00
7 000	405,00	**170 000**	1 843,00
8 000	456,00	**185 000**	1 928,00
9 000	507,00	**200 000**	2 013,00
10 000	558,00	**230 000**	2 133,00
13 000	604,00	**260 000**	2 253,00
16 000	650,00	**290 000**	2 373,00
19 000	696,00	**320 000**	2 493,00
22 000	742,00	**350 000**	2 613,00
25 000	788,00	**380 000**	2 733,00
30 000	863,00	**410 000**	2 853,00
35 000	938,00	**440 000**	2 973,00
40 000	1 013,00	**470 000**	3 093,00
45 000	1 088,00	**500 000**	3 213,00

2. Gerichtskostengesetz (GKG) [1)2)]

In der Fassung der Bekanntmachung vom 27. Februar 2014[3)]
(BGBl. I S. 154)

FNA 360-7

zuletzt geänd. durch Art. 4 G zur Stärkung der Verfahrensrechte von Beschuldigten im Jugendstrafverfahren v. 9.12.2019 (BGBl. I S. 2146)

Inhaltsübersicht

[1)] Die Änderung durch G v. 18.7.2016 (BGBl. I S. 1666) tritt erst **mWv 1.10.2021** in Kraft und ist im Text noch nicht berücksichtigt.

[2)] Die Änderungen durch G v. 18.7.2017 (BGBl. I S. 2739) treten an dem Tag in Kraft, an dem die Rechtsverordnung nach § 10 des Wettbewerbsregistergesetzes in Kraft tritt, und sind im Text noch nicht berücksichtigt.

[3)] Neubekanntmachung des GKG v. 5.5.2004 (BGBl. I S. 718) in der ab dem 1.1.2014 geltenden Fassung.

Abschnitt 1. Allgemeine Vorschriften

§ 1 Geltungsbereich. (1) [1] Für Verfahren vor den ordentlichen Gerichten

1. nach der Zivilprozessordnung, einschließlich des Mahnverfahrens nach § 113 Absatz 2 des Gesetzes über das Verfahren in Familiensachen und in den Angelegenheiten der freiwilligen Gerichtsbarkeit und der Verfahren nach dem Gesetz über das Verfahren in Familiensachen und in den Angelegenheiten der freiwilligen Gerichtsbarkeit, soweit das Vollstreckungs- oder Arrestgericht zuständig ist;
2. nach der Insolvenzordnung und dem Einführungsgesetz zur Insolvenzordnung;
3. nach der Schifffahrtsrechtlichen Verteilungsordnung;
4. nach dem Gesetz über die Zwangsversteigerung und die Zwangsverwaltung;
5. nach der Strafprozessordnung;
6. nach dem Jugendgerichtsgesetz;
7. nach dem Gesetz über Ordnungswidrigkeiten;
8. nach dem Strafvollzugsgesetz, auch in Verbindung mit § 92 des Jugendgerichtsgesetzes;
9. nach dem Gesetz gegen Wettbewerbsbeschränkungen;
10. nach dem Wertpapiererwerbs- und Übernahmegesetz, soweit dort nichts anderes bestimmt ist;
11. nach dem Wertpapierhandelsgesetz;
12. nach dem Anerkennungs- und Vollstreckungsausführungsgesetz;
13. nach dem Auslandsunterhaltsgesetz, soweit das Vollstreckungsgericht zuständig ist;
14. für Rechtsmittelverfahren vor dem Bundesgerichtshof nach dem Patentgesetz, dem Gebrauchsmustergesetz, dem Markengesetz, dem Designgesetz, dem Halbleiterschutzgesetz und dem Sortenschutzgesetz (Rechtsmittelverfahren des gewerblichen Rechtsschutzes);
15. nach dem Energiewirtschaftsgesetz;
16. nach dem Kapitalanleger-Musterverfahrensgesetz;
17. nach dem EG-Verbraucherschutzdurchsetzungsgesetz;
18. nach Abschnitt 2 Unterabschnitt 2 des Neunten Teils des Gesetzes über die internationale Rechtshilfe in Strafsachen;
19. nach dem Kohlendioxid-Speicherungsgesetz;

20. nach Abschnitt 3 des Internationalen Erbrechtsverfahrensgesetzes vom 29. Juni 2015 (BGBl. I S. 1042) und
21. nach dem Zahlungskontengesetz

werden Kosten (Gebühren und Auslagen) nur nach diesem Gesetz erhoben. [2] Satz 1 Nummer 1, 6 und 12 gilt nicht in Verfahren, in denen Kosten nach dem Gesetz über Gerichtskosten in Familiensachen[1] zu erheben sind.

(2) Dieses Gesetz ist ferner anzuwenden für Verfahren

1. vor den Gerichten der Verwaltungsgerichtsbarkeit nach der Verwaltungsgerichtsordnung;
2. vor den Gerichten der Finanzgerichtsbarkeit nach der Finanzgerichtsordnung;
3. vor den Gerichten der Sozialgerichtsbarkeit nach dem Sozialgerichtsgesetz, soweit nach diesem Gesetz das Gerichtskostengesetz anzuwenden ist;
4. vor den Gerichten für Arbeitssachen nach dem Arbeitsgerichtsgesetz und
5. vor den Staatsanwaltschaften nach der Strafprozessordnung, dem Jugendgerichtsgesetz und dem Gesetz über Ordnungswidrigkeiten.

(3) Dieses Gesetz gilt auch für Verfahren nach

1. der Verordnung (EG) Nr. 861/2007 des Europäischen Parlaments und des Rates vom 11. Juli 2007 zur Einführung eines europäischen Verfahrens für geringfügige Forderungen,
2. der Verordnung (EG) Nr. 1896/2006 des Europäischen Parlaments und des Rates vom 12. Dezember 2006 zur Einführung eines Europäischen Mahnverfahrens,
3. der Verordnung (EU) Nr. 1215/2012 des Europäischen Parlaments und des Rates vom 12. Dezember 2012 über die gerichtliche Zuständigkeit und die Anerkennung und Vollstreckung von Entscheidungen in Zivil- und Handelssachen,
4. der Verordnung (EU) Nr. 655/2014 des Europäischen Parlaments und des Rates vom 15. Mai 2014 zur Einführung eines Verfahrens für einen Europäischen Beschluss zur vorläufigen Kontenpfändung im Hinblick auf die Erleichterung der grenzüberschreitenden Eintreibung von Forderungen in Zivil- und Handelssachen, wenn nicht das Familiengericht zuständig ist und
5. der Verordnung (EU) 2015/848 des Europäischen Parlaments und des Rates vom 20. Mai 2015 über Insolvenzverfahren.

(4) Kosten nach diesem Gesetz werden auch erhoben für Verfahren über eine Beschwerde, die mit einem der in den Absätzen 1 bis 3 genannten Verfahren im Zusammenhang steht.

(5) Die Vorschriften dieses Gesetzes über die Erinnerung und die Beschwerde gehen den Regelungen der für das zugrunde liegende Verfahren geltenden Verfahrensvorschriften vor.

§ 2 Kostenfreiheit. (1) [1] In Verfahren vor den ordentlichen Gerichten und den Gerichten der Finanz- und Sozialgerichtsbarkeit sind von der Zahlung der Kosten befreit der Bund und die Länder sowie die nach Haushaltsplänen des

---

[1] Nr. **2a**.

Bundes oder eines Landes verwalteten öffentlichen Anstalten und Kassen. [2] In Verfahren der Zwangsvollstreckung wegen öffentlich-rechtlicher Geldforderungen ist maßgebend, wer ohne Berücksichtigung des § 252 der Abgabenordnung oder entsprechender Vorschriften Gläubiger der Forderung ist.

(2) Für Verfahren vor den Gerichten für Arbeitssachen nach § 2a Absatz 1, § 103 Absatz 3, § 108 Absatz 3 und § 109 des Arbeitsgerichtsgesetzes sowie nach den §§ 122 und 126 der Insolvenzordnung werden Kosten nicht erhoben.

(3) [1] Sonstige bundesrechtliche Vorschriften, durch die für Verfahren vor den ordentlichen Gerichten und den Gerichten der Finanz- und Sozialgerichtsbarkeit eine sachliche oder persönliche Befreiung von Kosten gewährt ist, bleiben unberührt. [2] Landesrechtliche Vorschriften, die für diese Verfahren in weiteren Fällen eine sachliche oder persönliche Befreiung von Kosten gewähren, bleiben unberührt.

(4) [1] Vor den Gerichten der Verwaltungsgerichtsbarkeit und den Gerichten für Arbeitssachen finden bundesrechtliche oder landesrechtliche Vorschriften über persönliche Kostenfreiheit keine Anwendung. [2] Vorschriften über sachliche Kostenfreiheit bleiben unberührt.

(5) [1] Soweit jemandem, der von Kosten befreit ist, Kosten des Verfahrens auferlegt werden, sind Kosten nicht zu erheben; bereits erhobene Kosten sind zurückzuzahlen. [2] Das Gleiche gilt, soweit eine von der Zahlung der Kosten befreite Partei Kosten des Verfahrens übernimmt.

§ 3 Höhe der Kosten. (1) Die Gebühren richten sich nach dem Wert des Streitgegenstands (Streitwert), soweit nichts anderes bestimmt ist.

(2) Kosten werden nach dem Kostenverzeichnis der Anlage 1 zu diesem Gesetz erhoben.

§ 4 Verweisungen. (1) Verweist ein erstinstanzliches Gericht oder ein Rechtsmittelgericht ein Verfahren an ein erstinstanzliches Gericht desselben oder eines anderen Zweiges der Gerichtsbarkeit, ist das frühere erstinstanzliche Verfahren als Teil des Verfahrens vor dem übernehmenden Gericht zu behandeln.

(2) [1] Mehrkosten, die durch Anrufung eines Gerichts entstehen, zu dem der Rechtsweg nicht gegeben oder das für das Verfahren nicht zuständig ist, werden nur dann erhoben, wenn die Anrufung auf verschuldeter Unkenntnis der tatsächlichen oder rechtlichen Verhältnisse beruht. [2] Die Entscheidung trifft das Gericht, an das verwiesen worden ist.

§ 5 Verjährung, Verzinsung. (1) [1] Ansprüche auf Zahlung von Kosten verjähren in vier Jahren nach Ablauf des Kalenderjahrs, in dem das Verfahren durch rechtskräftige Entscheidung über die Kosten, durch Vergleich oder in sonstiger Weise beendet ist. [2] Für die Ansprüche auf Zahlung von Auslagen des erstinstanzlichen Musterverfahrens nach dem Kapitalanleger-Musterverfahrensgesetz beginnt die Frist frühestens mit dem rechtskräftigen Abschluss des Musterverfahrens.

(2) [1] Ansprüche auf Rückerstattung von Kosten verjähren in vier Jahren nach Ablauf des Kalenderjahrs, in dem die Zahlung erfolgt ist. [2] Die Verjährung beginnt jedoch nicht vor dem in Absatz 1 bezeichneten Zeitpunkt. [3] Durch Einlegung eines Rechtsbehelfs mit dem Ziel der Rückerstattung wird die Verjährung wie durch Klageerhebung gehemmt.

(3) [1] Auf die Verjährung sind die Vorschriften des Bürgerlichen Gesetzbuchs anzuwenden; die Verjährung wird nicht von Amts wegen berücksichtigt. [2] Die Verjährung der Ansprüche auf Zahlung von Kosten beginnt auch durch die Aufforderung zur Zahlung oder durch eine dem Schuldner mitgeteilte Stundung erneut. [3] Ist der Aufenthalt des Kostenschuldners unbekannt, genügt die Zustellung durch Aufgabe zur Post unter seiner letzten bekannten Anschrift. [4] Bei Kostenbeträgen unter 25 Euro beginnt die Verjährung weder erneut noch wird sie gehemmt.

(4) Ansprüche auf Zahlung und Rückerstattung von Kosten werden vorbehaltlich der nach Nummer 9018 des Kostenverzeichnisses für das erstinstanzliche Musterverfahren nach dem Kapitalanleger-Musterverfahrensgesetz geltenden Regelung nicht verzinst.

§ 5a Elektronische Akte, elektronisches Dokument. In Verfahren nach diesem Gesetz sind die verfahrensrechtlichen Vorschriften über die elektronische Akte und über das elektronische Dokument anzuwenden, die für das dem kostenrechtlichen Verfahren zugrunde liegende Verfahren gelten.

§ 5b Rechtsbehelfsbelehrung. Jede Kostenrechnung und jede anfechtbare Entscheidung hat eine Belehrung über den statthaften Rechtsbehelf sowie über die Stelle, bei der dieser Rechtsbehelf einzulegen ist, über deren Sitz und über die einzuhaltende Form und Frist zu enthalten.

Abschnitt 2. Fälligkeit

§ 6 Fälligkeit der Gebühren im Allgemeinen. (1) [1] In folgenden Verfahren wird die Verfahrensgebühr mit der Einreichung der Klage-, Antrags-, Einspruchs- oder Rechtsmittelschrift oder mit der Abgabe der entsprechenden Erklärung zu Protokoll fällig:

1. in bürgerlichen Rechtsstreitigkeiten,
2. in Sanierungs- und Reorganisationsverfahren nach dem Kreditinstitute-Reorganisationsgesetz,
3. in Insolvenzverfahren und in schifffahrtsrechtlichen Verteilungsverfahren,
4. in Rechtsmittelverfahren des gewerblichen Rechtsschutzes und
5. in Prozessverfahren vor den Gerichten der Verwaltungs-, Finanz- und Sozialgerichtsbarkeit.

[2] Im Verfahren über ein Rechtsmittel, das vom Rechtsmittelgericht zugelassen worden ist, wird die Verfahrensgebühr mit der Zulassung fällig.

(2) Soweit die Gebühr eine Entscheidung oder sonstige gerichtliche Handlung voraussetzt, wird sie mit dieser fällig.

(3) In Verfahren vor den Gerichten für Arbeitssachen bestimmt sich die Fälligkeit der Kosten nach § 9.

§ 7 Zwangsversteigerung und Zwangsverwaltung. (1) [1] Die Gebühren für die Entscheidung über den Antrag auf Anordnung der Zwangsversteigerung und über den Beitritt werden mit der Entscheidung fällig. [2] Die Gebühr für die Erteilung des Zuschlags wird mit dessen Verkündung und, wenn der Zuschlag von dem Beschwerdegericht erteilt wird, mit der Zustellung des Beschlusses an den Ersteher fällig. [3] Im Übrigen werden die Gebühren im ersten Rechtszug im Verteilungstermin und, wenn das Verfahren vorher aufgehoben wird, mit der Aufhebung fällig.

(2) [1] Absatz 1 Satz 1 gilt im Verfahren der Zwangsverwaltung entsprechend. [2] Die Jahresgebühr wird jeweils mit Ablauf eines Kalenderjahres, die letzte Jahresgebühr mit der Aufhebung des Verfahrens fällig.

§ 8 Strafsachen, Bußgeldsachen. [1] In Strafsachen werden die Kosten, die dem verurteilten Beschuldigten zur Last fallen, erst mit der Rechtskraft des Urteils fällig. [2] Dies gilt in gerichtlichen Verfahren nach dem Gesetz über Ordnungswidrigkeiten entsprechend.

§ 9 Fälligkeit der Gebühren in sonstigen Fällen, Fälligkeit der Auslagen. (1) [1] Die Gebühr für die Anmeldung eines Anspruchs zum Musterverfahren nach dem Kapitalanleger-Musterverfahrensgesetz wird mit Einreichung der Anmeldungserklärung fällig. [2] Die Auslagen des Musterverfahrens nach dem Kapitalanleger-Musterverfahrensgesetz werden mit dem rechtskräftigen Abschluss des Musterverfahrens fällig.

(2) Im Übrigen werden die Gebühren und die Auslagen fällig, wenn
1. eine unbedingte Entscheidung über die Kosten ergangen ist,
2. das Verfahren oder der Rechtszug durch Vergleich oder Zurücknahme beendet ist,
3. das Verfahren sechs Monate ruht oder sechs Monate nicht betrieben worden ist,
4. das Verfahren sechs Monate unterbrochen oder sechs Monate ausgesetzt war oder
5. das Verfahren durch anderweitige Erledigung beendet ist.

(3) Die Dokumentenpauschale sowie die Auslagen für die Versendung von Akten werden sofort nach ihrer Entstehung fällig.

Abschnitt 3. Vorschuss und Vorauszahlung

§ 10 Grundsatz für die Abhängigmachung. In weiterem Umfang als die Prozessordnungen und dieses Gesetz es gestatten, darf die Tätigkeit der Gerichte von der Sicherstellung oder Zahlung der Kosten nicht abhängig gemacht werden.

§ 11 Verfahren nach dem Arbeitsgerichtsgesetz. [1] In Verfahren vor den Gerichten für Arbeitssachen sind die Vorschriften dieses Abschnitts nicht anzuwenden; dies gilt für die Zwangsvollstreckung in Arbeitssachen auch dann, wenn das Amtsgericht Vollstreckungsgericht ist. [2] Satz 1 gilt nicht in Verfahren wegen überlanger Gerichtsverfahren (§ 9 Absatz 2 Satz 2 des Arbeitsgerichtsgesetzes).

§ 12 Verfahren nach der Zivilprozessordnung. (1) [1] In bürgerlichen Rechtsstreitigkeiten soll die Klage erst nach Zahlung der Gebühr für das Verfahren im Allgemeinen zugestellt werden. [2] Wird der Klageantrag erweitert, soll vor Zahlung der Gebühr für das Verfahren im Allgemeinen keine gerichtliche

Handlung vorgenommen werden; dies gilt auch in der Rechtsmittelinstanz. [3]Die Anmeldung zum Musterverfahren (§ 10 Absatz 2 des Kapitalanleger-Musterverfahrensgesetzes) soll erst nach Zahlung der Gebühr nach Nummer 1902 des Kostenverzeichnisses zugestellt werden.

(2) Absatz 1 gilt nicht

1. für die Widerklage,
2. für europäische Verfahren für geringfügige Forderungen,
3. für Rechtsstreitigkeiten über Erfindungen eines Arbeitnehmers, soweit nach § 39 des Gesetzes über Arbeitnehmererfindungen die für Patentstreitsachen zuständigen Gerichte ausschließlich zuständig sind, und
4. für die Restitutionsklage nach § 580 Nummer 8 der Zivilprozessordnung.

(3) [1]Der Mahnbescheid soll erst nach Zahlung der dafür vorgesehenen Gebühr erlassen werden. [2]Wird der Mahnbescheid maschinell erstellt, gilt Satz 1 erst für den Erlass des Vollstreckungsbescheids. [3]Im Mahnverfahren soll auf Antrag des Antragstellers nach Erhebung des Widerspruchs die Sache an das für das streitige Verfahren als zuständig bezeichnete Gericht erst abgegeben werden, wenn die Gebühr für das Verfahren im Allgemeinen gezahlt ist; dies gilt entsprechend für das Verfahren nach Erlass eines Vollstreckungsbescheids unter Vorbehalt der Ausführung der Rechte des Beklagten. [4]Satz 3 gilt auch für die nach dem Gesetz über Gerichtskosten in Familiensachen[1)] zu zahlende Gebühr für das Verfahren im Allgemeinen.

(4) [1]Absatz 3 Satz 1 gilt im Europäischen Mahnverfahren entsprechend. [2]Wird ein europäisches Verfahren für geringfügige Forderungen ohne Anwendung der Vorschriften der Verordnung (EG) Nr. 861/2007 fortgeführt, soll vor Zahlung der Gebühr für das Verfahren im Allgemeinen keine gerichtliche Handlung vorgenommen werden.

(5) Über den Antrag auf Abnahme der eidesstattlichen Versicherung soll erst nach Zahlung der dafür vorgesehenen Gebühr entschieden werden.

(6) [1]Über Anträge auf Erteilung einer weiteren vollstreckbaren Ausfertigung (§ 733 der Zivilprozessordnung) und über Anträge auf gerichtliche Handlungen der Zwangsvollstreckung gemäß § 829 Absatz 1, §§ 835, 839, 846 bis 848, 857, 858, 886 bis 888 oder § 890 der Zivilprozessordnung soll erst nach Zahlung der Gebühr für das Verfahren und der Auslagen für die Zustellung entschieden werden. [2]Dies gilt nicht bei elektronischen Anträgen auf gerichtliche Handlungen der Zwangsvollstreckung gemäß § 829a der Zivilprozessordnung.

§ 12a Verfahren wegen überlanger Gerichtsverfahren und strafrechtlicher Ermittlungsverfahren. [1]In Verfahren wegen überlanger Gerichtsverfahren und strafrechtlicher Ermittlungsverfahren ist § 12 Absatz 1 Satz 1 und 2 entsprechend anzuwenden. [2]Wird ein solches Verfahren bei einem Gericht der Verwaltungs-, Finanz- oder Sozialgerichtsbarkeit anhängig, ist in der Aufforderung zur Zahlung der Gebühr für das Verfahren im Allgemeinen darauf hinzuweisen, dass die Klage erst nach Zahlung dieser Gebühr zugestellt und die Streitsache erst mit Zustellung der Klage rechtshängig wird.

[1)] Nr. **2a**.

§ 13 Verteilungsverfahren nach der Schifffahrtsrechtlichen Verteilungsordnung. Über den Antrag auf Eröffnung des Verteilungsverfahrens nach der Schifffahrtsrechtlichen Verteilungsordnung soll erst nach Zahlung der dafür vorgesehenen Gebühr und der Auslagen für die öffentliche Bekanntmachung entschieden werden.

§ 14 Ausnahmen von der Abhängigmachung. Die §§ 12 und 13 gelten nicht,

1. soweit dem Antragsteller Prozesskostenhilfe bewilligt ist,
2. wenn dem Antragsteller Gebührenfreiheit zusteht oder
3. wenn die beabsichtigte Rechtsverfolgung weder aussichtslos noch ihre Inanspruchnahme mutwillig erscheint und wenn glaubhaft gemacht wird, dass
   a) dem Antragsteller die alsbaldige Zahlung der Kosten mit Rücksicht auf seine Vermögenslage oder aus sonstigen Gründen Schwierigkeiten bereiten würde oder
   b) eine Verzögerung dem Antragsteller einen nicht oder nur schwer zu ersetzenden Schaden bringen würde; zur Glaubhaftmachung genügt in diesem Fall die Erklärung des zum Prozessbevollmächtigten bestellten Rechtsanwalts.

§ 15 Zwangsversteigerungs- und Zwangsverwaltungsverfahren.

(1) Im Zwangsversteigerungsverfahren ist spätestens bei der Bestimmung des Zwangsversteigerungstermins ein Vorschuss in Höhe des Doppelten einer Gebühr für die Abhaltung des Versteigerungstermins zu erheben.

(2) Im Zwangsverwaltungsverfahren hat der Antragsteller jährlich einen angemessenen Gebührenvorschuss zu zahlen.

§ 16 Privatklage, Nebenklage. (1) [1] Der Privatkläger hat, wenn er Privatklage erhebt, Rechtsmittel einlegt, die Wiederaufnahme beantragt oder das Verfahren nach den §§ 435 bis 437 der Strafprozessordnung betreibt, für den jeweiligen Rechtszug einen Betrag in Höhe der entsprechenden in den Nummern 3311, 3321, 3331, 3340, 3410, 3431, 3441 oder 3450 des Kostenverzeichnisses bestimmten Gebühr als Vorschuss zu zahlen. [2] Der Widerkläger ist zur Zahlung eines Gebührenvorschusses nicht verpflichtet.

(2) [1] Der Nebenkläger hat, wenn er Rechtsmittel einlegt oder die Wiederaufnahme beantragt, für den jeweiligen Rechtszug einen Betrag in Höhe der entsprechenden in den Nummern 3511, 3521 oder 3530 des Kostenverzeichnisses bestimmten Gebühr als Vorschuss zu zahlen. [2] Wenn er im Verfahren nach den §§ 435 bis 437 der Strafprozessordnung Rechtsmittel einlegt oder die Wiederaufnahme beantragt, hat er für den jeweiligen Rechtszug einen Betrag in Höhe der entsprechenden in den Nummern 3431, 3441 oder 3450 des Kostenverzeichnisses bestimmten Gebühr als Vorschuss zu zahlen.

§ 17 Auslagen. (1) [1] Wird die Vornahme einer Handlung, mit der Auslagen verbunden sind, beantragt, hat derjenige, der die Handlung beantragt hat, einen zur Deckung der Auslagen hinreichenden Vorschuss zu zahlen. [2] Das Gericht soll die Vornahme der Handlung von der vorherigen Zahlung abhängig machen.

(2) Die Herstellung und Überlassung von Dokumenten auf Antrag sowie die Versendung von Akten können von der vorherigen Zahlung eines die Auslagen deckenden Vorschusses abhängig gemacht werden.

(3) Bei Handlungen, die von Amts wegen vorgenommen werden, kann ein Vorschuss zur Deckung der Auslagen erhoben werden.

(4) [1] Absatz 1 gilt nicht in Musterverfahren nach dem Kapitalanleger-Musterverfahrensgesetz, für die Anordnung einer Haft und in Strafsachen nur für den Privatkläger, den Widerkläger sowie für den Nebenkläger, der Berufung oder Revision eingelegt hat. [2] Absatz 2 gilt nicht in Strafsachen und in gerichtlichen Verfahren nach dem Gesetz über Ordnungswidrigkeiten, wenn der Beschuldigte oder sein Beistand Antragsteller ist. [3] Absatz 3 gilt nicht in Strafsachen, in gerichtlichen Verfahren nach dem Gesetz über Ordnungswidrigkeiten sowie in Verfahren über einen Schuldenbereinigungsplan (§ 306 der Insolvenzordnung).

§ 18 Fortdauer der Vorschusspflicht. [1] Die Verpflichtung zur Zahlung eines Vorschusses bleibt bestehen, auch wenn die Kosten des Verfahrens einem anderen auferlegt oder von einem anderen übernommen sind. [2] § 31 Absatz 2 gilt entsprechend.

Abschnitt 4. Kostenansatz

§ 19 Kostenansatz. (1) [1] Außer in Strafsachen und in gerichtlichen Verfahren nach dem Gesetz über Ordnungswidrigkeiten werden angesetzt:

1. die Kosten des ersten Rechtszugs bei dem Gericht, bei dem das Verfahren im ersten Rechtszug anhängig ist oder zuletzt anhängig war,
2. die Kosten des Rechtsmittelverfahrens bei dem Rechtsmittelgericht.

[2] Dies gilt auch dann, wenn die Kosten bei einem ersuchten Gericht entstanden sind.

(2) [1] In Strafsachen und in gerichtlichen Verfahren nach dem Gesetz über Ordnungswidrigkeiten, in denen eine gerichtliche Entscheidung durch die Staatsanwaltschaft zu vollstrecken ist, werden die Kosten bei der Staatsanwaltschaft angesetzt. [2] In Jugendgerichtssachen, in denen eine Vollstreckung einzuleiten ist, werden die Kosten bei dem Amtsgericht angesetzt, dem der Jugendrichter angehört, der die Vollstreckung einzuleiten hat (§ 84 des Jugendgerichtsgesetzes); ist daneben die Staatsanwaltschaft Vollstreckungsbehörde, werden die Kosten bei dieser angesetzt. [3] Im Übrigen werden die Kosten in diesen Verfahren bei dem Gericht des ersten Rechtszugs angesetzt. [4] Die Kosten des Rechtsmittelverfahrens vor dem Bundesgerichtshof werden stets bei dem Bundesgerichtshof angesetzt.

(3) Hat die Staatsanwaltschaft im Fall des § 25a des Straßenverkehrsgesetzes eine abschließende Entscheidung getroffen, werden die Kosten einschließlich derer, die durch einen Antrag auf gerichtliche Entscheidung entstanden sind, bei ihr angesetzt.

(4) Die Dokumentenpauschale sowie die Auslagen für die Versendung von Akten werden bei der Stelle angesetzt, bei der sie entstanden sind.

(5) [1] Der Kostenansatz kann im Verwaltungsweg berichtigt werden, solange nicht eine gerichtliche Entscheidung getroffen ist. [2] Ergeht nach der gerichtlichen Entscheidung über den Kostenansatz eine Entscheidung, durch die der

Streitwert anders festgesetzt wird, kann der Kostenansatz ebenfalls berichtigt werden.

§ 20 Nachforderung. (1) [1] Wegen eines unrichtigen Ansatzes dürfen Kosten nur nachgefordert werden, wenn der berichtigte Ansatz dem Zahlungspflichtigen vor Ablauf des nächsten Kalenderjahres nach Absendung der den Rechtszug abschließenden Kostenrechnung (Schlusskostenrechnung), in Zwangsverwaltungsverfahren der Jahresrechnung, mitgeteilt worden ist. [2] Dies gilt nicht, wenn die Nachforderung auf vorsätzlich oder grob fahrlässig falschen Angaben des Kostenschuldners beruht oder wenn der ursprüngliche Kostenansatz unter einem bestimmten Vorbehalt erfolgt ist.

(2) Ist innerhalb der Frist des Absatzes 1 ein Rechtsbehelf in der Hauptsache oder wegen der Kosten eingelegt worden, ist die Nachforderung bis zum Ablauf des nächsten Kalenderjahres nach Beendigung dieser Verfahren möglich.

(3) Ist der Wert gerichtlich festgesetzt worden, genügt es, wenn der berichtigte Ansatz dem Zahlungspflichtigen drei Monate nach der letzten Wertfestsetzung mitgeteilt worden ist.

§ 21 Nichterhebung von Kosten. (1) [1] Kosten, die bei richtiger Behandlung der Sache nicht entstanden wären, werden nicht erhoben. [2] Das Gleiche gilt für Auslagen, die durch eine von Amts wegen veranlasste Verlegung eines Termins oder Vertagung einer Verhandlung entstanden sind. [3] Für abweisende Entscheidungen sowie bei Zurücknahme eines Antrags kann von der Erhebung von Kosten abgesehen werden, wenn der Antrag auf unverschuldeter Unkenntnis der tatsächlichen oder rechtlichen Verhältnisse beruht.

(2) [1] Die Entscheidung trifft das Gericht. [2] Solange nicht das Gericht entschieden hat, können Anordnungen nach Absatz 1 im Verwaltungsweg erlassen werden. [3] Eine im Verwaltungsweg getroffene Anordnung kann nur im Verwaltungsweg geändert werden.

Abschnitt 5. Kostenhaftung

§ 22 Streitverfahren, Bestätigungen und Bescheinigungen zu inländischen Titeln. (1) [1] In bürgerlichen Rechtsstreitigkeiten mit Ausnahme der Restitutionsklage nach § 580 Nummer 8 der Zivilprozessordnung sowie in Verfahren nach § 1 Absatz 1 Satz 1 Nummer 14, Absatz 2 Nummer 1 bis 3 sowie Absatz 4 schuldet die Kosten, wer das Verfahren des Rechtszugs beantragt hat. [2] Im Verfahren, das gemäß § 700 Absatz 3 der Zivilprozessordnung dem Mahnverfahren folgt, schuldet die Kosten, wer den Vollstreckungsbescheid beantragt hat. [3] Im Verfahren, das nach Einspruch dem Europäischen Mahnverfahren folgt, schuldet die Kosten, wer den Zahlungsbefehl beantragt hat. [4] Die Gebühr für den Abschluss eines gerichtlichen Vergleichs schuldet jeder, der an dem Abschluss beteiligt ist.

(2) [1] In Verfahren vor den Gerichten für Arbeitssachen ist Absatz 1 nicht anzuwenden, soweit eine Kostenhaftung nach § 29 Nummer 1 oder 2 besteht. [2] Absatz 1 ist ferner nicht anzuwenden, solange bei einer Zurückverweisung des Rechtsstreits an die Vorinstanz nicht feststeht, wer für die Kosten nach § 29 Nummer 1 oder 2 haftet, und der Rechtsstreit noch anhängig ist; er ist jedoch

anzuwenden, wenn das Verfahren nach Zurückverweisung sechs Monate geruht hat oder sechs Monate von den Parteien nicht betrieben worden ist.

(3) In Verfahren über Anträge auf Ausstellung einer Bestätigung nach § 1079 der Zivilprozessordnung, einer Bescheinigung nach § 1110 der Zivilprozessordnung oder nach § 57 oder § 58 des Anerkennungs- und Vollstreckungsausführungsgesetzes schuldet die Kosten der Antragsteller.

(4) [1] Im erstinstanzlichen Musterverfahren nach dem Kapitalanleger-Musterverfahrensgesetz ist Absatz 1 nicht anzuwenden. [2] Die Kosten für die Anmeldung eines Anspruchs zum Musterverfahren schuldet der Anmelder. [3] Im Verfahren über die Rechtsbeschwerde nach § 20 des Kapitalanleger-Musterverfahrensgesetzes schuldet neben dem Rechtsbeschwerdeführer auch der Beteiligte, der dem Rechtsbeschwerdeverfahren auf Seiten des Rechtsbeschwerdeführers beigetreten ist, die Kosten.

§ 23 Insolvenzverfahren. (1) [1] Die Gebühr für das Verfahren über den Antrag auf Eröffnung des Insolvenzverfahrens schuldet, wer den Antrag gestellt hat. [2] Wird der Antrag abgewiesen oder zurückgenommen, gilt dies auch für die entstandenen Auslagen. [3] Die Auslagen nach Nummer 9017 des Kostenverzeichnisses schuldet jedoch nur der Schuldner des Insolvenzverfahrens. [4] Die Sätze 1 und 2 gelten nicht, wenn der Schuldner des Insolvenzverfahrens nach § 14 Absatz 3 der Insolvenzordnung die Kosten des Verfahrens trägt.

(2) Die Kosten des Verfahrens über die Versagung oder den Widerruf der Restschuldbefreiung (§§ 296 bis 297a, 300 und 303 der Insolvenzordnung) schuldet, wer das Verfahren beantragt hat.

(3) Die Kosten des Verfahrens wegen einer Anfechtung nach Artikel 36 Absatz 7 Satz 2 der Verordnung (EU) 2015/848 schuldet der antragstellende Gläubiger, wenn der Antrag abgewiesen oder zurückgenommen wird.

(4) Die Kosten des Verfahrens über einstweilige Maßnahmen nach Artikel 36 Absatz 9 der Verordnung (EU) 2015/848 schuldet der antragstellende Gläubiger.

(5) Die Kosten des Gruppen-Koordinationsverfahrens nach Kapitel V Abschnitt 2 der Verordnung (EU) 2015/848 trägt der Schuldner, dessen Verwalter die Einleitung des Koordinationsverfahrens beantragt hat.

(6) [1] Die Kosten des Koordinationsverfahrens trägt der Schuldner, der die Einleitung des Verfahrens beantragt hat. [2] Dieser Schuldner trägt die Kosten auch, wenn der Antrag von dem Insolvenzverwalter, dem vorläufigen Insolvenzverwalter, dem Gläubigerausschuss oder dem vorläufigen Gläubigerausschuss gestellt wird.

(7) Im Übrigen schuldet die Kosten der Schuldner des Insolvenzverfahrens.

§ 23a Sanierungs- und Reorganisationsverfahren nach dem Kreditinstitute-Reorganisationsgesetz. Die Kosten des Sanierungs- und Reorganisationsverfahrens schuldet nur das Kreditinstitut.

§ 24 Öffentliche Bekanntmachung in ausländischen Insolvenzverfahren. Die Kosten des Verfahrens über den Antrag auf öffentliche Bekanntmachung ausländischer Entscheidungen in Insolvenzverfahren oder vergleichbaren Verfahren schuldet, wer das Verfahren beantragt hat.

§ 25 Verteilungsverfahren nach der Schifffahrtsrechtlichen Verteilungsordnung. Die Kosten des Verteilungsverfahrens nach der Schifffahrtsrechtlichen Verteilungsordnung schuldet, wer das Verfahren beantragt hat.

§ 26 Zwangsversteigerungs- und Zwangsverwaltungsverfahren.

(1) Die Kosten des Zwangsversteigerungs- und Zwangsverwaltungsverfahrens sowie des Verfahrens der Zwangsliquidation einer Bahneinheit schuldet vorbehaltlich des Absatzes 2, wer das Verfahren beantragt hat, soweit die Kosten nicht dem Erlös entnommen werden können.

(2) [1] Die Kosten für die Erteilung des Zuschlags schuldet nur der Ersteher; § 29 Nummer 3 bleibt unberührt. [2] Im Fall der Abtretung der Rechte aus dem Meistgebot oder der Erklärung, für einen Dritten geboten zu haben (§ 81 des Gesetzes über die Zwangsversteigerung und die Zwangsverwaltung), haften der Ersteher und der Meistbietende als Gesamtschuldner.

(3) Die Kosten des Beschwerdeverfahrens schuldet der Beschwerdeführer.

§ 27 Bußgeldsachen. Der Betroffene, der im gerichtlichen Verfahren nach dem Gesetz über Ordnungswidrigkeiten den Einspruch gegen einen Bußgeldbescheid zurücknimmt, schuldet die entstandenen Kosten.

§ 28 Auslagen in weiteren Fällen. (1) [1] Die Dokumentenpauschale schuldet ferner, wer die Erteilung der Ausfertigungen, Kopien oder Ausdrucke beantragt hat. [2] Sind Kopien oder Ausdrucke angefertigt worden, weil die Partei oder der Beteiligte es unterlassen hat, die erforderliche Zahl von Mehrfertigungen beizufügen, schuldet nur die Partei oder der Beteiligte die Dokumentenpauschale.

(2) Die Auslagen nach Nummer 9003 des Kostenverzeichnisses schuldet nur, wer die Versendung der Akte beantragt hat.

(3) Im Verfahren auf Bewilligung von Prozesskostenhilfe einschließlich des Verfahrens auf Bewilligung grenzüberschreitender Prozesskostenhilfe ist der Antragsteller Schuldner der Auslagen, wenn

1. der Antrag zurückgenommen oder vom Gericht abgelehnt wird oder
2. die Übermittlung des Antrags von der Übermittlungsstelle oder das Ersuchen um Prozesskostenhilfe von der Empfangsstelle abgelehnt wird.

§ 29 Weitere Fälle der Kostenhaftung. Die Kosten schuldet ferner,

1. wem durch gerichtliche oder staatsanwaltschaftliche Entscheidung die Kosten des Verfahrens auferlegt sind;
2. wer sie durch eine vor Gericht abgegebene oder dem Gericht mitgeteilte Erklärung oder in einem vor Gericht abgeschlossenen oder dem Gericht mitgeteilten Vergleich übernommen hat; dies gilt auch, wenn bei einem Vergleich ohne Bestimmung über die Kosten diese als von beiden Teilen je zur Hälfte übernommen anzusehen sind;
3. wer für die Kostenschuld eines anderen kraft Gesetzes haftet und
4. der Vollstreckungsschuldner für die notwendigen Kosten der Zwangsvollstreckung.

§ 30 Erlöschen der Zahlungspflicht. [1] Die durch gerichtliche oder staatsanwaltschaftliche Entscheidung begründete Verpflichtung zur Zahlung von Kosten erlischt, soweit die Entscheidung durch eine andere gerichtliche Entscheidung aufgehoben oder abgeändert wird. [2] Soweit die Verpflichtung zur Zahlung von Kosten nur auf der aufgehobenen oder abgeänderten Entscheidung beruht hat, werden bereits gezahlte Kosten zurückerstattet.

§ 31 Mehrere Kostenschuldner. (1) Mehrere Kostenschuldner haften als Gesamtschuldner.

(2) [1] Soweit ein Kostenschuldner aufgrund von § 29 Nummer 1 oder 2 (Erstschuldner) haftet, soll die Haftung eines anderen Kostenschuldners nur geltend gemacht werden, wenn eine Zwangsvollstreckung in das bewegliche Vermögen des ersteren erfolglos geblieben ist oder aussichtslos erscheint. [2] Zahlungen des Erstschuldners mindern seine Haftung aufgrund anderer Vorschriften dieses Gesetzes auch dann in voller Höhe, wenn sich seine Haftung nur auf einen Teilbetrag bezieht.

(3) [1] Soweit einem Kostenschuldner, der aufgrund von § 29 Nummer 1 haftet (Entscheidungsschuldner), Prozesskostenhilfe bewilligt worden ist, darf die Haftung eines anderen Kostenschuldners nicht geltend gemacht werden; von diesem bereits erhobene Kosten sind zurückzuzahlen, soweit es sich nicht um eine Zahlung nach § 13 Absatz 1 und 3 des Justizvergütungs- und -entschädigungsgesetzes[1)] handelt und die Partei, der die Prozesskostenhilfe bewilligt worden ist, der besonderen Vergütung zugestimmt hat. [2] Die Haftung eines anderen Kostenschuldners darf auch nicht geltend gemacht werden, soweit dem Entscheidungsschuldner ein Betrag für die Reise zum Ort einer Verhandlung, Vernehmung oder Untersuchung und für die Rückreise gewährt worden ist.

(4) Absatz 3 ist entsprechend anzuwenden, soweit der Kostenschuldner aufgrund des § 29 Nummer 2 haftet, wenn

1. der Kostenschuldner die Kosten in einem vor Gericht abgeschlossenen oder gegenüber dem Gericht angenommenen Vergleich übernommen hat,
2. der Vergleich einschließlich der Verteilung der Kosten von dem Gericht vorgeschlagen worden ist und
3. das Gericht in seinem Vergleichsvorschlag ausdrücklich festgestellt hat, dass die Kostenregelung der sonst zu erwartenden Kostenentscheidung entspricht.

§ 32 Haftung von Streitgenossen und Beigeladenen. (1) [1] Streitgenossen haften als Gesamtschuldner, wenn die Kosten nicht durch gerichtliche Entscheidung unter sie verteilt sind. [2] Soweit einen Streitgenossen nur Teile des Streitgegenstandes betreffen, beschränkt sich seine Haftung als Gesamtschuldner auf den Betrag, der entstanden wäre, wenn das Verfahren nur diese Teile betroffen hätte.

(2) Absatz 1 gilt auch für mehrere Beigeladene, denen Kosten auferlegt worden sind.

---

1) Nr. 3.

§ 33 Verpflichtung zur Zahlung von Kosten in besonderen Fällen. Die nach den §§ 53 bis 55, 177, 209 und 269 der Insolvenzordnung sowie den §§ 466 und 471 Absatz 4 der Strafprozessordnung begründete Verpflichtung zur Zahlung von Kosten besteht auch gegenüber der Staatskasse.

Abschnitt 6. Gebührenvorschriften

§ 34 Wertgebühren. (1) [1]Wenn sich die Gebühren nach dem Streitwert richten, beträgt die Gebühr bei einem Streitwert bis 500 Euro 35 Euro. [2]Die Gebühr erhöht sich bei einem

Streitwert bis ... Euro	für jeden angefangenen Betrag von weiteren ... Euro	um ... Euro
2 000	500	18
10 000	1 000	19
25 000	3 000	26
50 000	5 000	35
200 000	15 000	120
500 000	30 000	179
über 500 000	50 000	180

[3]Eine Gebührentabelle für Streitwerte bis 500 000 Euro ist diesem Gesetz als Anlage 2 beigefügt.

(2) Der Mindestbetrag einer Gebühr ist 15 Euro.

§ 35 Einmalige Erhebung der Gebühren. Die Gebühr für das Verfahren im Allgemeinen und die Gebühr für eine Entscheidung werden in jedem Rechtszug hinsichtlich eines jeden Teils des Streitgegenstands nur einmal erhoben.

§ 36 Teile des Streitgegenstands. (1) Für Handlungen, die einen Teil des Streitgegenstands betreffen, sind die Gebühren nur nach dem Wert dieses Teils zu berechnen.

(2) Sind von einzelnen Wertteilen in demselben Rechtszug für gleiche Handlungen Gebühren zu berechnen, darf nicht mehr erhoben werden, als wenn die Gebühr von dem Gesamtbetrag der Wertteile zu berechnen wäre.

(3) Sind für Teile des Gegenstands verschiedene Gebührensätze anzuwenden, sind die Gebühren für die Teile gesondert zu berechnen; die aus dem Gesamtbetrag der Wertteile nach dem höchsten Gebührensatz berechnete Gebühr darf jedoch nicht überschritten werden.

§ 37 Zurückverweisung. Wird eine Sache zur anderweitigen Verhandlung an das Gericht des unteren Rechtszugs zurückverwiesen, bildet das weitere Verfahren mit dem früheren Verfahren vor diesem Gericht im Sinne des § 35 einen Rechtszug.

§ 38 Verzögerung des Rechtsstreits. [1] Wird außer im Fall des § 335 der Zivilprozessordnung durch Verschulden des Klägers, des Beklagten oder eines Vertreters die Vertagung einer mündlichen Verhandlung oder die Anberaumung eines neuen Termins zur mündlichen Verhandlung nötig oder ist die Erledigung des Rechtsstreits durch nachträgliches Vorbringen von Angriffs- oder Verteidigungsmitteln, Beweismitteln oder Beweiseinreden, die früher vorgebracht werden konnten, verzögert worden, kann das Gericht dem Kläger oder dem Beklagten von Amts wegen eine besondere Gebühr mit einem Gebührensatz von 1,0 auferlegen. [2] Die Gebühr kann bis auf einen Gebührensatz von 0,3 ermäßigt werden. [3] Dem Kläger, dem Beklagten oder dem Vertreter stehen gleich der Nebenintervenient, der Beigeladene, der Vertreter des Bundesinteresses beim Bundesverwaltungsgericht und der Vertreter des öffentlichen Interesses sowie ihre Vertreter.

Abschnitt 7. Wertvorschriften

Unterabschnitt 1. Allgemeine Wertvorschriften

§ 39 Grundsatz. (1) In demselben Verfahren und in demselben Rechtszug werden die Werte mehrerer Streitgegenstände zusammengerechnet, soweit nichts anderes bestimmt ist.

(2) Der Streitwert beträgt höchstens 30 Millionen Euro, soweit kein niedrigerer Höchstwert bestimmt ist.

§ 40 Zeitpunkt der Wertberechnung. Für die Wertberechnung ist der Zeitpunkt der den jeweiligen Streitgegenstand betreffenden Antragstellung maßgebend, die den Rechtszug einleitet.

§ 41 Miet-, Pacht- und ähnliche Nutzungsverhältnisse. (1) [1] Ist das Bestehen oder die Dauer eines Miet-, Pacht- oder ähnlichen Nutzungsverhältnisses streitig, ist der Betrag des auf die streitige Zeit entfallenden Entgelts und, wenn das einjährige Entgelt geringer ist, dieser Betrag für die Wertberechnung maßgebend. [2] Das Entgelt nach Satz 1 umfasst neben dem Nettogrundentgelt Nebenkosten dann, wenn diese als Pauschale vereinbart sind und nicht gesondert abgerechnet werden.

(2) [1] Wird wegen Beendigung eines Miet-, Pacht- oder ähnlichen Nutzungsverhältnisses die Räumung eines Grundstücks, Gebäudes oder Gebäudeteils verlangt, ist ohne Rücksicht darauf, ob über das Bestehen des Nutzungsverhältnisses Streit besteht, das für die Dauer eines Jahres zu zahlende Entgelt maßgebend, wenn sich nicht nach Absatz 1 ein geringerer Streitwert ergibt. [2] Wird die Räumung oder Herausgabe auch aus einem anderen Rechtsgrund verlangt, ist der Wert der Nutzung eines Jahres maßgebend.

(3) Werden der Anspruch auf Räumung von Wohnraum und der Anspruch nach den §§ 574 bis 574b des Bürgerlichen Gesetzbuchs auf Fortsetzung des Mietverhältnisses über diesen Wohnraum in demselben Prozess verhandelt, werden die Werte nicht zusammengerechnet.

(4) Bei Ansprüchen nach den §§ 574 bis 574b des Bürgerlichen Gesetzbuchs ist auch für die Rechtsmittelinstanz der für den ersten Rechtszug maßgebende Wert zugrunde zu legen, sofern nicht die Beschwer geringer ist.

(5) [1] Bei Ansprüchen auf Erhöhung der Miete für Wohnraum ist der Jahresbetrag der zusätzlich geforderten Miete, bei Ansprüchen des Mieters auf Durchführung von Instandsetzungsmaßnahmen der Jahresbetrag einer angemessenen Mietminderung und bei Ansprüchen des Vermieters auf Duldung einer Durchführung von Modernisierungs- oder Erhaltungsmaßnahmen der Jahresbetrag einer möglichen Mieterhöhung, in Ermangelung dessen einer sonst möglichen Mietminderung durch den Mieter maßgebend. [2] Endet das Mietverhältnis vor Ablauf eines Jahres, ist ein entsprechend niedrigerer Betrag maßgebend.

§ 42 Wiederkehrende Leistungen. (1) [1] Bei Ansprüchen auf wiederkehrende Leistungen aus einem öffentlich-rechtlichen Dienst- oder Amtsverhältnis, einer Dienstpflicht oder einer Tätigkeit, die anstelle einer gesetzlichen Dienstpflicht geleistet werden kann, bei Ansprüchen von Arbeitnehmern auf wiederkehrende Leistungen sowie in Verfahren vor Gerichten der Sozialgerichtsbarkeit, in denen Ansprüche auf wiederkehrende Leistungen dem Grunde oder der Höhe nach geltend gemacht oder abgewehrt werden, ist der dreifache Jahresbetrag der wiederkehrenden Leistungen maßgebend, wenn nicht der Gesamtbetrag der geforderten Leistungen geringer ist. [2] Ist im Verfahren vor den Gerichten der Verwaltungs- und Sozialgerichtsbarkeit die Höhe des Jahresbetrags nicht nach dem Antrag des Klägers bestimmt oder nach diesem Antrag mit vertretbarem Aufwand bestimmbar, ist der Streitwert nach § 52 Absatz 1 und 2 zu bestimmen.

(2) [1] Für die Wertberechnung bei Rechtsstreitigkeiten vor den Gerichten für Arbeitssachen über das Bestehen, das Nichtbestehen oder die Kündigung eines Arbeitsverhältnisses ist höchstens der Betrag des für die Dauer eines Vierteljahres zu leistenden Arbeitsentgelts maßgebend; eine Abfindung wird nicht hinzugerechnet. [2] Bei Rechtsstreitigkeiten über Eingruppierungen ist der Wert des dreijährigen Unterschiedsbetrags zur begehrten Vergütung maßgebend, sofern nicht der Gesamtbetrag der geforderten Leistungen geringer ist.

(3) [1] Die bei Einreichung der Klage fälligen Beträge werden dem Streitwert hinzugerechnet; dies gilt nicht in Rechtsstreitigkeiten vor den Gerichten für Arbeitssachen. [2] Der Einreichung der Klage steht die Einreichung eines Antrags auf Bewilligung der Prozesskostenhilfe gleich, wenn die Klage alsbald nach Mitteilung der Entscheidung über den Antrag oder über eine alsbald eingelegte Beschwerde eingereicht wird.

§ 43 Nebenforderungen. (1) Sind außer dem Hauptanspruch auch Früchte, Nutzungen, Zinsen oder Kosten als Nebenforderungen betroffen, wird der Wert der Nebenforderungen nicht berücksichtigt.

(2) Sind Früchte, Nutzungen, Zinsen oder Kosten als Nebenforderungen ohne den Hauptanspruch betroffen, ist der Wert der Nebenforderungen maßgebend, soweit er den Wert des Hauptanspruchs nicht übersteigt.

(3) Sind die Kosten des Rechtsstreits ohne den Hauptanspruch betroffen, ist der Betrag der Kosten maßgebend, soweit er den Wert des Hauptanspruchs nicht übersteigt.

§ 44 Stufenklage. Wird mit der Klage auf Rechnungslegung oder auf Vorlegung eines Vermögensverzeichnisses oder auf Abgabe einer eidesstattlichen Versicherung die Klage auf Herausgabe desjenigen verbunden, was der Beklagte aus dem zugrunde liegenden Rechtsverhältnis schuldet, ist für die Wertberechnung nur einer der verbundenen Ansprüche, und zwar der höhere, maßgebend.

§ 45 Klage und Widerklage, Hilfsanspruch, wechselseitige Rechtsmittel, Aufrechnung. (1) [1] In einer Klage und in einer Widerklage geltend gemachte Ansprüche, die nicht in getrennten Prozessen verhandelt werden, werden zusammengerechnet. [2] Ein hilfsweise geltend gemachter Anspruch wird mit dem Hauptanspruch zusammengerechnet, soweit eine Entscheidung über ihn ergeht. [3] Betreffen die Ansprüche im Fall des Satzes 1 oder 2 denselben Gegenstand, ist nur der Wert des höheren Anspruchs maßgebend.

(2) Für wechselseitig eingelegte Rechtsmittel, die nicht in getrennten Prozessen verhandelt werden, ist Absatz 1 Satz 1 und 3 entsprechend anzuwenden.

(3) Macht der Beklagte hilfsweise die Aufrechnung mit einer bestrittenen Gegenforderung geltend, erhöht sich der Streitwert um den Wert der Gegenforderung, soweit eine der Rechtskraft fähige Entscheidung über sie ergeht.

(4) Bei einer Erledigung des Rechtsstreits durch Vergleich sind die Absätze 1 bis 3 entsprechend anzuwenden.

§ 46 (weggefallen)

§ 47 Rechtsmittelverfahren. (1) [1] Im Rechtsmittelverfahren bestimmt sich der Streitwert nach den Anträgen des Rechtsmittelführers. [2] Endet das Verfahren, ohne dass solche Anträge eingereicht werden, oder werden, wenn eine Frist für die Rechtsmittelbegründung vorgeschrieben ist, innerhalb dieser Frist Rechtsmittelanträge nicht eingereicht, ist die Beschwer maßgebend.

(2) [1] Der Streitwert ist durch den Wert des Streitgegenstands des ersten Rechtszugs begrenzt. [2] Das gilt nicht, soweit der Streitgegenstand erweitert wird.

(3) Im Verfahren über den Antrag auf Zulassung des Rechtsmittels und im Verfahren über die Beschwerde gegen die Nichtzulassung des Rechtsmittels ist Streitwert der für das Rechtsmittelverfahren maßgebende Wert.

Unterabschnitt 2. Besondere Wertvorschriften

§ 48 Bürgerliche Rechtsstreitigkeiten. (1) [1] In bürgerlichen Rechtsstreitigkeiten richten sich die Gebühren nach den für die Zuständigkeit des Prozessgerichts oder die Zulässigkeit des Rechtsmittels geltenden Vorschriften über den Wert des Streitgegenstands, soweit nichts anderes bestimmt ist. [2] In Musterfeststellungsklagen nach Buch 6 der Zivilprozessordnung und in Rechtsstreitigkeiten aufgrund des Unterlassungsklagengesetzes darf der Streitwert 250 000 Euro nicht übersteigen.

(2) [1] In nichtvermögensrechtlichen Streitigkeiten ist der Streitwert unter Berücksichtigung aller Umstände des Einzelfalls, insbesondere des Umfangs und der Bedeutung der Sache und der Vermögens- und Einkommensverhältnisse der Parteien, nach Ermessen zu bestimmen. [2] Der Wert darf nicht über eine Million Euro angenommen werden.

(3) Ist mit einem nichtvermögensrechtlichen Anspruch ein aus ihm hergeleiteter vermögensrechtlicher Anspruch verbunden, ist nur ein Anspruch, und zwar der höhere, maßgebend.

§ 49 (weggefallen)

§ 49a Wohnungseigentumssachen. (1) [1]Der Streitwert ist auf 50 Prozent des Interesses der Parteien und aller Beigeladenen an der Entscheidung festzusetzen. [2]Er darf das Interesse des Klägers und der auf seiner Seite Beigetretenen an der Entscheidung nicht unterschreiten und das Fünffache des Wertes ihres Interesses nicht überschreiten. [3]Der Wert darf in keinem Fall den Verkehrswert des Wohnungseigentums des Klägers und der auf seiner Seite Beigetretenen übersteigen.

(2) [1]Richtet sich eine Klage gegen einzelne Wohnungseigentümer, darf der Streitwert das Fünffache des Wertes ihres Interesses sowie des Interesses der auf ihrer Seite Beigetretenen nicht übersteigen. [2]Absatz 1 Satz 3 gilt entsprechend.

§ 50 Bestimmte Beschwerdeverfahren. (1) [1]In folgenden Verfahren bestimmt sich der Wert nach § 3 der Zivilprozessordnung:

1. über Beschwerden gegen Verfügungen der Kartellbehörden und über Rechtsbeschwerden (§§ 63 und 74 des Gesetzes gegen Wettbewerbsbeschränkungen),
2. über Beschwerden gegen Entscheidungen der Regulierungsbehörde und über Rechtsbeschwerden (§§ 75 und 86 des Energiewirtschaftsgesetzes oder § 35 Absatz 3 und 4 des Kohlendioxid-Speicherungsgesetzes),
3. über Beschwerden gegen Verfügungen der Bundesanstalt für Finanzdienstleistungsaufsicht (§ 48 des Wertpapiererwerbs- und Übernahmegesetzes und § 113 Absatz 1 des Wertpapierhandelsgesetzes) und
4. über Beschwerden gegen Entscheidungen der zuständigen Behörde und über Rechtsbeschwerden (§§ 13 und 24 des EG-Verbraucherschutzdurchsetzungsgesetzes).

[2]Im Verfahren über Beschwerden eines Beigeladenen (§ 54 Absatz 2 Nummer 3 des Gesetzes gegen Wettbewerbsbeschränkungen, § 79 Absatz 1 Nummer 3 des Energiewirtschaftsgesetzes und § 16 Nummer 3 des EG-Verbraucherschutzdurchsetzungsgesetzes) ist der Streitwert unter Berücksichtigung der sich für den Beigeladenen ergebenden Bedeutung der Sache nach Ermessen zu bestimmen.

(2) Im Verfahren über die Beschwerde gegen die Entscheidung der Vergabekammer (§ 171 des Gesetzes gegen Wettbewerbsbeschränkungen) einschließlich des Verfahrens über den Antrag nach § 169 Absatz 2 Satz 5 und 6, Absatz 4 Satz 2, § 173 Absatz 1 Satz 3 und nach § 176 des Gesetzes gegen Wettbewerbsbeschränkungen beträgt der Streitwert 5 Prozent der Bruttoauftragssumme.

§ 51 Gewerblicher Rechtsschutz. (1) In Rechtsmittelverfahren des gewerblichen Rechtsschutzes (§ 1 Absatz 1 Satz 1 Nummer 14) und in Verfahren über Ansprüche nach dem Patentgesetz, dem Gebrauchsmustergesetz, dem Markengesetz, dem Designgesetz, dem Halbleiterschutzgesetz und dem Sortenschutzgesetz ist der Wert nach billigem Ermessen zu bestimmen.

(2) In Verfahren über Ansprüche nach dem Gesetz gegen den unlauteren Wettbewerb und nach dem Gesetz zum Schutz von Geschäftsgeheimnissen ist, soweit nichts anderes bestimmt ist, der Streitwert nach der sich aus dem Antrag des Klägers für ihn ergebenden Bedeutung der Sache nach Ermessen zu bestimmen.

(3) [1] Ist die Bedeutung der Sache für den Beklagten erheblich geringer zu bewerten als der nach Absatz 2 ermittelte Streitwert, ist dieser angemessen zu mindern. [2] Bietet der Sach- und Streitstand für die Bestimmung des Streitwerts hinsichtlich des Beseitigungs- oder Unterlassungsanspruchs keine genügenden Anhaltspunkte, ist insoweit ein Streitwert von 1 000 Euro anzunehmen, auch wenn diese Ansprüche nebeneinander geltend gemacht werden.

(4) Im Verfahren des einstweiligen Rechtsschutzes ist der sich aus den Absätzen 2 und 3 ergebende Wert in der Regel unter Berücksichtigung der geringeren Bedeutung gegenüber der Hauptsache zu ermäßigen.

(5) Die Vorschriften über die Anordnung der Streitwertbegünstigung (§ 12 Absatz 4 des Gesetzes gegen den unlauteren Wettbewerb, § 144 des Patentgesetzes, § 26 des Gebrauchsmustergesetzes, § 142 des Markengesetzes, § 54 des Designgesetzes, § 22 des Gesetzes zum Schutz von Geschäftsgeheimnissen) sind anzuwenden.

§ 51a Verfahren nach dem Kapitalanleger-Musterverfahrensgesetz.

(1) Für die Anmeldung eines Anspruchs zum Musterverfahren (§ 10 Absatz 2 des Kapitalanleger-Musterverfahrensgesetzes) bestimmt sich der Wert nach der Höhe des Anspruchs.

(2) Im Rechtsbeschwerdeverfahren ist bei der Bestimmung des Streitwerts von der Summe der in sämtlichen nach § 8 des Kapitalanleger-Musterverfahrensgesetzes ausgesetzten Verfahren geltend gemachten Ansprüche auszugehen, soweit diese von den Feststellungszielen des Musterverfahrens betroffen sind.

(3) Der Musterkläger und die Beigeladenen schulden im Rechtsbeschwerdeverfahren Gerichtsgebühren jeweils nur nach dem Wert, der sich aus den von ihnen im Ausgangsverfahren geltend gemachten Ansprüchen, die von den Feststellungszielen des Musterverfahrens betroffen sind, ergibt.

(4) Die Musterbeklagten schulden im Rechtsbeschwerdeverfahren Gerichtsgebühren jeweils nur nach dem Wert, der sich aus den gegen sie im Ausgangsverfahren geltend gemachten Ansprüchen, die von den Feststellungszielen des Musterverfahrens betroffen sind, ergibt.

§ 52 Verfahren vor Gerichten der Verwaltungs-, Finanz- und Sozialgerichtsbarkeit. (1) In Verfahren vor den Gerichten der Verwaltungs-, Finanz- und Sozialgerichtsbarkeit ist, soweit nichts anderes bestimmt ist, der Streitwert nach der sich aus dem Antrag des Klägers für ihn ergebenden Bedeutung der Sache nach Ermessen zu bestimmen.

(2) Bietet der Sach- und Streitstand für die Bestimmung des Streitwerts keine genügenden Anhaltspunkte, ist ein Streitwert von 5 000 Euro anzunehmen.

(3) [1] Betrifft der Antrag des Klägers eine bezifferte Geldleistung oder einen hierauf bezogenen Verwaltungsakt, ist deren Höhe maßgebend. [2] Hat der Antrag des Klägers offensichtlich absehbare Auswirkungen auf künftige Geldleistungen oder auf noch zu erlassende, auf derartige Geldleistungen bezogene Verwaltungsakte, ist die Höhe des sich aus Satz 1 ergebenden Streitwerts um den Betrag der offensichtlich absehbaren zukünftigen Auswirkungen für den Kläger anzuheben, wobei die Summe das Dreifache des Werts nach Satz 1 nicht übersteigen darf. [3] In Verfahren in Kindergeldangelegenheiten vor den Gerichten der Finanzgerichtsbarkeit ist § 42 Absatz 1 Satz 1 und Absatz 3 entsprechend

anzuwenden; an die Stelle des dreifachen Jahresbetrags tritt der einfache Jahresbetrag.

(4) In Verfahren

1. vor den Gerichten der Finanzgerichtsbarkeit, mit Ausnahme der Verfahren nach § 155 Satz 2 der Finanzgerichtsordnung und der Verfahren in Kindergeldangelegenheiten, darf der Streitwert nicht unter 1 500 Euro,
2. vor den Gerichten der Sozialgerichtsbarkeit und bei Rechtsstreitigkeiten nach dem Krankenhausfinanzierungsgesetz nicht über 2 500 000 Euro,
3. vor den Gerichten der Verwaltungsgerichtsbarkeit über Ansprüche nach dem Vermögensgesetz nicht über 500 000 Euro und
4. bei Rechtsstreitigkeiten nach § 36 Absatz 6 Satz 1 des Pflegeberufegesetzes nicht über 1 500 000 Euro

angenommen werden.

(5) Solange in Verfahren vor den Gerichten der Finanzgerichtsbarkeit der Wert nicht festgesetzt ist und sich der nach den Absätzen 3 und 4 Nummer 1 maßgebende Wert auch nicht unmittelbar aus den gerichtlichen Verfahrensakten ergibt, sind die Gebühren vorläufig nach dem in Absatz 4 Nummer 1 bestimmten Mindestwert zu bemessen.

(6) [1] In Verfahren, die die Begründung, die Umwandlung, das Bestehen, das Nichtbestehen oder die Beendigung eines besoldeten öffentlich-rechtlichen Dienst- oder Amtsverhältnisses betreffen, ist Streitwert

1. die Summe der für ein Kalenderjahr zu zahlenden Bezüge mit Ausnahme nicht ruhegehaltsfähiger Zulagen, wenn Gegenstand des Verfahrens ein Dienst- oder Amtsverhältnis auf Lebenszeit ist,
2. im Übrigen die Hälfte der für ein Kalenderjahr zu zahlenden Bezüge mit Ausnahme nicht ruhegehaltsfähiger Zulagen.

[2] Maßgebend für die Berechnung ist das laufende Kalenderjahr. [3] Bezügebestandteile, die vom Familienstand oder von Unterhaltsverpflichtungen abhängig sind, bleiben außer Betracht. [4] Betrifft das Verfahren die Verleihung eines anderen Amts oder den Zeitpunkt einer Versetzung in den Ruhestand, ist Streitwert die Hälfte des sich nach den Sätzen 1 bis 3 ergebenden Betrags.

(7) Ist mit einem in Verfahren nach Absatz 6 verfolgten Klagebegehren ein aus ihm hergeleiteter vermögensrechtlicher Anspruch verbunden, ist nur ein Klagebegehren, und zwar das wertmäßig höhere, maßgebend.

(8) Dem Kläger steht gleich, wer sonst das Verfahren des ersten Rechtszugs beantragt hat.

§ 53 Einstweiliger Rechtsschutz und Verfahren nach § 148 Absatz 1 und 2 des Aktiengesetzes. (1) In folgenden Verfahren bestimmt sich der Wert nach § 3 der Zivilprozessordnung:

1. über die Anordnung eines Arrests, zur Erwirkung eines Europäischen Beschlusses zur vorläufigen Kontenpfändung, wenn keine Festgebühren bestimmt sind, und auf Erlass einer einstweiligen Verfügung sowie im Verfahren über die Aufhebung, den Widerruf oder die Abänderung der genannten Entscheidungen,
2. über den Antrag auf Zulassung der Vollziehung einer vorläufigen oder sichernden Maßnahme des Schiedsgerichts,

3. auf Aufhebung oder Abänderung einer Entscheidung auf Zulassung der Vollziehung (§ 1041 der Zivilprozessordnung),
4. nach § 47 Absatz 5 des Energiewirtschaftsgesetzes über gerügte Rechtsverletzungen, der Wert beträgt höchstens 100 000 Euro, und
5. nach § 148 Absatz 1 und 2 des Aktiengesetzes; er darf jedoch ein Zehntel des Grundkapitals oder Stammkapitals des übertragenden oder formwechselnden Rechtsträgers oder, falls der übertragende oder formwechselnde Rechtsträger ein Grundkapital oder Stammkapital nicht hat, ein Zehntel des Vermögens dieses Rechtsträgers, höchstens jedoch 500 000 Euro, nur insoweit übersteigen, als die Bedeutung der Sache für die Parteien höher zu bewerten ist.

(2) In folgenden Verfahren bestimmt sich der Wert nach § 52 Absatz 1 und 2:
1. über einen Antrag auf Erlass, Abänderung oder Aufhebung einer einstweiligen Anordnung nach § 123 der Verwaltungsgerichtsordnung oder § 114 der Finanzgerichtsordnung,
2. nach § 47 Absatz 6, § 80 Absatz 5 bis 8, § 80a Absatz 3 oder § 80b Absatz 2 und 3 der Verwaltungsgerichtsordnung,
3. nach § 69 Absatz 3, 5 der Finanzgerichtsordnung,
4. nach § 86b des Sozialgerichtsgesetzes und
5. nach § 50 Absatz 3 bis 5 des Wertpapiererwerbs- und Übernahmegesetzes.

§ 53a Sanierungs- und Reorganisationsverfahren nach dem Kreditinstitute-Reorganisationsgesetz. Die Gebühren im Sanierungs- und Reorganisationsverfahren werden nach der Bilanzsumme des letzten Jahresabschlusses vor der Stellung des Antrags auf Durchführung des Sanierungs- oder Reorganisationsverfahrens erhoben.

§ 54 Zwangsversteigerung. (1) [1] Bei der Zwangsversteigerung von Grundstücken sind die Gebühren für das Verfahren im Allgemeinen und für die Abhaltung des Versteigerungstermins nach dem gemäß § 74a Absatz 5 des Gesetzes über die Zwangsversteigerung und die Zwangsverwaltung festgesetzten Wert zu berechnen. [2] Ist ein solcher Wert nicht festgesetzt, ist der Einheitswert maßgebend. [3] Weicht der Gegenstand des Verfahrens vom Gegenstand der Einheitsbewertung wesentlich ab oder hat sich der Wert infolge bestimmter Umstände, die nach dem Feststellungszeitpunkt des Einheitswerts eingetreten sind, wesentlich verändert oder ist ein Einheitswert noch nicht festgestellt, ist der nach den Grundsätzen der Einheitsbewertung geschätzte Wert maßgebend. [4] Wird der Einheitswert nicht nachgewiesen, ist das Finanzamt um Auskunft über die Höhe des Einheitswerts zu ersuchen; § 30 der Abgabenordnung steht der Auskunft nicht entgegen.

(2) [1] Die Gebühr für die Erteilung des Zuschlags bestimmt sich nach dem Gebot ohne Zinsen, für das der Zuschlag erteilt ist, einschließlich des Werts der nach den Versteigerungsbedingungen bestehen bleibenden Rechte zuzüglich des Betrags, in dessen Höhe der Ersteher nach § 114a des Gesetzes über die Zwangsversteigerung und die Zwangsverwaltung als aus dem Grundstück befriedigt gilt. [2] Im Fall der Zwangsversteigerung zur Aufhebung einer Gemeinschaft vermindert sich der Wert nach Satz 1 um den Anteil des Erstehers an dem

Gegenstand des Verfahrens; bei Gesamthandeigentum ist jeder Mitberechtigte wie ein Eigentümer nach dem Verhältnis seines Anteils anzusehen.

(3) [1]Die Gebühr für das Verteilungsverfahren bestimmt sich nach dem Gebot ohne Zinsen, für das der Zuschlag erteilt ist, einschließlich des Werts der nach den Versteigerungsbedingungen bestehen bleibenden Rechte. [2]Der Erlös aus einer gesonderten Versteigerung oder sonstigen Verwertung (§ 65 des Gesetzes über die Zwangsversteigerung und die Zwangsverwaltung) wird hinzugerechnet.

(4) Sind mehrere Gegenstände betroffen, ist der Gesamtwert maßgebend.

(5) [1]Bei Zuschlägen an verschiedene Ersteher wird die Gebühr für die Erteilung des Zuschlags von jedem Ersteher nach dem Wert der auf ihn entfallenden Gegenstände erhoben. [2]Eine Bietergemeinschaft gilt als ein Ersteher.

§ 55 Zwangsverwaltung. Die Gebühr für die Durchführung des Zwangsverwaltungsverfahrens bestimmt sich nach dem Gesamtwert der Einkünfte.

§ 56 Zwangsversteigerung von Schiffen, Schiffsbauwerken, Luftfahrzeugen und grundstücksgleichen Rechten. Die §§ 54 und 55 gelten entsprechend für die Zwangsversteigerung von Schiffen, Schiffsbauwerken und Luftfahrzeugen sowie für die Zwangsversteigerung und die Zwangsverwaltung von Rechten, die den Vorschriften der Zwangsvollstreckung in das unbewegliche Vermögen unterliegen, einschließlich der unbeweglichen Kuxe.

§ 57 Zwangsliquidation einer Bahneinheit. Bei der Zwangsliquidation einer Bahneinheit bestimmt sich die Gebühr für das Verfahren nach dem Gesamtwert der Bestandteile der Bahneinheit.

§ 58 Insolvenzverfahren. (1) [1]Die Gebühren für den Antrag auf Eröffnung des Insolvenzverfahrens und für die Durchführung des Insolvenzverfahrens werden nach dem Wert der Insolvenzmasse zur Zeit der Beendigung des Verfahrens erhoben. [2]Gegenstände, die zur abgesonderten Befriedigung dienen, werden nur in Höhe des für diese nicht erforderlichen Betrags angesetzt.

(2) Ist der Antrag auf Eröffnung des Insolvenzverfahrens von einem Gläubiger gestellt, wird die Gebühr für das Verfahren über den Antrag nach dem Betrag seiner Forderung, wenn jedoch der Wert der Insolvenzmasse geringer ist, nach diesem Wert erhoben.

(3) [1]Bei der Beschwerde des Schuldners oder des ausländischen Insolvenzverwalters gegen die Eröffnung des Insolvenzverfahrens oder gegen die Abweisung des Eröffnungsantrags mangels Masse gilt Absatz 1. [2]Bei der Beschwerde eines Gläubigers gegen die Eröffnung des Insolvenzverfahrens oder gegen die Abweisung des Eröffnungsantrags gilt Absatz 2.

(4) Im Verfahren über einen Antrag nach Artikel 36 Absatz 7 Satz 2 der Verordnung (EU) 2015/848 bestimmt sich der Wert nach dem Mehrbetrag, den der Gläubiger bei der Verteilung anstrebt.

(5) Im Verfahren über Anträge nach Artikel 36 Absatz 9 der Verordnung (EU) 2015/848 bestimmt sich der Wert nach dem Betrag der Forderung des Gläubigers.

(6) Im Verfahren über die sofortige Beschwerde nach Artikel 102c § 26 des Einführungsgesetzes zur Insolvenzordnung gegen die Entscheidung über die

Kosten des Gruppen-Koordinationsverfahrens bestimmt sich der Wert nach der Höhe der Kosten.

§ 59 Verteilungsverfahren nach der Schifffahrtsrechtlichen Verteilungsordnung. [1]Die Gebühren für den Antrag auf Eröffnung des Verteilungsverfahrens nach der Schifffahrtsrechtlichen Verteilungsordnung und für die Durchführung des Verteilungsverfahrens richten sich nach dem Betrag der festgesetzten Haftungssumme. [2]Ist diese höher als der Gesamtbetrag der Ansprüche, für deren Gläubiger das Recht auf Teilnahme an dem Verteilungsverfahren festgestellt wird, richten sich die Gebühren nach dem Gesamtbetrag der Ansprüche.

§ 60 Gerichtliche Verfahren nach dem Strafvollzugsgesetz, auch in Verbindung mit § 92 des Jugendgerichtsgesetzes. Für die Bestimmung des Werts in gerichtlichen Verfahren nach dem Strafvollzugsgesetz, auch in Verbindung mit § 92 des Jugendgerichtsgesetzes, ist § 52 Absatz 1 bis 3 entsprechend anzuwenden; im Verfahren über den Antrag auf Aussetzung des Vollzugs einer Maßnahme der Vollzugsbehörde oder auf Erlass einer einstweiligen Anordnung gilt § 52 Absatz 1 und 2 entsprechend.

Unterabschnitt 3. Wertfestsetzung

§ 61 Angabe des Werts. [1]Bei jedem Antrag ist der Streitwert, sofern dieser nicht in einer bestimmten Geldsumme besteht, kein fester Wert bestimmt ist oder sich nicht aus früheren Anträgen ergibt, und nach Aufforderung auch der Wert eines Teils des Streitgegenstands schriftlich oder zu Protokoll der Geschäftsstelle anzugeben. [2]Die Angabe kann jederzeit berichtigt werden.

§ 62 Wertfestsetzung für die Zuständigkeit des Prozessgerichts oder die Zulässigkeit des Rechtsmittels. [1]Ist der Streitwert für die Entscheidung über die Zuständigkeit des Prozessgerichts oder die Zulässigkeit des Rechtsmittels festgesetzt, ist die Festsetzung auch für die Berechnung der Gebühren maßgebend, soweit die Wertvorschriften dieses Gesetzes nicht von den Wertvorschriften des Verfahrensrechts abweichen. [2]Satz 1 gilt nicht in Verfahren vor den Gerichten für Arbeitssachen.

§ 63 Wertfestsetzung für die Gerichtsgebühren. (1) [1]Sind Gebühren, die sich nach dem Streitwert richten, mit der Einreichung der Klage-, Antrags-, Einspruchs- oder Rechtsmittelschrift oder mit der Abgabe der entsprechenden Erklärung zu Protokoll fällig, setzt das Gericht sogleich den Wert ohne Anhörung der Parteien durch Beschluss vorläufig fest, wenn Gegenstand des Verfahrens nicht eine bestimmte Geldsumme in Euro ist oder gesetzlich kein fester Wert bestimmt ist. [2]Einwendungen gegen die Höhe des festgesetzten Werts können nur im Verfahren über die Beschwerde gegen den Beschluss, durch den die Tätigkeit des Gerichts aufgrund dieses Gesetzes von der vorherigen Zahlung von Kosten abhängig gemacht wird, geltend gemacht werden. [3]Die Sätze 1 und 2 gelten nicht in Verfahren vor den Gerichten der Finanzgerichtsbarkeit.

(2) [1]Soweit eine Entscheidung nach § 62 Satz 1 nicht ergeht oder nicht bindet, setzt das Prozessgericht den Wert für die zu erhebenden Gebühren durch Beschluss fest, sobald eine Entscheidung über den gesamten Streitgegenstand ergeht oder sich das Verfahren anderweitig erledigt. [2]In Verfahren vor den Gerichten für Arbeitssachen oder der Finanzgerichtsbarkeit gilt dies nur dann,

wenn ein Beteiligter oder die Staatskasse die Festsetzung beantragt oder das Gericht sie für angemessen hält.

(3) [1] Die Festsetzung kann von Amts wegen geändert werden

1. von dem Gericht, das den Wert festgesetzt hat, und
2. von dem Rechtsmittelgericht, wenn das Verfahren wegen der Hauptsache oder wegen der Entscheidung über den Streitwert, den Kostenansatz oder die Kostenfestsetzung in der Rechtsmittelinstanz schwebt.

[2] Die Änderung ist nur innerhalb von sechs Monaten zulässig, nachdem die Entscheidung in der Hauptsache Rechtskraft erlangt oder das Verfahren sich anderweitig erledigt hat.

§ 64 Schätzung des Werts. [1] Wird eine Abschätzung durch Sachverständige erforderlich, ist in dem Beschluss, durch den der Wert festgesetzt wird (§ 63), über die Kosten der Abschätzung zu entscheiden. [2] Diese Kosten können ganz oder teilweise der Partei auferlegt werden, welche die Abschätzung durch Unterlassen der ihr obliegenden Wertangabe, durch unrichtige Angabe des Werts, durch unbegründetes Bestreiten des angegebenen Werts oder durch eine unbegründete Beschwerde veranlasst hat.

§ 65 Wertfestsetzung in gerichtlichen Verfahren nach dem Strafvollzugsgesetz, auch in Verbindung mit § 92 des Jugendgerichtsgesetzes.

[1] In gerichtlichen Verfahren nach dem Strafvollzugsgesetz, auch in Verbindung mit § 92 des Jugendgerichtsgesetzes, ist der Wert von Amts wegen festzusetzen. [2] § 63 Absatz 3 gilt entsprechend.

Abschnitt 8. Erinnerung und Beschwerde

§ 66 Erinnerung gegen den Kostenansatz, Beschwerde. (1) [1] Über Erinnerungen des Kostenschuldners und der Staatskasse gegen den Kostenansatz entscheidet das Gericht, bei dem die Kosten angesetzt sind. [2] Sind die Kosten bei der Staatsanwaltschaft angesetzt, ist das Gericht des ersten Rechtszugs zuständig. [3] War das Verfahren im ersten Rechtszug bei mehreren Gerichten anhängig, ist das Gericht, bei dem es zuletzt anhängig war, auch insoweit zuständig, als Kosten bei den anderen Gerichten angesetzt worden sind. [4] Soweit sich die Erinnerung gegen den Ansatz der Auslagen des erstinstanzlichen Musterverfahrens nach dem Kapitalanleger-Musterverfahrensgesetz richtet, entscheidet hierüber das für die Durchführung des Musterverfahrens zuständige Oberlandesgericht.

(2) [1] Gegen die Entscheidung über die Erinnerung findet die Beschwerde statt, wenn der Wert des Beschwerdegegenstands 200 Euro übersteigt. [2] Die Beschwerde ist auch zulässig, wenn sie das Gericht, das die angefochtene Entscheidung erlassen hat, wegen der grundsätzlichen Bedeutung der zur Entscheidung stehenden Frage in dem Beschluss zulässt.

(3) [1] Soweit das Gericht die Beschwerde für zulässig und begründet hält, hat es ihr abzuhelfen; im Übrigen ist die Beschwerde unverzüglich dem Beschwerdegericht vorzulegen. [2] Beschwerdegericht ist das nächsthöhere Gericht. [3] Eine Beschwerde an einen obersten Gerichtshof des Bundes findet nicht statt. [4] Das

Beschwerdegericht ist an die Zulassung der Beschwerde gebunden; die Nichtzulassung ist unanfechtbar.

(4) [1] Die weitere Beschwerde ist nur zulässig, wenn das Landgericht als Beschwerdegericht entschieden und sie wegen der grundsätzlichen Bedeutung der zur Entscheidung stehenden Frage in dem Beschluss zugelassen hat. [2] Sie kann nur darauf gestützt werden, dass die Entscheidung auf einer Verletzung des Rechts beruht; die §§ 546 und 547 der Zivilprozessordnung gelten entsprechend. [3] Über die weitere Beschwerde entscheidet das Oberlandesgericht. [4] Absatz 3 Satz 1 und 4 gilt entsprechend.

(5) [1] Anträge und Erklärungen können ohne Mitwirkung eines Bevollmächtigten schriftlich eingereicht oder zu Protokoll der Geschäftsstelle abgegeben werden; § 129a der Zivilprozessordnung gilt entsprechend. [2] Für die Bevollmächtigung gelten die Regelungen der für das zugrunde liegende Verfahren geltenden Verfahrensordnung entsprechend. [3] Die Erinnerung ist bei dem Gericht einzulegen, das für die Entscheidung über die Erinnerung zuständig ist. [4] Die Erinnerung kann auch bei der Staatsanwaltschaft eingelegt werden, wenn die Kosten bei dieser angesetzt worden sind. [5] Die Beschwerde ist bei dem Gericht einzulegen, dessen Entscheidung angefochten wird.

(6) [1] Das Gericht entscheidet über die Erinnerung durch eines seiner Mitglieder als Einzelrichter; dies gilt auch für die Beschwerde, wenn die angefochtene Entscheidung von einem Einzelrichter oder einem Rechtspfleger erlassen wurde. [2] Der Einzelrichter überträgt das Verfahren der Kammer oder dem Senat, wenn die Sache besondere Schwierigkeiten tatsächlicher oder rechtlicher Art aufweist oder die Rechtssache grundsätzliche Bedeutung hat. [3] Das Gericht entscheidet jedoch immer ohne Mitwirkung ehrenamtlicher Richter. [4] Auf eine erfolgte oder unterlassene Übertragung kann ein Rechtsmittel nicht gestützt werden.

(7) [1] Erinnerung und Beschwerde haben keine aufschiebende Wirkung. [2] Das Gericht oder das Beschwerdegericht kann auf Antrag oder von Amts wegen die aufschiebende Wirkung ganz oder teilweise anordnen; ist nicht der Einzelrichter zur Entscheidung berufen, entscheidet der Vorsitzende des Gerichts.

(8) [1] Die Verfahren sind gebührenfrei. [2] Kosten werden nicht erstattet.

§ 67 Beschwerde gegen die Anordnung einer Vorauszahlung. (1) [1] Gegen den Beschluss, durch den die Tätigkeit des Gerichts nur aufgrund dieses Gesetzes von der vorherigen Zahlung von Kosten abhängig gemacht wird, und wegen der Höhe des in diesem Fall im Voraus zu zahlenden Betrags findet stets die Beschwerde statt. [2] § 66 Absatz 3 Satz 1 bis 3, Absatz 4, 5 Satz 1 und 5, Absatz 6 und 8 ist entsprechend anzuwenden. [3] Soweit sich die Partei in dem Hauptsacheverfahren vor dem Gericht, dessen Entscheidung angefochten werden soll, durch einen Prozessbevollmächtigten vertreten lassen muss, gilt dies auch im Beschwerdeverfahren.

(2) Im Fall des § 17 Absatz 2 ist § 66 entsprechend anzuwenden.

§ 68 Beschwerde gegen die Festsetzung des Streitwerts. (1) [1] Gegen den Beschluss, durch den der Wert für die Gerichtsgebühren festgesetzt worden ist (§ 63 Absatz 2), findet die Beschwerde statt, wenn der Wert des Beschwerdegegenstands 200 Euro übersteigt. [2] Die Beschwerde findet auch statt, wenn sie das Gericht, das die angefochtene Entscheidung erlassen hat, wegen der grundsätzlichen Bedeutung der zur Entscheidung stehenden Frage in dem Beschluss zulässt. [3]Die Beschwerde ist nur zulässig, wenn sie innerhalb der in § 63 Absatz 3 Satz 2 bestimmten Frist eingelegt wird; ist der Streitwert später als einen Monat vor Ablauf dieser Frist festgesetzt worden, kann sie noch innerhalb eines Monats nach Zustellung oder formloser Mitteilung des Festsetzungsbeschlusses eingelegt werden. [4]Im Fall der formlosen Mitteilung gilt der Beschluss mit dem dritten Tage nach Aufgabe zur Post als bekannt gemacht. [5]§ 66 Absatz 3, 4, 5 Satz 1, 2 und 5 sowie Absatz 6 ist entsprechend anzuwenden. [6]Die weitere Beschwerde ist innerhalb eines Monats nach Zustellung der Entscheidung des Beschwerdegerichts einzulegen.

(2) [1]War der Beschwerdeführer ohne sein Verschulden verhindert, die Frist einzuhalten, ist ihm auf Antrag von dem Gericht, das über die Beschwerde zu entscheiden hat, Wiedereinsetzung in den vorigen Stand zu gewähren, wenn er die Beschwerde binnen zwei Wochen nach der Beseitigung des Hindernisses einlegt und die Tatsachen, welche die Wiedereinsetzung begründen, glaubhaft macht. [2]Ein Fehlen des Verschuldens wird vermutet, wenn eine Rechtsbehelfsbelehrung unterblieben oder fehlerhaft ist. [3]Nach Ablauf eines Jahres, von dem Ende der versäumten Frist an gerechnet, kann die Wiedereinsetzung nicht mehr beantragt werden. [4]Gegen die Ablehnung der Wiedereinsetzung findet die Beschwerde statt. [5]Sie ist nur zulässig, wenn sie innerhalb von zwei Wochen eingelegt wird. [6]Die Frist beginnt mit der Zustellung der Entscheidung. [7]§ 66 Absatz 3 Satz 1 bis 3, Absatz 5 Satz 1, 2 und 5 sowie Absatz 6 ist entsprechend anzuwenden.

(3) [1]Die Verfahren sind gebührenfrei. [2]Kosten werden nicht erstattet.

§ 69 Beschwerde gegen die Auferlegung einer Verzögerungsgebühr.

[1]Gegen den Beschluss nach § 38 findet die Beschwerde statt, wenn der Wert des Beschwerdegegenstands 200 Euro übersteigt oder das Gericht, das die angefochtene Entscheidung erlassen hat, die Beschwerde wegen der grundsätzlichen Bedeutung in dem Beschluss der zur Entscheidung stehenden Frage zugelassen hat. [2]§ 66 Absatz 3, 4, 5 Satz 1, 2 und 5, Absatz 6 und 8 ist entsprechend anzuwenden.

§ 69a Abhilfe bei Verletzung des Anspruchs auf rechtliches Gehör.

(1) Auf die Rüge eines durch die Entscheidung beschwerten Beteiligten ist das Verfahren fortzuführen, wenn

1. ein Rechtsmittel oder ein anderer Rechtsbehelf gegen die Entscheidung nicht gegeben ist und
2. das Gericht den Anspruch dieses Beteiligten auf rechtliches Gehör in entscheidungserheblicher Weise verletzt hat.

(2) [1]Die Rüge ist innerhalb von zwei Wochen nach Kenntnis von der Verletzung des rechtlichen Gehörs zu erheben; der Zeitpunkt der Kenntniserlangung ist glaubhaft zu machen. [2]Nach Ablauf eines Jahres seit Bekanntmachung der angegriffenen Entscheidung kann die Rüge nicht mehr erhoben werden. [3]Formlos mitgeteilte Entscheidungen gelten mit dem dritten Tage nach Aufgabe zur Post als bekannt gemacht. [4]Die Rüge ist bei dem Gericht zu erheben, dessen Entscheidung angegriffen wird; § 66 Absatz 5 Satz 1 und 2 gilt entsprechend. [5]Die Rüge muss die angegriffene Entscheidung bezeichnen und das Vorliegen der in Absatz 1 Nummer 2 genannten Voraussetzungen darlegen.

(3) Den übrigen Beteiligten ist, soweit erforderlich, Gelegenheit zur Stellungnahme zu geben.

(4) [1] Das Gericht hat von Amts wegen zu prüfen, ob die Rüge an sich statthaft und ob sie in der gesetzlichen Form und Frist erhoben ist. [2] Mangelt es an einem dieser Erfordernisse, so ist die Rüge als unzulässig zu verwerfen. [3] Ist die Rüge unbegründet, weist das Gericht sie zurück. [4] Die Entscheidung ergeht durch unanfechtbaren Beschluss. [5] Der Beschluss soll kurz begründet werden.

(5) Ist die Rüge begründet, so hilft ihr das Gericht ab, indem es das Verfahren fortführt, soweit dies aufgrund der Rüge geboten ist.

(6) Kosten werden nicht erstattet.

Abschnitt 9. Schluss- und Übergangsvorschriften

§ 69b Verordnungsermächtigung. [1] Die Landesregierungen werden ermächtigt, durch Rechtsverordnung zu bestimmen, dass die von den Gerichten der Länder zu erhebenden Verfahrensgebühren über die in den Nummern 1211, 1411, 5111, 5113, 5211, 5221, 6111, 6211, 7111, 7113 und 8211 des Kostenverzeichnisses bestimmte Ermäßigung hinaus weiter ermäßigt werden oder entfallen, wenn das gesamte Verfahren nach einer Mediation oder nach einem anderen Verfahren der außergerichtlichen Konfliktbeilegung durch Zurücknahme der Klage oder des Antrags beendet wird und in der Klage- oder Antragsschrift mitgeteilt worden ist, dass eine Mediation oder ein anderes Verfahren der außergerichtlichen Konfliktbeilegung unternommen wird oder beabsichtigt ist, oder wenn das Gericht den Parteien die Durchführung einer Mediation oder eines anderen Verfahrens der außergerichtlichen Konfliktbeilegung vorgeschlagen hat. [2] Satz 1 gilt entsprechend für die in den Rechtsmittelzügen von den Gerichten der Länder zu erhebenden Verfahrensgebühren; an die Stelle der Klage- oder Antragsschrift tritt der Schriftsatz, mit dem das Rechtsmittel eingelegt worden ist.

§ 70 (weggefallen)

§ 70a Bekanntmachung von Neufassungen. [1] Das Bundesministerium der Justiz und für Verbraucherschutz kann nach Änderungen den Wortlaut des Gesetzes feststellen und als Neufassung im Bundesgesetzblatt bekannt machen. [2] Die Bekanntmachung muss auf diese Vorschrift Bezug nehmen und angeben

1. den Stichtag, zu dem der Wortlaut festgestellt wird,
2. die Änderungen seit der letzten Veröffentlichung des vollständigen Wortlauts im Bundesgesetzblatt sowie
3. das Inkrafttreten der Änderungen.

§ 71 Übergangsvorschrift. (1) [1] In Rechtsstreitigkeiten, die vor dem Inkrafttreten einer Gesetzesänderung anhängig geworden sind, werden die Kosten nach bisherigem Recht erhoben. [2] Dies gilt nicht im Verfahren über ein Rechtsmittel, das nach dem Inkrafttreten einer Gesetzesänderung eingelegt worden ist. [3] Die Sätze 1 und 2 gelten auch, wenn Vorschriften geändert werden, auf die dieses Gesetz verweist.

(2) In Strafsachen, in gerichtlichen Verfahren nach dem Gesetz über Ordnungswidrigkeiten und nach dem Strafvollzugsgesetz, auch in Verbindung mit § 92 des Jugendgerichtsgesetzes, werden die Kosten nach dem bisherigen Recht erhoben, wenn die über die Kosten ergehende Entscheidung vor dem Inkrafttreten einer Gesetzesänderung rechtskräftig geworden ist.

(3) In Insolvenzverfahren, Verteilungsverfahren nach der Schifffahrtsrechtlichen Verteilungsordnung und Verfahren der Zwangsversteigerung und Zwangsverwaltung gilt das bisherige Recht für Kosten, die vor dem Inkrafttreten einer Gesetzesänderung fällig geworden sind.

§ 72 Übergangsvorschrift aus Anlass des Inkrafttretens dieses Gesetzes.

Das Gerichtskostengesetz in der Fassung der Bekanntmachung vom 15. Dezember 1975 (BGBl. I S. 3047), zuletzt geändert durch Artikel 2 Absatz 5 des Gesetzes vom 12. März 2004 (BGBl. I S. 390), und Verweisungen hierauf sind weiter anzuwenden

1. in Rechtsstreitigkeiten, die vor dem 1. Juli 2004 anhängig geworden sind; dies gilt nicht im Verfahren über ein Rechtsmittel, das nach dem 1. Juli 2004 eingelegt worden ist;
2. in Strafsachen, in gerichtlichen Verfahren nach dem Gesetz über Ordnungswidrigkeiten und nach dem Strafvollzugsgesetz, wenn die über die Kosten ergehende Entscheidung vor dem 1. Juli 2004 rechtskräftig geworden ist;
3. in Insolvenzverfahren, Verteilungsverfahren nach der Schifffahrtsrechtlichen Verteilungsordnung und Verfahren der Zwangsversteigerung und Zwangsverwaltung für Kosten, die vor dem 1. Juli 2004 fällig geworden sind.

§ 73 Übergangsvorschrift für die Erhebung von Haftkosten. Bis zum Erlass landesrechtlicher Vorschriften über die Höhe des Haftkostenbeitrags, der von einem Gefangenen zu erheben ist, sind die Nummern 9010 und 9011 des Kostenverzeichnisses in der bis zum 27. Dezember 2010 geltenden Fassung anzuwenden.

Anlage 1
(zu § 3 Abs. 2)

Kostenverzeichnis

Gliederung

Teil 1. Zivilrechtliche Verfahren vor den ordentlichen Gerichten

Nr.	Gebührentatbestand	Gebühr oder Satz der Gebühr nach § 34 GKG
Vorbemerkung 1: Die Vorschriften dieses Teils gelten nicht für die in Teil 2 geregelten Verfahren.		
	Hauptabschnitt 1. Mahnverfahren	
1100	Verfahren über den Antrag auf Erlass eines Mahnbescheids oder eines Europäischen Zahlungsbefehls	0,5 – mindestens 32,00 €
	Hauptabschnitt 2. Prozessverfahren	
	Abschnitt 1. Erster Rechtszug	
Vorbemerkung 1.2.1: Die Gebühren dieses Abschnitts entstehen nicht im Musterverfahren nach dem KapMuG; das erstinstanzliche Musterverfahren gilt als Teil des ersten Rechtszugs des Prozessverfahrens.		
	Unterabschnitt 1. Verfahren vor dem Amts- oder Landgericht	
1210	Verfahren im Allgemeinen .... (1) Soweit wegen desselben Streitgegenstands ein Mahnverfahren vorausgegangen ist, entsteht die Gebühr mit dem Eingang der Akten bei dem Gericht, an das der Rechtsstreit nach Erhebung des Widerspruchs oder Einlegung des Einspruchs abgegeben wird; in diesem Fall wird eine Gebühr 1100 nach dem Wert des Streitgegenstands angerechnet, der in das Prozessverfahren übergegangen ist. Satz 1 gilt entsprechend, wenn wegen desselben Streitgegenstands ein Europäisches Mahnverfahren vorausgegangen ist. (2) Soweit der Kläger wegen desselben Streitgegenstands einen Anspruch zum Musterverfahren angemeldet hat (§ 10 Abs. 2 KapMuG), wird insoweit die Gebühr 1902 angerechnet.	3,0
1211	Beendigung des gesamten Verfahrens durch 1. Zurücknahme der Klage a) vor dem Schluss der mündlichen Verhandlung, b) in den Fällen des § 128 Abs. 2 ZPO vor dem Zeitpunkt, der dem Schluss der mündlichen Verhandlung entspricht, c) im Verfahren nach § 495a ZPO, in dem eine mündliche Verhandlung nicht stattfindet, vor Ablauf des Tages, an dem eine Ladung zum Termin zur Verkündung des Urteils zugestellt oder das schriftliche Urteil der Geschäftsstelle übermittelt wird, d) im Fall des § 331 Abs. 3 ZPO vor Ablauf des Tages, an dem das Urteil der Geschäftsstelle übermittelt wird oder e) im europäischen Verfahren für geringfügige Forderungen, in dem eine mündliche Verhandlung nicht stattfindet, vor Ablauf des Tages, an dem das	

Nr.	Gebührentatbestand	Gebühr oder Satz der Gebühr nach § 34 GKG
	schriftliche Urteil der Geschäftsstelle übermittelt wird, wenn keine Entscheidung nach § 269 Abs. 3 Satz 3 ZPO über die Kosten ergeht oder die Entscheidung einer zuvor mitgeteilten Einigung der Parteien über die Kostentragung oder der Kostenübernahmeerklärung einer Partei folgt, 2. Anerkenntnisurteil, Verzichtsurteil oder Urteil, das nach § 313a Abs. 2 ZPO keinen Tatbestand und keine Entscheidungsgründe enthält, oder nur deshalb Tatbestand und die Entscheidungsgründe enthält, weil zu erwarten ist, dass das Urteil im Ausland geltend gemacht wird (§ 313a Abs. 4 Nr. 5 ZPO), 3. gerichtlichen Vergleich oder Beschluss nach § 23 Absatz 3 KapMuG oder 4. Erledigungserklärungen nach § 91a ZPO, wenn keine Entscheidung über die Kosten ergeht oder die Entscheidung einer zuvor mitgeteilten Einigung der Parteien über die Kostentragung oder der Kostenübernahmeerklärung einer Partei folgt, es sei denn, dass bereits ein anderes als eines der in Nummer 2 genannten Urteile, eine Entscheidung über einen Antrag auf Erlass einer Sicherungsanordnung oder ein Musterentscheid nach dem KapMuG vorausgegangen ist: Die Gebühr 1210 ermäßigt sich auf	1,0
	Die Zurücknahme des Antrags auf Durchführung des streitigen Verfahrens, des Widerspruchs gegen den Mahnbescheid oder des Einspruchs gegen den Vollstreckungsbescheid stehen der Zurücknahme der Klage gleich. Die Vervollständigung eines ohne Tatbestand und Entscheidungsgründe hergestellten Urteils (§ 313a Abs. 5 ZPO) steht der Ermäßigung nicht entgegen. Die Gebühr ermäßigt sich auch, wenn mehrere Ermäßigungstatbestände erfüllt sind.	
	Unterabschnitt 2. Verfahren vor dem Oberlandesgericht	
1212	Verfahren im Allgemeinen	4,0
1213	Beendigung des gesamten Verfahrens durch 1. Zurücknahme der Klage a) vor dem Schluss der mündlichen Verhandlung, b) in den Fällen des § 128 Absatz 2 ZPO vor dem Zeitpunkt, der dem Schluss der mündlichen Verhandlung entspricht, oder c) im Fall des § 331 Absatz 3 ZPO vor Ablauf des Tages, an dem das Urteil der Geschäftsstelle übermittelt wird, wenn keine Entscheidung nach § 269 Absatz 3 Satz 3 ZPO über die Kosten ergeht oder die Entscheidung	

Nr.	Gebührentatbestand	Gebühr oder Satz der Gebühr nach § 34 GKG
	einer zuvor mitgeteilten Einigung der Parteien über die Kostentragung oder der Kostenübernahmeerklärung einer Partei folgt, 2. Anerkenntnisurteil, Verzichtsurteil oder Urteil, das nach § 313a Absatz 2 ZPO keinen Tatbestand und keine Entscheidungsgründe enthält, 3. gerichtlichen Vergleich oder 4. Erledigungserklärungen nach § 91a ZPO, wenn keine Entscheidung über die Kosten ergeht oder die Entscheidung einer zuvor mitgeteilten Einigung der Parteien über die Kostentragung oder der Kostenübernahmeerklärung einer Partei folgt, es sei denn, dass bereits ein anderes als eines der in Nummer 2 genannten Urteile vorausgegangen ist: Die Gebühr 1212 ermäßigt sich auf .... Die Gebühr ermäßigt sich auch, wenn mehrere Ermäßigungstatbestände erfüllt sind.	2,0
	Unterabschnitt 3. Verfahren vor dem Bundesgerichtshof	
1214	Verfahren im Allgemeinen	5,0
1215	Beendigung des gesamten Verfahrens durch 1. Zurücknahme der Klage a) vor dem Schluss der mündlichen Verhandlung, b) in den Fällen des § 128 Absatz 2 ZPO vor dem Zeitpunkt, der dem Schluss der mündlichen Verhandlung entspricht, oder c) im Fall des § 331 Absatz 3 ZPO vor Ablauf des Tages, an dem das Urteil der Geschäftsstelle übermittelt wird, wenn keine Entscheidung nach § 269 Absatz 3 Satz 3 ZPO über die Kosten ergeht oder die Entscheidung einer zuvor mitgeteilten Einigung der Parteien über die Kostentragung oder der Kostenübernahmeerklärung einer Partei folgt, 2. Anerkenntnisurteil, Verzichtsurteil oder Urteil, das nach § 313a Absatz 2 ZPO keinen Tatbestand und keine Entscheidungsgründe enthält, 3. gerichtlichen Vergleich oder 4. Erledigungserklärungen nach § 91a ZPO, wenn keine Entscheidung über die Kosten ergeht oder die Entscheidung einer zuvor mitgeteilten Einigung der Parteien über die Kostentragung oder der Kostenübernahmeerklärung einer Partei folgt, es sei denn, dass bereits ein anderes als eines der in Nummer 2 genannten Urteile vorausgegangen ist:	

Nr.	Gebührentatbestand	Gebühr oder Satz der Gebühr nach § 34 GKG
	Die Gebühr 1214 ermäßigt sich auf .... Die Gebühr ermäßigt sich auch, wenn mehrere Ermäßigungstatbestände erfüllt sind.	3,0

Abschnitt 2. Berufung und bestimmte Beschwerden

Vorbemerkung 1.2.2:

Dieser Abschnitt ist auf Beschwerdeverfahren nach

1. den §§ 63 und 171 GWB,
2. § 48 WpÜG,
3. § 37u Absatz 1 WpHG,
4. § 75 EnWG,
5. § 13 VSchDG und
6. § 35 KSpG

anzuwenden.

Nr.	Gebührentatbestand	Gebühr oder Satz der Gebühr nach § 34 GKG
1220	Verfahren im Allgemeinen	4,0
1221	Beendigung des gesamten Verfahrens durch Zurücknahme des Rechtsmittels, der Klage oder des Antrags, bevor die Schrift zur Begründung des Rechtsmittels bei Gericht eingegangen ist: Die Gebühr 1220 ermäßigt sich auf .... Erledigungserklärungen nach § 91a ZPO stehen der Zurücknahme gleich, wenn keine Entscheidung über die Kosten ergeht oder die Entscheidung einer zuvor mitgeteilten Einigung der Parteien über die Kostentragung oder der Kostenübernahmeerklärung einer Partei folgt.	1,0
1222	Beendigung des gesamten Verfahrens, wenn nicht Nummer 1221 anzuwenden ist, durch 1. Zurücknahme des Rechtsmittels, der Klage oder des Antrags a) vor dem Schluss der mündlichen Verhandlung, b) in den Fällen des § 128 Abs. 2 ZPO vor dem Zeitpunkt, der dem Schluss der mündlichen Verhandlung entspricht, 2. Anerkenntnisurteil, Verzichtsurteil oder Urteil, das nach § 313a Abs. 2 ZPO keinen Tatbestand und keine Entscheidungsgründe enthält, 3. gerichtlichen Vergleich oder 4. Erledigungserklärungen nach § 91a ZPO, wenn keine Entscheidung über die Kosten ergeht oder die Entscheidung einer zuvor mitgeteilten Einigung der Parteien über die Kostentragung oder der Kostenübernahmeerklärung einer Partei folgt, es sei denn, dass bereits ein anderes als eines der in Nummer 2 genannten Urteile, eine Entscheidung über einen Antrag auf Erlass einer Sicherungsanordnung oder ein Beschluss in der Hauptsache vorausgegangen ist: Die Gebühr 1220 ermäßigt sich auf	2,0

Nr.	Gebührentatbestand	Gebühr oder Satz der Gebühr nach § 34 GKG
	Die Gebühr ermäßigt sich auch, wenn mehrere Ermäßigungstatbestände erfüllt sind.	
1223	Beendigung des gesamten Verfahrens durch ein Urteil, das wegen eines Verzichts der Parteien nach § 313a Abs. 1 Satz 2 ZPO keine schriftliche Begründung enthält, wenn nicht bereits ein anderes als eines der in Nummer 1222 Nr. 2 genannten Urteile, eine Entscheidung über einen Antrag auf Erlass einer Sicherungsanordnung oder ein Beschluss in der Hauptsache vorausgegangen ist: Die Gebühr 1220 ermäßigt sich auf	3,0
	Die Gebühr ermäßigt sich auch, wenn daneben Ermäßigungstatbestände nach Nummer 1222 erfüllt sind.	
	Abschnitt 3. Revision, Rechtsbeschwerden nach § 74 GWB, § 86 EnWG, § 35 KSpG und § 24 VSchDG	
1230	Verfahren im Allgemeinen	5,0
1231	Beendigung des gesamten Verfahrens durch Zurücknahme des Rechtsmittels, der Klage oder des Antrags, bevor die Schrift zur Begründung des Rechtsmittels bei Gericht eingegangen ist: Die Gebühr 1230 ermäßigt sich auf	1,0
	Erledigungserklärungen nach § 91a ZPO stehen der Zurücknahme gleich, wenn keine Entscheidung über die Kosten ergeht oder die Entscheidung einer zuvor mitgeteilten Einigung der Parteien über die Kostentragung oder der Kostenübernahmeerklärung einer Partei folgt.	
1232	Beendigung des gesamten Verfahrens, wenn nicht Nummer 1231 anzuwenden ist, durch 1. Zurücknahme des Rechtsmittels, der Klage oder des Antrags a) vor dem Schluss der mündlichen Verhandlung, b) in den Fällen des § 128 Abs. 2 ZPO vor dem Zeitpunkt, der dem Schluss der mündlichen Verhandlung entspricht, 2. Anerkenntnis- oder Verzichtsurteil, 3. gerichtlichen Vergleich oder 4. Erledigungserklärungen nach § 91a ZPO, wenn keine Entscheidung über die Kosten ergeht oder die Entscheidung einer zuvor mitgeteilten Einigung der Parteien über die Kostentragung oder der Kostenübernahmeerklärung einer Partei folgt, es sei denn, dass bereits ein anderes als eines der in Nummer 2 genannten Urteile, eine Entscheidung über einen Antrag auf Erlass einer Sicherungsanordnung oder ein Beschluss in der Hauptsache vorausgegangen ist:	

Nr.	Gebührentatbestand	Gebühr oder Satz der Gebühr nach § 34 GKG
	Die Gebühr 1230 ermäßigt sich auf .... Die Gebühr ermäßigt sich auch, wenn mehrere Ermäßigungstatbestände erfüllt sind.	3,0

Abschnitt 4. Zulassung der Sprungrevision, Beschwerde gegen die Nichtzulassung der Revision sowie der Rechtsbeschwerden nach § 74 GWB, § 86 EnWG, § 35 KSpG und § 24 VSchDG

1240	Verfahren über die Zulassung der Sprungrevision: Soweit der Antrag abgelehnt wird	1,5
1241	Verfahren über die Zulassung der Sprungrevision: Soweit der Antrag zurückgenommen oder das Verfahren durch anderweitige Erledigung beendet wird .... Die Gebühr entsteht nicht, soweit die Sprungrevision zugelassen wird.	1,0
1242	Verfahren über die Beschwerde gegen die Nichtzulassung des Rechtsmittels: Soweit die Beschwerde verworfen oder zurückgewiesen wird	2,0
1243	Verfahren über die Beschwerde gegen die Nichtzulassung des Rechtsmittels: Soweit die Beschwerde zurückgenommen oder das Verfahren durch anderweitige Erledigung beendet wird .... Die Gebühr entsteht nicht, soweit der Beschwerde stattgegeben wird.	1,0

Abschnitt 5. Rechtsmittelverfahren des gewerblichen Rechtsschutzes vor dem Bundesgerichtshof

Unterabschnitt 1. Berufungsverfahren

1250	Verfahren im Allgemeinen	6,0
1251	Beendigung des gesamten Verfahrens durch Zurücknahme der Berufung oder der Klage, bevor die Schrift zur Begründung der Berufung bei Gericht eingegangen ist: Die Gebühr 1250 ermäßigt sich auf .... Erledigungserklärungen nach § 91a ZPO i.V.m. § 121 Abs. 2 Satz 2 PatG, § 20 GebrMG stehen der Zurücknahme gleich, wenn keine Entscheidung über die Kosten ergeht oder die Entscheidung einer zuvor mitgeteilten Einigung der Parteien über die Kostentragung oder der Kostenübernahmeerklärung einer Partei folgt.	1,0
1252	Beendigung des gesamten Verfahrens, wenn nicht Nummer 1251 anzuwenden ist, durch 1. Zurücknahme der Berufung oder der Klage vor dem Schluss der mündlichen Verhandlung, 2. Anerkenntnis- oder Verzichtsurteil, 3. gerichtlichen Vergleich oder	

Nr.	Gebührentatbestand	Gebühr oder Satz der Gebühr nach § 34 GKG
	4. Erledigungserklärungen nach § 91a ZPO i.V.m. § 121 Abs. 2 Satz 2 PatG, § 20 GebrMG, wenn keine Entscheidung über die Kosten ergeht oder die Entscheidung einer zuvor mitgeteilten Einigung der Parteien über die Kostentragung oder der Kostenübernahmeerklärung einer Partei folgt, es sei denn, dass bereits ein anderes als eines der in Nummer 2 genannten Urteile vorausgegangen ist: Die Gebühr 1250 ermäßigt sich auf	3,0
	Die Gebühr ermäßigt sich auch, wenn mehrere Ermäßigungstatbestände erfüllt sind.	
	Unterabschnitt 2. Beschwerdeverfahren und Rechtsbeschwerdeverfahren	
1253	Verfahren über die Beschwerde nach § 122 PatG oder § 20 GebrMG i.V.m. § 122 PatG gegen ein Urteil über den Erlass einer einstweiligen Verfügung in Zwangslizenzsachen	2,0
1254	Beendigung des gesamten Verfahrens durch Zurücknahme der Beschwerde, bevor die Schrift zur Begründung der Beschwerde bei Gericht eingegangen ist: Die Gebühr 1253 ermäßigt sich auf	1,0
	Erledigungserklärungen nach § 91a ZPO i.V.m. § 121 Abs. 2 Satz 2 PatG, § 20 GebrMG stehen der Zurücknahme gleich, wenn keine Entscheidung über die Kosten ergeht oder die Entscheidung einer zuvor mitgeteilten Einigung der Parteien über die Kostentragung oder der Kostenübernahmeerklärung einer Partei folgt.	
1255	Verfahren über die Rechtsbeschwerde	750,00 €
1256	Beendigung des gesamten Verfahrens durch Zurücknahme der Rechtsbeschwerde, bevor die Schrift zur Begründung der Rechtsbeschwerde bei Gericht eingegangen ist: Die Gebühr 1255 ermäßigt sich auf	100,00 €
	Erledigungserklärungen in entsprechender Anwendung des § 91a ZPO stehen der Zurücknahme gleich, wenn keine Entscheidung über die Kosten ergeht oder die Entscheidung einer zuvor mitgeteilten Einigung der Parteien über die Kostentragung oder der Kostenübernahmeerklärung einer Partei folgt.	

Hauptabschnitt 3. (weggefallen)

Hauptabschnitt 4. Arrest, Europäischer Beschluss zur vorläufigen Kontenpfändung und einstweilige Verfügung

Vorbemerkung 1.4:

(1) Im Verfahren zur Erwirkung eines Europäischen Beschlusses zur vorläufigen Kontenpfändung werden Gebühren nach diesem Hauptabschnitt nur im Fall des Artikels 5 Buchstabe a der Verordnung (EU) Nr. 655/2014 erhoben. In den Fällen des Artikels 5 Buchstabe b der Verordnung (EU) Nr. 655/2014 bestimmen sich die Gebühren nach Teil 2 Hauptabschnitt 1.

Nr.	Gebührentatbestand	Gebühr oder Satz der Gebühr nach § 34 GKG
(2) Im Verfahren auf Anordnung eines Arrests oder auf Erlass einer einstweiligen Verfügung sowie im Verfahren über die Aufhebung oder die Abänderung (§ 926 Abs. 2, §§ 927, 936 ZPO) werden die Gebühren jeweils gesondert erhoben. Im Fall des § 942 ZPO gilt das Verfahren vor dem Amtsgericht und dem Gericht der Hauptsache als ein Rechtsstreit. (3) Im Verfahren zur Erwirkung eines Europäischen Beschlusses zur vorläufigen Kontenpfändung sowie im Verfahren über den Widerruf oder die Abänderung werden die Gebühren jeweils gesondert erhoben.		
	Abschnitt 1. Erster Rechtszug	
1410	Verfahren im Allgemeinen	1,5
1411	Beendigung des gesamten Verfahrens durch 1. Zurücknahme des Antrags a) vor dem Schluss der mündlichen Verhandlung oder b) wenn eine mündliche Verhandlung nicht stattfindet, vor Ablauf des Tages, an dem der Beschluss der Geschäftsstelle übermittelt wird, 2. Anerkenntnisurteil, Verzichtsurteil oder Urteil, das nach § 313a Abs. 2 ZPO keinen Tatbestand und keine Entscheidungsgründe enthält, 3. gerichtlichen Vergleich oder 4. Erledigungserklärungen nach § 91a ZPO, wenn keine Entscheidung über die Kosten ergeht oder die Entscheidung einer zuvor mitgeteilten Einigung der Parteien über die Kostentragung oder der Kostenübernahmeerklärung einer Partei folgt, es sei denn, dass bereits ein Beschluss nach § 922 Abs. 1, auch i.V.m. § 936 ZPO, oder ein anderes als eines der in Nummer 2 genannten Urteile vorausgegangen ist: Die Gebühr 1410 ermäßigt sich auf .... Die Vervollständigung eines ohne Tatbestand und Entscheidungsgründe hergestellten Urteils (§ 313a Abs. 5 ZPO) steht der Ermäßigung nicht entgegen. Die Gebühr ermäßigt sich auch, wenn mehrere Ermäßigungstatbestände erfüllt sind.	1,0
1412	Es wird durch Urteil entschieden oder es ergeht ein Beschluss nach § 91a oder § 269 Abs. 3 Satz 3 ZPO, wenn nicht Nummer 1411 erfüllt ist: Die Gebühr 1410 erhöht sich nach dem Wert des Streitgegenstands, auf den sich die Entscheidung bezieht, auf	3,0
	Abschnitt 2. Berufung	
1420	Verfahren im Allgemeinen	4,0
1421	Beendigung des gesamten Verfahrens durch Zurücknahme der Berufung, des Antrags oder des Wider-	

Nr.	Gebührentatbestand	Gebühr oder Satz der Gebühr nach § 34 GKG
	spruchs, bevor die Schrift zur Begründung der Berufung bei Gericht eingegangen ist: Die Gebühr 1420 ermäßigt sich auf	1,0
	Erledigungserklärungen nach § 91a ZPO stehen der Zurücknahme gleich, wenn keine Entscheidung über die Kosten ergeht oder die Entscheidung einer zuvor mitgeteilten Einigung der Parteien über die Kostentragung oder der Kostenübernahmeerklärung einer Partei folgt.	
1422	Beendigung des gesamten Verfahrens, wenn nicht Nummer 1421 erfüllt ist, durch 1. Zurücknahme der Berufung oder des Antrags a) vor dem Schluss der mündlichen Verhandlung, b) in den Fällen des § 128 Abs. 2 ZPO vor dem Zeitpunkt, der dem Schluss der mündlichen Verhandlung entspricht, 2. Anerkenntnis- oder Verzichtsurteil, 3. gerichtlichen Vergleich oder 4. Erledigungserklärungen nach § 91a ZPO, wenn keine Entscheidung über die Kosten ergeht oder die Entscheidung einer zuvor mitgeteilten Einigung der Parteien über die Kostentragung oder der Kostenübernahmeerklärung einer Partei folgt, es sei denn, dass bereits ein anderes als eines der in Nummer 2 genannten Urteile vorausgegangen ist: Die Gebühr 1420 ermäßigt sich auf	2,0
	Die Gebühr ermäßigt sich auch, wenn mehrere Ermäßigungstatbestände erfüllt sind.	
1423	Beendigung des gesamten Verfahrens durch ein Urteil, das wegen eines Verzichts der Parteien nach § 313a Abs. 1 Satz 2 ZPO keine schriftliche Begründung enthält, wenn nicht bereits ein anderes als eines der in Nummer 1422 Nr. 2 genannten Urteile mit schriftlicher Begründung oder ein Versäumnisurteil vorausgegangen ist: Die Gebühr 1420 ermäßigt sich auf	3,0
	Die Gebühr ermäßigt sich auch, wenn daneben Ermäßigungstatbestände nach Nummer 1422 erfüllt sind.	
	Abschnitt 3. Beschwerde	
1430	Verfahren über die Beschwerde 1. gegen die Zurückweisung eines Antrags auf Anordnung eines Arrests oder eines Antrags auf Erlass einer einstweiligen Verfügung oder 2. in Verfahren nach der Verordnung (EU) Nr. 655/2014	1,5

Nr.	Gebührentatbestand	Gebühr oder Satz der Gebühr nach § 34 GKG
1431	Beendigung des gesamten Verfahrens durch Zurücknahme der Beschwerde: Die Gebühr 1430 ermäßigt sich auf	1,0
Hauptabschnitt 5. Vorbereitung der grenzüberschreitenden Zwangsvollstreckung		
Vorbemerkung 1.5: Die Vollstreckbarerklärung eines ausländischen Schiedsspruchs oder deren Aufhebung bestimmt sich nach Nummer 1620.		
Abschnitt 1. Erster Rechtszug		
1510	Verfahren über Anträge auf 1. Vollstreckbarerklärung ausländischer Titel, 2. Feststellung, ob die ausländische Entscheidung anzuerkennen ist, 3. Erteilung der Vollstreckungsklausel zu ausländischen Titeln, 4. Aufhebung oder Abänderung von Entscheidungen in den in den Nummern 1 bis 3 genannten Verfahren und 5. Versagung der Anerkennung oder der Vollstreckung (§ 1115 ZPO) oder über die Klage auf Erlass eines Vollstreckungsurteils	240,00 €
1511	Beendigung des gesamten Verfahrens durch Zurücknahme der Klage oder des Antrags vor dem Schluss der mündlichen Verhandlung oder, wenn eine mündliche Verhandlung nicht stattfindet, vor Ablauf des Tages, an dem die Entscheidung der Geschäftsstelle übermittelt wird: Die Gebühr 1510 ermäßigt sich auf Erledigungserklärungen nach § 91a ZPO stehen der Zurücknahme gleich, wenn keine Entscheidung über die Kosten ergeht oder die Entscheidung einer zuvor mitgeteilten Einigung der Parteien über die Kostentragung oder der Kostenübernahmeerklärung einer Partei folgt.	90,00 €
1512	Verfahren über Anträge auf Ausstellung einer Bescheinigung nach § 57 AVAG oder § 27 IntErbRVG	15,00 €
1513	Verfahren über Anträge auf Ausstellung einer Bestätigung nach § 1079 ZPO oder über Anträge auf Ausstellung einer Bescheinigung nach § 1110 ZPO oder nach § 58 AVAG	20,00 €
1514	Verfahren nach § 3 Abs. 2 des Gesetzes zur Ausführung des Vertrages zwischen der Bundesrepublik Deutschland und der Republik Österreich vom 6. Juni 1959 über die gegenseitige Anerkennung und Vollstreckung von gerichtlichen Entscheidungen, Vergleichen und	

Nr.	Gebührentatbestand	Gebühr oder Satz der Gebühr nach § 34 GKG
	öffentlichen Urkunden in Zivil- und Handelssachen in der im Bundesgesetzblatt Teil III, Gliederungsnummer 319-12, veröffentlichten bereinigten Fassung, das zuletzt durch Artikel 23 des Gesetzes vom 27. Juli 2001 (BGBl. I S. 1887) geändert worden ist	60,00 €
	Abschnitt 2. Rechtsmittelverfahren	
1520	Verfahren über Rechtsmittel in den in den Nummern 1510 und 1514 genannten Verfahren	360,00 €
1521	Beendigung des gesamten Verfahrens durch Zurücknahme des Rechtsmittels, der Klage oder des Antrags, bevor die Schrift zur Begründung des Rechtsmittels bei Gericht eingegangen ist: Die Gebühr 1520 ermäßigt sich auf	90,00 €
1522	Beendigung des gesamten Verfahrens durch Zurücknahme des Rechtsmittels, der Klage oder des Antrags vor dem Schluss der mündlichen Verhandlung oder, wenn eine mündliche Verhandlung nicht stattfindet, vor Ablauf des Tages, an dem die Entscheidung der Geschäftsstelle übermittelt wird, wenn nicht Nummer 1521 erfüllt ist: Die Gebühr 1520 ermäßigt sich auf	180,00 €
	Erledigungserklärungen nach § 91a ZPO stehen der Zurücknahme gleich, wenn keine Entscheidung über die Kosten ergeht oder die Entscheidung einer zuvor mitgeteilten Einigung der Parteien über die Kostentragung oder der Kostenübernahmeerklärung einer Partei folgt.	
1523	Verfahren über Rechtsmittel in 1. den in den Nummern 1512 und 1513 genannten Verfahren und 2. Verfahren über die Berichtigung oder den Widerruf einer Bestätigung nach § 1079 ZPO: Das Rechtsmittel wird verworfen oder zurückgewiesen	60,00 €
	Hauptabschnitt 6. Sonstige Verfahren	
	Abschnitt 1. Selbständiges Beweisverfahren	
1610	Verfahren im Allgemeinen	1,0
	Abschnitt 2. Schiedsrichterliches Verfahren	
	Unterabschnitt 1. Erster Rechtszug	
1620	Verfahren über die Aufhebung oder die Vollstreckbarerklärung eines Schiedsspruchs oder über die Aufhebung der Vollstreckbarerklärung	2,0

Nr.	Gebührentatbestand	Gebühr oder Satz der Gebühr nach § 34 GKG
	Die Gebühr ist auch im Verfahren über die Vollstreckbarerklärung eines ausländischen Schiedsspruchs oder deren Aufhebung zu erheben.	
1621	Verfahren über den Antrag auf Feststellung der Zulässigkeit oder Unzulässigkeit des schiedsrichterlichen Verfahrens	2,0
1622	Verfahren bei Rüge der Unzuständigkeit des Schiedsgerichts	2,0
1623	Verfahren bei der Bestellung eines Schiedsrichters oder Ersatzschiedsrichters	0,5
1624	Verfahren über die Ablehnung eines Schiedsrichters oder über die Beendigung des Schiedsrichteramts	0,5
1625	Verfahren zur Unterstützung bei der Beweisaufnahme oder zur Vornahme sonstiger richterlicher Handlungen	0,5
1626	Verfahren über die Zulassung der Vollziehung einer vorläufigen oder sichernden Maßnahme oder über die Aufhebung oder Änderung einer Entscheidung über die Zulassung der Vollziehung	2,0
	Im Verfahren über die Zulassung der Vollziehung und in dem Verfahren über die Aufhebung oder Änderung einer Entscheidung über die Zulassung der Vollziehung werden die Gebühren jeweils gesondert erhoben.	
1627	Beendigung des gesamten Verfahrens durch Zurücknahme des Antrags:	
	Die Gebühren 1620 bis 1622 und 1626 ermäßigen sich auf	1,0
	Unterabschnitt 2. Rechtsbeschwerde	
1628	Verfahren über die Rechtsbeschwerde in den in den Nummern 1620 bis 1622 und 1626 genannten Verfahren	3,0
1629	Beendigung des gesamten Verfahrens durch Zurücknahme der Rechtsbeschwerde oder des Antrags:	
	Die Gebühr 1628 ermäßigt sich auf	1,0
	Abschnitt 3. Besondere Verfahren nach dem Gesetz gegen Wettbewerbsbeschränkungen, dem Wertpapiererwerbs- und Übernahmegesetz und dem Wertpapierhandelsgesetz	
1630	Verfahren über einen Antrag nach § 169 Absatz 2 Satz 5 und 6, Absatz 4 Satz 2, § 173 Absatz 1 Satz 3 oder nach § 176 GWB	3,0
1631	Beendigung des gesamten Verfahrens durch Zurücknahme des Antrags:	
	Die Gebühr 1630 ermäßigt sich auf	1,0

Nr.	Gebührentatbestand	Gebühr oder Satz der Gebühr nach § 34 GKG
1632	Verfahren über den Antrag nach § 50 Absatz 3 bis 5 WpÜG, auch i.V.m. § 37u Absatz 2 WpHG	0,5
	Mehrere Verfahren gelten innerhalb eines Rechtszugs als ein Verfahren.	
	Abschnitt 4. Besondere Verfahren nach dem Aktiengesetz und dem Umwandlungsgesetz	
	Unterabschnitt 1. Erster Rechtszug	
1640	Verfahren nach § 148 Abs. 1 und 2 des Aktiengesetzes	1,0
1641	Verfahren nach den §§ 246a, 319 Abs. 6 des Aktiengesetzes, auch i.V.m. § 327e Abs. 2 des Aktiengesetzes oder § 16 Absatz 3 UmwG	1,5
1642	Beendigung des gesamten Verfahrens ohne Entscheidung: Die Gebühren 1640 und 1641 ermäßigen sich auf.......	0,5
	(1) Die Gebühr ermäßigt sich auch im Fall der Zurücknahme des Antrags vor Ablauf des Tages, an dem die Entscheidung der Geschäftsstelle übermittelt wird. (2) Eine Entscheidung über die Kosten steht der Ermäßigung nicht entgegen, wenn die Entscheidung einer zuvor mitgeteilten Einigung der Parteien über die Kostentragung oder der Kostenübernahmeerklärung einer Partei folgt.	
	Unterabschnitt 2. Beschwerde	
1643	Verfahren über die Beschwerde in den in Nummer 1640 genannten Verfahren	1,0
1644	Beendigung des Verfahrens ohne Entscheidung: Die Gebühr 1643 ermäßigt sich auf	0,5
	(1) Die Gebühr ermäßigt sich auch im Fall der Zurücknahme der Beschwerde vor Ablauf des Tages, an dem die Entscheidung der Geschäftsstelle übermittelt wird. (2) Eine Entscheidung über die Kosten steht der Ermäßigung nicht entgegen, wenn die Entscheidung einer zuvor mitgeteilten Einigung der Parteien über die Kostentragung oder der Kostenübernahmeerklärung einer Partei folgt.	
	Abschnitt 5. Sanierungs- und Reorganisationsverfahren nach dem Kreditinstitute-Reorganisationsgesetz	
1650	Sanierungsverfahren	0,5
1651	Die Durchführung des Sanierungsverfahrens wird nicht angeordnet: Die Gebühr 1650 beträgt	0,2
1652	Reorganisationsverfahren	1,0
1653	Die Durchführung des Reorganisationsverfahrens wird nicht angeordnet: Die Gebühr 1652 beträgt	0,2

Nr.	Gebührentatbestand	Gebühr oder Satz der Gebühr nach § 34 GKG
	Hauptabschnitt 7. Rüge wegen Verletzung des Anspruchs auf rechtliches Gehör	
1700	Verfahren über die Rüge wegen Verletzung des Anspruchs auf rechtliches Gehör (§ 321a ZPO, auch i.V.m. § 122a PatG oder § 89a MarkenG; § 71a GWB):	
	Die Rüge wird in vollem Umfang verworfen oder zurückgewiesen	60,00 €
	Hauptabschnitt 8. Sonstige Beschwerden und Rechtsbeschwerden	
	Abschnitt 1. Sonstige Beschwerden	
1810	Verfahren über Beschwerden nach § 71 Abs. 2, § 91a Abs. 2, § 99 Abs. 2, § 269 Abs. 5 oder § 494a Absatz 2 Satz 2 ZPO	90,00 €
1811	Beendigung des Verfahrens ohne Entscheidung: Die Gebühr 1810 ermäßigt sich auf	60,00 €
	(1) Die Gebühr ermäßigt sich auch im Fall der Zurücknahme der Beschwerde vor Ablauf des Tages, an dem die Entscheidung der Geschäftsstelle übermittelt wird. (2) Eine Entscheidung über die Kosten steht der Ermäßigung nicht entgegen, wenn die Entscheidung einer zuvor mitgeteilten Einigung der Parteien über die Kostentragung oder der Kostenübernahmeerklärung einer Partei folgt.	
1812	Verfahren über nicht besonders aufgeführte Beschwerden, die nicht nach anderen Vorschriften gebührenfrei sind:	
	Die Beschwerde wird verworfen oder zurückgewiesen	60,00 €
	Wird die Beschwerde nur teilweise verworfen oder zurückgewiesen, kann das Gericht die Gebühr nach billigem Ermessen auf die Hälfte ermäßigen oder bestimmen, dass eine Gebühr nicht zu erheben ist.	
	Abschnitt 2. Sonstige Rechtsbeschwerden	
1820	Verfahren über Rechtsbeschwerden gegen den Beschluss, durch den die Berufung als unzulässig verworfen wurde (§ 522 Abs. 1 Satz 2 und 3 ZPO)	2,0
1821	Verfahren über Rechtsbeschwerden nach § 20 KapMuG	5,0
1822	Beendigung des gesamten Verfahrens durch Zurücknahme der Rechtsbeschwerde, bevor die Schrift zur Begründung der Rechtsbeschwerde bei Gericht eingegangen ist:	
	Die Gebühren 1820 und 1821 ermäßigen sich auf	1,0
	Erledigungserklärungen nach § 91a ZPO stehen der Zurücknahme gleich, wenn keine Entscheidung über die Kosten ergeht oder die Entscheidung einer zuvor mitgeteilten Einigung der Parteien über die Kostentragung oder der Kostenübernahmeerklärung einer Partei folgt.	

Nr.	Gebührentatbestand	Gebühr oder Satz der Gebühr nach § 34 GKG
1823	Verfahren über Rechtsbeschwerden in den Fällen des § 71 Abs. 1, § 91a Abs. 1, § 99 Abs. 2, § 269 Abs. 4, § 494a Absatz 2 Satz 2 oder § 516 Abs. 3 ZPO	180,00 €
1824	Beendigung des gesamten Verfahrens durch Zurücknahme der Rechtsbeschwerde, des Antrags oder der Klage, bevor die Schrift zur Begründung der Rechtsbeschwerde bei Gericht eingegangen ist: Die Gebühr 1823 ermäßigt sich auf	60,00 €
1825	Beendigung des gesamten Verfahrens durch Zurücknahme der Rechtsbeschwerde, des Antrags oder der Klage vor Ablauf des Tages, an dem die Entscheidung der Geschäftsstelle übermittelt wird, wenn nicht Nummer 1824 erfüllt ist: Die Gebühr 1823 ermäßigt sich auf	90,00 €
1826	Verfahren über nicht besonders aufgeführte Rechtsbeschwerden, die nicht nach anderen Vorschriften gebührenfrei sind: Die Rechtsbeschwerde wird verworfen oder zurückgewiesen	120,00 €
	Wird die Rechtsbeschwerde nur teilweise verworfen oder zurückgewiesen, kann das Gericht die Gebühr nach billigem Ermessen auf die Hälfte ermäßigen oder bestimmen, dass eine Gebühr nicht zu erheben ist.	
1827	Verfahren über die in Nummer 1826 genannten Rechtsbeschwerden: Beendigung des gesamten Verfahrens durch Zurücknahme der Rechtsbeschwerde, des Antrags oder der Klage vor Ablauf des Tages, an dem die Entscheidung der Geschäftsstelle übermittelt wird	60,00 €

Hauptabschnitt 9. Besondere Gebühren

Nr.	Gebührentatbestand	Gebühr oder Satz der Gebühr nach § 34 GKG
1900	Abschluss eines gerichtlichen Vergleichs: Soweit ein Vergleich über nicht gerichtlich anhängige Gegenstände geschlossen wird	0,25
	Die Gebühr entsteht nicht im Verfahren über die Prozesskostenhilfe. Im Verhältnis zur Gebühr für das Verfahren im Allgemeinen ist § 36 Absatz 3 GKG entsprechend anzuwenden.	
1901	Auferlegung einer Gebühr nach § 38 GKG wegen Verzögerung des Rechtsstreits	wie vom Gericht bestimmt
1902	Anmeldung eines Anspruchs zum Musterverfahren (§ 10 Absatz 2 KapMuG)	0,5

Teil 2. Zwangsvollstreckung nach der Zivilprozessordnung, Insolvenzverfahren und ähnliche Verfahren

Nr.	Gebührentatbestand	Gebühr oder Satz der Gebühr nach § 34 GKG
	Hauptabschnitt 1. Zwangsvollstreckung nach der Zivilprozessordnung	
	Vorbemerkung 2.1: Dieser Hauptabschnitt ist auch auf Verfahren zur Erwirkung eines Europäischen Beschlusses zur vorläufigen Kontenpfändung im Fall des Artikels 5 Buchstabe b der Verordnung (EU) Nr. 655/2014 sowie auf alle Verfahren über Anträge auf Einschränkung oder Beendigung der Vollstreckung eines Europäischen Beschlusses zur vorläufigen Kontenpfändung (§ 954 Abs. 2 ZPO i.V.m. Artikel 34 der Verordnung (EU) Nr. 655/2014) anzuwenden. Im Übrigen bestimmen sich die Gebühren nach Teil 1 Hauptabschnitt 4 oder Teil 8 Hauptabschnitt 3.	
	Abschnitt 1. Erster Rechtszug	
2110	Verfahren über den Antrag auf Erteilung einer weiteren vollstreckbaren Ausfertigung (§ 733 ZPO) .... Die Gebühr wird für jede weitere vollstreckbare Ausfertigung gesondert erhoben. Sind wegen desselben Anspruchs in einem Mahnverfahren gegen mehrere Personen gesonderte Vollstreckungsbescheide erlassen worden und werden hiervon gleichzeitig mehrere weitere vollstreckbare Ausfertigungen beantragt, wird die Gebühr nur einmal erhoben.	20,00 €
2111	Verfahren über Anträge auf gerichtliche Handlungen der Zwangsvollstreckung gemäß § 829 Abs. 1, §§ 835, 839, 846 bis 848, 857, 858, 886 bis 888 oder § 890 ZPO sowie im Verfahren zur Erwirkung eines Europäischen Beschlusses zur vorläufigen Kontenpfändung im Fall des Artikels 5 Buchstabe b der Verordnung (EU) Nr. 655/2014 .... Richtet sich ein Verfahren gegen mehrere Schuldner, wird die Gebühr für jeden Schuldner gesondert erhoben. Mehrere Verfahren innerhalb eines Rechtszugs gelten als ein Verfahren, wenn sie denselben Anspruch und denselben Vollstreckungsgegenstand betreffen.	20,00 €
2112	In dem Verfahren zur Erwirkung eines Europäischen Beschlusses zur vorläufigen Kontenpfändung wird ein Antrag auf Einholung von Kontoinformationen gestellt: Die Gebühr 2111 erhöht sich auf	33,00 €
2113	Verfahren über den Antrag auf Vollstreckungsschutz nach § 765a ZPO	20,00 €
2114	Verfahren über den Antrag auf Erlass eines Haftbefehls (§ 802g Abs. 1 ZPO)	20,00 €
2115	Verfahren über den Antrag auf Abnahme der eidesstattlichen Versicherung nach § 889 ZPO	35,00 €
2116	(weggefallen)	
2117	Verteilungsverfahren	0,5
2118	Verfahren über die Vollstreckbarerklärung eines Anwaltsvergleichs nach § 796a ZPO	60,00 €

Nr.	Gebührentatbestand	Gebühr oder Satz der Gebühr nach § 34 GKG
2119	Verfahren über Anträge auf Beendigung, Verweigerung, Aussetzung oder Beschränkung der Zwangsvollstreckung nach § 954 Abs. 2, § 1084 ZPO auch i.V.m. § 1096 oder § 1109 ZPO oder nach § 31 AUG	30,00 €
	Abschnitt 2. Beschwerden	
	Unterabschnitt 1. Beschwerde	
2120	Verfahren über die Beschwerde im Verteilungsverfahren: Soweit die Beschwerde verworfen oder zurückgewiesen wird	1,0
2121	Verfahren über nicht besonders aufgeführte Beschwerden, die nicht nach anderen Vorschriften gebührenfrei sind: Die Beschwerde wird verworfen oder zurückgewiesen Wird die Beschwerde nur teilweise verworfen oder zurückgewiesen, kann das Gericht die Gebühr nach billigem Ermessen auf die Hälfte ermäßigen oder bestimmen, dass eine Gebühr nicht zu erheben ist.	30,00 €
	Unterabschnitt 2. Rechtsbeschwerde	
2122	Verfahren über die Rechtsbeschwerde im Verteilungsverfahren: Soweit die Beschwerde verworfen oder zurückgewiesen wird	2,0
2123	Verfahren über die Rechtsbeschwerde im Verteilungsverfahren: Soweit die Beschwerde zurückgenommen oder das Verfahren durch anderweitige Erledigung beendet wird .... Die Gebühr entsteht nicht, soweit der Beschwerde stattgegeben wird.	1,0
2124	Verfahren über nicht besonders aufgeführte Rechtsbeschwerden, die nicht nach anderen Vorschriften gebührenfrei sind: Die Rechtsbeschwerde wird verworfen oder zurückgewiesen .... Wird die Rechtsbeschwerde nur teilweise verworfen oder zurückgewiesen, kann das Gericht die Gebühr nach billigem Ermessen auf die Hälfte ermäßigen oder bestimmen, dass eine Gebühr nicht zu erheben ist.	60,00 €

Hauptabschnitt 2. Verfahren nach dem Gesetz über die Zwangsversteigerung und die Zwangsverwaltung; Zwangsliquidation einer Bahneinheit

Vorbemerkung 2.2:

Die Gebühren 2210, 2220 und 2230 werden für jeden Antragsteller gesondert erhoben. Wird der Antrag von mehreren Gesamtgläubigern, Gesamthandsgläubigern oder im Fall der Zwangsversteige-

Nr.	Gebührentatbestand	Gebühr oder Satz der Gebühr nach § 34 GKG
	rung zum Zweck der Aufhebung der Gemeinschaft von mehreren Miteigentümern gemeinsam gestellt, gelten diese als ein Antragsteller. Betrifft ein Antrag mehrere Gegenstände, wird die Gebühr nur einmal erhoben, soweit durch einen einheitlichen Beschluss entschieden wird. Für ein Verfahren nach § 765a ZPO wird keine, für das Beschwerdeverfahren die Gebühr 2240 erhoben; richtet sich die Beschwerde auch gegen eine Entscheidung nach § 30a ZVG, gilt Satz 2 entsprechend.	
	Abschnitt 1. Zwangsversteigerung	
2210	Entscheidung über den Antrag auf Anordnung der Zwangsversteigerung oder über den Beitritt zum Verfahren	100,00 €
2211	Verfahren im Allgemeinen	0,5
2212	Beendigung des Verfahrens vor Ablauf des Tages, an dem die Verfügung mit der Bestimmung des ersten Versteigerungstermins unterschrieben ist: Die Gebühr 2211 ermäßigt sich auf	0,25
2213	Abhaltung mindestens eines Versteigerungstermins mit Aufforderung zur Abgabe von Geboten Die Gebühr entfällt, wenn der Zuschlag aufgrund des § 74a oder des § 85a ZVG versagt bleibt.	0,5
2214	Erteilung des Zuschlags Die Gebühr entfällt, wenn der Zuschlagsbeschluss aufgehoben wird.	0,5
2215	Verteilungsverfahren	0,5
2216	Es findet keine oder nur eine beschränkte Verteilung des Versteigerungserlöses durch das Gericht statt (§§ 143, 144 ZVG): Die Gebühr 2215 ermäßigt sich auf	0,25
	Abschnitt 2. Zwangsverwaltung	
2220	Entscheidung über den Antrag auf Anordnung der Zwangsverwaltung oder über den Beitritt zum Verfahren	100,00 €
2221	Jahresgebühr für jedes Kalenderjahr bei Durchführung des Verfahrens Die Gebühr wird auch für das jeweilige Kalenderjahr erhoben, in das der Tag der Beschlagnahme fällt und in dem das Verfahren aufgehoben wird.	0,5 – mindestens 120,00 €, im ersten und letzten Kalenderjahr jeweils mindestens 60,00 €
	Abschnitt 3. Zwangsliquidation einer Bahneinheit	
2230	Entscheidung über den Antrag auf Eröffnung der Zwangsliquidation	60,00 €
2231	Verfahren im Allgemeinen	0,5

Nr.	Gebührentatbestand	Gebühr oder Satz der Gebühr nach § 34 GKG
2232	Das Verfahren wird eingestellt: Die Gebühr 2231 ermäßigt sich auf	0,25
	Abschnitt 4. Beschwerden	
	Unterabschnitt 1. Beschwerde	
2240	Verfahren über Beschwerden, wenn für die angefochtene Entscheidung eine Festgebühr bestimmt ist: Die Beschwerde wird verworfen oder zurückgewiesen Wird die Beschwerde nur teilweise verworfen oder zurückgewiesen, kann das Gericht die Gebühr nach billigem Ermessen auf die Hälfte ermäßigen oder bestimmen, dass eine Gebühr nicht zu erheben ist.	120,00 €
2241	Verfahren über nicht besonders aufgeführte Beschwerden, die nicht nach anderen Vorschriften gebührenfrei sind: Soweit die Beschwerde verworfen oder zurückgewiesen wird	1,0
	Unterabschnitt 2. Rechtsbeschwerde	
2242	Verfahren über Rechtsbeschwerden, wenn für die angefochtene Entscheidung eine Festgebühr bestimmt ist: Die Rechtsbeschwerde wird verworfen oder zurückgewiesen Wird die Rechtsbeschwerde nur teilweise verworfen oder zurückgewiesen, kann das Gericht die Gebühr nach billigem Ermessen auf die Hälfte ermäßigen oder bestimmen, dass eine Gebühr nicht zu erheben ist.	240,00 €
2243	Verfahren über nicht besonders aufgeführte Rechtsbeschwerden, die nicht nach anderen Vorschriften gebührenfrei sind: Soweit die Rechtsbeschwerde verworfen oder zurückgewiesen wird	2,0
	Hauptabschnitt 3. Insolvenzverfahren	
	Vorbemerkung 2.3: Der Antrag des ausländischen Insolvenzverwalters steht dem Antrag des Schuldners gleich.	
	Abschnitt 1. Eröffnungsverfahren	
2310	Verfahren über den Antrag des Schuldners auf Eröffnung des Insolvenzverfahrens Die Gebühr entsteht auch, wenn das Verfahren nach § 306 InsO ruht.	0,5
2311	Verfahren über den Antrag eines Gläubigers auf Eröffnung des Insolvenzverfahrens	0,5 – mindestens 180,00 €

Nr.	Gebührentatbestand	Gebühr oder Satz der Gebühr nach § 34 GKG
	Abschnitt 2. Durchführung des Insolvenzverfahrens auf Antrag des Schuldners	
	Vorbemerkung 2.3.2: Die Gebühren dieses Abschnitts entstehen auch, wenn das Verfahren gleichzeitig auf Antrag eines Gläubigers eröffnet wurde.	
2320	Durchführung des Insolvenzverfahrens .... Die Gebühr entfällt, wenn der Eröffnungsbeschluss auf Beschwerde aufgehoben wird.	2,5
2321	Einstellung des Verfahrens vor dem Ende des Prüfungstermins nach den §§ 207, 211, 212, 213 InsO: Die Gebühr 2320 ermäßigt sich auf	0,5
2322	Einstellung des Verfahrens nach dem Ende des Prüfungstermins nach den §§ 207, 211, 212, 213 InsO: Die Gebühr 2320 ermäßigt sich auf	1,5
	Abschnitt 3. Durchführung des Insolvenzverfahrens auf Antrag eines Gläubigers	
	Vorbemerkung 2.3.3: Dieser Abschnitt ist nicht anzuwenden, wenn das Verfahren gleichzeitig auf Antrag des Schuldners eröffnet wurde.	
2330	Durchführung des Insolvenzverfahrens .... Die Gebühr entfällt, wenn der Eröffnungsbeschluss auf Beschwerde aufgehoben wird.	3,0
2331	Einstellung des Verfahrens vor dem Ende des Prüfungstermins nach den §§ 207, 211, 212, 213 InsO: Die Gebühr 2330 ermäßigt sich auf	1,0
2332	Einstellung des Verfahrens nach dem Ende des Prüfungstermins nach den §§ 207, 211, 212, 213 InsO: Die Gebühr 2330 ermäßigt sich auf	2,0
	Abschnitt 4. Besonderer Prüfungstermin und schriftliches Prüfungsverfahren (§ 177 InsO)	
2340	Prüfung von Forderungen je Gläubiger	20,00 €
	Abschnitt 5. Restschuldbefreiung	
2350	Entscheidung über den Antrag auf Versagung oder Widerruf der Restschuldbefreiung (§§ 296 bis 297a, 300 und 303 InsO)	35,00 €
	Abschnitt 6. Besondere Verfahren nach der Verordnung (EU) 2015/848	
2360	Verfahren über einen Antrag nach Artikel 36 Abs. 7 Satz 2 der Verordnung (EU) 2015/848	3,0
2361	Verfahren über einstweilige Maßnahmen nach Artikel 36 Abs. 9 der Verordnung (EU) 2015/848	1,0

Nr.	Gebührentatbestand	Gebühr oder Satz der Gebühr nach § 34 GKG
2362	Verfahren über einen Antrag auf Eröffnung eines Gruppen-Koordinationsverfahrens nach Artikel 61 der Verordnung (EU) 2015/848	4 000,00 €
	Abschnitt 7. Koordinationsverfahren	
2370	Verfahren im Allgemeinen	500,00 €
2371	In dem Verfahren wird ein Koordinationsplan zur Bestätigung vorgelegt: Die Gebühr 2370 beträgt	1 000,00 €
	Abschnitt 8. Beschwerden	
	Unterabschnitt 1. Beschwerde	
2380	Verfahren über die Beschwerde gegen die Entscheidung über den Antrag auf Eröffnung des Insolvenzverfahrens	1,0
2381	Verfahren über nicht besonders aufgeführte Beschwerden, die nicht nach anderen Vorschriften gebührenfrei sind: Die Beschwerde wird verworfen oder zurückgewiesen Wird die Beschwerde nur teilweise verworfen oder zurückgewiesen, kann das Gericht die Gebühr nach billigem Ermessen auf die Hälfte ermäßigen oder bestimmen, dass eine Gebühr nicht zu erheben ist.	60,00 €
2382	Verfahren über die sofortige Beschwerde gegen die Entscheidung über die Kosten des Gruppen-Koordinationsverfahrens nach Artikel 102c § 26 EGInsO ...	1,0
	Unterabschnitt 2. Rechtsbeschwerde	
2383	Verfahren über die Rechtsbeschwerde gegen die Beschwerdeentscheidung im Verfahren über den Antrag auf Eröffnung des Insolvenzverfahrens	2,0
2384	Beendigung des gesamten Verfahrens durch Zurücknahme der Rechtsbeschwerde oder des Antrags: Die Gebühr 2383 ermäßigt sich auf	1,0
2385	Verfahren über nicht besonders aufgeführte Rechtsbeschwerden, die nicht nach anderen Vorschriften gebührenfrei sind: Die Rechtsbeschwerde wird verworfen oder zurückgewiesen Wird die Rechtsbeschwerde nur teilweise verworfen oder zurückgewiesen, kann das Gericht die Gebühr nach billigem Ermessen auf die Hälfte ermäßigen oder bestimmen, dass eine Gebühr nicht zu erheben ist.	120,00 €
2386	Verfahren über die Rechtsbeschwerde gegen die Beschwerdeentscheidung über die Kosten des Gruppen-	

Nr.	Gebührentatbestand	Gebühr oder Satz der Gebühr nach § 34 GKG
	Koordinationsverfahrens nach Artikel 102c § 26 EGInsO i.V.m. § 574 ZPO	2,0
	Hauptabschnitt 4. Schifffahrtsrechtliches Verteilungsverfahren	
	Abschnitt 1. Eröffnungsverfahren	
2410	Verfahren über den Antrag auf Eröffnung des Verteilungsverfahrens	1,0
	Abschnitt 2. Verteilungsverfahren	
2420	Durchführung des Verteilungsverfahrens	2,0
	Abschnitt 3. Besonderer Prüfungstermin und schriftliches Prüfungsverfahren (§ 18 Satz 3 SVertO, § 177 InsO)	
2430	Prüfung von Forderungen je Gläubiger	20,00 €
	Abschnitt 4. Beschwerde und Rechtsbeschwerde	
2440	Verfahren über Beschwerden, die nicht nach anderen Vorschriften gebührenfrei sind:	
	Die Beschwerde wird verworfen oder zurückgewiesen	60,00 €
	Wird die Beschwerde nur teilweise verworfen oder zurückgewiesen, kann das Gericht die Gebühr nach billigem Ermessen auf die Hälfte ermäßigen oder bestimmen, dass eine Gebühr nicht zu erheben ist.	
2441	Verfahren über Rechtsbeschwerden:	
	Die Rechtsbeschwerde wird verworfen oder zurückgewiesen	120,00 €
	Wird die Rechtsbeschwerde nur teilweise verworfen oder zurückgewiesen, kann das Gericht die Gebühr nach billigem Ermessen auf die Hälfte ermäßigen oder bestimmen, dass eine Gebühr nicht zu erheben ist.	
	Hauptabschnitt 5. Rüge wegen Verletzung des Anspruchs auf rechtliches Gehör	
2500	Verfahren über die Rüge wegen Verletzung des Anspruchs auf rechtliches Gehör (§ 321a ZPO, § 4 InsO, § 3 Abs. 1 Satz 1 SVertO):	
	Die Rüge wird in vollem Umfang verworfen oder zurückgewiesen	60,00 €

Teil 3. Strafsachen und gerichtliche Verfahren nach dem Strafvollzugsgesetz, auch in Verbindung mit § 92 des Jugendgerichtsgesetzes, sowie Verfahren nach dem Gesetz über die internationale Rechtshilfe in Strafsachen

Nr.	Gebührentatbestand	Gebühr oder Satz der jeweiligen Gebühr 3110 bis 3117, soweit nichts anderes vermerkt ist

Vorbemerkung 3:

(1) § 473 Abs. 4 StPO und § 74 JGG bleiben unberührt.

(2) Im Verfahren nach Wiederaufnahme werden die gleichen Gebühren wie für das wiederaufgenommene Verfahren erhoben. Wird jedoch nach Anordnung der Wiederaufnahme des Verfahrens das frühere Urteil aufgehoben, gilt für die Gebührenerhebung jeder Rechtszug des neuen Verfahrens mit dem jeweiligen Rechtszug des früheren Verfahrens zusammen als ein Rechtszug. Gebühren werden auch für Rechtszüge erhoben, die nur im früheren Verfahren stattgefunden haben. Dies gilt auch für das Wiederaufnahmeverfahren, das sich gegen einen Strafbefehl richtet (§ 373a StPO).

Hauptabschnitt 1. Offizialverfahren

Vorbemerkung 3.1:

(1) In Strafsachen bemessen sich die Gerichtsgebühren für alle Rechtszüge nach der rechtskräftig erkannten Strafe.

(2) Ist neben einer Freiheitsstrafe auf Geldstrafe erkannt, ist die Zahl der Tagessätze der Dauer der Freiheitsstrafe hinzuzurechnen; dabei entsprechen 30 Tagessätze einem Monat Freiheitsstrafe.

(3) Ist auf Verwarnung mit Strafvorbehalt erkannt, bestimmt sich die Gebühr nach der vorbehaltenen Geldstrafe.

(4) Eine Gebühr wird für alle Rechtszüge bei rechtskräftiger Anordnung einer Maßregel der Besserung und Sicherung und bei rechtskräftiger Festsetzung einer Geldbuße gesondert erhoben.

(5) Wird aufgrund des § 55 Abs. 1 StGB in einem Verfahren eine Gesamtstrafe gebildet, bemisst sich die Gebühr für dieses Verfahren nach dem Maß der Strafe, um das die Gesamtstrafe die früher erkannte Strafe übersteigt. Dies gilt entsprechend, wenn ein Urteil, in dem auf Jugendstrafe erkannt ist, nach § 31 Abs. 2 JGG in ein neues Urteil einbezogen wird. In den Fällen des § 460 StPO und des § 66 JGG verbleibt es bei den Gebühren für die früheren Verfahren.

(6) Betrifft eine Strafsache mehrere Angeschuldigte, ist die Gebühr von jedem gesondert nach Maßgabe der gegen ihn erkannten Strafe, angeordneten Maßregel der Besserung und Sicherung oder festgesetzten Geldbuße zu erheben. Wird in einer Strafsache gegen einen oder mehrere Angeschuldigte auch eine Geldbuße gegen eine juristische Person oder eine Personenvereinigung festgesetzt, ist eine Gebühr auch von der juristischen Person oder der Personenvereinigung nach Maßgabe der gegen sie festgesetzten Geldbuße zu erheben.

(7) Wird bei Verurteilung wegen selbständiger Taten ein Rechtsmittel auf einzelne Taten beschränkt, bemisst sich die Gebühr für das Rechtsmittelverfahren nach der Strafe für diejenige Tat, die Gegenstand des Rechtsmittelverfahrens ist. Bei Gesamtstrafen ist die Summe der angefochtenen Einzelstrafen maßgebend. Ist die Gesamtstrafe, auch unter Einbeziehung der früher erkannten Strafe, geringer, ist diese maßgebend. Wird ein Rechtsmittel auf die Anordnung einer Maßregel der Besserung und Sicherung oder die Festsetzung einer Geldbuße beschränkt, werden die Gebühren für das Rechtsmittelverfahren nur wegen der Anordnung der Maßregel oder der Festsetzung der Geldbuße erhoben. Die Sätze 1 bis 4 gelten im Fall der Wiederaufnahme entsprechend.

(8) Das Verfahren über die vorbehaltene Sicherungsverwahrung und das Verfahren über die nachträgliche Anordnung der Sicherungsverwahrung gelten als besondere Verfahren.

Nr.	Gebührentatbestand	Gebühr oder Satz der jeweiligen Gebühr 3110 bis 3117, soweit nichts anderes vermerkt ist
	Abschnitt 1. Erster Rechtszug	
	Verfahren mit Urteil, wenn kein Strafbefehl vorausgegangen ist, bei	
3110	– Verurteilung zu Freiheitsstrafe bis zu 6 Monaten oder zu Geldstrafe bis zu 180 Tagessätzen	140,00 €
3111	– Verurteilung zu Freiheitsstrafe bis zu 1 Jahr oder zu Geldstrafe von mehr als 180 Tagessätzen	280,00 €
3112	– Verurteilung zu Freiheitsstrafe bis zu 2 Jahren	420,00 €
3113	– Verurteilung zu Freiheitsstrafe bis zu 4 Jahren	560,00 €
3114	– Verurteilung zu Freiheitsstrafe bis zu 10 Jahren	700,00 €
3115	– Verurteilung zu Freiheitsstrafe von mehr als 10 Jahren oder zu einer lebenslangen Freiheitsstrafe	1 000,00 €
3116	– Anordnung einer oder mehrerer Maßregeln der Besserung und Sicherung	70,00 €
3117	– Festsetzung einer Geldbuße	10 % des Betrags der Geldbuße – mindestens 50,00 € – höchstens 15 000,00 €
3118	Strafbefehl Die Gebühr wird auch neben der Gebühr 3119 erhoben. Ist der Einspruch beschränkt (§ 410 Abs. 2 StPO), bemisst sich die Gebühr nach der im Urteil erkannten Strafe.	0,5
3119	Hauptverhandlung mit Urteil, wenn ein Strafbefehl vorausgegangen ist Vorbemerkung 3.1 Abs. 7 gilt entsprechend.	0,5
	Abschnitt 2. Berufung	
3120	Berufungsverfahren mit Urteil	1,5
3121	Erledigung des Berufungsverfahrens ohne Urteil Die Gebühr entfällt bei Zurücknahme der Berufung vor Ablauf der Begründungsfrist.	0,5
	Abschnitt 3. Revision	
3130	Revisionsverfahren mit Urteil oder Beschluss nach § 349 Abs. 2 oder 4 StPO	2,0
3131	Erledigung des Revisionsverfahrens ohne Urteil und ohne Beschluss nach § 349 Abs. 2 oder 4 StPO	1,0

Nr.	Gebührentatbestand	Gebühr oder Satz der jeweiligen Gebühr 3110 bis 3117, soweit nichts anderes vermerkt ist
	Die Gebühr entfällt bei Zurücknahme der Revision vor Ablauf der Begründungsfrist.	
	Abschnitt 4. Wiederaufnahmeverfahren	
3140	Verfahren über den Antrag auf Wiederaufnahme des Verfahrens: Der Antrag wird verworfen oder abgelehnt	0,5
3141	Verfahren über die Beschwerde gegen einen Beschluss, durch den ein Antrag auf Wiederaufnahme des Verfahrens hinsichtlich einer Freiheitsstrafe, einer Geldstrafe, einer Maßregel der Besserung und Sicherung oder einer Geldbuße verworfen oder abgelehnt wurde: Die Beschwerde wird verworfen oder zurückgewiesen	1,0
	Abschnitt 5. Psychosoziale Prozessbegleitung	
	Vorbemerkung 3.1.5: Eine Erhöhung nach diesem Abschnitt tritt nicht ein, soweit das Gericht etwas anderes angeordnet hat (§ 465 Abs. 2 Satz 4 StPO).	
	Dem Verletzten ist ein psychosozialer Prozessbegleiter beigeordnet	
3150	– für das Vorverfahren: Die Gebühren 3110 bis 3116 und 3118 erhöhen sich um	520,00 €
3151	– für das gerichtliche Verfahren im ersten Rechtszug: Die Gebühren 3110 bis 3116 und 3118 erhöhen sich um .... (1) Die Erhöhung der Gebühr 3116 tritt nur ein, wenn ausschließlich diese Gebühr zu erheben ist. (2) Die Erhöhungen nach den Nummern 3150 und 3151 können nebeneinander eintreten.	370,00 €
3152	Dem Verletzten ist für das Berufungsverfahren ein psychosozialer Prozessbegleiter beigeordnet: Die Gebühr 3120 und 3121 erhöhen sich um .... Die Erhöhung der Gebühr 3120 oder 3121 für die Anordnung einer oder mehrerer Maßregeln der Besserung und Sicherung tritt nur ein, wenn ausschließlich diese Gebühr zu erheben ist.	210,00 €
	Hauptabschnitt 2. Klageerzwingungsverfahren, unwahre Anzeige und Zurücknahme des Strafantrags	
3200	Dem Antragsteller, dem Anzeigenden, dem Angeklagten oder Nebenbeteiligten sind die Kosten auferlegt worden (§§ 177, 469, 470 StPO) .... Das Gericht kann die Gebühr bis auf 15,00 € herabsetzen oder beschließen, dass von der Erhebung einer Gebühr abgesehen wird.	70,00 €

Nr.	Gebührentatbestand	Gebühr oder Satz der jeweiligen Gebühr 3110 bis 3117, soweit nichts anderes vermerkt ist
	Hauptabschnitt 3. Privatklage	
	Vorbemerkung 3.3: Für das Verfahren auf Widerklage werden die Gebühren gesondert erhoben.	
	Abschnitt 1. Erster Rechtszug	
3310	Hauptverhandlung mit Urteil	140,00 €
3311	Erledigung des Verfahrens ohne Urteil	70,00 €
	Abschnitt 2. Berufung	
3320	Berufungsverfahren mit Urteil	290,00 €
3321	Erledigung der Berufung ohne Urteil Die Gebühr entfällt bei Zurücknahme der Berufung vor Ablauf der Begründungsfrist.	140,00 €
	Abschnitt 3. Revision	
3330	Revisionsverfahren mit Urteil oder Beschluss nach § 349 Abs. 2 oder 4 StPO	430,00 €
3331	Erledigung der Revision ohne Urteil und ohne Beschluss nach § 349 Abs. 2 oder 4 StPO Die Gebühr entfällt bei Rücknahme der Revision vor Ablauf der Begründungsfrist.	290,00 €
	Abschnitt 4. Wiederaufnahmeverfahren	
3340	Verfahren über den Antrag auf Wiederaufnahme des Verfahrens: Der Antrag wird verworfen oder abgelehnt	70,00 €
3341	Verfahren über die Beschwerde gegen einen Beschluss, durch den ein Antrag auf Wiederaufnahme des Verfahrens verworfen oder abgelehnt wurde: Die Beschwerde wird verworfen oder zurückgewiesen	140,00 €
	Hauptabschnitt 4. Einziehung und verwandte Maßnahmen	
	Vorbemerkung 3.4: (1) Die Vorschriften dieses Hauptabschnitts gelten für die Verfahren über die Einziehung, dieser gleichstehende Rechtsfolgen (§ 439 StPO) und die Abführung des Mehrerlöses. Im Strafverfahren werden die Gebühren gesondert erhoben. (2) Betreffen die in Abs. 1 genannten Maßnahmen mehrere Angeschuldigte wegen derselben Tat, wird nur eine Gebühr erhoben. § 31 GKG bleibt unberührt.	
	Abschnitt 1. Antrag des Privatklägers nach § 435 StPO	
3410	Verfahren über den Antrag des Privatklägers: Der Antrag wird verworfen oder zurückgewiesen	35,00 €

Nr.	Gebührentatbestand	Gebühr oder Satz der jeweiligen Gebühr 3110 bis 3117, soweit nichts anderes vermerkt ist
	Abschnitt 2. Beschwerde	
3420	Verfahren über die Beschwerde nach § 434 Abs. 2, auch i.V.m. § 436 Abs. 2, StPO: Die Beschwerde wird verworfen oder zurückgewiesen	35,00 €
	Abschnitt 3. Berufung	
3430	Verwerfung der Berufung durch Urteil	70,00 €
3431	Erledigung der Berufung ohne Urteil .... Die Gebühr entfällt bei Zurücknahme der Berufung vor Ablauf der Begründungsfrist.	35,00 €
	Abschnitt 4. Revision	
3440	Verwerfung der Revision durch Urteil oder Beschluss nach § 349 Abs. 2 oder 4 StPO	70,00 €
3441	Erledigung der Revision ohne Urteil und ohne Beschluss nach § 349 Abs. 2 oder 4 StPO .... Die Gebühr entfällt bei Zurücknahme der Revision vor Ablauf der Begründungsfrist.	35,00 €
	Abschnitt 5. Wiederaufnahmeverfahren	
3450	Verfahren über den Antrag auf Wiederaufnahme des Verfahrens: Der Antrag wird verworfen oder zurückgewiesen	35,00 €
3451	Verfahren über die Beschwerde gegen einen Beschluss, durch den ein Antrag auf Wiederaufnahme des Verfahrens verworfen oder abgelehnt wurde: Die Beschwerde wird verworfen oder zurückgewiesen	70,00 €
	Hauptabschnitt 5. Nebenklage	
	Vorbemerkung 3.5: Gebühren nach diesem Hauptabschnitt werden nur erhoben, wenn dem Nebenkläger die Kosten auferlegt worden sind.	
	Abschnitt 1. Berufung	
3510	Die Berufung des Nebenklägers wird durch Urteil verworfen; aufgrund der Berufung des Nebenklägers wird der Angeklagte freigesprochen oder für straffrei erklärt	95,00 €
3511	Erledigung der Berufung des Nebenklägers ohne Urteil .... Die Gebühr entfällt bei Zurücknahme der Berufung vor Ablauf der Begründungsfrist.	50,00 €

Nr.	Gebührentatbestand	Gebühr oder Satz der jeweiligen Gebühr 3110 bis 3117, soweit nichts anderes vermerkt ist
	Abschnitt 2. Revision	
3520	Die Revision des Nebenklägers wird durch Urteil oder Beschluss nach § 349 Abs. 2 StPO verworfen; aufgrund der Revision des Nebenklägers wird der Angeklagte freigesprochen oder für straffrei erklärt	140,00 €
3521	Erledigung der Revision des Nebenklägers ohne Urteil und ohne Beschluss nach § 349 Abs. 2 StPO .... Die Gebühr entfällt bei Zurücknahme der Revision vor Ablauf der Begründungsfrist.	70,00 €
	Abschnitt 3. Wiederaufnahmeverfahren	
3530	Verfahren über den Antrag des Nebenklägers auf Wiederaufnahme des Verfahrens: Der Antrag wird verworfen oder abgelehnt	50,00 €
3531	Verfahren über die Beschwerde gegen einen Beschluss, durch den ein Antrag des Nebenklägers auf Wiederaufnahme des Verfahrens verworfen oder abgelehnt wurde: Die Beschwerde wird verworfen oder zurückgewiesen	95,00 €
	Hauptabschnitt 6. Sonstige Beschwerden	
	Vorbemerkung 3.6: Die Gebühren im Kostenfestsetzungsverfahren bestimmen sich nach den für das Kostenfestsetzungsverfahren in Teil 1 Hauptabschnitt 8 geregelten Gebühren.	
3600	Verfahren über die Beschwerde gegen einen Beschluss nach § 411 Abs. 1 Satz 3 StPO: Die Beschwerde wird verworfen oder zurückgewiesen	0,25
3601	Verfahren über die Beschwerde gegen eine Entscheidung, durch die im Strafverfahren einschließlich des selbständigen Verfahrens nach den §§ 435 bis 437, 444 Abs. 3 StPO eine Geldbuße gegen eine juristische Person oder eine Personenvereinigung festgesetzt worden ist: Die Beschwerde wird verworfen oder zurückgewiesen Eine Gebühr wird nur erhoben, wenn eine Geldbuße rechtskräftig festgesetzt ist.	0,5

Nr.	Gebührentatbestand	Gebühr oder Satz der jeweiligen Gebühr 3110 bis 3117, soweit nichts anderes vermerkt ist
3602	Verfahren über nicht besonders aufgeführte Beschwerden, die nicht nach anderen Vorschriften gebührenfrei sind: Die Beschwerde wird verworfen oder zurückgewiesen Von dem Beschuldigten wird eine Gebühr nur erhoben, wenn gegen ihn rechtskräftig auf eine Strafe, auf Verwarnung mit Strafvorbehalt erkannt, eine Maßregel der Besserung und Sicherung angeordnet oder eine Geldbuße festgesetzt worden ist. Von einer juristischen Person oder einer Personenvereinigung wird eine Gebühr nur erhoben, wenn gegen sie eine Geldbuße festgesetzt worden ist.	60,00 €

Nr.	Gebührentatbestand	Gebühr oder Satz der Gebühr nach § 34 GKG
	Hauptabschnitt 7. Entschädigungsverfahren	
3700	Urteil, durch das dem Antrag des Verletzten oder seines Erben wegen eines aus der Straftat erwachsenen vermögensrechtlichen Anspruchs stattgegeben wird (§ 406 StPO) .... Die Gebühr wird für jeden Rechtszug nach dem Wert des zuerkannten Anspruchs erhoben.	1,0
	Hauptabschnitt 8. Gerichtliche Verfahren nach dem Strafvollzugsgesetz, auch in Verbindung mit § 92 des Jugendgerichtsgesetzes	
	Abschnitt 1. Antrag auf gerichtliche Entscheidung	
	Verfahren über den Antrag des Betroffenen auf gerichtliche Entscheidung:	
3810	– Der Antrag wird zurückgewiesen	1,0
3811	– Der Antrag wird zurückgenommen	0,5
	Abschnitt 2. Beschwerde und Rechtsbeschwerde	
	Verfahren über die Beschwerde oder die Rechtsbeschwerde:	
3820	– Die Beschwerde oder die Rechtsbeschwerde wird verworfen	2,0
3821	– Die Beschwerde oder die Rechtsbeschwerde wird zurückgenommen	1,0
	Abschnitt 3. Vorläufiger Rechtsschutz	
3830	Verfahren über den Antrag auf Aussetzung des Vollzugs einer Maßnahme der Vollzugsbehörde oder auf Erlass einer einstweiligen Anordnung: Der Antrag wird zurückgewiesen	0,5

Nr.	Gebührentatbestand	Gebühr oder Satz der Gebühr nach § 34 GKG
	Hauptabschnitt 9. Sonstige Verfahren	
	Abschnitt 1. Vollstreckungshilfeverfahren wegen einer im Ausland rechtskräftig verhängten Geldsanktion	
	Vorbemerkung 3.9.1: Die Vorschriften dieses Abschnitts gelten für gerichtliche Verfahren nach Abschnitt 2 Unterabschnitt 2 des Neunten Teils des Gesetzes über die internationale Rechtshilfe in Strafsachen.	
3910	Verfahren über den Einspruch gegen die Entscheidung der Bewilligungsbehörde: Der Einspruch wird verworfen oder zurückgewiesen .. Wird auf den Einspruch wegen fehlerhafter oder unterlassener Umwandlung durch die Bewilligungsbehörde die Geldsanktion umgewandelt, kann das Gericht die Gebühr nach billigem Ermessen auf die Hälfte ermäßigen oder bestimmen, dass eine Gebühr nicht zu erheben ist. Dies gilt auch, wenn hinsichtlich der Höhe der zu vollstreckenden Geldsanktion von der Bewilligungsentscheidung zugunsten des Betroffenen abgewichen wird.	50,00 €
3911	Verfahren über die Rechtsbeschwerde: Die Rechtsbeschwerde wird verworfen oder zurückgewiesen .... (1) Die Anmerkung zu Nummer 3910 gilt entsprechend. (2) Die Gebühr entfällt bei Rücknahme der Rechtsbeschwerde vor Ablauf der Begründungsfrist.	75,00 €
	Abschnitt 2. Rüge wegen Verletzung des Anspruchs auf rechtliches Gehör	
3920	Verfahren über die Rüge wegen Verletzung des Anspruchs auf rechtliches Gehör (§§ 33a, 311a Abs. 1 Satz 1, § 356a StPO, auch i.V.m. § 55 Abs. 4, § 92 JGG und § 120 StVollzG): Die Rüge wird in vollem Umfang verworfen oder zurückgewiesen	60,00 €

Teil 4. Verfahren nach dem Gesetz über Ordnungswidrigkeiten

Nr.	Gebührentatbestand	Gebühr oder Satz der Gebühr 4110, soweit nichts anderes vermerkt ist
	Vorbemerkung 4: (1) § 473 Abs. 4 StPO, auch i.V.m. § 46 Abs. 1 OWiG, bleibt unberührt. (2) Im Verfahren nach Wiederaufnahme werden die gleichen Gebühren wie für das wiederaufgenommene Verfahren erhoben. Wird jedoch nach Anordnung der Wiederaufnahme des Verfahrens die frühere Entscheidung aufgehoben, gilt für die Gebührenerhebung jeder Rechtszug des neuen Verfahrens mit dem jeweiligen Rechtszug des früheren Verfahrens zusammen als ein Rechtszug. Gebühren werden auch für Rechtszüge erhoben, die nur im früheren Verfahren stattgefunden haben.	
	Hauptabschnitt 1. Bußgeldverfahren	
	Vorbemerkung 4.1: (1) In Bußgeldsachen bemessen sich die Gerichtsgebühren für alle Rechtszüge nach der rechtskräftig festgesetzten Geldbuße. Mehrere Geldbußen, die in demselben Verfahren gegen denselben Betroffenen festgesetzt werden, sind bei der Bemessung der Gebühr zusammenzurechnen. (2) Betrifft eine Bußgeldsache mehrere Betroffene, ist die Gebühr von jedem gesondert nach Maßgabe der gegen ihn festgesetzten Geldbuße zu erheben. Wird in einer Bußgeldsache gegen einen oder mehrere Betroffene eine Geldbuße auch gegen eine juristische Person oder eine Personenvereinigung festgesetzt, ist eine Gebühr auch von der juristischen Person oder Personenvereinigung nach Maßgabe der gegen sie festgesetzten Geldbuße zu erheben. (3) Wird bei Festsetzung mehrerer Geldbußen ein Rechtsmittel auf die Festsetzung einer Geldbuße beschränkt, bemisst sich die Gebühr für das Rechtsmittelverfahren nach dieser Geldbuße. Satz 1 gilt im Fall der Wiederaufnahme entsprechend.	
	Abschnitt 1. Erster Rechtszug	
4110	Hauptverhandlung mit Urteil oder Beschluss ohne Hauptverhandlung (§ 72 OWiG)	10 % des Betrags der Geldbuße – mindestens 50,00 € – höchstens 15 000,00 €
4111	Zurücknahme des Einspruchs nach Eingang der Akten bei Gericht und vor Beginn der Hauptverhandlung .... Die Gebühr wird nicht erhoben, wenn die Sache an die Verwaltungsbehörde zurückverwiesen worden ist.	0,25 – mindestens 15,00 €
4112	Zurücknahme des Einspruchs nach Beginn der Hauptverhandlung	0,5
	Abschnitt 2. Rechtsbeschwerde	
4120	Verfahren mit Urteil oder Beschluss nach § 79 Abs. 5 OWiG	2,0
4121	Verfahren ohne Urteil oder Beschluss nach § 79 Abs. 5 OWiG .... Die Gebühr entfällt bei Rücknahme der Rechtsbeschwerde vor Ablauf der Begründungsfrist.	1,0

Nr.	Gebührentatbestand	Gebühr oder Satz der Gebühr 4110, soweit nichts anderes vermerkt ist
	Abschnitt 3. Wiederaufnahmeverfahren	
4130	Verfahren über den Antrag auf Wiederaufnahme des Verfahrens: Der Antrag wird verworfen oder abgelehnt	0,5
4131	Verfahren über die Beschwerde gegen einen Beschluss, durch den ein Antrag auf Wiederaufnahme des Verfahrens verworfen oder abgelehnt wurde: Die Beschwerde wird verworfen oder zurückgewiesen	1,0
	Hauptabschnitt 2. Einziehung und verwandte Maßnahmen	
	Vorbemerkung 4.2: (1) Die Vorschriften dieses Hauptabschnitts gelten für die Verfahren über die Einziehung, dieser gleichstehende Rechtsfolgen (§ 439 StPO i.V.m. § 46 Abs. 1 OWiG) und die Abführung des Mehrerlöses. Im gerichtlichen Verfahren werden die Gebühren gesondert erhoben. (2) Betreffen die in Abs. 1 genannten Maßnahmen mehrere Betroffene wegen derselben Handlung, wird nur eine Gebühr erhoben. § 31 GKG bleibt unberührt.	
	Abschnitt 1. Beschwerde	
4210	Verfahren über die Beschwerde nach § 434 Abs. 2, auch i.V.m. § 436 Abs. 2 StPO, wiederum i.V.m. § 46 Abs. 1 OWiG,[1]: Die Beschwerde wird verworfen oder zurückgewiesen	60,00 €
	Abschnitt 2. Rechtsbeschwerde	
4220	Verfahren mit Urteil oder Beschluss nach § 79 Abs. 5 OWiG: Die Rechtsbeschwerde wird verworfen	120,00 €
4221	Verfahren ohne Urteil oder Beschluss nach § 79 Abs. 5 OWiG .... Die Gebühr entfällt bei Rücknahme der Rechtsbeschwerde vor Ablauf der Begründungsfrist.	60,00 €
	Abschnitt 3. Wiederaufnahmeverfahren	
4230	Verfahren über den Antrag auf Wiederaufnahme des Verfahrens: Der Antrag wird verworfen oder abgelehnt	35,00 €
4231	Verfahren über die Beschwerde gegen einen Beschluss, durch den ein Antrag auf Wiederaufnahme des Verfahrens verworfen oder abgelehnt wurde: Die Beschwerde wird verworfen oder zurückgewiesen	70,00 €

[1] Zeichensetzung amtlich.

Nr.	Gebührentatbestand	Gebühr oder Satz der Gebühr 4110, soweit nichts anderes vermerkt ist
	Hauptabschnitt 3. Besondere Gebühren	
4300	Dem Anzeigenden sind im Fall einer unwahren Anzeige die Kosten auferlegt worden (§ 469 StPO i.V.m. § 46 Abs. 1 OWiG)	35,00 €
	Das Gericht kann die Gebühr bis auf 15,00 € herabsetzen oder beschließen, dass von der Erhebung einer Gebühr abgesehen wird.	
4301	Abschließende Entscheidung des Gerichts im Fall des § 25a Abs. 1 StVG	35,00 €
4302	Entscheidung der Staatsanwaltschaft im Fall des § 25a Abs. 1 StVG	20,00 €
4303	Verfahren über den Antrag auf gerichtliche Entscheidung gegen eine Anordnung, Verfügung oder sonstige Maßnahme der Verwaltungsbehörde oder der Staatsanwaltschaft oder Verfahren über Einwendungen nach § 103 OWiG:	
	Der Antrag wird verworfen	30,00 €
	Wird der Antrag nur teilweise verworfen, kann das Gericht die Gebühr nach billigem Ermessen auf die Hälfte ermäßigen oder bestimmen, dass eine Gebühr nicht zu erheben ist.	
4304	Verfahren über die Erinnerung gegen den Kostenfestsetzungsbeschluss des Urkundsbeamten der Staatsanwaltschaft (§ 108a Abs. 3 Satz 2 OWiG):	
	Die Erinnerung wird zurückgewiesen	30,00 €
	Wird die Erinnerung nur teilweise verworfen, kann das Gericht die Gebühr nach billigem Ermessen auf die Hälfte ermäßigen oder bestimmen, dass eine Gebühr nicht zu erheben ist.	
	Hauptabschnitt 4. Sonstige Beschwerden	
Vorbemerkung 4.4:		
Die Gebühren im Kostenfestsetzungsverfahren bestimmen sich nach den für das Kostenfestsetzungsverfahren in Teil 1 Hauptabschnitt 8 geregelten Gebühren.		
4400	Verfahren über die Beschwerde gegen eine Entscheidung, durch die im gerichtlichen Verfahren nach dem OWiG einschließlich des selbständigen Verfahrens nach den §§ 88 und 46 Abs. 1 OWiG i.V.m. den §§ 435 bis 437, 444 Abs. 3 StPO eine Geldbuße gegen eine juristische Person oder eine Personenvereinigung festgesetzt worden ist:	
	Die Beschwerde wird verworfen oder zurückgewiesen	0,5
	Eine Gebühr wird nur erhoben, wenn eine Geldbuße rechtskräftig festgesetzt ist.	
4401	Verfahren über nicht besonders aufgeführte Beschwerden, die nicht nach anderen Vorschriften gebührenfrei sind:	

Nr.	Gebührentatbestand	Gebühr oder Satz der Gebühr 4110, soweit nichts anderes vermerkt ist
	Die Beschwerde wird verworfen oder zurückgewiesen Von dem Betroffenen wird eine Gebühr nur erhoben, wenn gegen ihn eine Geldbuße rechtskräftig festgesetzt ist.	60,00 €
	Hauptabschnitt 5. Rüge wegen Verletzung des Anspruchs auf rechtliches Gehör	
4500	Verfahren über die Rüge wegen Verletzung des Anspruchs auf rechtliches Gehör (§§ 33a, 311a Abs. 1 Satz 1, § 356a StPO i.V.m. § 46 Abs. 1 und § 79 Abs. 3 OWiG): Die Rüge wird in vollem Umfang verworfen oder zurückgewiesen	60,00 €

Teil 5. Verfahren vor den Gerichten der Verwaltungsgerichtsbarkeit

Nr.	Gebührentatbestand	Gebühr oder Satz der Gebühr nach § 34 GKG
	Hauptabschnitt 1. Prozessverfahren	
	Vorbemerkung 5.1: Wird das Verfahren durch Antrag eingeleitet, gelten die Vorschriften über die Klage entsprechend.	
	Abschnitt 1. Erster Rechtszug	
	Unterabschnitt 1. Verwaltungsgericht	
5110	Verfahren im Allgemeinen	3,0
5111	Beendigung des gesamten Verfahrens durch 1. Zurücknahme der Klage a) vor dem Schluss der mündlichen Verhandlung, b) wenn eine solche nicht stattfindet, vor Ablauf des Tages, an dem das Urteil oder der Gerichtsbescheid der Geschäftsstelle übermittelt wird, oder c) im Fall des § 93a Abs. 2 VwGO vor Ablauf der Erklärungsfrist nach § 93a Abs. 2 Satz 1 VwGO, 2. Anerkenntnis- oder Verzichtsurteil, 3. gerichtlichen Vergleich oder 4. Erledigungserklärungen nach § 161 Abs. 2 VwGO, wenn keine Entscheidung über die Kosten ergeht oder die Entscheidung einer zuvor mitgeteilten Einigung der Beteiligten über die Kostentragung oder der Kostenübernahmeerklärung eines Beteiligten folgt, wenn nicht bereits ein anderes als eines der in Nummer 2 genannten Urteile oder ein Gerichtsbescheid vorausgegangen ist: Die Gebühr 5110 ermäßigt sich auf .... Die Gebühr ermäßigt sich auch, wenn mehrere Ermäßigungstatbestände erfüllt sind.	1,0
	Unterabschnitt 2. Oberverwaltungsgericht (Verwaltungsgerichtshof)	
5112	Verfahren im Allgemeinen	4,0
5113	Beendigung des gesamten Verfahrens durch 1. Zurücknahme der Klage a) vor dem Schluss der mündlichen Verhandlung, b) wenn eine solche nicht stattfindet, vor Ablauf des Tages, an dem das Urteil, der Gerichtsbescheid oder der Beschluss in der Hauptsache der Geschäftsstelle übermittelt wird, c) im Fall des § 93a Abs. 2 VwGO vor Ablauf der Erklärungsfrist nach § 93a Abs. 2 Satz 1 VwGO, 2. Anerkenntnis- oder Verzichtsurteil, 3. gerichtlichen Vergleich oder	

Nr.	Gebührentatbestand	Gebühr oder Satz der Gebühr nach § 34 GKG
	4. Erledigungserklärungen nach § 161 Abs. 2 VwGO, wenn keine Entscheidung über die Kosten ergeht oder die Entscheidung einer zuvor mitgeteilten Einigung der Beteiligten über die Kostentragung oder der Kostenübernahmeerklärung eines Beteiligten folgt, es sei denn, dass bereits ein anderes als eines der in Nummer 2 genannten Urteile, ein Gerichtsbescheid oder Beschluss in der Hauptsache vorausgegangen ist: Die Gebühr 5112 ermäßigt sich auf .... Die Gebühr ermäßigt sich auch, wenn mehrere Ermäßigungstatbestände erfüllt sind.	2,0
	Unterabschnitt 3. Bundesverwaltungsgericht	
5114	Verfahren im Allgemeinen	5,0
5115	Beendigung des gesamten Verfahrens durch 1. Zurücknahme der Klage a) vor dem Schluss der mündlichen Verhandlung, b) wenn eine solche nicht stattfindet, vor Ablauf des Tages, an dem das Urteil oder der Gerichtsbescheid der Geschäftsstelle übermittelt wird, c) im Fall des § 93a Abs. 2 VwGO vor Ablauf der Erklärungsfrist nach § 93a Abs. 2 Satz 1 VwGO, 2. Anerkenntnis- oder Verzichtsurteil, 3. gerichtlichen Vergleich oder 4. Erledigungserklärungen nach § 161 Abs. 2 VwGO, wenn keine Entscheidung über die Kosten ergeht oder die Entscheidung einer zuvor mitgeteilten Einigung der Beteiligten über die Kostentragung oder der Kostenübernahmeerklärung eines Beteiligten folgt, es sei denn, dass bereits ein anderes als eines der in Nummer 2 genannten Urteile, ein Gerichtsbescheid oder ein Beschluss in der Hauptsache vorausgegangen ist: Die Gebühr 5114 ermäßigt sich auf .... Die Gebühr ermäßigt sich auch, wenn mehrere Ermäßigungstatbestände erfüllt sind.	3,0
	Abschnitt 2. Zulassung und Durchführung der Berufung	
5120	Verfahren über die Zulassung der Berufung: Soweit der Antrag abgelehnt wird	1,0
5121	Verfahren über die Zulassung der Berufung: Soweit der Antrag zurückgenommen oder das Verfahren durch anderweitige Erledigung beendet wird	0,5

Nr.	Gebührentatbestand	Gebühr oder Satz der Gebühr nach § 34 GKG
	Die Gebühr entsteht nicht, soweit die Berufung zugelassen wird.	
5122	Verfahren im Allgemeinen	4,0
5123	Beendigung des gesamten Verfahrens durch Zurücknahme der Berufung oder der Klage, bevor die Schrift zur Begründung der Berufung bei Gericht eingegangen ist: Die Gebühr 5122 ermäßigt sich auf	1,0
	Erledigungserklärungen nach § 161 Abs. 2 VwGO stehen der Zurücknahme gleich, wenn keine Entscheidung über die Kosten ergeht oder die Entscheidung einer zuvor mitgeteilten Einigung der Beteiligten über die Kostentragung oder der Kostenübernahmeerklärung eines Beteiligten folgt.	
5124	Beendigung des gesamten Verfahrens, wenn nicht Nummer 5123 erfüllt ist, durch 1. Zurücknahme der Berufung oder der Klage a) vor dem Schluss der mündlichen Verhandlung, b) wenn eine solche nicht stattfindet, vor Ablauf des Tages, an dem das Urteil oder der Beschluss in der Hauptsache der Geschäftsstelle übermittelt wird, oder c) im Fall des § 93a Abs. 2 VwGO vor Ablauf der Erklärungsfrist nach § 93a Abs. 2 Satz 1 VwGO, 2. Anerkenntnis- oder Verzichtsurteil, 3. gerichtlichen Vergleich oder 4. Erledigungserklärungen nach § 161 Abs. 2 VwGO, wenn keine Entscheidung über die Kosten ergeht oder die Entscheidung einer zuvor mitgeteilten Einigung der Beteiligten über die Kostentragung oder der Kostenübernahmeerklärung eines Beteiligten folgt, es sei denn, dass bereits ein anderes als eines der in Nummer 2 genannten Urteile oder ein Beschluss in der Hauptsache vorausgegangen ist: Die Gebühr 5122 ermäßigt sich auf	2,0
	Die Gebühr ermäßigt sich auch, wenn mehrere Ermäßigungstatbestände erfüllt sind.	
	Abschnitt 3. Revision	
5130	Verfahren im Allgemeinen	5,0
5131	Beendigung des gesamten Verfahrens durch Zurücknahme der Revision oder der Klage, bevor die Schrift zur Begründung der Revision bei Gericht eingegangen ist: Die Gebühr 5130 ermäßigt sich auf	1,0
	Erledigungserklärungen nach § 161 Abs. 2 VwGO stehen der Zurücknahme gleich, wenn keine Entscheidung über die Kosten ergeht oder	

Nr.	Gebührentatbestand	Gebühr oder Satz der Gebühr nach § 34 GKG
	die Entscheidung einer zuvor mitgeteilten Einigung der Beteiligten über die Kostentragung oder der Kostenübernahmeerklärung eines Beteiligten folgt.	
5132	Beendigung des gesamten Verfahrens, wenn nicht Nummer 5131 erfüllt ist, durch 1. Zurücknahme der Revision oder der Klage a) vor dem Schluss der mündlichen Verhandlung, b) wenn eine solche nicht stattfindet, vor Ablauf des Tages, an dem das Urteil oder der Beschluss in der Hauptsache der Geschäftsstelle übermittelt wird, oder c) im Fall des § 93a Abs. 2 VwGO vor Ablauf der Erklärungsfrist nach § 93a Abs. 2 Satz 1 VwGO, 2. Anerkenntnis- oder Verzichtsurteil, 3. gerichtlichen Vergleich oder 4. Erledigungserklärungen nach § 161 Abs. 2 VwGO, wenn keine Entscheidung über die Kosten ergeht oder die Entscheidung einer zuvor mitgeteilten Einigung der Beteiligten über die Kostentragung oder der Kostenübernahmeerklärung eines Beteiligten folgt, es sei denn, dass bereits ein anderes als eines der in Nummer 2 genannten Urteile oder ein Beschluss in der Hauptsache vorausgegangen ist: Die Gebühr 5130 ermäßigt sich auf	3,0
	Die Gebühr ermäßigt sich auch, wenn mehrere Ermäßigungstatbestände erfüllt sind.	

Hauptabschnitt 2. Vorläufiger Rechtsschutz

Vorbemerkung 5.2:

(1) Die Vorschriften dieses Hauptabschnitts gelten für einstweilige Anordnungen und für Verfahren nach § 80 Abs. 5, § 80a Abs. 3 und § 80b Abs. 2 und 3 VwGO.

(2) Im Verfahren über den Antrag auf Erlass und im Verfahren über den Antrag auf Aufhebung einer einstweiligen Anordnung werden die Gebühren jeweils gesondert erhoben. Mehrere Verfahren nach § 80 Abs. 5 und 7, § 80a Abs. 3 und § 80b Abs. 2 und 3 VwGO gelten innerhalb eines Rechtszugs als ein Verfahren.

Abschnitt 1. Verwaltungsgericht sowie Oberverwaltungsgericht (Verwaltungsgerichtshof) und Bundesverwaltungsgericht als Rechtsmittelgerichte in der Hauptsache

5210	Verfahren im Allgemeinen	1,5
5211	Beendigung des gesamten Verfahrens durch 1. Zurücknahme des Antrags a) vor dem Schluss der mündlichen Verhandlung oder, b) wenn eine solche nicht stattfindet, vor Ablauf des Tages, an dem der Beschluss der Geschäftsstelle übermittelt wird,	

Nr.	Gebührentatbestand	Gebühr oder Satz der Gebühr nach § 34 GKG
	2. gerichtlichen Vergleich oder 3. Erledigungserklärungen nach § 161 Abs. 2 VwGO, wenn keine Entscheidung über die Kosten ergeht oder die Entscheidung einer zuvor mitgeteilten Einigung der Beteiligten über die Kostentragung oder der Kostenübernahmeerklärung eines Beteiligten folgt, es sei denn, dass bereits ein Beschluss über den Antrag vorausgegangen ist: Die Gebühr 5210 ermäßigt sich auf	0,5
	Die Gebühr ermäßigt sich auch, wenn mehrere Ermäßigungstatbestände erfüllt sind.	

Abschnitt 2. Oberverwaltungsgericht (Verwaltungsgerichtshof)

Vorbemerkung 5.2.2:

Die Vorschriften dieses Abschnitts gelten, wenn das Oberverwaltungsgericht (Verwaltungsgerichtshof) auch in der Hauptsache erstinstanzlich zuständig ist.

Nr.	Gebührentatbestand	Gebühr oder Satz der Gebühr nach § 34 GKG
5220	Verfahren im Allgemeinen	2,0
5221	Beendigung des gesamten Verfahrens durch 1. Zurücknahme des Antrags a) vor dem Schluss der mündlichen Verhandlung oder, b) wenn eine solche nicht stattfindet, vor Ablauf des Tages, an dem der Beschluss der Geschäftsstelle übermittelt wird, 2. gerichtlichen Vergleich oder 3. Erledigungserklärungen nach § 161 Abs. 2 VwGO, wenn keine Entscheidung über die Kosten ergeht oder die Entscheidung einer zuvor mitgeteilten Einigung der Beteiligten über die Kostentragung oder der Kostenübernahmeerklärung eines Beteiligten folgt, es sei denn, dass bereits ein Beschluss über den Antrag vorausgegangen ist: Die Gebühr 5220 ermäßigt sich auf	0,75
	Die Gebühr ermäßigt sich auch, wenn mehrere Ermäßigungstatbestände erfüllt sind.	

Abschnitt 3. Bundesverwaltungsgericht

Vorbemerkung 5.2.3:

Die Vorschriften dieses Abschnitts gelten, wenn das Bundesverwaltungsgericht auch in der Hauptsache erstinstanzlich zuständig ist.

Nr.	Gebührentatbestand	Gebühr oder Satz der Gebühr nach § 34 GKG
5230	Verfahren im Allgemeinen	2,5
5231	Beendigung des gesamten Verfahrens durch 1. Zurücknahme des Antrags	

Nr.	Gebührentatbestand	Gebühr oder Satz der Gebühr nach § 34 GKG
	a) vor dem Schluss der mündlichen Verhandlung oder, b) wenn eine solche nicht stattfindet, vor Ablauf des Tages, an dem der Beschluss der Geschäftsstelle übermittelt wird, 2. gerichtlichen Vergleich oder 3. Erledigungserklärungen nach § 161 Abs. 2 VwGO, wenn keine Entscheidung über die Kosten ergeht oder die Entscheidung einer zuvor mitgeteilten Einigung der Beteiligten über die Kostentragung oder der Kostenübernahmeerklärung eines Beteiligten folgt, es sei denn, dass bereits ein Beschluss über den Antrag vorausgegangen ist: Die Gebühr 5230 ermäßigt sich auf	1,0
	Die Gebühr ermäßigt sich auch, wenn mehrere Ermäßigungstatbestände erfüllt sind.	

Abschnitt 4. Beschwerde

Vorbemerkung 5.2.4:

Die Vorschriften dieses Abschnitts gelten für Beschwerden gegen Beschlüsse des Verwaltungsgerichts über einstweilige Anordnungen (§ 123 VwGO) und über die Aussetzung der Vollziehung (§§ 80, 80a VwGO).

5240	Verfahren über die Beschwerde	2,0
5241	Beendigung des gesamten Verfahrens durch Zurücknahme der Beschwerde:	
	Die Gebühr 5240 ermäßigt sich auf	1,0

Hauptabschnitt 3. Besondere Verfahren

5300	Selbstständiges Beweisverfahren	1,0
5301	Verfahren über Anträge auf gerichtliche Handlungen der Zwangsvollstreckung nach den §§ 169, 170 oder § 172 VwGO	20,00 €

Hauptabschnitt 4. Rüge wegen Verletzung des Anspruchs auf rechtliches Gehör

5400	Verfahren über die Rüge wegen Verletzung des Anspruchs auf rechtliches Gehör (§ 152a VwGO):	
	Die Rüge wird in vollem Umfang verworfen oder zurückgewiesen	60,00 €

Hauptabschnitt 5. Sonstige Beschwerden

5500	Verfahren über die Beschwerde gegen die Nichtzulassung der Revision:	
	Soweit die Beschwerde verworfen oder zurückgewiesen wird	2,0

Nr.	Gebührentatbestand	Gebühr oder Satz der Gebühr nach § 34 GKG
5501	Verfahren über die Beschwerde gegen die Nichtzulassung der Revision: Soweit die Beschwerde zurückgenommen oder das Verfahren durch anderweitige Erledigung beendet wird .... Die Gebühr entsteht nicht, soweit die Revision zugelassen wird.	1,0
5502	Verfahren über nicht besonders aufgeführte Beschwerden, die nicht nach anderen Vorschriften gebührenfrei sind: Die Beschwerde wird verworfen oder zurückgewiesen Wird die Beschwerde nur teilweise verworfen oder zurückgewiesen, kann das Gericht die Gebühr nach billigem Ermessen auf die Hälfte ermäßigen oder bestimmen, dass eine Gebühr nicht zu erheben ist.	60,00 €
	Hauptabschnitt 6. Besondere Gebühren	
5600	Abschluss eines gerichtlichen Vergleichs: Soweit ein Vergleich über nicht gerichtlich anhängige Gegenstände geschlossen wird .... Die Gebühr entsteht nicht im Verfahren über die Prozesskostenhilfe. Im Verhältnis zur Gebühr für das Verfahren im Allgemeinen ist § 36 Absatz 3 GKG entsprechend anzuwenden.	0,25
5601	Auferlegung einer Gebühr nach § 38 GKG wegen Verzögerung des Rechtsstreits	wie vom Gericht bestimmt

Teil 6. Verfahren vor den Gerichten der Finanzgerichtsbarkeit

Nr.	Gebührentatbestand	Gebühr oder Satz der Gebühr nach § 34 GKG
	Hauptabschnitt 1. Prozessverfahren	
	Abschnitt 1. Erster Rechtszug	
	Unterabschnitt 1. Verfahren vor dem Finanzgericht	
6110	Verfahren im Allgemeinen, soweit es sich nicht nach § 45 Abs. 3 FGO erledigt	4,0
6111	Beendigung des gesamten Verfahrens durch 1. Zurücknahme der Klage a) vor dem Schluss der mündlichen Verhandlung oder, b) wenn eine solche nicht stattfindet, vor Ablauf des Tages, an dem das Urteil oder der Gerichtsbescheid der Geschäftsstelle übermittelt wird, oder 2. Beschluss in den Fällen des § 138 FGO, es sei denn, dass bereits ein Urteil oder ein Gerichtsbescheid vorausgegangen ist: Die Gebühr 6110 ermäßigt sich auf .... Die Gebühr ermäßigt sich auch, wenn mehrere Ermäßigungstatbestände erfüllt sind.	2,0
	Unterabschnitt 2. Verfahren vor dem Bundesfinanzhof	
6112	Verfahren im Allgemeinen	5,0
6113	Beendigung des gesamten Verfahrens durch 1. Zurücknahme der Klage a) vor dem Schluss der mündlichen Verhandlung oder, b) wenn eine solche nicht stattfindet, vor Ablauf des Tages, an dem das Urteil oder der Gerichtsbescheid der Geschäftsstelle übermittelt wird, oder 2. Beschluss in den Fällen des § 138 FGO, es sei denn, dass bereits ein Urteil oder ein Gerichtsbescheid vorausgegangen ist: Die Gebühr 6112 ermäßigt sich auf .... Die Gebühr ermäßigt sich auch, wenn mehrere Ermäßigungstatbestände erfüllt sind.	3,0
	Abschnitt 2. Revision	
6120	Verfahren im Allgemeinen..	5,0
6121	Beendigung des gesamten Verfahrens durch Zurücknahme der Revision oder der Klage, bevor die Schrift zur Begründung der Revision bei Gericht eingegangen ist:	

Nr.	Gebührentatbestand	Gebühr oder Satz der Gebühr nach § 34 GKG
	Die Gebühr 6120 ermäßigt sich auf	1,0
	Erledigungen in den Fällen des § 138 FGO stehen der Zurücknahme gleich.	
6122	Beendigung des gesamten Verfahrens, wenn nicht Nummer 6121 erfüllt ist, durch 1. Zurücknahme der Revision oder der Klage a) vor dem Schluss der mündlichen Verhandlung oder, b) wenn eine solche nicht stattfindet, vor Ablauf des Tages, an dem das Urteil, der Gerichtsbescheid oder der Beschluss in der Hauptsache der Geschäftsstelle übermittelt wird, oder 2. Beschluss in den Fällen des § 138 FGO, es sei denn, dass bereits ein Urteil, ein Gerichtsbescheid oder ein Beschluss in der Hauptsache vorausgegangen ist: Die Gebühr 6120 ermäßigt sich auf	3,0
	Die Gebühr ermäßigt sich auch, wenn mehrere Ermäßigungstatbestände erfüllt sind.	

Hauptabschnitt 2. Vorläufiger Rechtsschutz

Vorbemerkung 6.2:

(1) Die Vorschriften dieses Hauptabschnitts gelten für einstweilige Anordnungen und für Verfahren nach § 69 Abs. 3 und 5 FGO.

(2) Im Verfahren über den Antrag auf Erlass und im Verfahren über den Antrag auf Aufhebung einer einstweiligen Anordnung werden die Gebühren jeweils gesondert erhoben. Mehrere Verfahren nach § 69 Abs. 3 und 5 FGO gelten innerhalb eines Rechtszugs als ein Verfahren.

Abschnitt 1. Erster Rechtszug

6210	Verfahren im Allgemeinen	2,0
6211	Beendigung des gesamten Verfahrens durch 1. Zurücknahme des Antrags a) vor dem Schluss der mündlichen Verhandlung oder, b) wenn eine solche nicht stattfindet, vor Ablauf des Tages, an dem der Beschluss (§ 114 Abs. 4 FGO) der Geschäftsstelle übermittelt wird, oder 2. Beschluss in den Fällen des § 138 FGO, es sei denn, dass bereits ein Beschluss nach § 114 Abs. 4 FGO vorausgegangen ist: Die Gebühr 6210 ermäßigt sich auf	0,75
	Die Gebühr ermäßigt sich auch, wenn mehrere Ermäßigungstatbestände erfüllt sind.	

Nr.	Gebührentatbestand	Gebühr oder Satz der Gebühr nach § 34 GKG
	Abschnitt 2. Beschwerde	
	Vorbemerkung 6.2.2: Die Vorschriften dieses Abschnitts gelten für Beschwerden gegen Beschlüsse über einstweilige Anordnungen (§ 114 FGO) und über die Aussetzung der Vollziehung (§ 69 Abs. 3 und 5 FGO).	
6220	Verfahren über die Beschwerde	2,0
6221	Beendigung des gesamten Verfahrens durch Zurücknahme der Beschwerde: Die Gebühr 6220 ermäßigt sich auf	1,0
	Hauptabschnitt 3. Besondere Verfahren	
6300	Selbstständiges Beweisverfahren	1,0
6301	Verfahren über Anträge auf gerichtliche Handlungen der Zwangsvollstreckung gemäß § 152 FGO	20,00 €
	Hauptabschnitt 4. Rüge wegen Verletzung des Anspruchs auf rechtliches Gehör	
6400	Verfahren über die Rüge wegen Verletzung des Anspruchs auf rechtliches Gehör (§ 133a FGO): Die Rüge wird in vollem Umfang verworfen oder zurückgewiesen	60,00 €
	Hauptabschnitt 5. Sonstige Beschwerden	
6500	Verfahren über die Beschwerde gegen die Nichtzulassung der Revision: Soweit die Beschwerde verworfen oder zurückgewiesen wird	2,0
6501	Verfahren über die Beschwerde gegen die Nichtzulassung der Revision: Soweit die Beschwerde zurückgenommen oder das Verfahren durch anderweitige Erledigung beendet wird Die Gebühr entsteht nicht, soweit die Revision zugelassen wird.	1,0
6502	Verfahren über nicht besonders aufgeführte Beschwerden, die nicht nach anderen Vorschriften gebührenfrei sind: Die Beschwerde wird verworfen oder zurückgewiesen Wird die Beschwerde nur teilweise verworfen oder zurückgewiesen, kann das Gericht die Gebühr nach billigem Ermessen auf die Hälfte ermäßigen oder bestimmen, dass eine Gebühr nicht zu erheben ist.	60,00 €
	Hauptabschnitt 6. Besondere Gebühr	
6600	Auferlegung einer Gebühr nach § 38 GKG wegen Verzögerung des Rechtsstreits	wie vom Gericht bestimmt

Teil 7. Verfahren vor den Gerichten der Sozialgerichtsbarkeit

Nr.	Gebührentatbestand	Gebühr oder Satz der Gebühr nach § 34 GKG
	Hauptabschnitt 1. Prozessverfahren	
	Abschnitt 1. Erster Rechtszug	
	Unterabschnitt 1. Verfahren vor dem Sozialgericht	
7110	Verfahren im Allgemeinen	3,0
7111	Beendigung des gesamten Verfahrens durch 1. Zurücknahme der Klage a) vor dem Schluss der mündlichen Verhandlung oder, b) wenn eine solche nicht stattfindet, vor Ablauf des Tages, an dem das Urteil oder der Gerichtsbescheid der Geschäftsstelle übermittelt wird, 2. Anerkenntnisurteil, 3. gerichtlichen Vergleich oder angenommenes Anerkenntnis oder 4. Erledigungserklärungen nach § 197a Abs. 1 Satz 1 SGG i.V.m. § 161 Abs. 2 VwGO, wenn keine Entscheidung über die Kosten ergeht oder die Entscheidung einer zuvor mitgeteilten Einigung der Beteiligten über die Kostentragung oder der Kostenübernahmeerklärung eines Beteiligten folgt, es sei denn, dass bereits ein Urteil oder ein Gerichtsbescheid vorausgegangen ist: Die Gebühr 7110 ermäßigt sich auf	1,0
	Die Gebühr ermäßigt sich auch, wenn mehrere Ermäßigungstatbestände erfüllt sind.	
	Unterabschnitt 2. Verfahren vor dem Landessozialgericht	
7112	Verfahren im Allgemeinen	4,0
7113	Beendigung des gesamten Verfahrens durch 1. Zurücknahme der Klage a) vor dem Schluss der mündlichen Verhandlung oder, b) wenn eine solche nicht stattfindet, vor Ablauf des Tages, an dem das Urteil oder der Gerichtsbescheid der Geschäftsstelle übermittelt wird, 2. Anerkenntnisurteil, 3. gerichtlichen Vergleich oder angenommenes Anerkenntnis oder 4. Erledigungserklärungen nach § 197a Absatz 1 Satz 1 SGG i.V.m. § 161 Absatz 2 VwGO, wenn keine Entscheidung über die Kosten ergeht oder die Entscheidung einer zuvor mitgeteilten Einigung der	

Nr.	Gebührentatbestand	Gebühr oder Satz der Gebühr nach § 34 GKG
	Beteiligten über die Kostentragung oder der Kostenübernahmeerklärung eines Beteiligten folgt, es sei denn, dass bereits ein Urteil oder ein Gerichtsbescheid vorausgegangen ist: Die Gebühr 7112 ermäßigt sich auf	2,0
	Die Gebühr ermäßigt sich auch, wenn mehrere Ermäßigungstatbestände erfüllt sind.	
	Unterabschnitt 3. Verfahren vor dem Bundessozialgericht	
7114	Verfahren im Allgemeinen	5,0
7115	Beendigung des gesamten Verfahrens durch 1. Zurücknahme der Klage a) vor dem Schluss der mündlichen Verhandlung oder, b) wenn eine solche nicht stattfindet, vor Ablauf des Tages, an dem das Urteil oder der Gerichtsbescheid der Geschäftsstelle übermittelt wird, 2. Anerkenntnisurteil, 3. gerichtlichen Vergleich oder angenommenes Anerkenntnis oder 4. Erledigungserklärungen nach § 197a Absatz 1 Satz 1 SGG i.V.m. § 161 Absatz 2 VwGO, wenn keine Entscheidung über die Kosten ergeht oder die Entscheidung einer zuvor mitgeteilten Einigung der Beteiligten über die Kostentragung oder der Kostenübernahmeerklärung eines Beteiligten folgt, es sei denn, dass bereits ein Urteil oder ein Gerichtsbescheid vorausgegangen ist: Die Gebühr 7114 ermäßigt sich auf	3,0
	Die Gebühr ermäßigt sich auch, wenn mehrere Ermäßigungstatbestände erfüllt sind.	
	Abschnitt 2. Berufung	
7120	Verfahren im Allgemeinen	4,0
7121	Beendigung des gesamten Verfahrens durch Zurücknahme der Berufung oder der Klage, bevor die Schrift zur Begründung der Berufung bei Gericht eingegangen ist und vor Ablauf des Tages, an dem die Verfügung mit der Bestimmung des Termins zur mündlichen Verhandlung der Geschäftsstelle übermittelt wird und vor Ablauf des Tages, an dem die den Beteiligten gesetzte Frist zur Äußerung abgelaufen ist (§ 153 Abs. 4 Satz 2 SGG): Die Gebühr 7120 ermäßigt sich auf	1,0
	Erledigungserklärungen nach § 197a Abs. 1 Satz 1 SGG i.V.m. § 161 Abs. 2 VwGO stehen der Zurücknahme gleich, wenn keine Ent-	

Nr.	Gebührentatbestand	Gebühr oder Satz der Gebühr nach § 34 GKG
	scheidung über die Kosten ergeht oder die Entscheidung einer zuvor mitgeteilten Einigung der Beteiligten über die Kostentragung oder der Kostenübernahmeerklärung eines Beteiligten folgt.	
7122	Beendigung des gesamten Verfahrens, wenn nicht Nummer 7121 erfüllt ist, durch 1. Zurücknahme der Berufung oder der Klage a) vor dem Schluss der mündlichen Verhandlung oder, b) wenn eine solche nicht stattfindet, vor Ablauf des Tages, an dem das Urteil oder der Beschluss in der Hauptsache der Geschäftsstelle übermittelt wird, 2. Anerkenntnisurteil, 3. gerichtlichen Vergleich oder angenommenes Anerkenntnis oder 4. Erledigungserklärungen nach § 197a Abs. 1 Satz 1 SGG i.V.m. § 161 Abs. 2 VwGO, wenn keine Entscheidung über die Kosten ergeht oder die Entscheidung einer zuvor mitgeteilten Einigung der Beteiligten über die Kostentragung oder der Kostenübernahmeerklärung eines Beteiligten folgt, es sei denn, dass bereits ein Urteil oder ein Beschluss in der Hauptsache vorausgegangen ist: Die Gebühr 7120 ermäßigt sich auf	2,0
	Die Gebühr ermäßigt sich auch, wenn mehrere Ermäßigungstatbestände erfüllt sind.	
	Abschnitt 3. Revision	
7130	Verfahren im Allgemeinen	5,0
7131	Beendigung des gesamten Verfahrens durch Zurücknahme der Revision oder der Klage, bevor die Schrift zur Begründung der Revision bei Gericht eingegangen ist: Die Gebühr 7130 ermäßigt sich auf	1,0
	Erledigungserklärungen nach § 197a Abs. 1 Satz 1 SGG i.V.m. § 161 Abs. 2 VwGO stehen der Zurücknahme gleich, wenn keine Entscheidung über die Kosten ergeht oder die Entscheidung einer zuvor mitgeteilten Einigung der Beteiligten über die Kostentragung oder der Kostenübernahmeerklärung eines Beteiligten folgt.	
7132	Beendigung des gesamten Verfahrens, wenn nicht Nummer 7131 erfüllt ist, durch 1. Zurücknahme der Revision oder der Klage, a) vor dem Schluss der mündlichen Verhandlung oder, b) wenn eine solche nicht stattfindet, vor Ablauf des Tages, an dem das Urteil oder der Beschluss in	

Nr.	Gebührentatbestand	Gebühr oder Satz der Gebühr nach § 34 GKG
	der Hauptsache der Geschäftsstelle übermittelt wird, 2. Anerkenntnisurteil, 3. gerichtlichen Vergleich oder angenommenes Anerkenntnis oder 4. Erledigungserklärungen nach § 197a Abs. 1 Satz 1 SGG i.V.m. § 161 Abs. 2 VwGO, wenn keine Entscheidung über die Kosten ergeht oder die Entscheidung einer zuvor mitgeteilten Einigung der Beteiligten über die Kostentragung oder der Kostenübernahmeerklärung eines Beteiligten folgt, wenn nicht bereits ein Urteil oder ein Beschluss in der Hauptsache vorausgegangen ist: Die Gebühr 7130 ermäßigt sich auf .... Die Gebühr ermäßigt sich auch, wenn mehrere Ermäßigungstatbestände erfüllt sind.	3,0

Hauptabschnitt 2. Vorläufiger Rechtsschutz

Vorbemerkung 7.2:

(1) Die Vorschriften dieses Hauptabschnitts gelten für einstweilige Anordnungen und für Verfahren nach § 86b Abs. 1 SGG.

(2) Im Verfahren über den Antrag auf Erlass und im Verfahren über den Antrag auf Aufhebung einer einstweiligen Anordnung werden die Gebühren jeweils gesondert erhoben. Mehrere Verfahren nach § 86b Abs. 1 SGG gelten innerhalb eines Rechtszugs als ein Verfahren.

Abschnitt 1. Erster Rechtszug

7210	Verfahren im Allgemeinen	1,5
7211	Beendigung des gesamten Verfahrens durch 1. Zurücknahme des Antrags a) vor dem Schluss der mündlichen Verhandlung oder, b) wenn eine solche nicht stattfindet, vor Ablauf des Tages, an dem der Beschluss (§ 86b Abs. 4 SGG) der Geschäftsstelle übermittelt wird, 2. gerichtlichen Vergleich oder angenommenes Anerkenntnis oder 3. Erledigungserklärungen nach § 197a Abs. 1 Satz 1 SGG i.V.m. § 161 Abs. 2 VwGO, wenn keine Entscheidung über die Kosten ergeht oder die Entscheidung einer zuvor mitgeteilten Einigung der Beteiligten über die Kostentragung oder der Kostenübernahmeerklärung eines Beteiligten folgt, es sei denn, dass bereits ein Beschluss (§ 86b Abs. 4 SGG) vorausgegangen ist: Die Gebühr 7210 ermäßigt sich auf .... Die Gebühr ermäßigt sich auch, wenn mehrere Ermäßigungstatbestände erfüllt sind.	0,5

Nr.	Gebührentatbestand	Gebühr oder Satz der Gebühr nach § 34 GKG
	Abschnitt 2. Beschwerde	
	Vorbemerkung 7.2.2: Die Vorschriften dieses Abschnitts gelten für Beschwerden gegen Beschlüsse des Sozialgerichts nach § 86b SGG.	
7220	Verfahren über die Beschwerde	2,0
7221	Beendigung des gesamten Verfahrens durch Zurücknahme der Beschwerde: Die Gebühr 7220 ermäßigt sich auf	1,0
	Hauptabschnitt 3. Beweissicherungsverfahren	
7300	Verfahren im Allgemeinen	1,0
	Hauptabschnitt 4. Rüge wegen Verletzung des Anspruchs auf rechtliches Gehör	
7400	Verfahren über die Rüge wegen Verletzung des Anspruchs auf rechtliches Gehör (§ 178a SGG): Die Rüge wird in vollem Umfang verworfen oder zurückgewiesen	60,00 €
	Hauptabschnitt 5. Sonstige Beschwerden	
7500	Verfahren über die Beschwerde gegen die Nichtzulassung der Berufung: Soweit die Beschwerde verworfen oder zurückgewiesen wird	1,5
7501	Verfahren über die Beschwerde gegen die Nichtzulassung der Berufung: Soweit die Beschwerde zurückgenommen oder das Verfahren durch anderweitige Erledigung beendet wird Die Gebühr entsteht nicht, soweit die Berufung zugelassen wird.	0,75
7502	Verfahren über die Beschwerde gegen die Nichtzulassung der Revision: Soweit die Beschwerde verworfen oder zurückgewiesen wird	2,0
7503	Verfahren über die Beschwerde gegen die Nichtzulassung der Revision: Soweit die Beschwerde zurückgenommen oder das Verfahren durch anderweitige Erledigung beendet wird Die Gebühr entsteht nicht, soweit die Revision zugelassen wird.	1,0
7504	Verfahren über nicht besonders aufgeführte Beschwerden, die nicht nach anderen Vorschriften gebührenfrei sind:	

Nr.	Gebührentatbestand	Gebühr oder Satz der Gebühr nach § 34 GKG
	Die Beschwerde wird verworfen oder zurückgewiesen Wird die Beschwerde nur teilweise verworfen oder zurückgewiesen, kann das Gericht die Gebühr nach billigem Ermessen auf die Hälfte ermäßigen oder bestimmen, dass eine Gebühr nicht zu erheben ist.	60,00 €
	Hauptabschnitt 6. Besondere Gebühren	
7600	Abschluss eines gerichtlichen Vergleichs: Soweit ein Vergleich über nicht gerichtlich anhängige Gegenstände geschlossen wird	0,25
	Die Gebühr entsteht nicht im Verfahren über die Prozesskostenhilfe. Im Verhältnis zur Gebühr für das Verfahren im Allgemeinen ist § 36 Absatz 3 GKG entsprechend anzuwenden.	
7601	Auferlegung einer Gebühr nach § 38 GKG wegen Verzögerung des Rechtsstreits	wie vom Gericht bestimmt

Teil 8. Verfahren vor den Gerichten der Arbeitsgerichtsbarkeit

Nr.	Gebührentatbestand	Gebühr oder Satz der Gebühr nach § 34 GKG
Vorbemerkung 8: Bei Beendigung des Verfahrens durch einen gerichtlichen Vergleich entfällt die in dem betreffenden Rechtszug angefallene Gebühr; im ersten Rechtszug entfällt auch die Gebühr für das Verfahren über den Antrag auf Erlass eines Vollstreckungsbescheids oder eines Europäischen Zahlungsbefehls. Dies gilt nicht, wenn der Vergleich nur einen Teil des Streitgegenstands betrifft (Teilvergleich).		
	Hauptabschnitt 1. Mahnverfahren	
8100	Verfahren über den Antrag auf Erlass eines Vollstreckungsbescheids oder eines Europäischen Zahlungsbefehls ...... Die Gebühr entfällt bei Zurücknahme des Antrags auf Erlass des Vollstreckungsbescheids. Sie entfällt auch nach Übergang in das streitige Verfahren, wenn dieses ohne streitige Verhandlung endet; dies gilt nicht, wenn ein Versäumnisurteil ergeht. Bei Erledigungserklärungen nach § 91a ZPO entfällt die Gebühr, wenn keine Entscheidung über die Kosten ergeht oder die Kostenentscheidung einer zuvor mitgeteilten Einigung der Parteien über die Kostentragung oder der Kostenübernahmeerklärung einer Partei folgt.	0,4 – mindestens 26,00 €
	Hauptabschnitt 2. Urteilsverfahren	
	Abschnitt 1. Erster Rechtszug	
8210	Verfahren im Allgemeinen ...... (1) Soweit wegen desselben Anspruchs ein Mahnverfahren vorausgegangen ist, entsteht die Gebühr nach Erhebung des Widerspruchs, wenn ein Antrag auf Durchführung der mündlichen Verhandlung gestellt wird, oder mit der Einlegung des Einspruchs; in diesem Fall wird eine Gebühr 8100 nach dem Wert des Streitgegenstands angerechnet, der in das Prozessverfahren übergegangen ist, sofern im Mahnverfahren der Antrag auf Erlass des Vollstreckungsbescheids gestellt wurde. Satz 1 gilt entsprechend, wenn wegen desselben Streitgegenstands ein Europäisches Mahnverfahren vorausgegangen ist. (2) Die Gebühr entfällt bei Beendigung des gesamten Verfahrens ohne streitige Verhandlung, wenn kein Versäumnisurteil ergeht. Bei Erledigungserklärungen nach § 91a ZPO entfällt die Gebühr, wenn keine Entscheidung über die Kosten ergeht oder die Kostenentscheidung einer zuvor mitgeteilten Einigung der Parteien über die Kostentragung oder der Kostenübernahmeerklärung einer Partei folgt.	2,0
8211	Beendigung des gesamten Verfahrens nach streitiger Verhandlung durch 1. Zurücknahme der Klage vor dem Schluss der mündlichen Verhandlung, wenn keine Entscheidung nach § 269 Abs. 3 Satz 3 ZPO über die Kosten ergeht oder die Entscheidung einer zuvor mitgeteilten Einigung der Parteien über die Kostentragung oder der Kostenübernahmeerklärung einer Partei folgt, 2. Anerkenntnisurteil, Verzichtsurteil oder Urteil, das nach § 313a Abs. 2 ZPO keinen Tatbestand und keine Entscheidungsgründe enthält, oder	

Nr.	Gebührentatbestand	Gebühr oder Satz der Gebühr nach § 34 GKG
	3. Erledigungserklärungen nach § 91a ZPO, wenn keine Entscheidung über die Kosten ergeht oder die Entscheidung einer zuvor mitgeteilten Einigung der Parteien über die Kostentragung oder der Kostenübernahmeerklärung einer Partei folgt, es sei denn, dass bereits ein anderes als eines der in Nummer 2 genannten Urteile vorausgegangen ist: Die Gebühr 8210 ermäßigt sich auf	0,4
	Die Zurücknahme des Widerspruchs gegen den Mahnbescheid oder des Einspruchs gegen den Vollstreckungsbescheid stehen der Zurücknahme der Klage gleich. Die Gebühr ermäßigt sich auch, wenn mehrere Ermäßigungstatbestände erfüllt sind oder Ermäßigungstatbestände mit einem Teilvergleich zusammentreffen.	
8212	Verfahren wegen eines überlangen Gerichtsverfahrens (§ 9 Absatz 2 Satz 2 des Arbeitsgerichtsgesetzes) vor dem Landesarbeitsgericht: Die Gebühr 8210 beträgt	4,0
8213	Verfahren wegen eines überlangen Gerichtsverfahrens (§ 9 Absatz 2 Satz 2 des Arbeitsgerichtsgesetzes) vor dem Landesarbeitsgericht: Die Gebühr 8211 beträgt	2,0
8214	Verfahren wegen eines überlangen Gerichtsverfahrens (§ 9 Absatz 2 Satz 2 des Arbeitsgerichtsgesetzes) vor dem Bundesarbeitsgericht: Die Gebühr 8210 beträgt	5,0
8215	Verfahren wegen eines überlangen Gerichtsverfahrens (§ 9 Absatz 2 Satz 2 des Arbeitsgerichtsgesetzes) vor dem Bundesarbeitsgericht: Die Gebühr 8211 beträgt	3,0
	Abschnitt 2. Berufung	
8220	Verfahren im Allgemeinen	3,2
8221	Beendigung des gesamten Verfahrens durch Zurücknahme der Berufung oder der Klage, bevor die Schrift zur Begründung der Berufung bei Gericht eingegangen ist: Die Gebühr 8220 ermäßigt sich auf	0,8
	Erledigungserklärungen nach § 91a ZPO stehen der Zurücknahme gleich, wenn keine Entscheidung über die Kosten ergeht oder die Entscheidung einer zuvor mitgeteilten Einigung der Parteien über die Kostentragung oder der Kostenübernahmeerklärung einer Partei folgt.	
8222	Beendigung des gesamten Verfahrens, wenn nicht Nummer 8221 erfüllt ist, durch 1. Zurücknahme der Berufung oder der Klage vor dem Schluss der mündlichen Verhandlung,	

Nr.	Gebührentatbestand	Gebühr oder Satz der Gebühr nach § 34 GKG
	2. Anerkenntnisurteil, Verzichtsurteil oder Urteil, das nach § 313a Abs. 2 ZPO keinen Tatbestand und keine Entscheidungsgründe enthält, oder 3. Erledigungserklärungen nach § 91a ZPO, wenn keine Entscheidung über die Kosten ergeht oder die Entscheidung einer zuvor mitgeteilten Einigung der Parteien über die Kostentragung oder der Kostenübernahmeerklärung einer Partei folgt, es sei denn, dass bereits ein anderes als eines der in Nummer 2 genannten Urteile vorausgegangen ist: Die Gebühr 8220 ermäßigt sich auf	1,6
	Die Gebühr ermäßigt sich auch, wenn mehrere Ermäßigungstatbestände erfüllt sind oder Ermäßigungstatbestände mit einem Teilvergleich zusammentreffen.	
8223	Beendigung des gesamten Verfahrens durch ein Urteil, das wegen eines Verzichts der Parteien nach § 313a Abs. 1 Satz 2 ZPO keine schriftliche Begründung enthält, wenn nicht bereits ein anderes als eines der in Nummer 8222 Nr. 2 genannten Urteile oder ein Beschluss in der Hauptsache vorausgegangen ist: Die Gebühr 8220 ermäßigt sich auf	2,4
	Die Gebühr ermäßigt sich auch, wenn daneben Ermäßigungstatbestände nach Nummer 8222 erfüllt sind oder Ermäßigungstatbestände mit einem Teilvergleich zusammentreffen.	
	Abschnitt 3. Revision	
8230	Verfahren im Allgemeinen	4,0
8231	Beendigung des gesamten Verfahrens durch Zurücknahme der Revision oder der Klage, bevor die Schrift zur Begründung der Revision bei Gericht eingegangen ist: Die Gebühr 8230 ermäßigt sich auf	0,8
	Erledigungserklärungen nach § 91a ZPO stehen der Zurücknahme gleich, wenn keine Entscheidung über die Kosten ergeht oder die Entscheidung einer zuvor mitgeteilten Einigung der Parteien über die Kostentragung oder der Kostenübernahmeerklärung einer Partei folgt.	
8232	Beendigung des gesamten Verfahrens, wenn nicht Nummer 8231 erfüllt ist, durch 1. Zurücknahme der Revision oder der Klage vor dem Schluss der mündlichen Verhandlung, 2. Anerkenntnis- oder Verzichtsurteil oder 3. Erledigungserklärungen nach § 91a ZPO, wenn keine Entscheidung über die Kosten ergeht oder die Entscheidung einer zuvor mitgeteilten Einigung der Parteien über die Kostentragung oder der Kostenübernahmeerklärung einer Partei folgt,	

Nr.	Gebührentatbestand	Gebühr oder Satz der Gebühr nach § 34 GKG
	es sei denn, dass bereits ein anderes als eines der in Nummer 2 genannten Urteile vorausgegangen ist:	
	Die Gebühr 8230 ermäßigt sich auf	2,4
	Die Gebühr ermäßigt sich auch, wenn mehrere Ermäßigungstatbestände erfüllt sind oder Ermäßigungstatbestände mit einem Teilvergleich zusammentreffen.	
8233	Verfahren wegen eines überlangen Gerichtsverfahrens (§ 9 Absatz 2 Satz 2 des Arbeitsgerichtsgesetzes):	
	Die Gebühr 8230 beträgt	5,0
8234	Verfahren wegen eines überlangen Gerichtsverfahrens (§ 9 Absatz 2 Satz 2 des Arbeitsgerichtsgesetzes):	
	Die Gebühr 8231 beträgt	1,0
8235	Verfahren wegen eines überlangen Gerichtsverfahrens (§ 9 Absatz 2 Satz 2 des Arbeitsgerichtsgesetzes):	
	Die Gebühr 8232 beträgt	3,0

Hauptabschnitt 3. Arrest, Europäischer Beschluss zur vorläufigen Kontenpfändung und einstweilige Verfügung

Vorbemerkung 8.3:

(1) Im Verfahren zur Erwirkung eines Europäischen Beschlusses zur vorläufigen Kontenpfändung werden Gebühren nach diesem Hauptabschnitt nur im Fall des Artikels 5 Buchstabe a der Verordnung (EU) Nr. 655/2014 erhoben. In den Fällen des Artikels 5 Buchstabe b der Verordnung (EU) Nr. 655/2014 bestimmen sich die Gebühren nach Teil 2 Hauptabschnitt 1.

(2) Im Verfahren auf Anordnung eines Arrests oder auf Erlass einer einstweiligen Verfügung sowie im Verfahren über die Aufhebung oder die Abänderung (§ 926 Abs. 2, §§ 927, 936 ZPO) werden die Gebühren jeweils gesondert erhoben. Im Fall des § 942 ZPO gilt das Verfahren vor dem Amtsgericht und dem Gericht der Hauptsache als ein Rechtsstreit.

(3) Im Verfahren zur Erwirkung eines Europäischen Beschlusses zur vorläufigen Kontenpfändung sowie im Verfahren über den Widerruf oder die Abänderung werden die Gebühren jeweils gesondert erhoben.

Abschnitt 1. Erster Rechtszug

8310	Verfahren im Allgemeinen	0,4
8311	Es wird durch Urteil entschieden oder es ergeht ein Beschluss nach § 91a oder § 269 Abs. 3 Satz 3 ZPO, es sei denn, der Beschluss folgt einer zuvor mitgeteilten Einigung der Parteien über die Kostentragung oder der Kostenübernahmeerklärung einer Partei:	
	Die Gebühr 8310 erhöht sich auf	2,0
	Die Gebühr wird nicht erhöht, wenn durch Anerkenntnisurteil, Verzichtsurteil oder Urteil, das nach § 313a Abs. 2 ZPO keinen Tatbestand und keine Entscheidungsgründe enthält, entschieden wird. Dies gilt auch, wenn eine solche Entscheidung mit einem Teilvergleich zusammentrifft.	

Abschnitt 2. Berufung

8320	Verfahren im Allgemeinen	3,2

Nr.	Gebührentatbestand	Gebühr oder Satz der Gebühr nach § 34 GKG
8321	Beendigung des gesamten Verfahrens durch Zurücknahme der Berufung, des Antrags oder des Widerspruchs, bevor die Schrift zur Begründung der Berufung bei Gericht eingegangen ist: Die Gebühr 8320 ermäßigt sich auf	0,8
	Erledigungserklärungen nach § 91a ZPO stehen der Zurücknahme gleich, wenn keine Entscheidung über die Kosten ergeht oder die Entscheidung einer zuvor mitgeteilten Einigung der Parteien über die Kostentragung oder der Kostenübernahmeerklärung einer Partei folgt.	
8322	Beendigung des gesamten Verfahrens, wenn nicht Nummer 8321 erfüllt ist, durch 1. Zurücknahme der Berufung oder des Antrags vor dem Schluss der mündlichen Verhandlung, 2. Anerkenntnisurteil, Verzichtsurteil oder Urteil, das nach § 313a Abs. 2 ZPO keinen Tatbestand und keine Entscheidungsgründe enthält, oder 3. Erledigungserklärungen nach § 91a ZPO, wenn keine Entscheidung über die Kosten ergeht oder die Entscheidung einer zuvor mitgeteilten Einigung der Parteien über die Kostentragung oder der Kostenübernahmeerklärung einer Partei folgt, es sei denn, dass bereits ein anderes als eines der in Nummer 2 genannten Urteile vorausgegangen ist: Die Gebühr 8320 ermäßigt sich auf	1,6
	Die Gebühr ermäßigt sich auch, wenn mehrere Ermäßigungstatbestände erfüllt sind oder Ermäßigungstatbestände mit einem Teilvergleich zusammentreffen.	
8323	Beendigung des gesamten Verfahrens durch ein Urteil, das wegen eines Verzichts der Parteien nach § 313a Abs. 1 Satz 2 ZPO keine schriftliche Begründung enthält, wenn nicht bereits ein anderes als eines der in Nummer 8322 Nr. 2 genannten Urteile oder ein Beschluss in der Hauptsache vorausgegangen ist: Die Gebühr 8320 ermäßigt sich auf	2,4
	Die Gebühr ermäßigt sich auch, wenn daneben Ermäßigungstatbestände nach Nummer 8322 erfüllt sind oder solche Ermäßigungstatbestände mit einem Teilvergleich zusammentreffen.	
	Abschnitt 3. Beschwerde	
8330	Verfahren über die Beschwerde 1. gegen die Zurückweisung eines Antrags auf Anordnung eines Arrests oder eines Antrags auf Erlass einer einstweiligen Verfügung oder 2. in Verfahren nach der Verordnung (EU) Nr. 655/2014	1,2

Nr.	Gebührentatbestand	Gebühr oder Satz der Gebühr nach § 34 GKG
8331	Beendigung des gesamten Verfahrens durch Zurücknahme der Beschwerde: Die Gebühr 8330 ermäßigt sich auf	0,8
	Hauptabschnitt 4. Besondere Verfahren	
8400	Selbständiges Beweisverfahren	0,6
8401	Verfahren über Anträge auf Ausstellung einer Bestätigung nach § 1079 ZPO	15,00 €
	Hauptabschnitt 5. Rüge wegen Verletzung des Anspruchs auf rechtliches Gehör	
8500	Verfahren über die Rüge wegen Verletzung des Anspruchs auf rechtliches Gehör (§ 78a des Arbeitsgerichtsgesetzes): Die Rüge wird in vollem Umfang verworfen oder zurückgewiesen	50,00 €
	Hauptabschnitt 6. Sonstige Beschwerden und Rechtsbeschwerden	
	Abschnitt 1. Sonstige Beschwerden	
8610	Verfahren über Beschwerden nach § 71 Abs. 2, § 91a Abs. 2, § 99 Abs. 2, § 269 Abs. 5 oder § 494a Absatz 2 Satz 2 ZPO	70,00 €
8611	Beendigung des Verfahrens ohne Entscheidung: Die Gebühr 8610 ermäßigt sich auf (1) Die Gebühr ermäßigt sich auch im Fall der Zurücknahme der Beschwerde vor Ablauf des Tages, an dem die Entscheidung der Geschäftsstelle übermittelt wird. (2) Eine Entscheidung über die Kosten steht der Ermäßigung nicht entgegen, wenn die Entscheidung einer zuvor mitgeteilten Einigung der Parteien über die Kostentragung oder der Kostenübernahmeerklärung einer Partei folgt.	50,00 €
8612	Verfahren über die Beschwerde gegen die Nichtzulassung der Revision: Soweit die Beschwerde verworfen oder zurückgewiesen wird	1,6
8613	Verfahren über die Beschwerde gegen die Nichtzulassung der Revision: Soweit die Beschwerde zurückgenommen oder das Verfahren durch anderweitige Erledigung beendet wird Die Gebühr entsteht nicht, soweit die Revision zugelassen wird.	0,8
8614	Verfahren über nicht besonders aufgeführte Beschwerden, die nicht nach anderen Vorschriften gebührenfrei sind: Die Beschwerde wird verworfen oder zurückgewiesen	50,00 €

Nr.	Gebührentatbestand	Gebühr oder Satz der Gebühr nach § 34 GKG
	Wird die Beschwerde nur teilweise verworfen oder zurückgewiesen, kann das Gericht die Gebühr nach billigem Ermessen auf die Hälfte ermäßigen oder bestimmen, dass eine Gebühr nicht zu erheben ist.	
	Abschnitt 2. Sonstige Rechtsbeschwerden	
8620	Verfahren über Rechtsbeschwerden in den Fällen des § 71 Abs. 1, § 91a Abs. 1, § 99 Abs. 2, § 269 Abs. 4, § 494a Absatz 2 Satz 2 oder § 516 Abs. 3 ZPO	145,00 €
8621	Beendigung des gesamten Verfahrens durch Zurücknahme der Rechtsbeschwerde, des Antrags oder der Klage, bevor die Schrift zur Begründung der Rechtsbeschwerde bei Gericht eingegangen ist: Die Gebühr 8620 ermäßigt sich auf	50,00 €
8622	Beendigung des gesamten Verfahrens durch Zurücknahme der Rechtsbeschwerde, des Antrags oder der Klage vor Ablauf des Tages, an dem die Entscheidung der Geschäftsstelle übermittelt wird, wenn nicht Nummer 8621 erfüllt ist: Die Gebühr 8620 ermäßigt sich auf	70,00 €
8623	Verfahren über nicht besonders aufgeführte Rechtsbeschwerden, die nicht nach anderen Vorschriften gebührenfrei sind: Die Rechtsbeschwerde wird verworfen oder zurückgewiesen	95,00 €
	Wird die Rechtsbeschwerde nur teilweise verworfen oder zurückgewiesen, kann das Gericht die Gebühr nach billigem Ermessen auf die Hälfte ermäßigen oder bestimmen, dass eine Gebühr nicht zu erheben ist.	
8624	Verfahren über die in Nummer 8623 genannten Rechtsbeschwerden: Beendigung des gesamten Verfahrens durch Zurücknahme der Rechtsbeschwerde, des Antrags oder der Klage vor Ablauf des Tages, an dem die Entscheidung der Geschäftsstelle übermittelt wird	50,00 €
	Hauptabschnitt 7. Besondere Gebühr	
8700	Auferlegung einer Gebühr nach § 38 GKG wegen Verzögerung des Rechtsstreits	wie vom Gericht bestimmt

Teil 9. Auslagen

Nr.	Auslagentatbestand	Höhe
	Vorbemerkung 9: (1) Auslagen, die durch eine für begründet befundene Beschwerde entstanden sind, werden nicht erhoben, soweit das Beschwerdeverfahren gebührenfrei ist; dies gilt jedoch nicht, soweit das Beschwerdegericht die Kosten dem Gegner des Beschwerdeführers auferlegt hat. (2) Sind Auslagen durch verschiedene Rechtssachen veranlasst, werden sie auf die mehreren Rechtssachen angemessen verteilt.	
9000	Pauschale für die Herstellung und Überlassung von Dokumenten: 1. Ausfertigungen, Kopien und Ausdrucke bis zur Größe von DIN A3, die a) auf Antrag angefertigt oder auf Antrag per Telefax übermittelt worden sind oder b) angefertigt worden sind, weil die Partei oder ein Beteiligter es unterlassen hat, die erforderliche Zahl von Mehrfertigungen beizufügen; der Anfertigung steht es gleich, wenn per Telefax übermittelte Mehrfertigungen von der Empfangseinrichtung des Gerichts ausgedruckt werden:	
	für die ersten 50 Seiten je Seite	0,50 €
	für jede weitere Seite	0,15 €
	für die ersten 50 Seiten in Farbe je Seite	1,00 €
	für jede weitere Seite in Farbe	0,30 €
	2. Entgelte für die Herstellung und Überlassung der in Nummer 1 genannten Kopien oder Ausdrucke in einer Größe von mehr als DIN A3	in voller Höhe
	oder pauschal je Seite	3,00 €
	oder pauschal je Seite in Farbe	6,00 €
	3. Überlassung von elektronisch gespeicherten Dateien oder deren Bereitstellung zum Abruf anstelle der in den Nummern 1 und 2 genannten Ausfertigungen, Kopien und Ausdrucke:	
	je Datei	1,50 €
	für die in einem Arbeitsgang überlassenen, bereitgestellten oder in einem Arbeitsgang auf denselben Datenträger übertragenen Dokumente insgesamt höchstens	5,00 €
	(1) Die Höhe der Dokumentenpauschale nach Nummer 1 ist in jedem Rechtszug und für jeden Kostenschuldner nach § 28 Abs. 1 GKG gesondert zu berechnen; Gesamtschuldner gelten als ein Schuldner. Die Dokumentenpauschale ist auch im erstinstanzlichen Musterverfahren nach dem KapMuG gesondert zu berechnen. (2) Werden zum Zweck der Überlassung von elektronisch gespeicherten Dateien Dokumente zuvor auf Antrag von der Papierform in die elektronische Form übertragen, beträgt die Dokumentenpauschale	

Nr.	Auslagentatbestand	Höhe
	nach Nummer 2 nicht weniger, als die Dokumentenpauschale im Fall der Nummer 1 betragen würde. (3) Frei von der Dokumentenpauschale sind für jede Partei, jeden Beteiligten, jeden Beschuldigten und deren bevollmächtigte Vertreter jeweils 1. eine vollständige Ausfertigung oder Kopie oder ein vollständiger Ausdruck jeder gerichtlichen Entscheidung und jedes vor Gericht abgeschlossenen Vergleichs, 2. eine Ausfertigung ohne Tatbestand und Entscheidungsgründe und 3. eine Kopie oder ein Ausdruck jeder Niederschrift über eine Sitzung. § 191a Abs. 1 Satz 5 GVG bleibt unberührt. (4) Bei der Gewährung der Einsicht in Akten wird eine Dokumentenpauschale nur erhoben, wenn auf besonderen Antrag ein Ausdruck einer elektronischen Akte oder ein Datenträger mit dem Inhalt einer elektronischen Akte übermittelt wird.	
9001	Auslagen für Telegramme	in voller Höhe
9002	Pauschale für Zustellungen mit Zustellungsurkunde, Einschreiben gegen Rückschein oder durch Justizbedienstete nach § 168 Abs. 1 ZPO je Zustellung .... Neben Gebühren, die sich nach dem Streitwert richten, mit Ausnahme der Gebühr 3700, wird die Zustellungspauschale nur erhoben, soweit in einem Rechtszug mehr als 10 Zustellungen anfallen. Im erstinstanzlichen Musterverfahren nach dem KapMuG wird die Zustellungspauschale für sämtliche Zustellungen erhoben.	3,50 €
9003	Pauschale für die bei der Versendung von Akten auf Antrag anfallenden Auslagen an Transport- und Verpackungskosten je Sendung .... (1) Die Hin- und Rücksendung der Akten durch Gerichte oder Staatsanwaltschaften gelten zusammen als eine Sendung. (2) Die Auslagen werden von demjenigen Kostenschuldner nicht erhoben, von dem die Gebühr 2116 zu erheben ist.	12,00 €
9004	Auslagen für öffentliche Bekanntmachungen .... (1) Auslagen werden nicht erhoben für die Bekanntmachung in einem elektronischen Informations- und Kommunikationssystem, wenn das Entgelt nicht für den Einzelfall oder nicht für ein einzelnes Verfahren berechnet wird. Nicht erhoben werden ferner Auslagen für die Bekanntmachung eines besonderen Prüfungstermins (§ 177 InsO, § 18 SVertO). (2) Die Auslagen für die Bekanntmachung eines Vorlagebeschlusses gemäß § 6 Absatz 4 KapMuG gelten als Auslagen des Musterverfahrens.	in voller Höhe
9005	Nach dem JVEG zu zahlende Beträge .... (1) Nicht erhoben werden Beträge, die an ehrenamtliche Richter (§ 1 Abs. 1 Satz 1 Nr. 2 JVEG) gezahlt werden. (2) Die Beträge werden auch erhoben, wenn aus Gründen der Gegenseitigkeit, der Verwaltungsvereinfachung oder aus vergleichbaren Gründen keine Zahlungen zu leisten sind. Ist aufgrund des § 1 Abs. 2 Satz 2 JVEG keine Vergütung zu zahlen, ist der Betrag zu erheben, der ohne diese Vorschrift zu zahlen wäre. (3) Auslagen für Übersetzer, die zur Erfüllung der Rechte blinder oder sehbehinderter Personen herangezogen werden (§ 191a Abs. 1 GVG),	in voller Höhe

Nr.	Auslagentatbestand	Höhe
	werden nicht, Auslagen für Gebärdensprachdolmetscher (§ 186 Abs. 1 GVG) werden nur nach Maßgabe des Absatzes 4 erhoben. (4) Ist für einen Beschuldigten oder Betroffenen, der der deutschen Sprache nicht mächtig, hör- oder sprachbehindert ist, im Strafverfahren oder im gerichtlichen Verfahren nach dem OWiG ein Dolmetscher oder Übersetzer herangezogen worden, um Erklärungen oder Schriftstücke zu übertragen, auf deren Verständnis der Beschuldigte oder Betroffene zu seiner Verteidigung angewiesen oder soweit dies zur Ausübung seiner strafprozessualen Rechte erforderlich war, werden von diesem die dadurch entstandenen Auslagen nur erhoben, wenn das Gericht ihm diese nach § 464c StPO oder die Kosten nach § 467 Abs. 2 Satz 1 StPO, auch i.V.m. § 467a Abs. 1 Satz 2 StPO, auferlegt hat; dies gilt auch jeweils i.V.m. § 46 Abs. 1 OWiG. (5) Im Verfahren vor den Gerichten für Arbeitssachen werden Kosten für vom Gericht herangezogene Dolmetscher und Übersetzer nicht erhoben, wenn ein Ausländer Partei und die Gegenseitigkeit verbürgt ist oder ein Staatenloser Partei ist. (6) Auslagen für Sachverständige, die durch die Untersuchung eines Beschuldigten nach § 43 Abs. 2 JGG entstanden sind, werden nicht erhoben.	
9006	Bei Geschäften außerhalb der Gerichtsstelle	
	1. die den Gerichtspersonen aufgrund gesetzlicher Vorschriften gewährte Vergütung (Reisekosten, Auslagenersatz) und die Auslagen für die Bereitstellung von Räumen	in voller Höhe
	2. für den Einsatz von Dienstkraftfahrzeugen für jeden gefahrenen Kilometer	0,30 €
9007	An Rechtsanwälte zu zahlende Beträge mit Ausnahme der nach § 59 RVG auf die Staatskasse übergegangenen Ansprüche	in voller Höhe
9008	Auslagen für	
	1. die Beförderung von Personen	in voller Höhe
	2. Zahlungen an mittellose Personen für die Reise zum Ort einer Verhandlung, Vernehmung oder Untersuchung und für die Rückreise	bis zur Höhe der nach dem JVEG an Zeugen zu zahlenden Beträge
9009	An Dritte zu zahlende Beträge für	
	1. die Beförderung von Tieren und Sachen mit Ausnahme der für Postdienstleistungen zu zahlenden Entgelte, die Verwahrung von Tieren und Sachen sowie die Fütterung von Tieren	in voller Höhe

Nr.	Auslagentatbestand	Höhe
	2. die Beförderung und die Verwahrung von Leichen ..	in voller Höhe
	3. die Durchsuchung oder Untersuchung von Räumen und Sachen einschließlich der die Durchsuchung oder Untersuchung vorbereitenden Maßnahmen	in voller Höhe
	4. die Bewachung von Schiffen und Luftfahrzeugen	in voller Höhe
9010	Kosten einer Zwangshaft, auch aufgrund eines Haftbefehls nach § 802g ZPO .... Maßgebend ist die Höhe des Haftkostenbeitrags, der nach Landesrecht von einem Gefangenen zu erheben ist.	in Höhe des Haftkostenbeitrags
9011	Kosten einer Haft außer Zwangshaft, Kosten einer einstweiligen Unterbringung (§ 126a StPO), einer Unterbringung zur Beobachtung (§ 81 StPO) und einer einstweiligen Unterbringung in einem Heim der Jugendhilfe (§ 71 Abs. 2, § 72 Abs. 4 JGG) .... Maßgebend ist die Höhe des Haftkostenbeitrags, der nach Landesrecht von einem Gefangenen zu erheben ist. Diese Kosten werden nur angesetzt, wenn der Haftkostenbeitrag auch von einem Gefangenen im Strafvollzug zu erheben wäre.	in Höhe des Haftkostenbeitrags
9012	Nach dem Auslandskostengesetz zu zahlende Beträge ...	in voller Höhe
9013	An deutsche Behörden für die Erfüllung von deren eigenen Aufgaben zu zahlende Gebühren sowie diejenigen Beträge, die diesen Behörden, öffentlichen Einrichtungen oder deren Bediensteten als Ersatz für Auslagen der in den Nummern 9000 bis 9011 bezeichneten Art zustehen .... Die als Ersatz für Auslagen angefallenen Beträge werden auch erhoben, wenn aus Gründen der Gegenseitigkeit, der Verwaltungsvereinfachung oder aus vergleichbaren Gründen keine Zahlungen zu leisten sind.	in voller Höhe, die Auslagen begrenzt durch die Höchstsätze für die Auslagen 9000 bis 9011
9014	Beträge, die ausländischen Behörden, Einrichtungen oder Personen im Ausland zustehen, sowie Kosten des Rechtshilfeverkehrs mit dem Ausland .... Die Beträge werden auch erhoben, wenn aus Gründen der Gegenseitigkeit, der Verwaltungsvereinfachung oder aus vergleichbaren Gründen keine Zahlungen zu leisten sind.	in voller Höhe

Nr.	Auslagentatbestand	Höhe
9015	Auslagen der in den Nummern 9000 bis 9014 bezeichneten Art, soweit sie durch die Vorbereitung der öffentlichen Klage entstanden sind	begrenzt durch die Höchstsätze für die Auslagen 9000 bis 9013
9016	Auslagen der in den Nummern 9000 bis 9014 bezeichneten Art, soweit sie durch das dem gerichtlichen Verfahren vorausgegangene Bußgeldverfahren entstanden sind Abs. 3 der Anmerkung zu Nummer 9005 ist nicht anzuwenden.	begrenzt durch die Höchstsätze für die Auslagen 9000 bis 9013
9017	An den vorläufigen Insolvenzverwalter, den Insolvenzverwalter, die Mitglieder des Gläubigerausschusses oder die Treuhänder auf der Grundlage der Insolvenzrechtlichen Vergütungsverordnung aufgrund einer Stundung nach § 4a InsO zu zahlende Beträge	in voller Höhe
9018	Im ersten Rechtszug des Prozessverfahrens: Auslagen des erstinstanzlichen Musterverfahrens nach dem KapMuG zuzüglich Zinsen (1) Die im erstinstanzlichen Musterverfahren entstehenden Auslagen nach Nummer 9005 werden vom Tag nach der Auszahlung bis zum rechtskräftigen Abschluss des Musterverfahrens mit 5 Prozentpunkten über dem Basiszinssatz nach § 247 BGB verzinst. (2) Auslagen und Zinsen werden nur erhoben, wenn der Kläger nicht innerhalb von einem Monat ab Zustellung des Aussetzungsbeschlusses nach § 8 KapMuG seine Klage in der Hauptsache zurücknimmt. (3) Der Anteil bestimmt sich nach dem Verhältnis der Höhe des von dem Kläger geltend gemachten Anspruchs, soweit dieser von den Feststellungszielen des Musterverfahrens betroffen ist, zu der Gesamthöhe der vom Musterkläger und den Beigeladenen des Musterverfahrens in den Prozessverfahren geltend gemachten Ansprüche, soweit diese von den Feststellungszielen des Musterverfahrens betroffen sind. Der Anspruch des Musterklägers oder eines Beigeladenen ist hierbei nicht zu berücksichtigen, wenn er innerhalb von einem Monat ab Zustellung des Aussetzungsbeschlusses nach § 8 KapMuG seine Klage in der Hauptsache zurücknimmt.	anteilig
9019	Pauschale für die Inanspruchnahme von Videokonferenzverbindungen: je Verfahren für jede angefangene halbe Stunde	15,00 €

Anlage 2
(zu § 34 Absatz 1 Satz 3)

Streitwert bis … €	Gebühr … €	Streitwert bis … €	Gebühr … €
500	35,00	**50 000**	546,00
1 000	53,00	**65 000**	666,00
1 500	71,00	**80 000**	786,00
2 000	89,00	**95 000**	906,00
3 000	108,00	**110 000**	1 026,00
4 000	127,00	**125 000**	1 146,00
5 000	146,00	**140 000**	1 266,00
6 000	165,00	**155 000**	1 386,00
7 000	184,00	**170 000**	1 506,00
8 000	203,00	**185 000**	1 626,00
9 000	222,00	**200 000**	1 746,00
10 000	241,00	**230 000**	1 925,00
13 000	267,00	**260 000**	2 104,00
16 000	293,00	**290 000**	2 283,00
19 000	319,00	**320 000**	2 462,00
22 000	345,00	**350 000**	2 641,00
25 000	371,00	**380 000**	2 820,00
30 000	406,00	**410 000**	2 999,00
35 000	441,00	**440 000**	3 178,00
40 000	476,00	**470 000**	3 357,00
45 000	511,00	**500 000**	3 536,00

2a. Gesetz über Gerichtskosten in Familiensachen (FamGKG)[1)2)]

Vom 17. Dezember 2008

(BGBl. I S. 2586, 2666)

FNA 361-5

zuletzt geänd. durch Art. 5 G zur Stärkung der Rechte von Betroffenen bei Fixierungen im Rahmen von Freiheitsentziehungen v. 19.6.2019 (BGBl. I S. 840)

Inhaltsübersicht

[1)] Verkündet als Art. 2 G zur Reform des Verfahrens in Familiensachen und in den Angelegenheiten der freiwilligen Gerichtsbarkeit (FGG-Reformgesetz – FGG-RG) v. 17.12.2008 (BGBl. I S. 2586, geänd. durch G v. 30.7.2009, BGBl. I S. 2449); Inkrafttreten gem. Art. 112 Abs. 1 dieses G am 1.9. 2009.

[2)] Die Änderung durch G v. 18.7.2016 (BGBl. I S. 1666) tritt erst **mWv 1.10.2021** in Kraft und ist im Text noch nicht berücksichtigt.

Abschnitt 1. Allgemeine Vorschriften

§ 1 Geltungsbereich. (1) [1]In Familiensachen einschließlich der Vollstreckung durch das Familiengericht und für Verfahren vor dem Oberlandesgericht nach § 107 des Gesetzes über das Verfahren in Familiensachen und in den

Angelegenheiten der freiwilligen Gerichtsbarkeit werden Kosten (Gebühren und Auslagen) nur nach diesem Gesetz erhoben, soweit nichts anderes bestimmt ist. [2]Dies gilt auch für Verfahren über eine Beschwerde, die mit einem Verfahren nach Satz 1 in Zusammenhang steht. [3]Für das Mahnverfahren werden Kosten nach dem Gerichtskostengesetz[1)] erhoben.

(2) Die Vorschriften dieses Gesetzes über die Erinnerung und die Beschwerde gehen den Regelungen der für das zugrunde liegende Verfahren geltenden Verfahrensvorschriften vor.

§ 2 Kostenfreiheit. (1) Der Bund und die Länder sowie die nach Haushaltsplänen des Bundes oder eines Landes verwalteten öffentlichen Anstalten und Kassen sind von der Zahlung der Kosten befreit.

(2) Sonstige bundesrechtliche oder landesrechtliche Vorschriften, durch die eine sachliche oder persönliche Befreiung von Kosten gewährt ist, bleiben unberührt.

(3) [1]Soweit jemandem, der von Kosten befreit ist, Kosten des Verfahrens auferlegt werden, sind Kosten nicht zu erheben; bereits erhobene Kosten sind zurückzuzahlen. [2]Das Gleiche gilt, soweit ein von der Zahlung der Kosten befreiter Beteiligter Kosten des Verfahrens übernimmt.

§ 3 Höhe der Kosten. (1) Die Gebühren richten sich nach dem Wert des Verfahrensgegenstands (Verfahrenswert), soweit nichts anderes bestimmt ist.

(2) Kosten werden nach dem Kostenverzeichnis der Anlage 1 zu diesem Gesetz erhoben.

§ 4 Umgangspflegschaft. Die besonderen Vorschriften für die Dauerpflegschaft sind auf die Umgangspflegschaft nicht anzuwenden.

§ 5 Lebenspartnerschaftssachen. In Lebenspartnerschaftssachen nach § 269 des Gesetzes über das Verfahren in Familiensachen und in den Angelegenheiten der freiwilligen Gerichtsbarkeit sind für

1. Verfahren nach Absatz 1 Nr. 1 dieser Vorschrift die Vorschriften für das Verfahren auf Scheidung der Ehe,
2. Verfahren nach Absatz 1 Nr. 2 dieser Vorschrift die Vorschriften für das Verfahren auf Feststellung des Bestehens oder Nichtbestehens einer Ehe zwischen den Beteiligten,
3. Verfahren nach Absatz 1 Nr. 3 bis 12 dieser Vorschrift die Vorschriften für Familiensachen nach § 111 Nr. 2, 4, 5 und 7 bis 9 des Gesetzes über das Verfahren in Familiensachen und in den Angelegenheiten der freiwilligen Gerichtsbarkeit und
4. Verfahren nach den Absätzen 2 und 3 dieser Vorschrift die Vorschriften für sonstige Familiensachen nach § 111 Nr. 10 des Gesetzes über das Verfahren in Familiensachen und in den Angelegenheiten der freiwilligen Gerichtsbarkeit

entsprechend anzuwenden.

[1)] Nr. 2.

§ 6 Verweisung, Abgabe, Fortführung einer Folgesache als selbständige Familiensache. (1) [1] Verweist ein erstinstanzliches Gericht oder ein Rechtsmittelgericht ein Verfahren an ein erstinstanzliches Gericht desselben oder eines anderen Zweiges der Gerichtsbarkeit, ist das frühere erstinstanzliche Verfahren als Teil des Verfahrens vor dem übernehmenden Gericht zu behandeln. [2] Das Gleiche gilt, wenn die Sache an ein anderes Gericht abgegeben wird.

(2) Wird eine Folgesache als selbständige Familiensache fortgeführt, ist das frühere Verfahren als Teil der selbständigen Familiensache zu behandeln.

(3) [1] Mehrkosten, die durch Anrufung eines Gerichts entstehen, zu dem der Rechtsweg nicht gegeben oder das für das Verfahren nicht zuständig ist, werden nur dann erhoben, wenn die Anrufung auf verschuldeter Unkenntnis der tatsächlichen oder rechtlichen Verhältnisse beruht. [2] Die Entscheidung trifft das Gericht, an das verwiesen worden ist.

§ 7 Verjährung, Verzinsung. (1) [1] Ansprüche auf Zahlung von Kosten verjähren in vier Jahren nach Ablauf des Kalenderjahres, in dem das Verfahren durch rechtskräftige Entscheidung über die Kosten, durch Vergleich oder in sonstiger Weise beendet ist. [2] Bei Vormundschaften und Dauerpflegschaften beginnt die Verjährung mit der Fälligkeit der Kosten.

(2) [1] Ansprüche auf Rückerstattung von Kosten verjähren in vier Jahren nach Ablauf des Kalenderjahres, in dem die Zahlung erfolgt ist. [2] Die Verjährung beginnt jedoch nicht vor dem in Absatz 1 bezeichneten Zeitpunkt. [3] Durch Einlegung eines Rechtsbehelfs mit dem Ziel der Rückerstattung wird die Verjährung wie durch Klageerhebung gehemmt.

(3) [1] Auf die Verjährung sind die Vorschriften des Bürgerlichen Gesetzbuchs anzuwenden; die Verjährung wird nicht von Amts wegen berücksichtigt. [2] Die Verjährung der Ansprüche auf Zahlung von Kosten beginnt auch durch die Aufforderung zur Zahlung oder durch eine dem Schuldner mitgeteilte Stundung erneut. [3] Ist der Aufenthalt des Kostenschuldners unbekannt, genügt die Zustellung durch Aufgabe zur Post unter seiner letzten bekannten Anschrift. [4] Bei Kostenbeträgen unter 25 Euro beginnt die Verjährung weder erneut noch wird sie gehemmt.

(4) Ansprüche auf Zahlung und Rückerstattung von Kosten werden nicht verzinst.

§ 8 Elektronische Akte, elektronisches Dokument. In Verfahren nach diesem Gesetz sind die verfahrensrechtlichen Vorschriften über die elektronische Akte und über das elektronische Dokument anzuwenden, die für das dem kostenrechtlichen Verfahren zugrunde liegende Verfahren gelten.

§ 8a Rechtsbehelfsbelehrung. Jede Kostenrechnung und jede anfechtbare Entscheidung hat eine Belehrung über den statthaften Rechtsbehelf sowie über das Gericht, bei dem dieser Rechtsbehelf einzulegen ist, über dessen Sitz und über die einzuhaltende Form und Frist zu enthalten.

Abschnitt 2. Fälligkeit

§ 9 Fälligkeit der Gebühren in Ehesachen und selbständigen Familienstreitsachen. (1) In Ehesachen und in selbständigen Familienstreitsachen wird die Verfahrensgebühr mit der Einreichung der Antragsschrift, der Einspruchs- oder Rechtsmittelschrift oder mit der Abgabe der entsprechenden Erklärung zu Protokoll fällig.

(2) Soweit die Gebühr eine Entscheidung oder sonstige gerichtliche Handlung voraussetzt, wird sie mit dieser fällig.

§ 10 Fälligkeit bei Vormundschaften und Dauerpflegschaften. Bei Vormundschaften und bei Dauerpflegschaften werden die Gebühren nach den Nummern 1311 und 1312 des Kostenverzeichnisses erstmals bei Anordnung und später jeweils zu Beginn eines Kalenderjahres, Auslagen sofort nach ihrer Entstehung fällig.

§ 11 Fälligkeit der Gebühren in sonstigen Fällen, Fälligkeit der Auslagen. (1) Im Übrigen werden die Gebühren und die Auslagen fällig, wenn

1. eine unbedingte Entscheidung über die Kosten ergangen ist,
2. das Verfahren oder der Rechtszug durch Vergleich oder Zurücknahme beendet ist,
3. das Verfahren sechs Monate ruht oder sechs Monate nicht betrieben worden ist,
4. das Verfahren sechs Monate unterbrochen oder sechs Monate ausgesetzt war oder
5. das Verfahren durch anderweitige Erledigung beendet ist.

(2) Die Dokumentenpauschale sowie die Auslagen für die Versendung von Akten werden sofort nach ihrer Entstehung fällig.

Abschnitt 3. Vorschuss und Vorauszahlung

§ 12 Grundsatz. In weiterem Umfang als das Gesetz über das Verfahren in Familiensachen und in den Angelegenheiten der freiwilligen Gerichtsbarkeit, die Zivilprozessordnung und dieses Gesetz es gestatten, darf die Tätigkeit des Familiengerichts von der Sicherstellung oder Zahlung der Kosten nicht abhängig gemacht werden.

§ 13 Verfahren nach dem Internationalen Familienrechtsverfahrensgesetz. In Verfahren nach dem Internationalen Familienrechtsverfahrensgesetz sind die Vorschriften dieses Abschnitts nicht anzuwenden.

§ 14 Abhängigmachung in bestimmten Verfahren. (1) [1] In Ehesachen und selbständigen Familienstreitsachen soll die Antragsschrift erst nach Zahlung der Gebühr für das Verfahren im Allgemeinen zugestellt werden. [2] Wird der Antrag erweitert, soll vor Zahlung der Gebühr für das Verfahren im Allgemeinen keine gerichtliche Handlung vorgenommen werden; dies gilt auch in der Rechtsmittelinstanz.

(2) Absatz 1 gilt nicht für den Widerantrag, ferner nicht für den Antrag auf Erlass einer einstweiligen Anordnung, auf Anordnung eines Arrests oder auf Erlass eines Europäischen Beschlusses zur vorläufigen Kontenpfändung.

(3) Im Übrigen soll in Verfahren, in denen der Antragsteller die Kosten schuldet (§ 21), vor Zahlung der Gebühr für das Verfahren im Allgemeinen keine gerichtliche Handlung vorgenommen werden.

§ 15 Ausnahmen von der Abhängigmachung. § 14 gilt nicht,

1. soweit dem Antragsteller Verfahrenskostenhilfe bewilligt ist,
2. wenn dem Antragsteller Gebührenfreiheit zusteht oder
3. wenn die beabsichtigte Rechtsverfolgung weder aussichtslos noch ihre Inanspruchnahme mutwillig erscheint und wenn glaubhaft gemacht wird, dass
   a) dem Antragsteller die alsbaldige Zahlung der Kosten mit Rücksicht auf seine Vermögenslage oder aus sonstigen Gründen Schwierigkeiten bereiten würde oder
   b) eine Verzögerung dem Antragsteller einen nicht oder nur schwer zu ersetzenden Schaden bringen würde; zur Glaubhaftmachung genügt in diesem Fall die Erklärung des zum Bevollmächtigten bestellten Rechtsanwalts.

§ 16 Auslagen. (1) [1] Wird die Vornahme einer Handlung, mit der Auslagen verbunden sind, beantragt, hat derjenige, der die Handlung beantragt hat, einen zur Deckung der Auslagen hinreichenden Vorschuss zu zahlen. [2] Das Gericht soll die Vornahme einer Handlung, die nur auf Antrag vorzunehmen ist, von der vorherigen Zahlung abhängig machen.

(2) Die Herstellung und Überlassung von Dokumenten auf Antrag sowie die Versendung von Akten können von der vorherigen Zahlung eines die Auslagen deckenden Vorschusses abhängig gemacht werden.

(3) Bei Handlungen, die von Amts wegen vorgenommen werden, kann ein Vorschuss zur Deckung der Auslagen erhoben werden.

(4) Absatz 1 gilt nicht für die Anordnung einer Haft.

§ 17 Fortdauer der Vorschusspflicht. [1] Die Verpflichtung zur Zahlung eines Vorschusses bleibt bestehen, auch wenn die Kosten des Verfahrens einem anderen auferlegt oder von einem anderen übernommen sind. [2] § 26 Abs. 2 gilt entsprechend.

Abschnitt 4. Kostenansatz

§ 18 Kostenansatz. (1) [1] Es werden angesetzt:

1. die Kosten des ersten Rechtszugs bei dem Gericht, bei dem das Verfahren im ersten Rechtszug anhängig ist oder zuletzt anhängig war,
2. die Kosten des Rechtsmittelverfahrens bei dem Rechtsmittelgericht.

[2] Dies gilt auch dann, wenn die Kosten bei einem ersuchten Gericht entstanden sind.

(2) Die Dokumentenpauschale sowie die Auslagen für die Versendung von Akten werden bei der Stelle angesetzt, bei der sie entstanden sind.

(3) [1] Der Kostenansatz kann im Verwaltungsweg berichtigt werden, solange nicht eine gerichtliche Entscheidung getroffen ist. [2] Ergeht nach der gerichtlichen Entscheidung über den Kostenansatz eine Entscheidung, durch die der Verfahrenswert anders festgesetzt wird, kann der Kostenansatz ebenfalls berichtigt werden.

§ 19 Nachforderung. (1) [1] Wegen eines unrichtigen Ansatzes dürfen Kosten nur nachgefordert werden, wenn der berichtigte Ansatz dem Zahlungspflichtigen vor Ablauf des nächsten Kalenderjahres nach Absendung der den Rechtszug abschließenden Kostenrechnung (Schlusskostenrechnung), bei Vormundschaften und Dauerpflegschaften der Jahresrechnung, mitgeteilt worden ist. [2] Dies gilt nicht, wenn die Nachforderung auf vorsätzlich oder grob fahrlässig falschen Angaben des Kostenschuldners beruht oder wenn der ursprüngliche Kostenansatz unter einem bestimmten Vorbehalt erfolgt ist.

(2) Ist innerhalb der Frist des Absatzes 1 ein Rechtsbehelf wegen des Hauptgegenstands oder wegen der Kosten eingelegt oder dem Zahlungspflichtigen mitgeteilt worden, dass ein Wertermittlungsverfahren eingeleitet ist, ist die Nachforderung bis zum Ablauf des nächsten Kalenderjahres nach Beendigung dieser Verfahren möglich.

(3) Ist der Wert gerichtlich festgesetzt worden, genügt es, wenn der berichtigte Ansatz dem Zahlungspflichtigen drei Monate nach der letzten Wertfestsetzung mitgeteilt worden ist.

§ 20 Nichterhebung von Kosten. (1) [1] Kosten, die bei richtiger Behandlung der Sache nicht entstanden wären, werden nicht erhoben. [2] Das Gleiche gilt für Auslagen, die durch eine von Amts wegen veranlasste Verlegung eines Termins oder Vertagung einer Verhandlung entstanden sind. [3] Für abweisende Entscheidungen sowie bei Zurücknahme eines Antrags kann von der Erhebung von Kosten abgesehen werden, wenn der Antrag auf unverschuldeter Unkenntnis der tatsächlichen oder rechtlichen Verhältnisse beruht.

(2) [1] Die Entscheidung trifft das Gericht. [2] Solange nicht das Gericht entschieden hat, können Anordnungen nach Absatz 1 im Verwaltungsweg erlassen werden. [3] Eine im Verwaltungsweg getroffene Anordnung kann nur im Verwaltungsweg geändert werden.

Abschnitt 5. Kostenhaftung

§ 21 Kostenschuldner in Antragsverfahren, Vergleich. (1) [1] In Verfahren, die nur durch Antrag eingeleitet werden, schuldet die Kosten, wer das Verfahren des Rechtszugs beantragt hat. [2] Dies gilt nicht

1. für den ersten Rechtszug in Gewaltschutzsachen und in Verfahren nach dem EU-Gewaltschutzverfahrensgesetz,
2. im Verfahren auf Erlass einer gerichtlichen Anordnung auf Rückgabe des Kindes oder über das Recht zum persönlichen Umgang nach dem Internationalen Familienrechtsverfahrensgesetz,
3. für einen Minderjährigen in Verfahren, die seine Person betreffen, und
4. für einen Verfahrensbeistand.

[3] Im Verfahren, das gemäß § 700 Abs. 3 der Zivilprozessordnung dem Mahnverfahren folgt, schuldet die Kosten, wer den Vollstreckungsbescheid beantragt hat.

(2) Die Gebühr für den Abschluss eines gerichtlichen Vergleichs schuldet jeder, der an dem Abschluss beteiligt ist.

§ 22 Kosten bei Vormundschaft und Dauerpflegschaft. [1] Die Kosten bei einer Vormundschaft oder Dauerpflegschaft schuldet der von der Maßnahme betroffene Minderjährige. [2] Dies gilt nicht für Kosten, die das Gericht einem anderen auferlegt hat.

§ 23 Bestimmte sonstige Auslagen. (1) [1] Die Dokumentenpauschale schuldet ferner, wer die Erteilung der Ausfertigungen, Kopien oder Ausdrucke beantragt hat. [2] Sind Kopien oder Ausdrucke angefertigt worden, weil der Beteiligte es unterlassen hat, die erforderliche Zahl von Mehrfertigungen beizufügen, schuldet nur der Beteiligte die Dokumentenpauschale.

(2) Die Auslagen nach Nummer 2003 des Kostenverzeichnisses schuldet nur, wer die Versendung der Akte beantragt hat.

(3) Im Verfahren auf Bewilligung von Verfahrenskostenhilfe und im Verfahren auf Bewilligung grenzüberschreitender Prozesskostenhilfe ist der Antragsteller Schuldner der Auslagen, wenn

1. der Antrag zurückgenommen oder vom Gericht abgelehnt wird oder
2. die Übermittlung des Antrags von der Übermittlungsstelle oder das Ersuchen um Prozesskostenhilfe von der Empfangsstelle abgelehnt wird.

§ 24 Weitere Fälle der Kostenhaftung. Die Kosten schuldet ferner,

1. wem durch gerichtliche Entscheidung die Kosten des Verfahrens auferlegt sind;
2. wer sie durch eine vor Gericht abgegebene oder dem Gericht mitgeteilte Erklärung oder in einem vor Gericht abgeschlossenen oder dem Gericht mitgeteilten Vergleich übernommen hat; dies gilt auch, wenn bei einem Vergleich ohne Bestimmung über die Kosten diese als von beiden Teilen je zur Hälfte übernommen anzusehen sind;
3. wer für die Kostenschuld eines anderen kraft Gesetzes haftet und
4. der Verpflichtete für die Kosten der Vollstreckung; dies gilt nicht für einen Minderjährigen in Verfahren, die seine Person betreffen.

§ 25 Erlöschen der Zahlungspflicht. [1] Die durch gerichtliche Entscheidung begründete Verpflichtung zur Zahlung von Kosten erlischt, soweit die Entscheidung durch eine andere gerichtliche Entscheidung aufgehoben oder abgeändert wird. [2] Soweit die Verpflichtung zur Zahlung von Kosten nur auf der aufgehobenen oder abgeänderten Entscheidung beruht hat, werden bereits gezahlte Kosten zurückerstattet.

§ 26 Mehrere Kostenschuldner. (1) Mehrere Kostenschuldner haften als Gesamtschuldner.

(2) [1] Soweit ein Kostenschuldner aufgrund von § 24 Nr. 1 oder Nr. 2 (Erstschuldner) haftet, soll die Haftung eines anderen Kostenschuldners nur geltend gemacht werden, wenn eine Zwangsvollstreckung in das bewegliche Vermögen des ersteren erfolglos geblieben ist oder aussichtslos erscheint. [2] Zahlungen des Erstschuldners mindern seine Haftung aufgrund anderer Vorschriften dieses Gesetzes auch dann in voller Höhe, wenn sich seine Haftung nur auf einen Teilbetrag bezieht.

(3) [1] Soweit einem Kostenschuldner, der aufgrund von § 24 Nr. 1 haftet (Entscheidungsschuldner), Verfahrenskostenhilfe bewilligt worden ist, darf die Haftung eines anderen Kostenschuldners nicht geltend gemacht werden; von diesem bereits erhobene Kosten sind zurückzuzahlen, soweit es sich nicht um eine Zahlung nach § 13 Abs. 1 und 3 des Justizvergütungs- und -entschädigungsgesetzes[1)] handelt und die Partei, der die Verfahrenskostenhilfe bewilligt worden ist, der besonderen Vergütung zugestimmt hat. [2] Die Haftung eines anderen Kostenschuldners darf auch nicht geltend gemacht werden, soweit dem Entscheidungsschuldner ein Betrag für die Reise zum Ort einer Verhandlung, Anhörung oder Untersuchung und für die Rückreise gewährt worden ist.

(4) Absatz 3 ist entsprechend anzuwenden, soweit der Kostenschuldner aufgrund des § 24 Nummer 2 haftet, wenn

1. der Kostenschuldner die Kosten in einem vor Gericht abgeschlossenen, gegenüber dem Gericht angenommenen oder in einem gerichtlich gebilligten Vergleich übernommen hat,
2. der Vergleich einschließlich der Verteilung der Kosten, bei einem gerichtlich gebilligten Vergleich allein die Verteilung der Kosten, von dem Gericht vorgeschlagen worden ist und
3. das Gericht in seinem Vergleichsvorschlag ausdrücklich festgestellt hat, dass die Kostenregelung der sonst zu erwartenden Kostenentscheidung entspricht.

§ 27 Haftung von Streitgenossen. [1] Streitgenossen haften als Gesamtschuldner, wenn die Kosten nicht durch gerichtliche Entscheidung unter sie verteilt sind. [2] Soweit einen Streitgenossen nur Teile des Streitgegenstands betreffen, beschränkt sich seine Haftung als Gesamtschuldner auf den Betrag, der entstanden wäre, wenn das Verfahren nur diese Teile betroffen hätte.

Abschnitt 6. Gebührenvorschriften

§ 28 Wertgebühren. (1) [1] Wenn sich die Gebühren nach dem Verfahrenswert richten, beträgt die Gebühr bei einem Verfahrenswert bis 500 Euro 35 Euro. [2] Die Gebühr erhöht sich bei einem

---

1) Nr. **3**.

Verfahrenswert bis … Euro	für jeden angefangenen Betrag von weiteren … Euro	um … Euro
2 000	500	18
10 000	1 000	19
25 000	3 000	26
50 000	5 000	35
200 000	15 000	120
500 000	30 000	179
über 500 000	50 000	180

[3] Eine Gebührentabelle für Verfahrenswerte bis 500 000 Euro ist diesem Gesetz als Anlage 2 beigefügt.

(2) Der Mindestbetrag einer Gebühr ist 15 Euro.

§ 29 Einmalige Erhebung der Gebühren. Die Gebühr für das Verfahren im Allgemeinen und die Gebühr für eine Entscheidung werden in jedem Rechtszug hinsichtlich eines jeden Teils des Verfahrensgegenstands nur einmal erhoben.

§ 30 Teile des Verfahrensgegenstands. (1) Für Handlungen, die einen Teil des Verfahrensgegenstands betreffen, sind die Gebühren nur nach dem Wert dieses Teils zu berechnen.

(2) Sind von einzelnen Wertteilen in demselben Rechtszug für gleiche Handlungen Gebühren zu berechnen, darf nicht mehr erhoben werden, als wenn die Gebühr von dem Gesamtbetrag der Wertteile zu berechnen wäre.

(3) Sind für Teile des Gegenstands verschiedene Gebührensätze anzuwenden, sind die Gebühren für die Teile gesondert zu berechnen; die aus dem Gesamtbetrag der Wertteile nach dem höchsten Gebührensatz berechnete Gebühr darf jedoch nicht überschritten werden.

§ 31 Zurückverweisung, Abänderung oder Aufhebung einer Entscheidung. (1) Wird eine Sache an ein Gericht eines unteren Rechtszugs zurückverwiesen, bildet das weitere Verfahren mit dem früheren Verfahren vor diesem Gericht einen Rechtszug im Sinne des § 29.

(2) [1] Das Verfahren über eine Abänderung oder Aufhebung einer Entscheidung gilt als besonderes Verfahren, soweit im Kostenverzeichnis nichts anderes bestimmt ist. [2] Dies gilt nicht für das Verfahren zur Überprüfung der Entscheidung nach § 166 Abs. 2 und 3 des Gesetzes über das Verfahren in Familiensachen und in den Angelegenheiten der freiwilligen Gerichtsbarkeit.

§ 32 Verzögerung des Verfahrens. [1] Wird in einer selbständigen Familienstreitsache außer im Fall des § 335 der Zivilprozessordnung durch Verschulden eines Beteiligten oder seines Vertreters die Vertagung einer mündlichen Verhandlung oder die Anberaumung eines neuen Termins zur mündlichen Verhandlung nötig oder ist die Erledigung des Verfahrens durch nachträgliches

Vorbringen von Angriffs- oder Verteidigungsmitteln, Beweismitteln oder Beweiseinreden, die früher vorgebracht werden konnten, verzögert worden, kann das Gericht dem Beteiligten von Amts wegen eine besondere Gebühr mit einem Gebührensatz von 1,0 auferlegen. [2]Die Gebühr kann bis auf einen Gebührensatz von 0,3 ermäßigt werden. [3]Dem Antragsteller, dem Antragsgegner oder dem Vertreter stehen der Nebenintervenient und sein Vertreter gleich.

Abschnitt 7. Wertvorschriften

Unterabschnitt 1. Allgemeine Wertvorschriften

§ 33 Grundsatz. (1) [1]In demselben Verfahren und in demselben Rechtszug werden die Werte mehrerer Verfahrensgegenstände zusammengerechnet, soweit nichts anderes bestimmt ist. [2]Ist mit einem nichtvermögensrechtlichen Anspruch ein aus ihm hergeleiteter vermögensrechtlicher Anspruch verbunden, ist nur ein Anspruch, und zwar der höhere, maßgebend.

(2) Der Verfahrenswert beträgt höchstens 30 Millionen Euro, soweit kein niedrigerer Höchstwert bestimmt ist.

§ 34 Zeitpunkt der Wertberechnung. [1]Für die Wertberechnung ist der Zeitpunkt der den jeweiligen Verfahrensgegenstand betreffenden ersten Antragstellung in dem jeweiligen Rechtszug entscheidend. [2]In Verfahren, die von Amts wegen eingeleitet werden, ist der Zeitpunkt der Fälligkeit der Gebühr maßgebend.

§ 35 Geldforderung. Ist Gegenstand des Verfahrens eine bezifferte Geldforderung, bemisst sich der Verfahrenswert nach deren Höhe, soweit nichts anderes bestimmt ist.

§ 36 Genehmigung einer Erklärung oder deren Ersetzung. (1) [1]Wenn in einer vermögensrechtlichen Angelegenheit Gegenstand des Verfahrens die Genehmigung einer Erklärung oder deren Ersetzung ist, bemisst sich der Verfahrenswert nach dem Wert des zugrunde liegenden Geschäfts. [2]§ 38 des Gerichts- und Notarkostengesetzes und die für eine Beurkundung geltenden besonderen Geschäftswert- und Bewertungsvorschriften des Gerichts- und Notarkostengesetzes sind entsprechend anzuwenden.

(2) Mehrere Erklärungen, die denselben Gegenstand betreffen, insbesondere der Kauf und die Auflassung oder die Schulderklärung und die zur Hypothekenbestellung erforderlichen Erklärungen, sind als ein Verfahrensgegenstand zu bewerten.

(3) Der Wert beträgt in jedem Fall höchstens 1 Million Euro.

§ 37 Früchte, Nutzungen, Zinsen und Kosten. (1) Sind außer dem Hauptgegenstand des Verfahrens auch Früchte, Nutzungen, Zinsen oder Kosten betroffen, wird deren Wert nicht berücksichtigt.

(2) Soweit Früchte, Nutzungen, Zinsen oder Kosten ohne den Hauptgegenstand betroffen sind, ist deren Wert maßgebend, soweit er den Wert des Hauptgegenstands nicht übersteigt.

(3) Sind die Kosten des Verfahrens ohne den Hauptgegenstand betroffen, ist der Betrag der Kosten maßgebend, soweit er den Wert des Hauptgegenstands nicht übersteigt.

§ 38 Stufenantrag. Wird mit dem Antrag auf Rechnungslegung oder auf Vorlegung eines Vermögensverzeichnisses oder auf Abgabe einer eidesstattlichen Versicherung der Antrag auf Herausgabe desjenigen verbunden, was der Antragsgegner aus dem zugrunde liegenden Rechtsverhältnis schuldet, ist für die Wertberechnung nur einer der verbundenen Ansprüche, und zwar der höhere, maßgebend.

§ 39 Antrag und Widerantrag, Hilfsanspruch, wechselseitige Rechtsmittel, Aufrechnung. (1) [1] Mit einem Antrag und einem Widerantrag geltend gemachte Ansprüche, die nicht in getrennten Verfahren verhandelt werden, werden zusammengerechnet. [2] Ein hilfsweise geltend gemachter Anspruch wird mit dem Hauptanspruch zusammengerechnet, soweit eine Entscheidung über ihn ergeht. [3] Betreffen die Ansprüche im Fall des Satzes 1 oder des Satzes 2 denselben Gegenstand, ist nur der Wert des höheren Anspruchs maßgebend.

(2) Für wechselseitig eingelegte Rechtsmittel, die nicht in getrennten Verfahren verhandelt werden, ist Absatz 1 Satz 1 und 3 entsprechend anzuwenden.

(3) Macht ein Beteiligter hilfsweise die Aufrechnung mit einer bestrittenen Gegenforderung geltend, erhöht sich der Wert um den Wert der Gegenforderung, soweit eine der Rechtskraft fähige Entscheidung über sie ergeht.

(4) Bei einer Erledigung des Verfahrens durch Vergleich sind die Absätze 1 bis 3 entsprechend anzuwenden.

§ 40 Rechtsmittelverfahren. (1) [1] Im Rechtsmittelverfahren bestimmt sich der Verfahrenswert nach den Anträgen des Rechtsmittelführers. [2] Endet das Verfahren, ohne dass solche Anträge eingereicht werden, oder werden, wenn eine Frist für die Rechtsmittelbegründung vorgeschrieben ist, innerhalb dieser Frist Rechtsmittelanträge nicht eingereicht, ist die Beschwer maßgebend.

(2) [1] Der Wert ist durch den Wert des Verfahrensgegenstands des ersten Rechtszugs begrenzt. [2] Dies gilt nicht, soweit der Gegenstand erweitert wird.

(3) Im Verfahren über den Antrag auf Zulassung der Sprungrechtsbeschwerde ist Verfahrenswert der für das Rechtsmittelverfahren maßgebende Wert.

§ 41 Einstweilige Anordnung. [1] Im Verfahren der einstweiligen Anordnung ist der Wert in der Regel unter Berücksichtigung der geringeren Bedeutung gegenüber der Hauptsache zu ermäßigen. [2] Dabei ist von der Hälfte des für die Hauptsache bestimmten Werts auszugehen.

§ 42 Auffangwert. (1) Soweit in einer vermögensrechtlichen Angelegenheit der Verfahrenswert sich aus den Vorschriften dieses Gesetzes nicht ergibt und auch sonst nicht feststeht, ist er nach billigem Ermessen zu bestimmen.

(2) Soweit in einer nichtvermögensrechtlichen Angelegenheit der Verfahrenswert sich aus den Vorschriften dieses Gesetzes nicht ergibt, ist er unter Berücksichtigung aller Umstände des Einzelfalls, insbesondere des Umfangs und der Bedeutung der Sache und der Vermögens- und Einkommensverhält-

nisse der Beteiligten, nach billigem Ermessen zu bestimmen, jedoch nicht über 500 000 Euro.

(3) Bestehen in den Fällen der Absätze 1 und 2 keine genügenden Anhaltspunkte, ist von einem Wert von 5 000 Euro auszugehen.

Unterabschnitt 2. Besondere Wertvorschriften

§ 43 Ehesachen. (1) [1] In Ehesachen ist der Verfahrenswert unter Berücksichtigung aller Umstände des Einzelfalls, insbesondere des Umfangs und der Bedeutung der Sache und der Vermögens- und Einkommensverhältnisse der Ehegatten, nach Ermessen zu bestimmen. [2] Der Wert darf nicht unter 3 000 Euro und nicht über 1 Million Euro angenommen werden.

(2) Für die Einkommensverhältnisse ist das in drei Monaten erzielte Nettoeinkommen der Ehegatten einzusetzen.

§ 44 Verbund. (1) Die Scheidungssache und die Folgesachen gelten als ein Verfahren.

(2) [1] Sind in § 137 Abs. 3 des Gesetzes über das Verfahren in Familiensachen und in den Angelegenheiten der freiwilligen Gerichtsbarkeit genannte Kindschaftssachen Folgesachen, erhöht sich der Verfahrenswert nach § 43 für jede Kindschaftssache um 20 Prozent, höchstens um jeweils 3 000 Euro; eine Kindschaftssache ist auch dann als ein Gegenstand zu bewerten, wenn sie mehrere Kinder betrifft. [2] Die Werte der übrigen Folgesachen werden hinzugerechnet. [3] § 33 Abs. 1 Satz 2 ist nicht anzuwenden.

(3) Ist der Betrag, um den sich der Verfahrenswert der Ehesache erhöht (Absatz 2), nach den besonderen Umständen des Einzelfalls unbillig, kann das Gericht einen höheren oder einen niedrigeren Betrag berücksichtigen.

§ 45 Bestimmte Kindschaftssachen. (1) In einer Kindschaftssache, die

1. die Übertragung oder Entziehung der elterlichen Sorge oder eines Teils der elterlichen Sorge,
2. das Umgangsrecht einschließlich der Umgangspflegschaft,
3. das Recht auf Auskunft über die persönlichen Verhältnisse des Kindes oder
4. die Kindesherausgabe

betrifft, beträgt der Verfahrenswert 3 000 Euro.

(2) Eine Kindschaftssache nach Absatz 1 ist auch dann als ein Gegenstand zu bewerten, wenn sie mehrere Kinder betrifft.

(3) Ist der nach Absatz 1 bestimmte Wert nach den besonderen Umständen des Einzelfalls unbillig, kann das Gericht einen höheren oder einen niedrigeren Wert festsetzen.

§ 46 Übrige Kindschaftssachen. (1) Wenn Gegenstand einer Kindschaftssache eine vermögensrechtliche Angelegenheit ist, gelten § 38 des Gerichts- und Notarkostengesetzes und die für eine Beurkundung geltenden besonderen Geschäftswert- und Bewertungsvorschriften des Gerichts- und Notarkostengesetzes entsprechend.

(2) [1] Bei Pflegschaften für einzelne Rechtshandlungen bestimmt sich der Verfahrenswert nach dem Wert des Gegenstands, auf den sich die Rechtshand-

lung bezieht. [2]Bezieht sich die Pflegschaft auf eine gegenwärtige oder künftige Mitberechtigung, ermäßigt sich der Wert auf den Bruchteil, der dem Anteil der Mitberechtigung entspricht. [3]Bei Gesamthandsverhältnissen ist der Anteil entsprechend der Beteiligung an dem Gesamthandvermögen zu bemessen.

(3) Der Wert beträgt in jedem Fall höchstens 1 Million Euro.

§ 47 Abstammungssachen. (1) In Abstammungssachen nach § 169 Nr. 1 und 4 des Gesetzes über das Verfahren in Familiensachen und in den Angelegenheiten der freiwilligen Gerichtsbarkeit beträgt der Verfahrenswert 2 000 Euro, in den übrigen Abstammungssachen 1 000 Euro.

(2) Ist der nach Absatz 1 bestimmte Wert nach den besonderen Umständen des Einzelfalls unbillig, kann das Gericht einen höheren oder einen niedrigeren Wert festsetzen.

§ 48 Ehewohnungs- und Haushaltssachen. (1) In Ehewohnungssachen nach § 200 Absatz 1 Nummer 1 des Gesetzes über das Verfahren in Familiensachen und in den Angelegenheiten der freiwilligen Gerichtsbarkeit beträgt der Verfahrenswert 3 000 Euro, in Ehewohnungssachen nach § 200 Absatz 1 Nummer 2 des Gesetzes über das Verfahren in Familiensachen und in den Angelegenheiten der freiwilligen Gerichtsbarkeit 4 000 Euro.

(2) In Haushaltssachen nach § 200 Absatz 2 Nummer 1 des Gesetzes über das Verfahren in Familiensachen und in den Angelegenheiten der freiwilligen Gerichtsbarkeit beträgt der Wert 2 000 Euro, in Haushaltssachen nach § 200 Absatz 2 Nummer 2 des Gesetzes über das Verfahren in Familiensachen und in den Angelegenheiten der freiwilligen Gerichtsbarkeit 3 000 Euro.

(3) Ist der nach den Absätzen 1 und 2 bestimmte Wert nach den besonderen Umständen des Einzelfalls unbillig, kann das Gericht einen höheren oder einen niedrigeren Wert festsetzen.

§ 49 Gewaltschutzsachen. (1) In Gewaltschutzsachen nach § 1 des Gewaltschutzgesetzes und in Verfahren nach dem EU-Gewaltschutzverfahrensgesetz beträgt der Verfahrenswert 2 000 Euro, in Gewaltschutzsachen nach § 2 des Gewaltschutzgesetzes 3 000 Euro.

(2) Ist der nach Absatz 1 bestimmte Wert nach den besonderen Umständen des Einzelfalls unbillig, kann das Gericht einen höheren oder einen niedrigeren Wert festsetzen.

§ 50 Versorgungsausgleichssachen. (1) [1]In Versorgungsausgleichssachen beträgt der Verfahrenswert für jedes Anrecht 10 Prozent, bei Ausgleichsansprüchen nach der Scheidung für jedes Anrecht 20 Prozent des in drei Monaten erzielten Nettoeinkommens der Ehegatten. [2]Der Wert nach Satz 1 beträgt insgesamt mindestens 1 000 Euro.

(2) In Verfahren über einen Auskunftsanspruch oder über die Abtretung von Versorgungsansprüchen beträgt der Verfahrenswert 500 Euro.

(3) Ist der nach den Absätzen 1 und 2 bestimmte Wert nach den besonderen Umständen des Einzelfalls unbillig, kann das Gericht einen höheren oder einen niedrigeren Wert festsetzen.

§ 51 Unterhaltssachen und sonstige den Unterhalt betreffende Familiensachen. (1) [1] In Unterhaltssachen und in sonstigen den Unterhalt betreffenden Familiensachen, soweit diese jeweils Familienstreitsachen sind und wiederkehrende Leistungen betreffen, ist der für die ersten zwölf Monate nach Einreichung des Antrags geforderte Betrag maßgeblich, höchstens jedoch der Gesamtbetrag der geforderten Leistung. [2] Bei Unterhaltsansprüchen nach den §§ 1612a bis 1612c des Bürgerlichen Gesetzbuchs ist dem Wert nach Satz 1 der Monatsbetrag des zum Zeitpunkt der Einreichung des Antrags geltenden Mindestunterhalts nach der zu diesem Zeitpunkt maßgebenden Altersstufe zugrunde zu legen.

(2) [1] Die bei Einreichung des Antrags fälligen Beträge werden dem Wert hinzugerechnet. [2] Der Einreichung des Antrags wegen des Hauptgegenstands steht die Einreichung eines Antrags auf Bewilligung der Verfahrenskostenhilfe gleich, wenn der Antrag wegen des Hauptgegenstands alsbald nach Mitteilung der Entscheidung über den Antrag auf Bewilligung der Verfahrenskostenhilfe oder über eine alsbald eingelegte Beschwerde eingereicht wird. [3] Die Sätze 1 und 2 sind im vereinfachten Verfahren zur Festsetzung von Unterhalt Minderjähriger entsprechend anzuwenden.

(3) [1] In Unterhaltssachen, die nicht Familienstreitsachen sind, beträgt der Wert 500 Euro. [2] Ist der Wert nach den besonderen Umständen des Einzelfalls unbillig, kann das Gericht einen höheren Wert festsetzen.

§ 52 Güterrechtssachen. [1] Wird in einer Güterrechtssache, die Familienstreitsache ist, auch über einen Antrag nach § 1382 Abs. 5 oder nach § 1383 Abs. 3 des Bürgerlichen Gesetzbuchs entschieden, handelt es sich um ein Verfahren. [2] Die Werte werden zusammengerechnet.

Unterabschnitt 3. Wertfestsetzung

§ 53 Angabe des Werts. [1] Bei jedem Antrag ist der Verfahrenswert, wenn dieser nicht in einer bestimmten Geldsumme besteht, kein fester Wert bestimmt ist oder sich nicht aus früheren Anträgen ergibt, und nach Aufforderung auch der Wert eines Teils des Verfahrensgegenstands schriftlich oder zu Protokoll der Geschäftsstelle anzugeben. [2] Die Angabe kann jederzeit berichtigt werden.

§ 54 Wertfestsetzung für die Zulässigkeit der Beschwerde. Ist der Wert für die Zulässigkeit der Beschwerde festgesetzt, ist die Festsetzung auch für die Berechnung der Gebühren maßgebend, soweit die Wertvorschriften dieses Gesetzes nicht von den Wertvorschriften des Verfahrensrechts abweichen.

§ 55 Wertfestsetzung für die Gerichtsgebühren. (1) [1] Sind Gebühren, die sich nach dem Verfahrenswert richten, mit der Einreichung des Antrags, der Einspruchs- oder der Rechtsmittelschrift oder mit der Abgabe der entsprechenden Erklärung zu Protokoll fällig, setzt das Gericht sogleich den Wert ohne Anhörung der Beteiligten durch Beschluss vorläufig fest, wenn Gegenstand des Verfahrens nicht eine bestimmte Geldsumme in Euro ist oder für den Regelfall kein fester Wert bestimmt ist. [2] Einwendungen gegen die Höhe des festgesetzten Werts können nur im Verfahren über die Beschwerde gegen den Beschluss, durch den die Tätigkeit des Gerichts aufgrund dieses Gesetzes von der vorherigen Zahlung von Kosten abhängig gemacht wird, geltend gemacht werden.

(2) Soweit eine Entscheidung nach § 54 nicht ergeht oder nicht bindet, setzt das Gericht den Wert für die zu erhebenden Gebühren durch Beschluss fest, sobald eine Entscheidung über den gesamten Verfahrensgegenstand ergeht oder sich das Verfahren anderweitig erledigt.

(3) [1] Die Festsetzung kann von Amts wegen geändert werden
1. von dem Gericht, das den Wert festgesetzt hat, und
2. von dem Rechtsmittelgericht, wenn das Verfahren wegen des Hauptgegenstands oder wegen der Entscheidung über den Verfahrenswert, den Kostenansatz oder die Kostenfestsetzung in der Rechtsmittelinstanz schwebt.

[2] Die Änderung ist nur innerhalb von sechs Monaten zulässig, nachdem die Entscheidung wegen des Hauptgegenstands Rechtskraft erlangt oder das Verfahren sich anderweitig erledigt hat.

§ 56 Schätzung des Werts. [1] Wird eine Abschätzung durch Sachverständige erforderlich, ist in dem Beschluss, durch den der Verfahrenswert festgesetzt wird (§ 55), über die Kosten der Abschätzung zu entscheiden. [2] Diese Kosten können ganz oder teilweise dem Beteiligten auferlegt werden, welcher die Abschätzung durch Unterlassen der ihm obliegenden Wertangabe, durch unrichtige Angabe des Werts, durch unbegründetes Bestreiten des angegebenen Werts oder durch eine unbegründete Beschwerde veranlasst hat.

Abschnitt 8. Erinnerung und Beschwerde

§ 57 Erinnerung gegen den Kostenansatz, Beschwerde. (1) [1] Über Erinnerungen des Kostenschuldners und der Staatskasse gegen den Kostenansatz entscheidet das Gericht, bei dem die Kosten angesetzt sind. [2] War das Verfahren im ersten Rechtszug bei mehreren Gerichten anhängig, ist das Gericht, bei dem es zuletzt anhängig war, auch insoweit zuständig, als Kosten bei den anderen Gerichten angesetzt worden sind.

(2) [1] Gegen die Entscheidung des Familiengerichts über die Erinnerung findet die Beschwerde statt, wenn der Wert des Beschwerdegegenstands 200 Euro übersteigt. [2] Die Beschwerde ist auch zulässig, wenn sie das Familiengericht, das die angefochtene Entscheidung erlassen hat, wegen der grundsätzlichen Bedeutung der zur Entscheidung stehenden Frage in dem Beschluss zulässt.

(3) [1] Soweit das Familiengericht die Beschwerde für zulässig und begründet hält, hat es ihr abzuhelfen; im Übrigen ist die Beschwerde unverzüglich dem Oberlandesgericht vorzulegen. [2] Das Oberlandesgericht ist an die Zulassung der Beschwerde gebunden; die Nichtzulassung ist unanfechtbar.

(4) [1] Anträge und Erklärungen können ohne Mitwirkung eines Rechtsanwalts schriftlich eingereicht oder zu Protokoll der Geschäftsstelle abgegeben werden; § 129a der Zivilprozessordnung gilt entsprechend. [2] Für die Bevollmächtigung gelten die Regelungen des Gesetzes über das Verfahren in Familiensachen und in den Angelegenheiten der freiwilligen Gerichtsbarkeit entsprechend. [3] Die Erinnerung ist bei dem Gericht einzulegen, das für die Entscheidung über die Erinnerung zuständig ist. [4] Die Beschwerde ist bei dem Familiengericht einzulegen.

(5) [1]Das Gericht entscheidet über die Erinnerung und die Beschwerde durch eines seiner Mitglieder als Einzelrichter. [2]Der Einzelrichter überträgt das Verfahren dem Senat, wenn die Sache besondere Schwierigkeiten tatsächlicher oder rechtlicher Art aufweist oder die Rechtssache grundsätzliche Bedeutung hat.

(6) [1]Erinnerung und Beschwerde haben keine aufschiebende Wirkung. [2]Das Gericht oder das Beschwerdegericht kann auf Antrag oder von Amts wegen die aufschiebende Wirkung ganz oder teilweise anordnen; ist nicht der Einzelrichter zur Entscheidung berufen, entscheidet der Vorsitzende des Gerichts.

(7) Entscheidungen des Oberlandesgerichts sind unanfechtbar.

(8) [1]Die Verfahren sind gebührenfrei. [2]Kosten werden nicht erstattet.

§ 58 Beschwerde gegen die Anordnung einer Vorauszahlung. (1) [1]Gegen den Beschluss, durch den die Tätigkeit des Familiengerichts nur aufgrund dieses Gesetzes von der vorherigen Zahlung von Kosten abhängig gemacht wird, und wegen der Höhe des in diesem Fall im Voraus zu zahlenden Betrags findet stets die Beschwerde statt. [2]§ 57 Abs. 3, 4 Satz 1 und 4, Abs. 5, 7 und 8 ist entsprechend anzuwenden. [3]Soweit sich der Beteiligte in dem Verfahren wegen des Hauptgegenstands vor dem Familiengericht durch einen Bevollmächtigten vertreten lassen muss, gilt dies auch im Beschwerdeverfahren.

(2) Im Fall des § 16 Abs. 2 ist § 57 entsprechend anzuwenden.

§ 59 Beschwerde gegen die Festsetzung des Verfahrenswerts. (1) [1]Gegen den Beschluss des Familiengerichts, durch den der Verfahrenswert für die Gerichtsgebühren festgesetzt worden ist (§ 55 Abs. 2), findet die Beschwerde statt, wenn der Wert des Beschwerdegegenstands 200 Euro übersteigt. [2]Die Beschwerde findet auch statt, wenn sie das Familiengericht wegen der grundsätzlichen Bedeutung der zur Entscheidung stehenden Frage in dem Beschluss zulässt. [3]Die Beschwerde ist nur zulässig, wenn sie innerhalb der in § 55 Abs. 3 Satz 2 bestimmten Frist eingelegt wird; ist der Verfahrenswert später als einen Monat vor Ablauf dieser Frist festgesetzt worden, kann sie noch innerhalb eines Monats nach Zustellung oder formloser Mitteilung des Festsetzungsbeschlusses eingelegt werden. [4]Im Fall der formlosen Mitteilung gilt der Beschluss mit dem dritten Tag nach Aufgabe zur Post als bekannt gemacht. [5]§ 57 Abs. 3, 4 Satz 1, 2 und 4, Abs. 5 und 7 ist entsprechend anzuwenden.

(2) [1]War der Beschwerdeführer ohne sein Verschulden verhindert, die Frist einzuhalten, ist ihm auf Antrag vom Oberlandesgericht Wiedereinsetzung in den vorigen Stand zu gewähren, wenn er die Beschwerde binnen zwei Wochen nach der Beseitigung des Hindernisses einlegt und die Tatsachen, welche die Wiedereinsetzung begründen, glaubhaft macht. [2]Ein Fehlen des Verschuldens wird vermutet, wenn eine Rechtsbehelfsbelehrung unterblieben oder fehlerhaft ist. [3]Nach Ablauf eines Jahres, von dem Ende der versäumten Frist an gerechnet, kann die Wiedereinsetzung nicht mehr beantragt werden.

(3) [1]Die Verfahren sind gebührenfrei. [2]Kosten werden nicht erstattet.

§ 60 Beschwerde gegen die Auferlegung einer Verzögerungsgebühr.

[1]Gegen den Beschluss des Familiengerichts nach § 32 findet die Beschwerde statt, wenn der Wert des Beschwerdegegenstands 200 Euro übersteigt oder das Familiengericht die Beschwerde wegen der grundsätzlichen Bedeutung in dem

Beschluss der zur Entscheidung stehenden Frage zugelassen hat. [2] § 57 Abs. 3, 4 Satz 1, 2 und 4, Abs. 5, 7 und 8 ist entsprechend anzuwenden.

§ 61 Abhilfe bei Verletzung des Anspruchs auf rechtliches Gehör.

(1) Auf die Rüge eines durch die Entscheidung beschwerten Beteiligten ist das Verfahren fortzuführen, wenn

1. ein Rechtsmittel oder ein anderer Rechtsbehelf gegen die Entscheidung nicht gegeben ist und
2. das Gericht den Anspruch dieses Beteiligten auf rechtliches Gehör in entscheidungserheblicher Weise verletzt hat.

(2) [1] Die Rüge ist innerhalb von zwei Wochen nach Kenntnis von der Verletzung des rechtlichen Gehörs zu erheben; der Zeitpunkt der Kenntniserlangung ist glaubhaft zu machen. [2] Nach Ablauf eines Jahres seit Bekanntmachung der angegriffenen Entscheidung kann die Rüge nicht mehr erhoben werden. [3] Formlos mitgeteilte Entscheidungen gelten mit dem dritten Tage nach Aufgabe zur Post als bekannt gemacht. [4] Die Rüge ist bei dem Gericht zu erheben, dessen Entscheidung angegriffen wird; § 57 Abs. 4 Satz 1 und 2 gelten entsprechend. [5] Die Rüge muss die angegriffene Entscheidung bezeichnen und das Vorliegen der in Absatz 1 Nr. 2 genannten Voraussetzungen darlegen.

(3) Den übrigen Beteiligten ist, soweit erforderlich, Gelegenheit zur Stellungnahme zu geben.

(4) [1] Das Gericht hat von Amts wegen zu prüfen, ob die Rüge an sich statthaft und ob sie in der gesetzlichen Form und Frist erhoben ist. [2] Mangelt es an einem dieser Erfordernisse, so ist die Rüge als unzulässig zu verwerfen. [3] Ist die Rüge unbegründet, weist das Gericht sie zurück. [4] Die Entscheidung ergeht durch unanfechtbaren Beschluss. [5] Der Beschluss soll kurz begründet werden.

(5) Ist die Rüge begründet, so hilft ihr das Gericht ab, indem es das Verfahren fortführt, soweit dies aufgrund der Rüge geboten ist.

(6) Kosten werden nicht erstattet.

Abschnitt 9. Schluss- und Übergangsvorschriften

§ 61a Verordnungsermächtigung. [1] Die Landesregierungen werden ermächtigt, durch Rechtsverordnung zu bestimmen, dass die von den Gerichten der Länder zu erhebenden Verfahrensgebühren in solchen Verfahren, die nur auf Antrag eingeleitet werden, über die im Kostenverzeichnis für den Fall der Zurücknahme des Antrags vorgesehene Ermäßigung hinaus weiter ermäßigt werden oder entfallen, wenn das gesamte Verfahren oder bei Verbundverfahren nach § 44 eine Folgesache nach einer Mediation oder nach einem anderen Verfahren der außergerichtlichen Konfliktbeilegung durch Zurücknahme des Antrags beendet wird und in der Antragsschrift mitgeteilt worden ist, dass eine Mediation oder ein anderes Verfahren der außergerichtlichen Konfliktbeilegung unternommen wird oder beabsichtigt ist, oder wenn das Gericht den Beteiligten die Durchführung einer Mediation oder eines anderen Verfahrens der außergerichtlichen Konfliktbeilegung vorgeschlagen hat. [2] Satz 1 gilt entsprechend für die im Beschwerdeverfahren von den Oberlandesgerichten zu erhebenden Verfahrensgebühren; an die Stelle der Antragsschrift tritt der Schriftsatz, mit dem die Beschwerde eingelegt worden ist.

§ 62 *(aufgehoben)*

§ 62a Bekanntmachung von Neufassungen. [1]Das Bundesministerium der Justiz und für Verbraucherschutz kann nach Änderungen den Wortlaut des Gesetzes feststellen und als Neufassung im Bundesgesetzblatt bekannt machen. [2]Die Bekanntmachung muss auf diese Vorschrift Bezug nehmen und angeben

1. den Stichtag, zu dem der Wortlaut festgestellt wird,
2. die Änderungen seit der letzten Veröffentlichung des vollständigen Wortlauts im Bundesgesetzblatt sowie
3. das Inkrafttreten der Änderungen.

§ 63 Übergangsvorschrift. (1) [1]In Verfahren, die vor dem Inkrafttreten einer Gesetzesänderung anhängig geworden oder eingeleitet worden sind, werden die Kosten nach bisherigem Recht erhoben. [2]Dies gilt nicht im Verfahren über ein Rechtsmittel, das nach dem Inkrafttreten einer Gesetzesänderung eingelegt worden ist. [3]Die Sätze 1 und 2 gelten auch, wenn Vorschriften geändert werden, auf die dieses Gesetz verweist.

(2) In Verfahren, in denen Jahresgebühren erhoben werden, und in Fällen, in denen Absatz 1 keine Anwendung findet, gilt für Kosten, die vor dem Inkrafttreten einer Gesetzesänderung fällig geworden sind, das bisherige Recht.

§ 64 Übergangsvorschrift für die Erhebung von Haftkosten. Bis zum Erlass landesrechtlicher Vorschriften über die Höhe des Haftkostenbeitrags, der von einem Gefangenen zu erheben ist, sind die Nummern 2008 und 2009 des Kostenverzeichnisses in der bis zum 27. Dezember 2010 geltenden Fassung anzuwenden.

Anlage 1
(zu § 3 Abs. 2)

Kostenverzeichnis

Gliederung

Teil 1. Gebühren

Nr.	Gebührentatbestand	Gebühr oder Satz der Gebühr nach § 28 FamGKG
Hauptabschnitt 1. Hauptsacheverfahren in Ehesachen einschließlich aller Folgesachen		
Abschnitt 1. Erster Rechtszug		
1110	Verfahren im Allgemeinen	2,0
1111	Beendigung des Verfahrens hinsichtlich der Ehesache oder einer Folgesache durch 1. Zurücknahme des Antrags a) vor dem Schluss der mündlichen Verhandlung, b) in den Fällen des § 128 Abs. 2 ZPO vor dem Zeitpunkt, der dem Schluss der mündlichen Verhandlung entspricht, c) im Fall des § 331 Abs. 3 ZPO vor Ablauf des Tages, an dem die Endentscheidung der Geschäftsstelle übermittelt wird, 2. Anerkenntnis- oder Verzichtsentscheidung oder Endentscheidung, die nach § 38 Abs. 4 Nr. 2 und 3 FamFG keine Begründung enthält oder nur deshalb eine Begründung enthält, weil zu erwarten ist, dass der Beschluss im Ausland geltend gemacht wird (§ 38 Abs. 5 Nr. 4 FamFG), mit Ausnahme der Endentscheidung in einer Scheidungssache, 3. gerichtlichen Vergleich oder 4. Erledigung in der Hauptsache, wenn keine Entscheidung über die Kosten ergeht oder die Entscheidung einer zuvor mitgeteilten Einigung über die Kostentragung oder einer Kostenübernahmeerklärung folgt, es sei denn, dass bereits eine andere Endentscheidung als eine der in Nummer 2 genannten Entscheidungen vorausgegangen ist: Die Gebühr 1110 ermäßigt sich auf .... (1) Wird im Verbund nicht das gesamte Verfahren beendet, ist auf die beendete Ehesache und auf eine oder mehrere beendete Folgesachen § 44 FamGKG anzuwenden und die Gebühr nur insoweit zu ermäßigen. (2) Die Vervollständigung einer ohne Begründung hergestellten Endentscheidung (§ 38 Abs. 6 FamFG) steht der Ermäßigung nicht entgegen. (3) Die Gebühr ermäßigt sich auch, wenn mehrere Ermäßigungstatbestände erfüllt sind.	0,5
Abschnitt 2. Beschwerde gegen die Endentscheidung wegen des Hauptgegenstands		
Vorbemerkung 1.1.2: Dieser Abschnitt ist auch anzuwenden, wenn sich die Beschwerde auf eine Folgesache beschränkt.		

Nr.	Gebührentatbestand	Gebühr oder Satz der Gebühr nach § 28 FamGKG
1120	Verfahren im Allgemeinen	3,0
1121	Beendigung des gesamten Verfahrens durch Zurücknahme der Beschwerde oder des Antrags, bevor die Schrift zur Begründung der Beschwerde bei Gericht eingegangen ist: Die Gebühr 1120 ermäßigt sich auf	0,5
	Die Erledigung in der Hauptsache steht der Zurücknahme gleich, wenn keine Entscheidung über die Kosten ergeht oder die Entscheidung einer zuvor mitgeteilten Einigung über die Kostentragung oder einer Kostenübernahmeerklärung folgt.	
1122	Beendigung des Verfahrens hinsichtlich der Ehesache oder einer Folgesache, wenn nicht Nummer 1121 erfüllt ist, durch 1. Zurücknahme der Beschwerde oder des Antrags a) vor dem Schluss der mündlichen Verhandlung oder, b) falls eine mündliche Verhandlung nicht stattfindet, vor Ablauf des Tages, an dem die Endentscheidung der Geschäftsstelle übermittelt wird, 2. Anerkenntnis- oder Verzichtsentscheidung, 3. gerichtlichen Vergleich oder 4. Erledigung in der Hauptsache, wenn keine Entscheidung über die Kosten ergeht oder die Entscheidung einer zuvor mitgeteilten Einigung über die Kostentragung oder einer Kostenübernahmeerklärung folgt, es sei denn, dass bereits eine andere als eine der in Nummer 2 genannten Endentscheidungen vorausgegangen ist: Die Gebühr 1120 ermäßigt sich auf	1,0
	(1) Wird im Verbund nicht das gesamte Verfahren beendet, ist auf die beendete Ehesache und auf eine oder mehrere beendete Folgesachen § 44 FamGKG anzuwenden und die Gebühr nur insoweit zu ermäßigen. (2) Die Gebühr ermäßigt sich auch, wenn mehrere Ermäßigungstatbestände erfüllt sind.	

Abschnitt 3. Rechtsbeschwerde gegen die Endentscheidung wegen des Hauptgegenstands

Vorbemerkung 1.1.3:

Dieser Abschnitt ist auch anzuwenden, wenn sich die Rechtsbeschwerde auf eine Folgesache beschränkt.

1130	Verfahren im Allgemeinen	4,0
1131	Beendigung des gesamten Verfahrens durch Zurücknahme der Rechtsbeschwerde oder des Antrags, bevor die Schrift zur Begründung der Rechtsbeschwerde bei Gericht eingegangen ist:	

Nr.	Gebührentatbestand	Gebühr oder Satz der Gebühr nach § 28 FamGKG
	Die Gebühr 1130 ermäßigt sich auf	1,0
	Die Erledigung in der Hauptsache steht der Zurücknahme gleich, wenn keine Entscheidung über die Kosten ergeht oder die Entscheidung einer zuvor mitgeteilten Einigung über die Kostentragung oder einer Kostenübernahmeerklärung folgt.	
1132	Beendigung des Verfahrens hinsichtlich der Ehesache oder einer Folgesache durch Zurücknahme der Rechtsbeschwerde oder des Antrags vor Ablauf des Tages, an dem die Endentscheidung der Geschäftsstelle übermittelt wird, wenn nicht Nummer 1131 erfüllt ist:	
	Die Gebühr 1130 ermäßigt sich auf	2,0
	Wird im Verbund nicht das gesamte Verfahren beendet, ist auf die beendete Ehesache und auf eine oder mehrere beendete Folgesachen § 44 FamGKG anzuwenden und die Gebühr nur insoweit zu ermäßigen.	

Abschnitt 4. Zulassung der Sprungrechtsbeschwerde gegen die Endentscheidung wegen des Hauptgegenstands

1140	Verfahren über die Zulassung der Sprungrechtsbeschwerde:	
	Soweit der Antrag abgelehnt wird	1,0

Hauptabschnitt 2. Hauptsacheverfahren in selbständigen Familienstreitsachen

Abschnitt 1. Vereinfachtes Verfahren über den Unterhalt Minderjähriger

Unterabschnitt 1. Erster Rechtszug

1210	Entscheidung über einen Antrag auf Festsetzung von Unterhalt nach § 249 Abs. 1 FamFG mit Ausnahme einer Festsetzung nach § 253 Abs. 1 Satz 2 FamFG	0,5

Unterabschnitt 2. Beschwerde gegen die Endentscheidung wegen des Hauptgegenstands

1211	Verfahren über die Beschwerde nach § 256 FamFG gegen die Festsetzung von Unterhalt im vereinfachten Verfahren	1,0
1212	Beendigung des gesamten Verfahrens ohne Endentscheidung:	
	Die Gebühr 1211 ermäßigt sich auf	0,5
	(1) Wenn die Entscheidung nicht durch Verlesen der Entscheidungsformel bekannt gegeben worden ist, ermäßigt sich die Gebühr auch im Fall der Zurücknahme der Beschwerde vor Ablauf des Tages, an dem die Endentscheidung der Geschäftsstelle übermittelt wird. (2) Eine Entscheidung über die Kosten steht der Ermäßigung nicht entgegen, wenn die Entscheidung einer zuvor mitgeteilten Einigung über die Kostentragung oder einer Kostenübernahmeerklärung folgt.	

Nr.	Gebührentatbestand	Gebühr oder Satz der Gebühr nach § 28 FamGKG
	Unterabschnitt 3. Rechtsbeschwerde gegen die Endentscheidung wegen des Hauptgegenstands	
1213	Verfahren im Allgemeinen	1,5
1214	Beendigung des gesamten Verfahrens durch Zurücknahme der Rechtsbeschwerde oder des Antrags, bevor die Schrift zur Begründung der Rechtsbeschwerde bei Gericht eingegangen ist: Die Gebühr 1213 ermäßigt sich auf	0,5
1215	Beendigung des gesamten Verfahrens durch Zurücknahme der Rechtsbeschwerde oder des Antrags vor Ablauf des Tages, an dem die Endentscheidung der Geschäftsstelle übermittelt wird, wenn nicht Nummer 1214 erfüllt ist: Die Gebühr 1213 ermäßigt sich auf	1,0
	Unterabschnitt 4. Zulassung der Sprungrechtsbeschwerde gegen die Endentscheidung wegen des Hauptgegenstands	
1216	Verfahren über die Zulassung der Sprungrechtsbeschwerde: Soweit der Antrag abgelehnt wird	0,5
	Abschnitt 2. Verfahren im Übrigen	
	Unterabschnitt 1. Erster Rechtszug	
1220	Verfahren im Allgemeinen .... Soweit wegen desselben Verfahrensgegenstands ein Mahnverfahren vorausgegangen ist, entsteht die Gebühr mit dem Eingang der Akten beim Familiengericht, an das der Rechtsstreit nach Erhebung des Widerspruchs oder Einlegung des Einspruchs abgegeben wird; in diesem Fall wird eine Gebühr 1100 des Kostenverzeichnisses zum GKG nach dem Wert des Verfahrensgegenstands angerechnet, der in das Streitverfahren übergegangen ist.	3,0
1221	Beendigung des gesamten Verfahrens durch 1. Zurücknahme des Antrags a) vor dem Schluss der mündlichen Verhandlung, b) in den Fällen des § 128 Abs. 2 ZPO vor dem Zeitpunkt, der dem Schluss der mündlichen Verhandlung entspricht, c) im Fall des § 331 Abs. 3 ZPO vor Ablauf des Tages, an dem die Endentscheidung der Geschäftsstelle übermittelt wird, wenn keine Entscheidung nach § 269 Abs. 3 Satz 3 ZPO über die Kosten ergeht oder die Entscheidung einer zuvor mitgeteilten Einigung über die Kostentragung oder einer Kostenübernahmeerklärung folgt,	

Nr.	Gebührentatbestand	Gebühr oder Satz der Gebühr nach § 28 FamGKG
	2. Anerkenntnis- oder Verzichtsentscheidung oder Endentscheidung, die nach § 38 Abs. 4 Nr. 2 oder 3 FamFG keine Begründung enthält oder nur deshalb eine Begründung enthält, weil zu erwarten ist, dass der Beschluss im Ausland geltend gemacht wird (§ 38 Abs. 5 Nr. 4 FamFG), 3. gerichtlichen Vergleich oder 4. Erledigung in der Hauptsache, wenn keine Entscheidung über die Kosten ergeht oder die Entscheidung einer zuvor mitgeteilten Einigung über die Kostentragung oder einer Kostenübernahmeerklärung folgt, es sei denn, dass bereits eine andere Endentscheidung als eine der in Nummer 2 genannten Entscheidungen vorausgegangen ist: Die Gebühr 1220 ermäßigt sich auf	1,0
	(1) Die Zurücknahme des Antrags auf Durchführung des streitigen Verfahrens (§ 696 Abs. 1 ZPO), des Widerspruchs gegen den Mahnbescheid oder des Einspruchs gegen den Vollstreckungsbescheid stehen der Zurücknahme des Antrags (Nummer 1) gleich. (2) Die Vervollständigung einer ohne Begründung hergestellten Endentscheidung (§ 38 Abs. 6 FamFG) steht der Ermäßigung nicht entgegen. (3) Die Gebühr ermäßigt sich auch, wenn mehrere Ermäßigungstatbestände erfüllt sind.	
	Unterabschnitt 2. Beschwerde gegen die Endentscheidung wegen des Hauptgegenstands	
1222	Verfahren im Allgemeinen	4,0
1223	Beendigung des gesamten Verfahrens durch Zurücknahme der Beschwerde oder des Antrags, bevor die Schrift zur Begründung der Beschwerde bei Gericht eingegangen ist: Die Gebühr 1222 ermäßigt sich auf	1,0
	Die Erledigung in der Hauptsache steht der Zurücknahme gleich, wenn keine Entscheidung über die Kosten ergeht oder die Entscheidung einer zuvor mitgeteilten Einigung über die Kostentragung oder einer Kostenübernahmeerklärung folgt.	
1224	Beendigung des gesamten Verfahrens, wenn nicht Nummer 1223 erfüllt ist, durch 1. Zurücknahme der Beschwerde oder des Antrags a) vor dem Schluss der mündlichen Verhandlung oder, b) falls eine mündliche Verhandlung nicht stattfindet, vor Ablauf des Tages, an dem die Endentscheidung der Geschäftsstelle übermittelt wird, 2. Anerkenntnis- oder Verzichtsentscheidung, 3. gerichtlichen Vergleich oder	

Nr.	Gebührentatbestand	Gebühr oder Satz der Gebühr nach § 28 FamGKG
	4. Erledigung in der Hauptsache, wenn keine Entscheidung über die Kosten ergeht oder die Entscheidung einer zuvor mitgeteilten Einigung über die Kostentragung oder einer Kostenübernahmeerklärung folgt, es sei denn, dass bereits eine andere Endentscheidung als eine der in Nummer 2 genannten Entscheidungen vorausgegangen ist: Die Gebühr 1222 ermäßigt sich auf .... Die Gebühr ermäßigt sich auch, wenn mehrere Ermäßigungstatbestände erfüllt sind.	2,0
	Unterabschnitt 3. Rechtsbeschwerde gegen die Endentscheidung wegen des Hauptgegenstands	
1225	Verfahren im Allgemeinen	5,0
1226	Beendigung des gesamten Verfahrens durch Zurücknahme der Rechtsbeschwerde oder des Antrags, bevor die Schrift zur Begründung der Rechtsbeschwerde bei Gericht eingegangen ist: Die Gebühr 1225 ermäßigt sich auf .... Die Erledigung in der Hauptsache steht der Zurücknahme gleich, wenn keine Entscheidung über die Kosten ergeht oder die Entscheidung einer zuvor mitgeteilten Einigung über die Kostentragung oder einer Kostenübernahmeerklärung folgt.	1,0
1227	Beendigung des gesamten Verfahrens durch Zurücknahme der Rechtsbeschwerde oder des Antrags vor Ablauf des Tages, an dem die Endentscheidung der Geschäftsstelle übermittelt wird, wenn nicht Nummer 1226 erfüllt ist: Die Gebühr 1225 ermäßigt sich auf	3,0
	Unterabschnitt 4. Zulassung der Sprungrechtsbeschwerde gegen die Endentscheidung wegen des Hauptgegenstands	
1228	Verfahren über die Zulassung der Sprungrechtsbeschwerde: Soweit der Antrag abgelehnt wird	1,5
1229	Verfahren über die Zulassung der Sprungrechtsbeschwerde: Soweit der Antrag zurückgenommen oder das Verfahren durch anderweitige Erledigung beendet wird .. Die Gebühr entsteht nicht, soweit die Sprungrechtsbeschwerde zugelassen wird.	1,0

Nr.	Gebührentatbestand	Gebühr oder Satz der Gebühr nach § 28 FamGKG
	Hauptabschnitt 3. Hauptsacheverfahren in selbständigen Familiensachen der freiwilligen Gerichtsbarkeit	
	Abschnitt 1. Kindschaftssachen	
	Vorbemerkung 1.3.1: (1) Keine Gebühren werden erhoben für 1. die Pflegschaft für eine Leibesfrucht, 2. Kindschaftssachen nach § 151 Nr. 6 und 7 FamFG und 3. ein Verfahren, das Aufgaben nach dem Jugendgerichtsgesetz betrifft. (2) Von dem Minderjährigen werden Gebühren nach diesem Abschnitt nur erhoben, wenn sein Vermögen nach Abzug der Verbindlichkeiten mehr als 25 000 Euro beträgt; der in § 90 Abs. 2 Nr. 8 des Zwölften Buches Sozialgesetzbuch genannte Vermögenswert wird nicht mitgerechnet.	
	Unterabschnitt 1. Verfahren vor dem Familiengericht	
1310	Verfahren im Allgemeinen .... (1) Die Gebühr entsteht nicht für Verfahren, 1. die in den Rahmen einer Vormundschaft oder Pflegschaft fallen, 2. für die die Gebühr 1313 entsteht oder 3. die mit der Anordnung einer Pflegschaft enden. (2) Für die Umgangspflegschaft werden neben der Gebühr für das Verfahren, in dem diese angeordnet wird, keine besonderen Gebühren erhoben.	0,5
1311	Jahresgebühr für jedes angefangene Kalenderjahr bei einer Vormundschaft oder Dauerpflegschaft, wenn nicht Nummer 1312 anzuwenden ist .... (1) Für die Gebühr wird das Vermögen des von der Maßnahme betroffenen Minderjährigen nur berücksichtigt, soweit es nach Abzug der Verbindlichkeiten mehr als 25 000 Euro beträgt; der in § 90 Abs. 2 Nr. 8 des Zwölften Buches Sozialgesetzbuch genannte Vermögenswert wird nicht mitgerechnet. Ist Gegenstand der Maßnahme ein Teil des Vermögens, ist höchstens dieser Teil des Vermögens zu berücksichtigen. (2) Für das bei Anordnung der Maßnahme oder bei der ersten Tätigkeit des Familiengerichts nach Eintritt der Vormundschaft laufende und das folgende Kalenderjahr wird nur eine Jahresgebühr erhoben. (3) Erstreckt sich eine Maßnahme auf mehrere Minderjährige, wird die Gebühr für jeden Minderjährigen besonders erhoben. (4) Geht eine Pflegschaft in eine Vormundschaft über, handelt es sich um ein einheitliches Verfahren.	5,00 € je angefangene 5 000,00 € des zu berücksichtigenden Vermögens – mindestens 50,00 €
1312	Jahresgebühr für jedes angefangene Kalenderjahr bei einer Dauerpflegschaft, die nicht unmittelbar das Vermögen oder Teile des Vermögens zum Gegenstand hat	200,00 € – höchstens eine Gebühr 1311

Nr.	Gebührentatbestand	Gebühr oder Satz der Gebühr nach § 28 FamGKG
1313	Verfahren im Allgemeinen bei einer Pflegschaft für einzelne Rechtshandlungen .... (1) Bei einer Pflegschaft für mehrere Minderjährige wird die Gebühr nur einmal aus dem zusammengerechneten Wert erhoben. Minderjährige, von denen nach Vorbemerkung 1.3.1 Abs. 2 keine Gebühr zu erheben ist, sind nicht zu berücksichtigen. Höchstgebühr ist die Summe der für alle zu berücksichtigenden Minderjährigen jeweils maßgebenden Gebühr 1311. (2) Als Höchstgebühr ist die Gebühr 1311 in der Höhe zugrunde zu legen, in der sie bei einer Vormundschaft entstehen würde. (3) Die Gebühr wird nicht erhoben, wenn für den Minderjährigen eine Vormundschaft oder eine Dauerpflegschaft, die sich auf denselben Gegenstand bezieht, besteht.	0,5 – höchstens eine Gebühr 1311
	Unterabschnitt 2. Beschwerde gegen die Endentscheidung wegen des Hauptgegenstands	
1314	Verfahren im Allgemeinen	1,0
1315	Beendigung des gesamten Verfahrens ohne Endentscheidung: Die Gebühr 1314 ermäßigt sich auf .... (1) Wenn die Entscheidung nicht durch Verlesen der Entscheidungsformel bekannt gegeben worden ist, ermäßigt sich die Gebühr auch im Fall der Zurücknahme der Beschwerde vor Ablauf des Tages, an dem die Endentscheidung der Geschäftsstelle übermittelt wird. (2) Eine Entscheidung über die Kosten steht der Ermäßigung nicht entgegen, wenn die Entscheidung einer zuvor mitgeteilten Einigung über die Kostentragung oder einer Kostenübernahmeerklärung folgt. (3) Die Billigung eines gerichtlichen Vergleichs (§ 156 Abs. 2 FamFG) steht der Ermäßigung nicht entgegen.	0,5
	Unterabschnitt 3. Rechtsbeschwerde gegen die Endentscheidung wegen des Hauptgegenstands	
1316	Verfahren im Allgemeinen	1,5
1317	Beendigung des gesamten Verfahrens durch Zurücknahme der Rechtsbeschwerde oder des Antrags, bevor die Schrift zur Begründung der Beschwerde bei Gericht eingegangen ist: Die Gebühr 1316 ermäßigt sich auf	0,5
1318	Beendigung des gesamten Verfahrens durch Zurücknahme der Rechtsbeschwerde oder des Antrags vor Ablauf des Tages, an dem die Endentscheidung der Geschäftsstelle übermittelt wird, wenn nicht Nummer 1317 erfüllt ist: Die Gebühr 1316 ermäßigt sich auf	1,0
	Unterabschnitt 4. Zulassung der Sprungrechtsbeschwerde gegen die Endentscheidung wegen des Hauptgegenstands	
1319	Verfahren über die Zulassung der Sprungrechtsbeschwerde:	

Nr.	Gebührentatbestand	Gebühr oder Satz der Gebühr nach § 28 FamGKG
	Soweit der Antrag abgelehnt wird	0,5
	Abschnitt 2. Übrige Familiensachen der freiwilligen Gerichtsbarkeit	
	Vorbemerkung 1.3.2: (1) Dieser Abschnitt gilt für 1. Abstammungssachen, 2. Adoptionssachen, die einen Volljährigen betreffen, 3. Ehewohnungs- und Haushaltssachen, 4. Gewaltschutzsachen, 5. Versorgungsausgleichssachen sowie 6. Unterhaltssachen, Güterrechtssachen und sonstige Familiensachen (§ 111 Nr. 10 FamFG), die nicht Familienstreitsachen sind. (2) In Adoptionssachen werden für Verfahren auf Ersetzung der Einwilligung zur Annahme als Kind neben den Gebühren für das Verfahren über die Annahme als Kind keine Gebühren erhoben. (3) Für Verfahren über Bescheinigungen nach Abschnitt 3 Unterabschnitt 2 EUGewSchVG bestimmen sich die Gebühren nach Teil 1 Hauptabschnitt 7.	
	Unterabschnitt 1. Erster Rechtszug	
1320	Verfahren im Allgemeinen	2,0
1321	Beendigung des gesamten Verfahrens 1. ohne Endentscheidung, 2. durch Zurücknahme des Antrags vor Ablauf des Tages, an dem die Endentscheidung der Geschäftsstelle übermittelt wird, wenn die Entscheidung nicht bereits durch Verlesen der Entscheidungsformel bekannt gegeben worden ist, oder 3. wenn die Endentscheidung keine Begründung enthält oder nur deshalb eine Begründung enthält, weil zu erwarten ist, dass der Beschluss im Ausland geltend gemacht wird (§ 38 Abs. 5 Nr. 4 FamFG): Die Gebühr 1320 ermäßigt sich auf	0,5
	(1) Die Vervollständigung einer ohne Begründung hergestellten Endentscheidung (§ 38 Abs. 6 FamFG) steht der Ermäßigung nicht entgegen. (2) Die Gebühr ermäßigt sich auch, wenn mehrere Ermäßigungstatbestände erfüllt sind.	
	Unterabschnitt 2. Beschwerde gegen die Endentscheidung wegen des Hauptgegenstands	
1322	Verfahren im Allgemeinen	3,0
1323	Beendigung des gesamten Verfahrens durch Zurücknahme der Beschwerde oder des Antrags, bevor die Schrift zur Begründung der Beschwerde bei Gericht eingegangen ist: Die Gebühr 1322 ermäßigt sich auf	0,5
1324	Beendigung des gesamten Verfahrens ohne Endentscheidung, wenn nicht Nummer 1323 erfüllt ist: Die Gebühr 1322 ermäßigt sich auf	1,0

Nr.	Gebührentatbestand	Gebühr oder Satz der Gebühr nach § 28 FamGKG
	(1) Wenn die Entscheidung nicht durch Verlesen der Entscheidungsformel bekannt gegeben worden ist, ermäßigt sich die Gebühr auch im Fall der Zurücknahme der Beschwerde vor Ablauf des Tages, an dem die Endentscheidung der Geschäftsstelle übermittelt wird. (2) Eine Entscheidung über die Kosten steht der Ermäßigung nicht entgegen, wenn die Entscheidung einer zuvor mitgeteilten Einigung über die Kostentragung oder einer Kostenübernahmeerklärung folgt.	
	Unterabschnitt 3. Rechtsbeschwerde gegen die Endentscheidung wegen des Hauptgegenstands	
1325	Verfahren im Allgemeinen	4,0
1326	Beendigung des gesamten Verfahrens durch Zurücknahme der Rechtsbeschwerde oder des Antrags, bevor die Schrift zur Begründung der Rechtsbeschwerde bei Gericht eingegangen ist: Die Gebühr 1325 ermäßigt sich auf	1,0
1327	Beendigung des gesamten Verfahrens durch Zurücknahme der Rechtsbeschwerde oder des Antrags vor Ablauf des Tages, an dem die Endentscheidung der Geschäftsstelle übermittelt wird, wenn nicht Nummer 1326 erfüllt ist: Die Gebühr 1325 ermäßigt sich auf	2,0
	Unterabschnitt 4. Zulassung der Sprungrechtsbeschwerde gegen die Endentscheidung wegen des Hauptgegenstands	
1328	Verfahren über die Zulassung der Sprungrechtsbeschwerde: Soweit der Antrag abgelehnt wird	1,0
	Hauptabschnitt 4. Einstweiliger Rechtsschutz	
	Vorbemerkung 1.4: (1) Im Verfahren zur Erwirkung eines Europäischen Beschlusses zur vorläufigen Kontenpfändung werden Gebühren nach diesem Hauptabschnitt nur im Fall des Artikels 5 Buchstabe a der Verordnung (EU) Nr. 655/2014 erhoben. In den Fällen des Artikels 5 Buchstabe b der Verordnung (EU) Nr. 655/2014 bestimmen sich die Gebühren nach den für die Zwangsvollstreckung geltenden Vorschriften des GKG. (2) Im Verfahren auf Erlass einer einstweiligen Anordnung und über deren Aufhebung oder Änderung werden die Gebühren nur einmal erhoben. Dies gilt entsprechend im Arrestverfahren und im Verfahren nach der Verordnung (EU) Nr. 655/2014.	
	Abschnitt 1. Einstweilige Anordnung in Kindschaftssachen	
	Unterabschnitt 1. Erster Rechtszug	
1410	Verfahren im Allgemeinen Die Gebühr entsteht nicht für Verfahren, die in den Rahmen einer Vormundschaft oder Pflegschaft fallen, und für Verfahren, die eine *eine*[1] Kindschaftssache nach § 151 Nr. 6 und 7 FamFG betreffen.	0,3

[1] Wortlaut amtlich.

Nr.	Gebührentatbestand	Gebühr oder Satz der Gebühr nach § 28 FamGKG
	Unterabschnitt 2. Beschwerde gegen die Endentscheidung wegen des Hauptgegenstands	
1411	Verfahren im Allgemeinen	0,5
1412	Beendigung des gesamten Verfahrens ohne Endentscheidung: Die Gebühr 1411 ermäßigt sich auf (1) Wenn die Entscheidung nicht durch Verlesen der Entscheidungsformel bekannt gegeben worden ist, ermäßigt sich die Gebühr auch im Fall der Zurücknahme der Beschwerde vor Ablauf des Tages, an dem die Endentscheidung der Geschäftsstelle übermittelt wird. (2) Eine Entscheidung über die Kosten steht der Ermäßigung nicht entgegen, wenn die Entscheidung einer zuvor mitgeteilten Einigung über die Kostentragung oder einer Kostenübernahmeerklärung folgt.	0,3
	Abschnitt 2. Einstweilige Anordnung in den übrigen Familiensachen, Arrest und Europäischer Beschluss zur vorläufigen Kontenpfändung	
	Vorbemerkung 1.4.2: Dieser Abschnitt gilt für Familienstreitsachen und die in Vorbemerkung 1.3.2 genannten Verfahren.	
	Unterabschnitt 1. Erster Rechtszug	
1420	Verfahren im Allgemeinen	1,5
1421	Beendigung des gesamten Verfahrens ohne Endentscheidung: Die Gebühr 1420 ermäßigt sich auf (1) Wenn die Entscheidung nicht durch Verlesen der Entscheidungsformel bekannt gegeben worden ist, ermäßigt sich die Gebühr auch im Fall der Zurücknahme des Antrags vor Ablauf des Tages, an dem die Endentscheidung der Geschäftsstelle übermittelt wird. (2) Eine Entscheidung über die Kosten steht der Ermäßigung nicht entgegen, wenn die Entscheidung einer zuvor mitgeteilten Einigung über die Kostentragung oder einer Kostenübernahmeerklärung folgt.	0,5
	Unterabschnitt 2. Beschwerde gegen die Endentscheidung wegen des Hauptgegenstands	
1422	Verfahren im Allgemeinen	2,0
1423	Beendigung des gesamten Verfahrens durch Zurücknahme der Beschwerde oder des Antrags, bevor die Schrift zur Begründung der Beschwerde bei Gericht eingegangen ist: Die Gebühr 1422 ermäßigt sich auf	0,5
1424	Beendigung des gesamten Verfahrens ohne Endentscheidung, wenn nicht Nummer 1423 erfüllt ist: Die Gebühr 1422 ermäßigt sich auf (1) Wenn die Entscheidung nicht durch Verlesen der Entscheidungsformel bekannt gegeben worden ist, ermäßigt sich die Gebühr auch im Fall der Zurücknahme der Beschwerde vor Ablauf des Tages, an dem die Endentscheidung der Geschäftsstelle übermittelt wird.	1,0

Nr.	Gebührentatbestand	Gebühr oder Satz der Gebühr nach § 28 FamGKG
	(2) Eine Entscheidung über die Kosten steht der Ermäßigung nicht entgegen, wenn die Entscheidung einer zuvor mitgeteilten Einigung über die Kostentragung oder einer Kostenübernahmeerklärung folgt.	
	Hauptabschnitt 5. Besondere Gebühren	
1500	Abschluss eines gerichtlichen Vergleichs: Soweit ein Vergleich über nicht gerichtlich anhängige Gegenstände geschlossen wird	0,25
	Die Gebühr entsteht nicht im Verfahren über die Verfahrenskostenhilfe. Im Verhältnis zur Gebühr für das Verfahren im Allgemeinen ist § 30 Abs. 3 FamGKG entsprechend anzuwenden.	
1501	Auferlegung einer Gebühr nach § 32 FamGKG wegen Verzögerung des Verfahrens	wie vom Gericht bestimmt
1502	Anordnung von Zwangsmaßnahmen durch Beschluss nach § 35 FamFG: je Anordnung	20,00 €
1503	Selbständiges Beweisverfahren	1,0
	Hauptabschnitt 6. Vollstreckung	
	Vorbemerkung 1.6: Die Vorschriften dieses Hauptabschnitts gelten für die Vollstreckung nach Buch 1 Abschnitt 8 des FamFG, soweit das Familiengericht zuständig ist. Für Handlungen durch das Vollstreckungs- oder Arrestgericht werden Gebühren nach dem GKG erhoben.	
1600	Verfahren über den Antrag auf Erteilung einer weiteren vollstreckbaren Ausfertigung (§ 733 ZPO)	20,00 €
	Die Gebühr wird für jede weitere vollstreckbare Ausfertigung gesondert erhoben. Sind wegen desselben Anspruchs in einem Mahnverfahren gegen mehrere Personen gesonderte Vollstreckungsbescheide erlassen worden und werden hiervon gleichzeitig mehrere weitere vollstreckbare Ausfertigungen beantragt, wird die Gebühr nur einmal erhoben.	
1601	Anordnung der Vornahme einer vertretbaren Handlung durch einen Dritten	15,00 €
1602	Anordnung von Zwangs- oder Ordnungsmitteln: je Anordnung	20,00 €
	Mehrere Anordnungen gelten als eine Anordnung, wenn sie dieselbe Verpflichtung betreffen. Dies gilt nicht, wenn Gegenstand der Verpflichtung die wiederholte Vornahme einer Handlung oder eine Unterlassung ist.	
1603	Verfahren zur Abnahme einer eidesstattlichen Versicherung (§ 94 FamFG)	35,00 €
	Die Gebühr entsteht mit der Anordnung des Gerichts, dass der Verpflichtete eine eidesstattliche Versicherung abzugeben hat, oder mit dem Eingang des Antrags des Berechtigten.	

Nr.	Gebührentatbestand	Gebühr oder Satz der Gebühr nach § 28 FamGKG
	Hauptabschnitt 7. Verfahren mit Auslandsbezug	
	Vorbemerkung 1.7: In Verfahren nach dem EUGewSchVG, mit Ausnahme der Verfahren über Bescheinigungen nach Abschnitt 3 Unterabschnitt 2 EUGewSchVG, bestimmen sich die Gebühren nach Teil 1 Hauptabschnitt 3 Abschnitt 2.	
	Abschnitt 1. Erster Rechtszug	
1710	Verfahren über Anträge auf 1. Erlass einer gerichtlichen Anordnung auf Rückgabe des Kindes oder über das Recht zum persönlichen Umgang nach dem IntFamRVG, 2. Vollstreckbarerklärung ausländischer Titel, 3. Feststellung, ob die ausländische Entscheidung anzuerkennen ist, einschließlich der Anordnungen nach § 33 IntFamRVG zur Wiederherstellung des Sorgeverhältnisses, 4. Erteilung der Vollstreckungsklausel zu ausländischen Titeln und 5. Aufhebung oder Abänderung von Entscheidungen in den in den Nummern 2 bis 4 genannten Verfahren	240,00 €
1711	Verfahren über den Antrag auf Ausstellung einer Bescheinigung nach § 57 AVAG, § 48 IntFamRVG, § 14 EUGewSchVG oder § 27 IntGüRVG oder auf Ausstellung des Formblatts oder der Bescheinigung nach § 71 Abs. 1 AUG	15,00 €
1712	Verfahren über den Antrag auf Ausstellung einer Bestätigung nach § 1079 ZPO	20,00 €
1713	Verfahren nach 1. § 3 Abs. 2 des Gesetzes zur Ausführung des Vertrags zwischen der Bundesrepublik Deutschland und der Republik Österreich vom 6. Juni 1959 über die gegenseitige Anerkennung und Vollstreckung von gerichtlichen Entscheidungen, Vergleichen und öffentlichen Urkunden in Zivil- und Handelssachen in der im Bundesgesetzblatt Teil III, Gliederungsnummer 319-12, veröffentlichten bereinigten Fassung, das zuletzt durch Artikel 23 des Gesetzes vom 27. Juli 2001 (BGBl. I S. 1887) geändert worden ist, und 2. § 34 Abs. 1 AUG	60,00 €
1714	Verfahren über den Antrag nach § 107 Abs. 5, 6 und 8, § 108 Abs. 2 FamFG: Der Antrag wird zurückgewiesen	240,00 €

Nr.	Gebührentatbestand	Gebühr oder Satz der Gebühr nach § 28 FamGKG
1715	Beendigung des gesamten Verfahrens durch Zurücknahme des Antrags vor Ablauf des Tages, an dem die Endentscheidung der Geschäftsstelle übermittelt wird, wenn die Entscheidung nicht bereits durch Verlesen der Entscheidungsformel bekannt gegeben worden ist: Die Gebühr 1710 oder 1714 ermäßigt sich auf	90,00 €
	Abschnitt 2. Beschwerde und Rechtsbeschwerde gegen die Endentscheidung wegen des Hauptgegenstands	
1720	Verfahren über die Beschwerde oder Rechtsbeschwerde in den in den Nummern 1710, 1713 und 1714 genannten Verfahren	360,00 €
1721	Beendigung des gesamten Verfahrens durch Zurücknahme der Beschwerde, der Rechtsbeschwerde oder des Antrags, bevor die Schrift zur Begründung des Rechtsmittels bei Gericht eingegangen ist: Die Gebühr 1720 ermäßigt sich auf	90,00 €
1722	Beendigung des gesamten Verfahrens ohne Endentscheidung, wenn nicht Nummer 1721 erfüllt ist: Die Gebühr 1720 ermäßigt sich auf	180,00 €
	(1) Wenn die Entscheidung nicht durch Verlesen der Entscheidungsformel bekannt gegeben worden ist, ermäßigt sich die Gebühr auch im Fall der Zurücknahme der Beschwerde oder der Rechtsbeschwerde vor Ablauf des Tages, an dem die Endentscheidung der Geschäftsstelle übermittelt wird. (2) Eine Entscheidung über die Kosten steht der Ermäßigung nicht entgegen, wenn die Entscheidung einer zuvor mitgeteilten Einigung über die Kostentragung oder einer Kostenübernahmeerklärung folgt.	
1723	Verfahren über die Beschwerde in 1. den in den Nummern 1711 und 1712 genannten Verfahren, 2. Verfahren nach § 245 FamFG oder 3. Verfahren über die Berichtigung oder den Widerruf einer Bestätigung nach § 1079 ZPO: Die Beschwerde wird verworfen oder zurückgewiesen	60,00 €
	Hauptabschnitt 8. Rüge wegen Verletzung des Anspruchs auf rechtliches Gehör	
1800	Verfahren über die Rüge wegen Verletzung des Anspruchs auf rechtliches Gehör (§§ 44, 113 Abs. 1 Satz 2 FamFG, § 321a ZPO): Die Rüge wird in vollem Umfang verworfen oder zurückgewiesen	60,00 €

Nr.	Gebührentatbestand	Gebühr oder Satz der Gebühr nach § 28 FamGKG
	Hauptabschnitt 9. Rechtsmittel im Übrigen	
	Abschnitt 1. Sonstige Beschwerden	
1910	Verfahren über die Beschwerde in den Fällen des § 71 Abs. 2, § 91a Abs. 2, § 99 Abs. 2, § 269 Abs. 5 oder § 494a Abs. 2 Satz 2 ZPO	90,00 €
1911	Beendigung des gesamten Verfahrens ohne Endentscheidung: Die Gebühr 1910 ermäßigt sich auf (1) Wenn die Entscheidung nicht durch Verlesen der Entscheidungsformel bekannt gegeben worden ist, ermäßigt sich die Gebühr auch im Fall der Zurücknahme der Beschwerde vor Ablauf des Tages, an dem die Endentscheidung der Geschäftsstelle übermittelt wird. (2) Eine Entscheidung über die Kosten steht der Ermäßigung nicht entgegen, wenn die Entscheidung einer zuvor mitgeteilten Einigung über die Kostentragung oder einer Kostenübernahmeerklärung folgt.	60,00 €
1912	Verfahren über eine nicht besonders aufgeführte Beschwerde, die nicht nach anderen Vorschriften gebührenfrei ist: Die Beschwerde wird verworfen oder zurückgewiesen Wird die Beschwerde nur teilweise verworfen oder zurückgewiesen, kann das Gericht die Gebühr nach billigem Ermessen auf die Hälfte ermäßigen oder bestimmen, dass eine Gebühr nicht zu erheben ist.	60,00 €
	Abschnitt 2. Sonstige Rechtsbeschwerden	
1920	Verfahren über die Rechtsbeschwerde in den Fällen von § 71 Abs. 1, § 91a Abs. 1, § 99 Abs. 2, § 269 Abs. 4 oder § 494a Abs. 2 Satz 2 ZPO	180,00 €
1921	Beendigung des gesamten Verfahrens durch Zurücknahme der Rechtsbeschwerde oder des Antrags, bevor die Schrift zur Begründung der Rechtsbeschwerde bei Gericht eingegangen ist: Die Gebühr 1920 ermäßigt sich auf	60,00 €
1922	Beendigung des gesamten Verfahrens durch Zurücknahme der Rechtsbeschwerde oder des Antrags vor Ablauf des Tages, an dem die Endentscheidung der Geschäftsstelle übermittelt wird, wenn nicht Nummer 1921 erfüllt ist: Die Gebühr 1920 ermäßigt sich auf	90,00 €
1923	Verfahren über eine nicht besonders aufgeführte Rechtsbeschwerde, die nicht nach anderen Vorschriften gebührenfrei ist: Die Rechtsbeschwerde wird verworfen oder zurückgewiesen Wird die Rechtsbeschwerde nur teilweise verworfen oder zurückgewiesen, kann das Gericht die Gebühr nach billigem Ermessen auf	120,00 €

Nr.	Gebührentatbestand	Gebühr oder Satz der Gebühr nach § 28 FamGKG
	die Hälfte ermäßigen oder bestimmen, dass eine Gebühr nicht zu erheben ist.	
1924	Verfahren über die in Nummer 1923 genannten Rechtsbeschwerden: Beendigung des gesamten Verfahrens durch Zurücknahme der Rechtsbeschwerde oder des Antrags vor Ablauf des Tages, an dem die Endentscheidung der Geschäftsstelle übermittelt wird	60,00 €
	Abschnitt 3. Zulassung der Sprungrechtsbeschwerde in sonstigen Fällen	
1930	Verfahren über die Zulassung der Sprungrechtsbeschwerde in den nicht besonders aufgeführten Fällen: Wenn der Antrag abgelehnt wird	60,00 €

Teil 2. Auslagen

Nr.	Auslagentatbestand	Höhe
Vorbemerkung 2: (1) Auslagen, die durch eine für begründet befundene Beschwerde entstanden sind, werden nicht erhoben, soweit das Beschwerdeverfahren gebührenfrei ist; dies gilt jedoch nicht, soweit das Beschwerdegericht die Kosten dem Gegner des Beschwerdeführers auferlegt hat. (2) Sind Auslagen durch verschiedene Rechtssachen veranlasst, werden sie auf die mehreren Rechtssachen angemessen verteilt. (3) In Kindschaftssachen werden von dem Minderjährigen Auslagen nur unter den in Vorbemerkung 1.3.1 Abs. 2 genannten Voraussetzungen erhoben. In den in Vorbemerkung 1.3.1 Abs. 1 genannten Verfahren werden keine Auslagen erhoben; für Kindschaftssachen nach § 151 Nr. 6 und 7 FamFG gilt dies auch im Verfahren über den Erlass einer einstweiligen Anordnung. Die Sätze 1 und 2 gelten nicht für die Auslagen 2013. (4) Bei Handlungen durch das Vollstreckungs- oder Arrestgericht werden Auslagen nach dem GKG erhoben.		
2000	Pauschale für die Herstellung und Überlassung von Dokumenten: 1. Ausfertigungen, Kopien und Ausdrucke bis zur Größe von DIN A3, die a) auf Antrag angefertigt oder auf Antrag per Telefax übermittelt worden sind oder b) angefertigt worden sind, weil die Partei oder ein Beteiligter es unterlassen hat, die erforderliche Zahl von Mehrfertigungen beizufügen; der Anfertigung steht es gleich, wenn per Telefax übermittelte Mehrfertigungen von der Empfangseinrichtung des Gerichts ausgedruckt werden:	
	für die ersten 50 Seiten je Seite	0,50 €
	für jede weitere Seite	0,15 €
	für die ersten 50 Seiten in Farbe je Seite	1,00 €
	für jede weitere Seite in Farbe	0,30 €
	2. Entgelte für die Herstellung und Überlassung der in Nummer 1 genannten Kopien oder Ausdrucke in einer Größe von mehr als DIN A3	in voller Höhe
	oder pauschal je Seite	3,00 €
	oder pauschal je Seite in Farbe	6,00 €
	3. Überlassung von elektronisch gespeicherten Dateien oder deren Bereitstellung zum Abruf anstelle der in den Nummern 1 und 2 genannten Ausfertigungen, Kopien und Ausdrucke: je Datei	1,50 €
	für die in einem Arbeitsgang überlassenen, bereitgestellten oder in einem Arbeitsgang auf denselben Datenträger übertragenen Dokumente insgesamt höchstens	5,00 €
	(1) Die Höhe der Dokumentenpauschale nach Nummer 1 ist in jedem Rechtszug, bei Vormundschaften und Dauerpflegschaften in	

Nr.	Auslagentatbestand	Höhe
	jedem Kalenderjahr und für jeden Kostenschuldner nach § 23 Abs. 1 FamGKG gesondert zu berechnen; Gesamtschuldner gelten als ein Schuldner. (2) Werden zum Zweck der Überlassung von elektronisch gespeicherten Dateien Dokumente zuvor auf Antrag von der Papierform in die elektronische Form übertragen, beträgt die Dokumentenpauschale nach Nummer 2 nicht weniger, als die Dokumentenpauschale im Fall der Nummer 1 betragen würde. (3) Frei von der Dokumentenpauschale sind für jeden Beteiligten und seinen bevollmächtigten Vertreter jeweils 1. eine vollständige Ausfertigung oder Kopie oder ein vollständiger Ausdruck jeder gerichtlichen Entscheidung und jedes vor Gericht abgeschlossenen Vergleichs, 2. eine Ausfertigung ohne Begründung und 3. eine Kopie oder ein Ausdruck jeder Niederschrift über eine Sitzung. § 191a Abs. 1 Satz 5 GVG bleibt unberührt. (4) Bei der Gewährung der Einsicht in Akten wird eine Dokumentenpauschale nur erhoben, wenn auf besonderen Antrag ein Ausdruck einer elektronischen Akte oder ein Datenträger mit dem Inhalt einer elektronischen Akte übermittelt wird.	
2001	Auslagen für Telegramme	in voller Höhe
2002	Pauschale für Zustellungen mit Zustellungsurkunde, Einschreiben gegen Rückschein oder durch Justizbedienstete nach § 168 Abs. 1 ZPO je Zustellung Neben Gebühren, die sich nach dem Verfahrenswert richten, wird die Zustellungspauschale nur erhoben, soweit in einem Rechtszug mehr als 10 Zustellungen anfallen.	3,50 €
2003	Pauschale für die bei der Versendung von Akten auf Antrag anfallenden Auslagen an Transport- und Verpackungskosten je Sendung Die Hin- und Rücksendung der Akten durch Gerichte gelten zusammen als eine Sendung.	12,00 €
2004	Auslagen für öffentliche Bekanntmachungen Auslagen werden nicht erhoben für die Bekanntmachung in einem elektronischen Informations- und Kommunikationssystem, wenn das Entgelt nicht für den Einzelfall oder nicht für ein einzelnes Verfahren berechnet wird.	in voller Höhe
2005	Nach dem JVEG zu zahlende Beträge (1) Die Beträge werden auch erhoben, wenn aus Gründen der Gegenseitigkeit, der Verwaltungsvereinfachung oder aus vergleichbaren Gründen keine Zahlungen zu leisten sind. Ist aufgrund des § 1 Abs. 2 Satz 2 JVEG keine Vergütung zu zahlen, ist der Betrag zu erheben, der ohne diese Vorschrift zu zahlen wäre. (2) Auslagen für Übersetzer, die zur Erfüllung der Rechte blinder oder sehbehinderter Personen herangezogen werden (§ 191a Abs. 1 GVG) und für Gebärdensprachdolmetscher (§ 186 Abs. 1 GVG) werden nicht erhoben.	in voller Höhe

Nr.	Auslagentatbestand	Höhe
2006	Bei Geschäften außerhalb der Gerichtsstelle 1. die den Gerichtspersonen aufgrund gesetzlicher Vorschriften gewährte Vergütung (Reisekosten, Auslagenersatz) und die Auslagen für die Bereitstellung von Räumen ...... 2. für den Einsatz von Dienstkraftfahrzeugen für jeden gefahrenen Kilometer	in voller Höhe 0,30 €
2007	Auslagen für 1. die Beförderung von Personen ...... 2. Zahlungen an mittellose Personen für die Reise zum Ort einer Verhandlung oder Anhörung und für die Rückreise	in voller Höhe bis zur Höhe der nach dem JVEG an Zeugen zu zahlenden Beträge
2008	Kosten einer Zwangshaft, auch aufgrund eines Haftbefehls in entsprechender Anwendung des § 802g ZPO ...... Maßgebend ist die Höhe des Haftkostenbeitrags, der nach Landesrecht von einem Gefangenen zu erheben ist.	in Höhe des Haftkostenbeitrags
2009	Kosten einer Ordnungshaft ...... Maßgebend ist die Höhe des Haftkostenbeitrags, der nach Landesrecht von einem Gefangenen zu erheben ist. Diese Kosten werden nur angesetzt, wenn der Haftkostenbeitrag auch von einem Gefangenen im Strafvollzug zu erheben wäre.	in Höhe des Haftkostenbeitrags
2010	Nach dem Auslandskostengesetz zu zahlende Beträge .	in voller Höhe
2011	An deutsche Behörden für die Erfüllung von deren eigenen Aufgaben zu zahlende Gebühren sowie diejenigen Beträge, die diesen Behörden, öffentlichen Einrichtungen oder deren Bediensteten als Ersatz für Auslagen der in den Nummern 2000 bis 2009 bezeichneten Art zustehen ...... Die als Ersatz für Auslagen angefallenen Beträge werden auch erhoben, wenn aus Gründen der Gegenseitigkeit, der Verwaltungsvereinfachung oder aus vergleichbaren Gründen keine Zahlungen zu leisten sind.	in voller Höhe, die Auslagen begrenzt durch die Höchstsätze für die Auslagen 2000 bis 2009
2012	Beträge, die ausländischen Behörden, Einrichtungen oder Personen im Ausland zustehen, sowie Kosten des Rechtshilfeverkehrs mit dem Ausland	in voller Höhe

Nr.	Auslagentatbestand	Höhe
	Die Beträge werden auch erhoben, wenn aus Gründen der Gegenseitigkeit, der Verwaltungsvereinfachung oder aus vergleichbaren Gründen keine Zahlungen zu leisten sind.	
2013	An den Verfahrensbeistand zu zahlende Beträge .... Die Beträge werden von dem Minderjährigen nur nach Maßgabe des § 1836c BGB erhoben.	in voller Höhe
2014	An den Umgangspfleger sowie an Verfahrenspfleger nach § 9 Abs. 5 FamFG, § 57 ZPO zu zahlende Beträge	in voller Höhe
2015	Pauschale für die Inanspruchnahme von Videokonferenzverbindungen: je Verfahren für jede angefangene halbe Stunde	15,00 €

Anlage 2
(zu § 28 Abs. 1)

Verfahrenswert bis … €	Gebühr … €	Verfahrenswert bis … €	Gebühr … €
500	35,00	**50 000**	546,00
1 000	53,00	**65 000**	666,00
1 500	71,00	**80 000**	786,00
2 000	89,00	**95 000**	906,00
3 000	108,00	**110 000**	1 026,00
4 000	127,00	**125 000**	1 146,00
5 000	146,00	**140 000**	1 266,00
6 000	165,00	**155 000**	1 386,00
7 000	184,00	**170 000**	1 506,00
8 000	203,00	**185 000**	1 626,00
9 000	222,00	**200 000**	1 746,00
10 000	241,00	**230 000**	1 925,00
13 000	267,00	**260 000**	2 104,00
16 000	293,00	**290 000**	2 283,00
19 000	319,00	**320 000**	2 462,00
22 000	345,00	**350 000**	2 641,00
25 000	371,00	**380 000**	2 820,00
30 000	406,00	**410 000**	2 999,00
35 000	441,00	**440 000**	3 178,00
40 000	476,00	**470 000**	3 357,00
45 000	511,00	**500 000**	3 536,00

3. Gesetz über die Vergütung von Sachverständigen, Dolmetscherinnen, Dolmetschern, Übersetzerinnen und Übersetzern sowie die Entschädigung von ehrenamtlichen Richterinnen, ehrenamtlichen Richtern, Zeuginnen, Zeugen und Dritten (Justizvergütungs- und -entschädigungsgesetz – JVEG)[1)]

Vom 5. Mai 2004

(BGBl. I S. 718, 776)

FNA 367-3

zuletzt geänd. durch Art. 5 Abs. 2 G zur Änd. des Sachverständigenrechts und zur weiteren Änd. des FamFG sowie zur Änd. des SGG, der VwGO, der FGO und des GKG v. 11.10.2016 (BGBl. I S. 2222)

Inhaltsübersicht

[1)] Verkündet als Art. 2 KostenrechtsmodernisierungsG v. 5.5.2004 (BGBl. I S. 718); Inkrafttreten gem. Art. 8 Satz 1 dieses G am 1.7.2004.

Abschnitt 1. Allgemeine Vorschriften

§ 1 Geltungsbereich und Anspruchsberechtigte. (1) [1] Dieses Gesetz regelt

1. die Vergütung der Sachverständigen, Dolmetscherinnen, Dolmetscher, Übersetzerinnen und Übersetzer, die von dem Gericht, der Staatsanwaltschaft, der Finanzbehörde in den Fällen, in denen diese das Ermittlungsverfahren selbstständig durchführt, der Verwaltungsbehörde im Verfahren nach dem Gesetz über Ordnungswidrigkeiten oder dem Gerichtsvollzieher herangezogen werden;
2. die Entschädigung der ehrenamtlichen Richterinnen und Richter bei den ordentlichen Gerichten und den Gerichten für Arbeitssachen sowie bei den Gerichten der Verwaltungs-, der Finanz- und der Sozialgerichtsbarkeit mit Ausnahme der ehrenamtlichen Richterinnen und Richter in Handelssachen, in berufsgerichtlichen Verfahren oder bei Dienstgerichten sowie
3. die Entschädigung der Zeuginnen, Zeugen und Dritten (§ 23), die von den in Nummer 1 genannten Stellen herangezogen werden.

[2] Eine Vergütung oder Entschädigung wird nur nach diesem Gesetz gewährt. [3] Der Anspruch auf Vergütung nach Satz 1 Nr. 1 steht demjenigen zu, der beauftragt worden ist; dies gilt auch, wenn der Mitarbeiter einer Unternehmung die Leistung erbringt, der Auftrag jedoch der Unternehmung erteilt worden ist.

(2) [1] Dieses Gesetz gilt auch, wenn Behörden oder sonstige öffentliche Stellen von den in Absatz 1 Satz 1 Nr. 1 genannten Stellen zu Sachverständigenleistungen herangezogen werden. [2] Für Angehörige einer Behörde oder einer sonstigen öffentlichen Stelle, die weder Ehrenbeamte noch ehrenamtlich tätig sind, gilt dieses Gesetz nicht, wenn sie ein Gutachten in Erfüllung ihrer Dienstaufgaben erstatten, vertreten oder erläutern.

(3) [1] Einer Heranziehung durch die Staatsanwaltschaft oder durch die Finanzbehörde in den Fällen des Absatzes 1 Satz 1 Nr. 1 steht eine Heranziehung durch die Polizei oder eine andere Strafverfolgungsbehörde im Auftrag oder mit vorheriger Billigung der Staatsanwaltschaft oder der Finanzbehörde gleich. [2] Satz 1 gilt im Verfahren der Verwaltungsbehörde nach dem Gesetz über Ordnungswidrigkeiten entsprechend.

(4) Die Vertrauenspersonen in den Ausschüssen zur Wahl der Schöffen und die Vertrauensleute in den Ausschüssen zur Wahl der ehrenamtlichen Richter bei den Gerichten der Verwaltungs- und der Finanzgerichtsbarkeit werden wie ehrenamtliche Richter entschädigt.

(5) Die Vorschriften dieses Gesetzes über die gerichtliche Festsetzung und die Beschwerde gehen den Regelungen der für das zugrunde liegende Verfahren geltenden Verfahrensvorschriften vor.

§ 2 Geltendmachung und Erlöschen des Anspruchs, Verjährung.

(1) [1] Der Anspruch auf Vergütung oder Entschädigung erlischt, wenn er nicht binnen drei Monaten bei der Stelle, die den Berechtigten herangezogen oder beauftragt hat, geltend gemacht wird; hierüber und über den Beginn der Frist ist der Berechtigte zu belehren. [2] Die Frist beginnt

1. im Fall der schriftlichen Begutachtung oder der Anfertigung einer Übersetzung mit Eingang des Gutachtens oder der Übersetzung bei der Stelle, die den Berechtigten beauftragt hat,
2. im Fall der Vernehmung als Sachverständiger oder Zeuge oder der Zuziehung als Dolmetscher mit Beendigung der Vernehmung oder Zuziehung,
3. bei vorzeitiger Beendigung der Heranziehung oder des Auftrags in den Fällen der Nummern 1 und 2 mit der Bekanntgabe der Erledigung an den Berechtigten,
4. in den Fällen des § 23 mit Beendigung der Maßnahme und
5. im Fall der Dienstleistung als ehrenamtlicher Richter oder Mitglied eines Ausschusses im Sinne des § 1 Abs. 4 mit Beendigung der Amtsperiode, jedoch nicht vor dem Ende der Amtstätigkeit.

[3] Wird der Berechtigte in den Fällen des Satzes 2 Nummer 1 und 2 in demselben Verfahren, im gerichtlichen Verfahren in demselben Rechtszug, mehrfach herangezogen, ist für den Beginn aller Fristen die letzte Heranziehung maßgebend. [4] Die Frist kann auf begründeten Antrag von der in Satz 1 genannten Stelle verlängert werden; lehnt sie eine Verlängerung ab, hat sie den Antrag unverzüglich dem nach § 4 Abs. 1 für die Festsetzung der Vergütung oder Entschädigung zuständigen Gericht vorzulegen, das durch unanfechtbaren Beschluss entscheidet. [5] Weist das Gericht den Antrag zurück, erlischt der Anspruch, wenn die Frist nach Satz 1 abgelaufen und der Anspruch nicht binnen zwei Wochen ab Bekanntgabe der Entscheidung bei der in Satz 1 genannten Stelle geltend gemacht worden ist.

(2) [1] War der Berechtigte ohne sein Verschulden an der Einhaltung einer Frist nach Absatz 1 gehindert, gewährt ihm das Gericht auf Antrag Wiedereinsetzung in den vorigen Stand, wenn er innerhalb von zwei Wochen nach Beseitigung des Hindernisses den Anspruch beziffert und die Tatsachen glaubhaft macht, welche die Wiedereinsetzung begründen. [2] Ein Fehlen des Verschuldens wird vermutet, wenn eine Belehrung nach Absatz 1 Satz 1 unterblieben oder fehlerhaft ist. [3] Nach Ablauf eines Jahres, von dem Ende der versäumten Frist an gerechnet, kann die Wiedereinsetzung nicht mehr beantragt werden. [4] Gegen die Ablehnung der Wiedereinsetzung findet die Beschwerde statt. [5] Sie ist nur zulässig, wenn sie innerhalb von zwei Wochen eingelegt wird. [6] Die Frist beginnt mit der Zustellung der Entscheidung. [7] § 4 Abs. 4 Satz 1 bis 3 und Abs. 6 bis 8 ist entsprechend anzuwenden.

(3) [1] Der Anspruch auf Vergütung oder Entschädigung verjährt in drei Jahren nach Ablauf des Kalenderjahrs, in dem der nach Absatz 1 Satz 2 Nr. 1 bis 4 maßgebliche Zeitpunkt eingetreten ist. [2] Auf die Verjährung sind die Vorschriften des Bürgerlichen Gesetzbuchs anzuwenden. [3] Durch den Antrag auf ge-

richtliche Festsetzung (§ 4) wird die Verjährung wie durch Klageerhebung gehemmt. [4] Die Verjährung wird nicht von Amts wegen berücksichtigt.

(4) [1] Der Anspruch auf Erstattung zu viel gezahlter Vergütung oder Entschädigung verjährt in drei Jahren nach Ablauf des Kalenderjahrs, in dem die Zahlung erfolgt ist. [2] § 5 Abs. 3 des Gerichtskostengesetzes[1)] gilt entsprechend.

§ 3 Vorschuss. Auf Antrag ist ein angemessener Vorschuss zu bewilligen, wenn dem Berechtigten erhebliche Fahrtkosten oder sonstige Aufwendungen entstanden sind oder voraussichtlich entstehen werden oder wenn die zu erwartende Vergütung für bereits erbrachte Teilleistungen einen Betrag von 2 000 Euro übersteigt.

§ 4 Gerichtliche Festsetzung und Beschwerde. (1) [1] Die Festsetzung der Vergütung, der Entschädigung oder des Vorschusses erfolgt durch gerichtlichen Beschluss, wenn der Berechtigte oder die Staatskasse die gerichtliche Festsetzung beantragt oder das Gericht sie für angemessen hält. [2] Zuständig ist

1. das Gericht, von dem der Berechtigte herangezogen worden ist, bei dem er als ehrenamtlicher Richter mitgewirkt hat oder bei dem der Ausschuss im Sinne des § 1 Abs. 4 gebildet ist;
2. das Gericht, bei dem die Staatsanwaltschaft besteht, wenn die Heranziehung durch die Staatsanwaltschaft oder in deren Auftrag oder mit deren vorheriger Billigung durch die Polizei oder eine andere Strafverfolgungsbehörde erfolgt ist, nach Erhebung der öffentlichen Klage jedoch das für die Durchführung des Verfahrens zuständige Gericht;
3. das Landgericht, bei dem die Staatsanwaltschaft besteht, die für das Ermittlungsverfahren zuständig wäre, wenn die Heranziehung in den Fällen des § 1 Abs. 1 Satz 1 Nr. 1 durch die Finanzbehörde oder in deren Auftrag oder mit deren vorheriger Billigung durch die Polizei oder eine andere Strafverfolgungsbehörde erfolgt ist, nach Erhebung der öffentlichen Klage jedoch das für die Durchführung des Verfahrens zuständige Gericht;
4. das Amtsgericht, in dessen Bezirk der Gerichtsvollzieher seinen Amtssitz hat, wenn die Heranziehung durch den Gerichtsvollzieher erfolgt ist, abweichend davon im Verfahren der Zwangsvollstreckung das Vollstreckungsgericht.

(2) [1] Ist die Heranziehung durch die Verwaltungsbehörde im Bußgeldverfahren erfolgt, werden die zu gewährende Vergütung oder Entschädigung und der Vorschuss durch gerichtlichen Beschluss festgesetzt, wenn der Berechtigte gerichtliche Entscheidung gegen die Festsetzung durch die Verwaltungsbehörde beantragt. [2] Für das Verfahren gilt § 62 des Gesetzes über Ordnungswidrigkeiten.

(3) Gegen den Beschluss nach Absatz 1 können der Berechtige und die Staatskasse Beschwerde einlegen, wenn der Wert des Beschwerdegegenstands 200 Euro übersteigt oder wenn sie das Gericht, das die angefochtene Entscheidung erlassen hat, wegen der grundsätzlichen Bedeutung der zur Entscheidung stehenden Frage in dem Beschluss zulässt.

(4) [1] Soweit das Gericht die Beschwerde für zulässig und begründet hält, hat es ihr abzuhelfen; im Übrigen ist die Beschwerde unverzüglich dem Beschwer-

1) Nr. 2.

degericht vorzulegen. [2]Beschwerdegericht ist das nächsthöhere Gericht. [3]Eine Beschwerde an einen obersten Gerichtshof des Bundes findet nicht statt. [4]Das Beschwerdegericht ist an die Zulassung der Beschwerde gebunden; die Nichtzulassung ist unanfechtbar.

(5) [1]Die weitere Beschwerde ist nur zulässig, wenn das Landgericht als Beschwerdegericht entschieden und sie wegen der grundsätzlichen Bedeutung der zur Entscheidung stehenden Frage in dem Beschluss zugelassen hat. [2]Sie kann nur darauf gestützt werden, dass die Entscheidung auf einer Verletzung des Rechts beruht; die §§ 546 und 547 der Zivilprozessordnung gelten entsprechend. [3]Über die weitere Beschwerde entscheidet das Oberlandesgericht. [4]Absatz 4 Satz 1 und 4 gilt entsprechend.

(6) [1]Anträge und Erklärungen können ohne Mitwirkung eines Bevollmächtigten schriftlich eingereicht oder zu Protokoll der Geschäftsstelle abgegeben werden; § 129a der Zivilprozessordnung gilt entsprechend. [2]Für die Bevollmächtigung gelten die Regelungen der für das zugrunde liegende Verfahren geltenden Verfahrensordnung entsprechend. [3]Die Beschwerde ist bei dem Gericht einzulegen, dessen Entscheidung angefochten wird.

(7) [1]Das Gericht entscheidet über den Antrag durch eines seiner Mitglieder als Einzelrichter; dies gilt auch für die Beschwerde, wenn die angefochtene Entscheidung von einem Einzelrichter oder einem Rechtspfleger erlassen wurde. [2]Der Einzelrichter überträgt das Verfahren der Kammer oder dem Senat, wenn die Sache besondere Schwierigkeiten tatsächlicher oder rechtlicher Art aufweist oder die Rechtssache grundsätzliche Bedeutung hat. [3]Das Gericht entscheidet jedoch immer ohne Mitwirkung ehrenamtlicher Richter. [4]Auf eine erfolgte oder unterlassene Übertragung kann ein Rechtsmittel nicht gestützt werden.

(8) [1]Die Verfahren sind gebührenfrei. [2]Kosten werden nicht erstattet.

(9) Die Beschlüsse nach den Absätzen 1, 2, 4 und 5 wirken nicht zu Lasten des Kostenschuldners.

§ 4a Abhilfe bei Verletzung des Anspruchs auf rechtliches Gehör.

(1) Auf die Rüge eines durch die Entscheidung nach diesem Gesetz beschwerten Beteiligten ist das Verfahren fortzuführen, wenn

1. ein Rechtsmittel oder ein anderer Rechtsbehelf gegen die Entscheidung nicht gegeben ist und
2. das Gericht den Anspruch dieses Beteiligten auf rechtliches Gehör in entscheidungserheblicher Weise verletzt hat.

(2) [1]Die Rüge ist innerhalb von zwei Wochen nach Kenntnis von der Verletzung des rechtlichen Gehörs zu erheben; der Zeitpunkt der Kenntniserlangung ist glaubhaft zu machen. [2]Nach Ablauf eines Jahres seit Bekanntmachung der angegriffenen Entscheidung kann die Rüge nicht mehr erhoben werden. [3]Formlos mitgeteilte Entscheidungen gelten mit dem dritten Tage nach Aufgabe zur Post als bekannt gemacht. [4]Die Rüge ist bei dem Gericht zu erheben, dessen Entscheidung angegriffen wird; § 4 Abs. 6 Satz 1 und 2 gilt entsprechend. [5]Die Rüge muss die angegriffene Entscheidung bezeichnen und das Vorliegen der in Absatz 1 Nr. 2 genannten Voraussetzungen darlegen.

(3) Den übrigen Beteiligten ist, soweit erforderlich, Gelegenheit zur Stellungnahme zu geben.

(4) [1] Das Gericht hat von Amts wegen zu prüfen, ob die Rüge an sich statthaft und ob sie in der gesetzlichen Form und Frist erhoben ist. [2] Mangelt es an einem dieser Erfordernisse, so ist die Rüge als unzulässig zu verwerfen. [3] Ist die Rüge unbegründet, weist das Gericht sie zurück. [4] Die Entscheidung ergeht durch unanfechtbaren Beschluss. [5] Der Beschluss soll kurz begründet werden.

(5) Ist die Rüge begründet, so hilft ihr das Gericht ab, indem es das Verfahren fortführt, soweit dies aufgrund der Rüge geboten ist.

(6) Kosten werden nicht erstattet.

§ 4b Elektronische Akte, elektronisches Dokument. In Verfahren nach diesem Gesetz sind die verfahrensrechtlichen Vorschriften über die elektronische Akte und über das elektronische Dokument anzuwenden, die für das Verfahren gelten, in dem der Anspruchsberechtigte herangezogen worden ist.

§ 4c Rechtsbehelfsbelehrung. Jede anfechtbare Entscheidung hat eine Belehrung über den statthaften Rechtsbehelf sowie über die Stelle, bei der dieser Rechtsbehelf einzulegen ist, über deren Sitz und über die einzuhaltende Form zu enthalten.

Abschnitt 2. Gemeinsame Vorschriften

§ 5 Fahrtkostenersatz. (1) Bei Benutzung von öffentlichen, regelmäßig verkehrenden Beförderungsmitteln werden die tatsächlich entstandenen Auslagen bis zur Höhe der entsprechenden Kosten für die Benutzung der ersten Wagenklasse der Bahn einschließlich der Auslagen für Platzreservierung und Beförderung des notwendigen Gepäcks ersetzt.

(2) [1] Bei Benutzung eines eigenen oder unentgeltlich zur Nutzung überlassenen Kraftfahrzeugs werden

1. dem Zeugen oder dem Dritten (§ 23) zur Abgeltung der Betriebskosten sowie zur Abgeltung der Abnutzung des Kraftfahrzeugs 0,25 Euro,
2. den in § 1 Abs. 1 Satz 1 Nr. 1 und 2 genannten Anspruchsberechtigten zur Abgeltung der Anschaffungs-, Unterhaltungs- und Betriebskosten sowie zur Abgeltung der Abnutzung des Kraftfahrzeugs 0,30 Euro

für jeden gefahrenen Kilometer ersetzt zuzüglich der durch die Benutzung des Kraftfahrzeugs aus Anlass der Reise regelmäßig anfallenden baren Auslagen, insbesondere der Parkentgelte. [2] Bei der Benutzung durch mehrere Personen kann die Pauschale nur einmal geltend gemacht werden. [3] Bei der Benutzung eines Kraftfahrzeugs, das nicht zu den Fahrzeugen nach Absatz 1 oder Satz 1 zählt, werden die tatsächlich entstandenen Auslagen bis zur Höhe der in Satz 1 genannten Fahrtkosten ersetzt; zusätzlich werden die durch die Benutzung des Kraftfahrzeugs aus Anlass der Reise angefallenen regelmäßigen baren Auslagen, insbesondere die Parkentgelte, ersetzt, soweit sie der Berechtigte zu tragen hat.

(3) Höhere als die in Absatz 1 oder Absatz 2 bezeichneten Fahrtkosten werden ersetzt, soweit dadurch Mehrbeträge an Vergütung oder Entschädigung erspart werden oder höhere Fahrtkosten wegen besonderer Umstände notwendig sind.

(4) Für Reisen während der Terminsdauer werden die Fahrtkosten nur insoweit ersetzt, als dadurch Mehrbeträge an Vergütung oder Entschädigung

erspart werden, die beim Verbleiben an der Terminsstelle gewährt werden müssten.

(5) Wird die Reise zum Ort des Termins von einem anderen als dem in der Ladung oder Terminsmitteilung bezeichneten oder der zuständigen Stelle unverzüglich angezeigten Ort angetreten oder wird zu einem anderen als zu diesem Ort zurückgefahren, werden Mehrkosten nach billigem Ermessen nur dann ersetzt, wenn der Berechtigte zu diesen Fahrten durch besondere Umstände genötigt war.

§ 6 Entschädigung für Aufwand. (1) Wer innerhalb der Gemeinde, in der der Termin stattfindet, weder wohnt noch berufstätig ist, erhält für die Zeit, während der er aus Anlass der Wahrnehmung des Termins von seiner Wohnung und seinem Tätigkeitsmittelpunkt abwesend sein muss, ein Tagegeld, dessen Höhe sich nach der Verpflegungspauschale zur Abgeltung tatsächlich entstandener, beruflich veranlasster Mehraufwendungen im Inland nach dem Einkommensteuergesetz bemisst.

(2) Ist eine auswärtige Übernachtung notwendig, wird ein Übernachtungsgeld nach den Bestimmungen des Bundesreisekostengesetzes gewährt.

§ 7 Ersatz für sonstige Aufwendungen. (1) [1]Auch die in den §§ 5, 6 und 12 nicht besonders genannten baren Auslagen werden ersetzt, soweit sie notwendig sind. [2]Dies gilt insbesondere für die Kosten notwendiger Vertretungen und notwendiger Begleitpersonen.

(2) [1]Für die Anfertigung von Kopien und Ausdrucken werden ersetzt

1. bis zu einer Größe von DIN A3 0,50 Euro je Seite für die ersten 50 Seiten und 0,15 Euro für jede weitere Seite,
2. in einer Größe von mehr als DIN A3 3 Euro je Seite und
3. für Farbkopien und -ausdrucke jeweils das Doppelte der Beträge nach Nummer 1 oder Nummer 2.

[2]Die Höhe der Pauschalen ist in derselben Angelegenheit einheitlich zu berechnen. [3]Die Pauschale wird nur für Kopien und Ausdrucke aus Behörden- und Gerichtsakten gewährt, soweit deren Herstellung zur sachgemäßen Vorbereitung oder Bearbeitung der Angelegenheit geboten war, sowie für Kopien und zusätzliche Ausdrucke, die nach Aufforderung durch die heranziehende Stelle angefertigt worden sind. [4]Werden Kopien oder Ausdrucke in einer Größe von mehr als DIN A3 gegen Entgelt von einem Dritten angefertigt, kann der Berechtigte anstelle der Pauschale die baren Auslagen ersetzt verlangen.

(3) [1]Für die Überlassung von elektronisch gespeicherten Dateien anstelle der in Absatz 2 genannten Kopien und Ausdrucke werden 1,50 Euro je Datei ersetzt. [2]Für die in einem Arbeitsgang überlassenen oder in einem Arbeitsgang auf denselben Datenträger übertragenen Dokumente werden höchstens 5 Euro ersetzt.

Abschnitt 3. Vergütung von Sachverständigen, Dolmetschern und Übersetzern

§ 8 Grundsatz der Vergütung. (1) Sachverständige, Dolmetscher und Übersetzer erhalten als Vergütung
1. ein Honorar für ihre Leistungen (§§ 9 bis 11),
2. Fahrtkostenersatz (§ 5),
3. Entschädigung für Aufwand (§ 6) sowie
4. Ersatz für sonstige und für besondere Aufwendungen (§§ 7 und 12).

(2) [1] Soweit das Honorar nach Stundensätzen zu bemessen ist, wird es für jede Stunde der erforderlichen Zeit einschließlich notwendiger Reise- und Wartezeiten gewährt. [2] Die letzte bereits begonnene Stunde wird voll gerechnet, wenn sie zu mehr als 30 Minuten für die Erbringung der Leistung erforderlich war; anderenfalls beträgt das Honorar die Hälfte des sich für eine volle Stunde ergebenden Betrags.

(3) Soweit vergütungspflichtige Leistungen oder Aufwendungen auf die gleichzeitige Erledigung mehrerer Angelegenheiten entfallen, ist die Vergütung nach der Anzahl der Angelegenheiten aufzuteilen.

(4) Den Sachverständigen, Dolmetschern und Übersetzern, die ihren gewöhnlichen Aufenthalt im Ausland haben, kann unter Berücksichtigung ihrer persönlichen Verhältnisse, insbesondere ihres regelmäßigen Erwerbseinkommens, nach billigem Ermessen eine höhere als die in Absatz 1 bestimmte Vergütung gewährt werden.

§ 8a Wegfall oder Beschränkung des Vergütungsanspruchs. (1) Der Anspruch auf Vergütung entfällt, wenn der Berechtigte es unterlässt, der heranziehenden Stelle unverzüglich solche Umstände anzuzeigen, die zu seiner Ablehnung durch einen Beteiligten berechtigen, es sei denn, er hat die Unterlassung nicht zu vertreten.

(2) [1] Der Berechtigte erhält eine Vergütung nur insoweit, als seine Leistung bestimmungsgemäß verwertbar ist, wenn er
1. gegen die Verpflichtung aus § 407a Absatz 1 bis 4 Satz 1 der Zivilprozessordnung verstoßen hat, es sei denn, er hat den Verstoß nicht zu vertreten;
2. eine mangelhafte Leistung erbracht hat;
3. im Rahmen der Leistungserbringung grob fahrlässig oder vorsätzlich Gründe geschaffen hat, die einen Beteiligten zur Ablehnung wegen der Besorgnis der Befangenheit berechtigen; oder
4. trotz Festsetzung eines weiteren Ordnungsgeldes seine Leistung nicht vollständig erbracht hat.

[2] Soweit das Gericht die Leistung berücksichtigt, gilt sie als verwertbar.

(3) Steht die geltend gemachte Vergütung erheblich außer Verhältnis zum Wert des Streitgegenstands und hat der Berechtigte nicht rechtzeitig nach § 407a Absatz 4 Satz 2 der Zivilprozessordnung auf diesen Umstand hingewiesen, bestimmt das Gericht nach Anhörung der Beteiligten nach billigem Ermessen eine Vergütung, die in einem angemessenen Verhältnis zum Wert des Streitgegenstands steht.

(4) Übersteigt die Vergütung den angeforderten Auslagenvorschuss erheblich und hat der Berechtigte nicht rechtzeitig nach § 407a Absatz 4 Satz 2 der Zivilprozessordnung auf diesen Umstand hingewiesen, erhält er die Vergütung nur in Höhe des Auslagenvorschusses.

(5) Die Absätze 3 und 4 sind nicht anzuwenden, wenn der Berechtigte die Verletzung der ihm obliegenden Hinweispflicht nicht zu vertreten hat.

§ 9 Honorar für die Leistung der Sachverständigen und Dolmetscher.

(1) [1] Der Sachverständige erhält für jede Stunde ein Honorar

in der Honorargruppe …	in Höhe von … Euro
1	65
2	70
3	75
4	80
5	85
6	90
7	95
8	100
9	105
10	110
11	115
12	120
13	125
M 1	65
M 2	75
M 3	100

[2] Die Zuordnung der Leistungen zu einer Honorargruppe bestimmt sich entsprechend der Entscheidung über die Heranziehung nach der Anlage 1. [3] Ist die Leistung auf einem Sachgebiet zu erbringen, das in keiner Honorargruppe genannt wird, ist sie unter Berücksichtigung der allgemein für Leistungen dieser Art außergerichtlich und außerbehördlich vereinbarten Stundensätze einer Honorargruppe nach billigem Ermessen zuzuordnen; dies gilt entsprechend, wenn ein medizinisches oder psychologisches Gutachten einen Gegenstand betrifft, der in keiner Honorargruppe genannt wird. [4] Ist die Leistung auf mehreren Sachgebieten zu erbringen oder betrifft das medizinische oder psychologische Gutachten mehrere Gegenstände und sind die Sachgebiete oder Gegenstände verschiedenen Honorargruppen zugeordnet, bemisst sich das Honorar einheitlich für die gesamte erforderliche Zeit nach der höchsten dieser Honorargruppen; jedoch gilt Satz 3 entsprechend, wenn dies mit Rücksicht auf den Schwerpunkt der Leistung zu einem unbilligen Ergebnis führen würde. [5] § 4 gilt entsprechend mit der Maßgabe, dass die Beschwerde auch zulässig ist, wenn der Wert des Beschwerdegegenstands 200 Euro nicht übersteigt. [6] Die Beschwerde ist nur zulässig, solange der Anspruch auf Vergütung noch nicht geltend gemacht worden ist.

(2) Beauftragt das Gericht den vorläufigen Insolvenzverwalter, als Sachverständiger zu prüfen, ob ein Eröffnungsgrund vorliegt und welche Aussichten für eine Fortführung des Unternehmens des Schuldners bestehen (§ 22 Absatz 1 Satz 2 Nummer 3 der Insolvenzordnung, auch in Verbindung mit § 22 Absatz 2 der Insolvenzordnung), beträgt das Honorar in diesem Fall abweichend von Absatz 1 für jede Stunde 80 Euro.

(3) [1] Das Honorar des Dolmetschers beträgt für jede Stunde 70 Euro und, wenn er ausdrücklich für simultanes Dolmetschen herangezogen worden ist, 75 Euro; maßgebend ist ausschließlich die bei der Heranziehung im Voraus mitgeteilte Art des Dolmetschens. [2] Ein ausschließlich als Dolmetscher Tätiger erhält eine Ausfallentschädigung, soweit er durch die Aufhebung eines Termins, zu dem er geladen war und dessen Aufhebung nicht durch einen in seiner Person liegenden Grund veranlasst war, einen Einkommensverlust erlitten hat und ihm die Aufhebung erst am Terminstag oder an einem der beiden vorhergehenden Tage mitgeteilt worden ist. [3] Die Ausfallentschädigung wird bis zu einem Betrag gewährt, der dem Honorar für zwei Stunden entspricht.

§ 10 Honorar für besondere Leistungen. (1) Soweit ein Sachverständiger oder ein sachverständiger Zeuge Leistungen erbringt, die in der Anlage 2 bezeichnet sind, bemisst sich das Honorar oder die Entschädigung nach dieser Anlage.

(2) [1] Für Leistungen der in Abschnitt O des Gebührenverzeichnisses für ärztliche Leistungen (Anlage zur Gebührenordnung für Ärzte) bezeichneten Art bemisst sich das Honorar in entsprechender Anwendung dieses Gebührenverzeichnisses nach dem 1,3fachen Gebührensatz. [2] § 4 Absatz 2 Satz 1, Absatz 2a Satz 1, Absatz 3 und 4 Satz 1 und § 10 der Gebührenordnung für Ärzte gelten entsprechend; im Übrigen bleiben die §§ 7 und 12 unberührt.

(3) Soweit für die Erbringung einer Leistung nach Absatz 1 oder Absatz 2 zusätzliche Zeit erforderlich ist, erhält der Berechtigte ein Honorar nach der Honorargruppe 1.

§ 11 Honorar für Übersetzungen. (1) [1] Das Honorar für eine Übersetzung beträgt 1,55 Euro für jeweils angefangene 55 Anschläge des schriftlichen Textes (Grundhonorar). [2] Bei nicht elektronisch zur Verfügung gestellten editierbaren Texten erhöht sich das Honorar auf 1,75 Euro für jeweils angefangene 55 Anschläge (erhöhtes Honorar). [3] Ist die Übersetzung wegen der besonderen Umstände des Einzelfalls, insbesondere wegen der häufigen Verwendung von Fachausdrücken, der schweren Lesbarkeit des Textes, einer besonderen Eilbedürftigkeit oder weil es sich um eine in Deutschland selten vorkommende Fremdsprache handelt, besonders erschwert, beträgt das Grundhonorar 1,85 Euro und das erhöhte Honorar 2,05 Euro. [4] Maßgebend für die Anzahl der Anschläge ist der Text in der Zielsprache; werden jedoch nur in der Ausgangssprache lateinische Schriftzeichen verwendet, ist die Anzahl der Anschläge des Textes in der Ausgangssprache maßgebend. [5] Wäre eine Zählung der Anschläge mit unverhältnismäßigem Aufwand verbunden, wird deren Anzahl unter Berücksichtigung der durchschnittlichen Anzahl der Anschläge je Zeile nach der Anzahl der Zeilen bestimmt.

(2) Für eine oder für mehrere Übersetzungen aufgrund desselben Auftrags beträgt das Honorar mindestens 15 Euro.

(3) Soweit die Leistung des Übersetzers in der Überprüfung von Schriftstücken oder Aufzeichnungen der Telekommunikation auf bestimmte Inhalte besteht, ohne dass er insoweit eine schriftliche Übersetzung anfertigen muss, erhält er ein Honorar wie ein Dolmetscher.

§ 12 Ersatz für besondere Aufwendungen. (1) [1]Soweit in diesem Gesetz nichts anderes bestimmt ist, sind mit der Vergütung nach den §§ 9 bis 11 auch die üblichen Gemeinkosten sowie der mit der Erstattung des Gutachtens oder der Übersetzung üblicherweise verbundene Aufwand abgegolten. [2]Es werden jedoch gesondert ersetzt

1. die für die Vorbereitung und Erstattung des Gutachtens oder der Übersetzung aufgewendeten notwendigen besonderen Kosten, einschließlich der insoweit notwendigen Aufwendungen für Hilfskräfte, sowie die für eine Untersuchung verbrauchten Stoffe und Werkzeuge;
2. für jedes zur Vorbereitung und Erstattung des Gutachtens erforderliche Foto 2 Euro und, wenn die Fotos nicht Teil des schriftlichen Gutachtens sind (§ 7 Absatz 2), 0,50 Euro für den zweiten und jeden weiteren Abzug oder Ausdruck eines Fotos;
3. für die Erstellung des schriftlichen Gutachtens 0,90 Euro je angefangene 1 000 Anschläge; ist die Zahl der Anschläge nicht bekannt, ist diese zu schätzen;
4. die auf die Vergütung entfallende Umsatzsteuer, sofern diese nicht nach § 19 Abs. 1 des Umsatzsteuergesetzes unerhoben bleibt.

(2) Ein auf die Hilfskräfte (Absatz 1 Satz 2 Nr. 1) entfallender Teil der Gemeinkosten wird durch einen Zuschlag von 15 Prozent auf den Betrag abgegolten, der als notwendige Aufwendung für die Hilfskräfte zu ersetzen ist, es sei denn, die Hinzuziehung der Hilfskräfte hat keine oder nur unwesentlich erhöhte Gemeinkosten veranlasst.

§ 13 Besondere Vergütung. (1) [1]Haben sich die Parteien oder Beteiligten dem Gericht gegenüber mit einer bestimmten oder einer von der gesetzlichen Regelung abweichenden Vergütung einverstanden erklärt, wird der Sachverständige, Dolmetscher oder Übersetzer unter Gewährung dieser Vergütung erst herangezogen, wenn ein ausreichender Betrag für die gesamte Vergütung an die Staatskasse gezahlt ist. [2]Hat in einem Verfahren nach dem Gesetz über Ordnungswidrigkeiten die Verfolgungsbehörde eine entsprechende Erklärung abgegeben, bedarf es auch dann keiner Vorschusszahlung, wenn die Verfolgungsbehörde nicht von der Zahlung der Kosten befreit ist. [3]In einem Verfahren, in dem Gerichtskosten in keinem Fall erhoben werden, genügt es, wenn ein die Mehrkosten deckender Betrag gezahlt worden ist, für den die Parteien oder Beteiligten nach Absatz 6 haften.

(2) [1]Die Erklärung nur einer Partei oder eines Beteiligten oder die Erklärung der Strafverfolgungsbehörde oder der Verfolgungsbehörde genügt, soweit sie sich auf den Stundensatz nach § 9 oder bei schriftlichen Übersetzungen auf ein Honorar für jeweils angefangene 55 Anschläge nach § 11 bezieht und das Gericht zustimmt. [2]Die Zustimmung soll nur erteilt werden, wenn das Doppelte des nach § 9 oder § 11 zulässigen Honorars nicht überschritten wird und wenn sich zu dem gesetzlich bestimmten Honorar keine geeignete Person zur Übernahme der Tätigkeit bereit erklärt. [3]Vor der Zustimmung hat das Gericht

die andere Partei oder die anderen Beteiligten zu hören. [4] Die Zustimmung und die Ablehnung der Zustimmung sind unanfechtbar.

(3) [1] Derjenige, dem Prozess- oder Verfahrenskostenhilfe bewilligt worden ist, kann eine Erklärung nach Absatz 1 nur abgeben, die sich auf den Stundensatz nach § 9 oder bei schriftlichen Übersetzungen auf ein Honorar für jeweils angefangene 55 Anschläge nach § 11 bezieht. [2] Wäre er ohne Rücksicht auf die Prozess- oder Verfahrenskostenhilfe zur vorschussweisen Zahlung der Vergütung verpflichtet, hat er einen ausreichenden Betrag für das gegenüber der gesetzlichen Regelung oder der vereinbarten Vergütung (§ 14) zu erwartende zusätzliche Honorar an die Staatskasse zu zahlen; § 122 Abs. 1 Nr. 1 Buchstabe a der Zivilprozessordnung ist insoweit nicht anzuwenden. [3] Der Betrag wird durch unanfechtbaren Beschluss festgesetzt. [4] Zugleich bestimmt das Gericht, welcher Honorargruppe die Leistung des Sachverständigen ohne Berücksichtigung der Erklärungen der Parteien oder Beteiligten zuzuordnen oder mit welchem Betrag für 55 Anschläge in diesem Fall eine Übersetzung zu honorieren wäre.

(4) [1] Ist eine Vereinbarung nach den Absätzen 1 und 3 zur zweckentsprechenden Rechtsverfolgung notwendig und ist derjenige, dem Prozess- oder Verfahrenskostenhilfe bewilligt worden ist, zur Zahlung des nach Absatz 3 Satz 2 erforderlichen Betrags außerstande, bedarf es der Zahlung nicht, wenn das Gericht seiner Erklärung zustimmt. [2] Die Zustimmung soll nur erteilt werden, wenn das Doppelte des nach § 9 oder § 11 zulässigen Honorars nicht überschritten wird. [3] Die Zustimmung und die Ablehnung der Zustimmung sind unanfechtbar.

(5) [1] Im Musterverfahren nach dem Kapitalanleger-Musterverfahrensgesetz ist die Vergütung unabhängig davon zu gewähren, ob ein ausreichender Betrag an die Staatskasse gezahlt ist. [2] Im Fall des Absatzes 2 genügt die Erklärung eines Beteiligten des Musterverfahrens. [3] Die Absätze 3 und 4 sind nicht anzuwenden. [4] Die Anhörung der übrigen Beteiligten des Musterverfahrens kann dadurch ersetzt werden, dass die Vergütungshöhe, für die die Zustimmung des Gerichts erteilt werden soll, öffentlich bekannt gemacht wird. [5] Die öffentliche Bekanntmachung wird durch Eintragung in das Klageregister nach § 4 des Kapitalanleger-Musterverfahrensgesetzes bewirkt. [6] Zwischen der öffentlichen Bekanntmachung und der Entscheidung über die Zustimmung müssen mindestens vier Wochen liegen.

(6) [1] Schuldet nach den kostenrechtlichen Vorschriften keine Partei oder kein Beteiligter die Vergütung, haften die Parteien oder Beteiligten, die eine Erklärung nach Absatz 1 oder Absatz 3 abgegeben haben, für die hierdurch entstandenen Mehrkosten als Gesamtschuldner, im Innenverhältnis nach Kopfteilen. [2] Für die Strafverfolgungs- oder Verfolgungsbehörde haftet diejenige Körperschaft, der die Behörde angehört, wenn die Körperschaft nicht von der Zahlung der Kosten befreit ist. [3] Der auf eine Partei oder einen Beteiligten entfallende Anteil bleibt unberücksichtigt, wenn das Gericht der Erklärung nach Absatz 4 zugestimmt hat. [4] Der Sachverständige, Dolmetscher oder Übersetzer hat eine Berechnung der gesetzlichen Vergütung einzureichen.

§ 14 Vereinbarung der Vergütung. Mit Sachverständigen, Dolmetschern und Übersetzern, die häufiger herangezogen werden, kann die oberste Landesbehörde, für die Gerichte und Behörden des Bundes die oberste Bundesbehörde, oder eine von diesen bestimmte Stelle eine Vereinbarung über die zu gewährende Vergütung treffen, deren Höhe die nach diesem Gesetz vorgesehene Vergütung nicht überschreiten darf.

Abschnitt 4. Entschädigung von ehrenamtlichen Richtern

§ 15 Grundsatz der Entschädigung. (1) Ehrenamtliche Richter erhalten als Entschädigung

1. Fahrtkostenersatz (§ 5),
2. Entschädigung für Aufwand (§ 6),
3. Ersatz für sonstige Aufwendungen (§ 7),
4. Entschädigung für Zeitversäumnis (§ 16),
5. Entschädigung für Nachteile bei der Haushaltsführung (§ 17) sowie
6. Entschädigung für Verdienstausfall (§ 18).

(2) [1] Soweit die Entschädigung nach Stunden bemessen ist, wird sie für die gesamte Dauer der Heranziehung einschließlich notwendiger Reise- und Wartezeiten, jedoch für nicht mehr als zehn Stunden je Tag, gewährt. [2] Die letzte bereits begonnene Stunde wird voll gerechnet.

(3) Die Entschädigung wird auch gewährt,

1. wenn ehrenamtliche Richter von der zuständigen staatlichen Stelle zu Einführungs- und Fortbildungstagungen herangezogen werden,
2. wenn ehrenamtliche Richter bei den Gerichten der Arbeits- und der Sozialgerichtsbarkeit in dieser Eigenschaft an der Wahl von gesetzlich für sie vorgesehenen Ausschüssen oder an den Sitzungen solcher Ausschüsse teilnehmen (§§ 29, 38 des Arbeitsgerichtsgesetzes, §§ 23, 35 Abs. 1, § 47 des Sozialgerichtsgesetzes).

§ 16 Entschädigung für Zeitversäumnis. Die Entschädigung für Zeitversäumnis beträgt 6 Euro je Stunde.

§ 17 Entschädigung für Nachteile bei der Haushaltsführung. [1] Ehrenamtliche Richter, die einen eigenen Haushalt für mehrere Personen führen, erhalten neben der Entschädigung nach § 16 eine zusätzliche Entschädigung für Nachteile bei der Haushaltsführung von 14 Euro je Stunde, wenn sie nicht erwerbstätig sind oder wenn sie teilzeitbeschäftigt sind und außerhalb ihrer vereinbarten regelmäßigen täglichen Arbeitszeit herangezogen werden. [2] Ehrenamtliche Richter, die ein Erwerbsersatzeinkommen beziehen, stehen erwerbstätigen ehrenamtlichen Richtern gleich. [3] Die Entschädigung von Teilzeitbeschäftigten wird für höchstens zehn Stunden je Tag gewährt abzüglich der Zahl an Stunden, die der vereinbarten regelmäßigen täglichen Arbeitszeit entspricht. [4] Die Entschädigung wird nicht gewährt, soweit Kosten einer notwendigen Vertretung erstattet werden.

§ 18 Entschädigung für Verdienstausfall. [1] Für den Verdienstausfall wird neben der Entschädigung nach § 16 eine zusätzliche Entschädigung gewährt, die sich nach dem regelmäßigen Bruttoverdienst einschließlich der vom Arbeitgeber zu tragenden Sozialversicherungsbeiträge richtet, jedoch höchstens 24 Euro je Stunde beträgt. [2] Die Entschädigung beträgt bis zu 46 Euro je Stunde für ehrenamtliche Richter, die in demselben Verfahren an mehr als 20 Tagen herangezogen oder innerhalb eines Zeitraums von 30 Tagen an mindestens sechs Tagen ihrer regelmäßigen Erwerbstätigkeit entzogen werden. [3] Sie beträgt bis zu 61 Euro je Stunde für ehrenamtliche Richter, die in demselben Verfahren an mehr als 50 Tagen herangezogen werden.

Abschnitt 5. Entschädigung von Zeugen und Dritten

§ 19 Grundsatz der Entschädigung. (1) [1] Zeugen erhalten als Entschädigung

1. Fahrtkostenersatz (§ 5),
2. Entschädigung für Aufwand (§ 6),
3. Ersatz für sonstige Aufwendungen (§ 7),
4. Entschädigung für Zeitversäumnis (§ 20),
5. Entschädigung für Nachteile bei der Haushaltsführung (§ 21) sowie
6. Entschädigung für Verdienstausfall (§ 22).

[2] Dies gilt auch bei schriftlicher Beantwortung der Beweisfrage.

(2) [1] Soweit die Entschädigung nach Stunden bemessen ist, wird sie für die gesamte Dauer der Heranziehung einschließlich notwendiger Reise- und Wartezeiten, jedoch für nicht mehr als zehn Stunden je Tag, gewährt. [2] Die letzte bereits begonnene Stunde wird voll gerechnet, wenn insgesamt mehr als 30 Minuten auf die Heranziehung entfallen; anderenfalls beträgt die Entschädigung die Hälfte des sich für eine volle Stunde ergebenden Betrags.

(3) Soweit die Entschädigung durch die gleichzeitige Heranziehung in verschiedenen Angelegenheiten veranlasst ist, ist sie auf diese Angelegenheiten nach dem Verhältnis der Entschädigungen zu verteilen, die bei gesonderter Heranziehung begründet wären.

(4) Den Zeugen, die ihren gewöhnlichen Aufenthalt im Ausland haben, kann unter Berücksichtigung ihrer persönlichen Verhältnisse, insbesondere ihres regelmäßigen Erwerbseinkommens, nach billigem Ermessen eine höhere als die in den §§ 20 bis 22 bestimmte Entschädigung gewährt werden.

§ 20 Entschädigung für Zeitversäumnis. Die Entschädigung für Zeitversäumnis beträgt 3,50 Euro je Stunde, soweit weder für einen Verdienstausfall noch für Nachteile bei der Haushaltsführung eine Entschädigung zu gewähren ist, es sei denn, dem Zeugen ist durch seine Heranziehung ersichtlich kein Nachteil entstanden.

§ 21 Entschädigung für Nachteile bei der Haushaltsführung. [1] Zeugen, die einen eigenen Haushalt für mehrere Personen führen, erhalten eine Entschädigung für Nachteile bei der Haushaltsführung von 14 Euro je Stunde, wenn sie nicht erwerbstätig sind oder wenn sie teilzeitbeschäftigt sind und außerhalb ihrer vereinbarten regelmäßigen täglichen Arbeitszeit herangezogen werden. [2] Zeugen, die ein Erwerbsersatzeinkommen beziehen, stehen erwerbstätigen Zeugen gleich. [3] Die Entschädigung von Teilzeitbeschäftigten wird für höchstens zehn Stunden je Tag gewährt abzüglich der Zahl an Stunden, die der vereinbarten regelmäßigen täglichen Arbeitszeit entspricht. [4] Die Entschädigung wird nicht gewährt, soweit Kosten einer notwendigen Vertretung erstattet werden.

§ 22 Entschädigung für Verdienstausfall. [1]Zeugen, denen ein Verdienstausfall entsteht, erhalten eine Entschädigung, die sich nach dem regelmäßigen Bruttoverdienst einschließlich der vom Arbeitgeber zu tragenden Sozialversicherungsbeiträge richtet und für jede Stunde höchstens 21 Euro beträgt. [2]Gefangene, die keinen Verdienstausfall aus einem privatrechtlichen Arbeitsverhältnis haben, erhalten Ersatz in Höhe der entgangenen Zuwendung der Vollzugsbehörde.

§ 23 Entschädigung Dritter. (1) Soweit von denjenigen, die Telekommunikationsdienste erbringen oder daran mitwirken (Telekommunikationsunternehmen), Anordnungen zur Überwachung der Telekommunikation umgesetzt oder Auskünfte erteilt werden, für die in der Anlage 3 zu diesem Gesetz besondere Entschädigungen bestimmt sind, bemisst sich die Entschädigung ausschließlich nach dieser Anlage.

(2) [1]Dritte, die aufgrund einer gerichtlichen Anordnung nach § 142 Abs. 1 Satz 1 oder § 144 Abs. 1 der Zivilprozessordnung Urkunden, sonstige Unterlagen oder andere Gegenstände vorlegen oder deren Inaugenscheinnahme dulden, sowie Dritte, die aufgrund eines Beweiszwecken dienenden Ersuchens der Strafverfolgungs- oder Verfolgungsbehörde

1. Gegenstände herausgeben (§ 95 Abs. 1, § 98a der Strafprozessordnung) oder die Pflicht zur Herausgabe entsprechend einer Anheimgabe der Strafverfolgungs- oder Verfolgungsbehörde abwenden oder
2. in anderen als den in Absatz 1 genannten Fällen Auskunft erteilen,

werden wie Zeugen entschädigt. [2]Bedient sich der Dritte eines Arbeitnehmers oder einer anderen Person, werden ihm die Aufwendungen dafür (§ 7) im Rahmen des § 22 ersetzt; § 19 Abs. 2 und 3 gilt entsprechend.

(3) [1]Die notwendige Benutzung einer eigenen Datenverarbeitungsanlage für Zwecke der Rasterfahndung wird entschädigt, wenn die Investitionssumme für die im Einzelfall benutzte Hard- und Software zusammen mehr als 10 000 Euro beträgt. [2]Die Entschädigung beträgt

1. bei einer Investitionssumme von mehr als 10 000 bis 25 000 Euro für jede Stunde der Benutzung 5 Euro; die gesamte Benutzungsdauer ist auf volle Stunden aufzurunden;
2. bei sonstigen Datenverarbeitungsanlagen
   a) neben der Entschädigung nach Absatz 2 für jede Stunde der Benutzung der Anlage bei der Entwicklung eines für den Einzelfall erforderlichen, besonderen Anwendungsprogramms 10 Euro und
   b) für die übrige Dauer der Benutzung einschließlich des hierbei erforderlichen Personalaufwands ein Zehnmillionstel der Investitionssumme je Sekunde für die Zeit, in der die Zentraleinheit belegt ist (CPU-Sekunde), höchstens 0,30 Euro je CPU-Sekunde.

[3]Die Investitionssumme und die verbrauchte CPU-Zeit sind glaubhaft zu machen.

(4) Der eigenen elektronischen Datenverarbeitungsanlage steht eine fremde gleich, wenn die durch die Auskunftserteilung entstandenen direkt zurechenbaren Kosten (§ 7) nicht sicher feststellbar sind.

Abschnitt 6. Schlussvorschriften

§ 24 Übergangsvorschrift. [1]Die Vergütung und die Entschädigung sind nach bisherigem Recht zu berechnen, wenn der Auftrag an den Sachverständigen, Dolmetscher oder Übersetzer vor dem Inkrafttreten einer Gesetzesänderung erteilt oder der Berechtigte vor diesem Zeitpunkt herangezogen worden ist. [2]Dies gilt auch, wenn Vorschriften geändert werden, auf die dieses Gesetz verweist.

§ 25 Übergangsvorschrift aus Anlass des Inkrafttretens dieses Gesetzes. [1]Das Gesetz über die Entschädigung der ehrenamtlichen Richter in der Fassung der Bekanntmachung vom 1. Oktober 1969 (BGBl. I S. 1753), zuletzt geändert durch Artikel 1 Abs. 4 des Gesetzes vom 22. Februar 2002 (BGBl. I S. 981), und das Gesetz über die Entschädigung von Zeugen und Sachverständigen in der Fassung der Bekanntmachung vom 1. Oktober 1969 (BGBl. I S. 1756), zuletzt geändert durch Artikel 1 Abs. 5 des Gesetzes vom 22. Februar 2002 (BGBl. I S. 981), sowie Verweisungen auf diese Gesetze sind weiter anzuwenden, wenn der Auftrag an den Sachverständigen, Dolmetscher oder Übersetzer vor dem 1. Juli 2004 erteilt oder der Berechtigte vor diesem Zeitpunkt herangezogen worden ist. [2]Satz 1 gilt für Heranziehungen vor dem 1. Juli 2004 auch dann, wenn der Berechtigte in derselben Rechtssache auch nach dem 1. Juli 2004 herangezogen worden ist.

Anlage 1
(zu § 9 Abs. 1)

Nr.	Sachgebietsbezeichnung	Honorar-gruppe
1	Abfallstoffe – soweit nicht Sachgebiet 3 oder 18 – einschließlich Altfahrzeuge und -geräte	11
2	Akustik, Lärmschutz – soweit nicht Sachgebiet 4	4
3	Altlasten und Bodenschutz	4
4	*Bauwesen – soweit nicht Sachgebiet 13 – einschließlich technische Gebäudeausrüstung*	
4.1	Planung	4
4.2	handwerklich-technische Ausführung	2
4.3	Schadensfeststellung, -ursachenermittlung und -bewertung – soweit nicht Sachgebiet 4.1 oder 4.2 –, Bauvertragswesen, Baubetrieb und Abrechnung von Bauleistungen	5
4.4	Baustoffe	6
5	Berufskunde und Tätigkeitsanalyse	10
6	*Betriebswirtschaft*	
6.1	Unternehmensbewertung, Betriebsunterbrechungs- und -verlagerungsschäden	11
6.2	Kapitalanlagen und private Finanzplanung	13
6.3	Besteuerung	3
7	Bewertung von Immobilien	6
8	Brandursachenermittlung	4
9	Briefmarken und Münzen	2
10	*Datenverarbeitung, Elektronik und Telekommunikation*	
10.1	Datenverarbeitung (Hardware und Software)	8
10.2	Elektronik – soweit nicht Sachgebiet 38 – (insbesondere Mess-, Steuerungs- und Regelungselektronik)	9
10.3	Telekommunikation (insbesondere Telefonanlagen, Mobilfunk, Übertragungstechnik)	8
11	Elektrotechnische Anlagen und Geräte – soweit nicht Sachgebiet 4 oder 10	4
12	Fahrzeugbau	3
13	*Garten- und Landschaftsbau einschließlich Sportanlagenbau*	
13.1	Planung	3
13.2	handwerklich-technische Ausführung	3

Nr.	Sachgebietsbezeichnung	Honorar-gruppe
13.3	Schadensfeststellung, -ursachenermittlung und -bewertung – soweit nicht Sachgebiet 13.1 oder 13.2	4
14	Gesundheitshandwerk	2
15	Grafisches Gewerbe	6
16	Hausrat und Inneneinrichtung	3
17	Honorarabrechnungen von Architekten und Ingenieuren	9
18	Immissionen	2
19	Kältetechnik – soweit nicht Sachgebiet 4	5
20	Kraftfahrzeugschäden und -bewertung	8
21	Kunst und Antiquitäten	3
22	Lebensmittelchemie und -technologie	6
23	Maschinen und Anlagen – soweit nicht Sachgebiet 4, 10 oder 11	6
24	Medizintechnik	7
25	Mieten und Pachten	10
26	Möbel – soweit nicht Sachgebiet 21	2
27	Musikinstrumente	2
28	Rundfunk- und Fernsehtechnik	2
29	Schiffe, Wassersportfahrzeuge	4
30	Schmuck, Juwelen, Perlen, Gold- und Silberwaren	2
31	Schrift- und Urkundenuntersuchung	8
32	Schweißtechnik	5
33	Spedition, Transport, Lagerwirtschaft	5
34	Sprengtechnik	2
35	Textilien, Leder und Pelze	2
36	Tiere	2
37	Ursachenermittlung und Rekonstruktion bei Fahrzeugunfällen	12
38	Verkehrsregelungs- und -überwachungstechnik	5
39	*Vermessungs- und Katasterwesen*	
39.1	Vermessungstechnik	1
39.2	Vermessungs- und Katasterwesen im Übrigen	9
40	Versicherungsmathematik	10

Gegenstand medizinischer und psychologischer Gutachten	Honorargruppe
Einfache gutachtliche Beurteilungen, insbesondere – in Gebührenrechtsfragen, – zur Minderung der Erwerbsfähigkeit nach einer Monoverletzung, – zur Haft-, Verhandlungs- oder Vernehmungsfähigkeit, – zur Verlängerung einer Betreuung.	M 1
Beschreibende (Ist-Zustands-)Begutachtung nach standardisiertem Schema ohne Erörterung spezieller Kausalzusammenhänge mit einfacher medizinischer Verlaufsprognose und mit durchschnittlichem Schwierigkeitsgrad, insbesondere Gutachten – in Verfahren nach dem SGB IX, – zur Minderung der Erwerbsfähigkeit und zur Invalidität, – zu rechtsmedizinischen und toxikologischen Fragestellungen im Zusammenhang mit der Feststellung einer Beeinträchtigung der Fahrtüchtigkeit durch Alkohol, Drogen, Medikamente oder Krankheiten, – zu spurenkundlichen oder rechtsmedizinischen Fragestellungen mit Befunderhebungen (z.B. bei Verletzungen und anderen Unfallfolgen), – zu einfachen Fragestellungen zur Schuldfähigkeit ohne besondere Schwierigkeiten der Persönlichkeitsdiagnostik, – zur Einrichtung oder Aufhebung einer Betreuung und der Anordnung eines Einwilligungsvorbehalts gemäß § 1903 BGB, – zu Unterhaltsstreitigkeiten aufgrund einer Erwerbs- oder Arbeitsunfähigkeit, – zu neurologisch-psychologischen Fragestellungen in Verfahren nach der FeV.	M2
Gutachten mit hohem Schwierigkeitsgrad (Begutachtungen spezieller Kausalzusammenhänge und/oder differenzialdiagnostischer Probleme und/oder Beurteilung der Prognose und/oder Beurteilung strittiger Kausalitätsfragen), insbesondere Gutachten – zum Kausalzusammenhang bei problematischen Verletzungsfolgen, – zu ärztlichen Behandlungsfehlern, – in Verfahren nach dem OEG, – in Verfahren nach dem HHG, – zur Schuldfähigkeit bei Schwierigkeiten der Persönlichkeitsdiagnostik, – in Verfahren zur Anordnung einer Maßregel der Besserung und Sicherung (in Verfahren zur Entziehung der Fahrerlaubnis zu neurologisch/psychologischen Fragestellungen), – zur Kriminalprognose, – zur Aussagetüchtigkeit,	M3

Gegenstand medizinischer und psychologischer Gutachten	Honorargruppe
– zur Widerstandsfähigkeit, – in Verfahren nach den §§ 3, 10, 17 und 105 JGG, – in Unterbringungsverfahren, – in Verfahren nach § 1905 BGB, – in Verfahren nach dem TSG, – in Verfahren zur Regelung von Sorge- oder Umgangsrechten, – zur Geschäfts-, Testier- oder Prozessfähigkeit, – zu Berufskrankheiten und zur Minderung der Erwerbsfähigkeit bei besonderen Schwierigkeiten, – zu rechtsmedizinischen, toxikologischen und spurenkundlichen Fragestellungen im Zusammenhang mit einer abschließenden Todesursachenklärung, ärztlichen Behandlungsfehlern oder einer Beurteilung der Schuldfähigkeit.	

Anlage 2
(zu § 10 Abs. 1)

Nr.	Bezeichnung der Leistung	Honorar
	Abschnitt 1. Leichenschau und Obduktion	
	Vorbemerkung 1: (1) Das Honorar in den Fällen der Nummern 100, 102 bis 106 umfasst den zur Niederschrift gegebenen Bericht; in den Fällen der Nummern 102 bis 106 umfasst das Honorar auch das vorläufige Gutachten. Das Honorar nach den Nummern 102 bis 106 erhält jeder Obduzent gesondert. (2) Aufwendungen für die Nutzung fremder Kühlzellen, Sektionssäle und sonstiger Einrichtungen werden bis zu einem Betrag von 300 € gesondert erstattet, wenn die Nutzung wegen der großen Entfernung zwischen dem Fundort der Leiche und dem rechtsmedizinischen Institut geboten ist.	
100	Besichtigung einer Leiche, von Teilen einer Leiche, eines Embryos oder eines Fetus oder Mitwirkung bei einer richterlichen Leichenschau	60,00 €
	für mehrere Leistungen bei derselben Gelegenheit jedoch höchstens	140,00 €
101	Fertigung eines Berichts, der schriftlich zu erstatten oder nachträglich zur Niederschrift zu geben ist	30,00 €
	für mehrere Leistungen bei derselben Gelegenheit jedoch höchstens	100,00 €
102	Obduktion	380,00 €
103	Obduktion unter besonders ungünstigen äußeren Bedingungen:	
	Das Honorar 102 beträgt	500,00 €
104	Obduktion unter anderen besonders ungünstigen Bedingungen (Zustand der Leiche etc.):	
	Das Honorar 102 beträgt	670,00 €
105	Sektion von Teilen einer Leiche oder Öffnung eines Embryos oder nicht lebensfähigen Fetus	100,00 €
106	Sektion oder Öffnung unter besonders ungünstigen Bedingungen:	
	Das Honorar 105 beträgt	140,00 €
	Abschnitt 2. Befund	
200	Ausstellung eines Befundscheins oder Erteilung einer schriftlichen Auskunft ohne nähere gutachtliche Äußerung	21,00 €
201	Die Leistung der in Nummer 200 genannten Art ist außergewöhnlich umfangreich:	
	Das Honorar 200 beträgt	bis zu 44,00 €
202	Zeugnis über einen ärztlichen Befund mit von der heranziehenden Stelle geforderter kurzer gutachtlicher Äußerung oder Formbogengutachten, wenn sich die Fragen auf Vorgeschichte, Angaben und Befund beschränken und nur ein kurzes Gutachten erfordern	38,00 €

Nr.	Bezeichnung der Leistung	Honorar
203	Die Leistung der in Nummer 202 genannten Art ist außergewöhnlich umfangreich: Das Honorar 202 beträgt	bis zu 75,00 €
	Abschnitt 3. Untersuchungen, Blutentnahme	
300	Untersuchung eines Lebensmittels, Bedarfsgegenstands, Arzneimittels, von Luft, Gasen, Böden, Klärschlämmen, Wässern oder Abwässern und dgl. und eine kurze schriftliche gutachtliche Äußerung: Das Honorar beträgt für jede Einzelbestimmung je Probe	5,00 bis 60,00 €
301	Die Leistung der in Nummer 300 genannten Art ist außergewöhnlich umfangreich oder schwierig: Das Honorar 300 beträgt	bis zu 1 000,00 €
302	Mikroskopische, physikalische, chemische, toxikologische, bakteriologische, serologische Untersuchung, wenn das Untersuchungsmaterial von Menschen oder Tieren stammt: Das Honorar beträgt je Organ oder Körperflüssigkeit	5,00 bis 60,00 €
	Das Honorar umfasst das verbrauchte Material, soweit es sich um geringwertige Stoffe handelt, und eine kurze gutachtliche Äußerung.	
303	Die Leistung der in Nummer 302 genannten Art ist außergewöhnlich umfangreich oder schwierig: Das Honorar 302 beträgt	bis zu 1 000,00 €
304	Herstellung einer DNA-Probe und ihre Überprüfung auf Geeignetheit (z.B. Hochmolekularität, humane Herkunft, Ausmaß der Degradation, Kontrolle des Verdaus)	bis zu 205,00 €
	Das Honorar umfasst das verbrauchte Material, soweit es sich um geringwertige Stoffe handelt, und eine kurze gutachtliche Äußerung.	
305	Elektrophysiologische Untersuchung eines Menschen	15,00 bis 135,00 €
	Das Honorar umfasst eine kurze gutachtliche Äußerung und den mit der Untersuchung verbundenen Aufwand.	
306	Raster-elektronische Untersuchung eines Menschen oder einer Leiche, auch mit Analysenzusatz ..	15,00 bis 355,00 €
	Das Honorar umfasst eine kurze gutachtliche Äußerung und den mit der Untersuchung verbundenen Aufwand.	
307	Blutentnahme	9,00 €
	Das Honorar umfasst eine Niederschrift über die Feststellung der Identität.	

Nr.	Bezeichnung der Leistung	Honorar
	Abschnitt 4. Abstammungsgutachten	
	Vorbemerkung 4: (1) Das Honorar umfasst die gesamte Tätigkeit des Sachverständigen einschließlich aller Aufwendungen mit Ausnahme der Umsatzsteuer und mit Ausnahme der Auslagen für Probenentnahmen durch vom Sachverständigen beauftragte Personen, soweit nichts anderes bestimmt ist. Das Honorar umfasst ferner den Aufwand für die Anfertigung des schriftlichen Gutachtens und von drei Überstücken. (2) Das Honorar für Leistungen der in Abschnitt M III 13 des Gebührenverzeichnisses für ärztliche Leistungen (Anlage zur GOÄ) bezeichneten Art bemisst sich in entsprechender Anwendung dieses Gebührenverzeichnisses nach dem 1,15fachen Gebührensatz. § 4 Abs. 2 Satz 1, Abs. 2a Satz 1, Abs. 3 und 4 Satz 1 und § 10 GOÄ gelten entsprechend.	
400	Erstellung des Gutachtens ...... Das Honorar umfasst 1. die administrative Abwicklung, insbesondere die Organisation der Probenentnahmen, und 2. das schriftliche Gutachten, erforderlichenfalls mit biostatistischer Auswertung.	140,00 €
401	Biostatistische Auswertung, wenn der mögliche Vater für die Untersuchungen nicht zur Verfügung steht und andere mit ihm verwandte Personen an seiner Stelle in die Begutachtung einbezogen werden (Defizienzfall): je Person ...... Beauftragt der Sachverständige eine andere Person mit der biostatistischen Auswertung in einem Defizienzfall, werden ihm abweichend von Vorbemerkung 4 Absatz 1 Satz 1 die hierfür anfallenden Auslagen ersetzt.	25,00 €
402	Entnahme einer genetischen Probe einschließlich der Niederschrift sowie der qualifizierten Aufklärung nach dem GenDG: je Person	25,00 €
	Untersuchung mittels 1. Short Tandem Repeat Systemen (STR) oder 2. diallelischer Polymorphismen: – Single Nucleotide Polymorphisms (SNP) oder – Deletions-/Insertionspolymorphismen (DIP)	
403	– bis zu 20 Systeme: je Person	120,00 €
404	– 21 bis 30 Systeme: je Person	170,00 €
405	– mehr als 30 Systeme: je Person	220,00 €
406	Mindestens zwei Testkits werden eingesetzt, die Untersuchungen erfolgen aus voneinander unabhängigen DNA-Präparationen und die eingesetzten parallelen Analysemethoden sind im Gutachten ausdrücklich dargelegt:	

Nr.	Bezeichnung der Leistung	Honorar
	Die Honorare nach den Nummern 403 bis 405 erhöhen sich um jeweils	80,00 €
407	Herstellung einer DNA-Probe aus anderem Untersuchungsmaterial als Blut oder Mundschleimhautabstrichen einschließlich Durchführung des Tests auf Eignung: je Person	bis zu 120,00 €

Anlage 3
(zu § 23 Abs. 1)

Nr.	Tätigkeit	Höhe
	Allgemeine Vorbemerkung: (1) Die Entschädigung nach dieser Anlage schließt alle mit der Erledigung des Ersuchens der Strafverfolgungsbehörde verbundenen Tätigkeiten des Telekommunikationsunternehmens sowie etwa anfallende sonstige Aufwendungen (§ 7 JVEG) ein. (2) Für Leistungen, die die Strafverfolgungsbehörden über eine zentrale Kontaktstelle des Generalbundesanwalts, des Bundeskriminalamtes, der Bundespolizei oder des Zollkriminalamtes oder über entsprechende für ein Bundesland oder für mehrere Bundesländer zuständige Kontaktstellen anfordern und abrechnen, ermäßigen sich die Entschädigungsbeträge nach den Nummern 100, 101, 300 bis 321 und 400 bis 402 um 20 Prozent, wenn bei der Anforderung darauf hingewiesen worden ist, dass es sich bei der anfordernden Stelle um eine zentrale Kontaktstelle handelt.	
	Abschnitt 1. Überwachung der Telekommunikation	
	Vorbemerkung 1: (1) Die Vorschriften dieses Abschnitts gelten für die Heranziehung im Zusammenhang mit Funktionsprüfungen der Aufzeichnungs- und Auswertungseinrichtungen der berechtigten Stellen entsprechend. (2) Leitungskosten werden nur entschädigt, wenn die betreffende Leitung innerhalb des Überwachungszeitraums mindestens einmal zur Übermittlung überwachter Telekommunikation an die Strafverfolgungsbehörde genutzt worden ist. (3) Für die Überwachung eines Voice-over-IP-Anschlusses oder eines Zugangs zu einem elektronischen Postfach richtet sich die Entschädigung für die Leitungskosten nach den Nummern 102 bis 104. Dies gilt auch für die Überwachung eines Mobilfunkanschlusses, es sei denn, dass auch die Überwachung des über diesen Anschluss abgewickelten Datenverkehrs angeordnet worden ist und für die Übermittlung von Daten Leitungen mit Übertragungsgeschwindigkeiten von mehr als 144 kbit/s genutzt werden müssen und auch genutzt worden sind. In diesem Fall richtet sich die Entschädigung einheitlich nach den Nummern 111 bis 113.	
100	Umsetzung einer Anordnung zur Überwachung der Telekommunikation, unabhängig von der Zahl der dem Anschluss zugeordneten Kennungen: je Anschluss ...... Mit der Entschädigung ist auch der Aufwand für die Abschaltung der Maßnahme entgolten.	100,00 €
101	Verlängerung einer Maßnahme zur Überwachung der Telekommunikation oder Umschaltung einer solchen Maßnahme auf Veranlassung der Strafverfolgungsbehörde auf einen anderen Anschluss dieser Stelle	35,00 €
	Leitungskosten für die Übermittlung der zu überwachenden Telekommunikation: für jeden überwachten Anschluss,	
102	– wenn die Überwachungsmaßnahme nicht länger als eine Woche dauert	24,00 €
103	– wenn die Überwachungsmaßnahme länger als eine Woche, jedoch nicht länger als zwei Wochen dauert	42,00 €
104	– wenn die Überwachungsmaßnahme länger als zwei Wochen dauert: je angefangenen Monat	75,00 €

Nr.	Tätigkeit	Höhe
	Der überwachte Anschluss ist ein ISDN-Basisanschluss:	
105	– Die Entschädigung nach Nummer 102 beträgt	40,00 €
106	– Die Entschädigung nach Nummer 103 beträgt	70,00 €
107	– Die Entschädigung nach Nummer 104 beträgt	125,00 €
	Der überwachte Anschluss ist ein ISDN-Primärmultiplexanschluss:	
108	– Die Entschädigung nach Nummer 102 beträgt	490,00 €
109	– Die Entschädigung nach Nummer 103 beträgt	855,00 €
110	– Die Entschädigung nach Nummer 104 beträgt	1 525,00 €
	Der überwachte Anschluss ist ein digitaler Teilnehmeranschluss mit einer Übertragungsgeschwindigkeit von mehr als 144 kbit/s, aber kein ISDN-Primärmultiplexanschluss:	
111	– Die Entschädigung nach Nummer 102 beträgt	65,00 €
112	– Die Entschädigung nach Nummer 103 beträgt	110,00 €
113	– Die Entschädigung nach Nummer 104 beträgt	200,00 €
	Abschnitt 2. Auskünfte über Bestandsdaten	
200	Auskunft über Bestandsdaten nach § 3 Nr. 3 TKG, sofern 1. die Auskunft nicht über das automatisierte Auskunftsverfahren nach § 112 TKG erteilt werden kann und die Unmöglichkeit der Auskunftserteilung auf diesem Wege nicht vom Unternehmen zu vertreten ist und 2. für die Erteilung der Auskunft nicht auf Verkehrsdaten zurückgegriffen werden muss: je angefragten Kundendatensatz	18,00 €
201	Auskunft über Bestandsdaten, zu deren Erteilung auf Verkehrsdaten zurückgegriffen werden muss: für bis zu 10 in demselben Verfahren gleichzeitig angefragte Kennungen, die der Auskunftserteilung zugrunde liegen .... Bei mehr als 10 angefragten Kennungen wird die Pauschale für jeweils bis zu 10 weitere Kennungen erneut gewährt. Kennung ist auch eine IP-Adresse.	35,00 €
202	Es muss auf Verkehrsdaten nach § 113b Abs. 2 bis 4 TKG zurückgegriffen werden: Die Pauschale 201 beträgt	40,00 €
	Abschnitt 3. Auskünfte über Verkehrsdaten	
300	Auskunft über gespeicherte Verkehrsdaten: für jede Kennung, die der Auskunftserteilung zugrunde liegt	30,00 €

Nr.	Tätigkeit	Höhe
	Die Mitteilung der die Kennung betreffenden Standortdaten ist mit abgegolten.	
301	Für die Auskunft muss auf Verkehrsdaten nach § 113b Abs. 2 bis 4 TKG zurückgegriffen werden: Die Pauschale 300 beträgt	35,00 €
302	Die Auskunft wird im Fall der Nummer 300 aufgrund eines einheitlichen Ersuchens auch oder ausschließlich für künftig anfallende Verkehrsdaten zu bestimmten Zeitpunkten erteilt: für die zweite und jede weitere in dem Ersuchen verlangte Teilauskunft	10,00 €
303	Auskunft über gespeicherte Verkehrsdaten zu Verbindungen, die zu einer bestimmten Zieladresse hergestellt wurden, durch Suche in allen Datensätzen der abgehenden Verbindungen eines Betreibers (Zielwahlsuche): je Zieladresse	90,00 €
	Die Mitteilung der Standortdaten der Zieladresse ist mit abgegolten.	
304	Für die Auskunft muss auf Verkehrsdaten nach § 113b Abs. 2 bis 4 TKG zurückgegriffen werden: Die Pauschale 303 beträgt	110,00 €
305	Die Auskunft wird im Fall der Nummer 303 aufgrund eines einheitlichen Ersuchens auch oder ausschließlich für künftig anfallende Verkehrsdaten zu bestimmten Zeitpunkten erteilt: für die zweite und jede weitere in dem Ersuchen verlangte Teilauskunft	70,00 €
306	Auskunft über gespeicherte Verkehrsdaten für eine von der Strafverfolgungsbehörde benannte Funkzelle (Funkzellenabfrage)	30,00 €
307	Für die Auskunft muss auf Verkehrsdaten nach § 113b Abs. 2 bis 4 TKG zurückgegriffen werden: Die Pauschale 306 beträgt	35,00 €
308	Auskunft über gespeicherte Verkehrsdaten für mehr als eine von der Strafverfolgungsbehörde benannte Funkzelle: Die Pauschale 306 erhöht sich für jede weitere Funkzelle um	4,00 €
309	Auskunft über gespeicherte Verkehrsdaten für mehr als eine von der Strafverfolgungsbehörde benannte Funkzelle und für die Auskunft muss auf Verkehrsdaten nach § 113b Abs. 2 bis 4 TKG zurückgegriffen werden:	

Nr.	Tätigkeit	Höhe
	Die Pauschale 306 erhöht sich für jede weitere Funkzelle um	5,00 €
310	Auskunft über gespeicherte Verkehrsdaten in Fällen, in denen lediglich Ort und Zeitraum bekannt sind:	
	Die Abfrage erfolgt für einen bestimmten, durch eine Adresse bezeichneten Standort	60,00 €
311	Für die Auskunft muss auf Verkehrsdaten nach § 113b Abs. 2 bis 4 TKG zurückgegriffen werden:	
	Die Pauschale 310 beträgt	70,00 €
	Die Auskunft erfolgt für eine Fläche:	
312	– Die Entfernung der am weitesten voneinander entfernten Punkte beträgt nicht mehr als 10 Kilometer:	
	Die Pauschale 310 beträgt	190,00 €
313	– Die Entfernung der am weitesten voneinander entfernten Punkte beträgt mehr als 10, aber nicht mehr als 25 Kilometer:	
	Die Pauschale 310 beträgt	490,00 €
314	– Die Entfernung der am weitesten voneinander entfernten Punkte beträgt mehr als 25, aber nicht mehr als 45 Kilometer:	
	Die Pauschale 310 beträgt	930,00 €
	Liegen die am weitesten voneinander entfernten Punkte mehr als 45 Kilometer auseinander, ist für den darüber hinausgehenden Abstand die Entschädigung nach den Nummern 312 bis 314 gesondert zu berechnen.	
	Die Auskunft erfolgt für eine Fläche und es muss auf Verkehrsdaten nach § 113b Abs. 2 bis 4 TKG zurückgegriffen werden:	
315	– Die Entfernung der am weitesten voneinander entfernten Punkte beträgt nicht mehr als 10 Kilometer:	
	Die Pauschale 310 beträgt	230,00 €
316	– Die Entfernung der am weitesten voneinander entfernten Punkte beträgt mehr als 10, aber nicht mehr als 25 Kilometer:	
	Die Pauschale 310 beträgt	590,00 €
317	– Die Entfernung der am weitesten voneinander entfernten Punkte beträgt mehr als 25, aber nicht mehr als 45 Kilometer:	
	Die Pauschale 310 beträgt	1 120,00 €
	Liegen die am weitesten voneinander entfernten Punkte mehr als 45 Kilometer auseinander, ist für den darüber hinausgehenden Abstand die Entschädigung nach den Nummern 315 bis 317 gesondert zu berechnen.	

Nr.	Tätigkeit	Höhe
318	Die Auskunft erfolgt für eine bestimmte Wegstrecke: Die Pauschale 310 beträgt für jeweils angefangene 10 Kilometer Länge	110,00 €
319	Die Auskunft erfolgt für eine bestimmte Wegstrecke und es muss auf Verkehrsdaten nach § 113b Abs. 2 bis 4 TKG zurückgegriffen werden: Die Pauschale 310 beträgt für jeweils angefangene 10 Kilometer Länge	130,00 €
320	Umsetzung einer Anordnung zur Übermittlung künftig anfallender Verkehrsdaten in Echtzeit: je Anschluss .... Mit der Entschädigung ist auch der Aufwand für die Abschaltung der Übermittlung und die Mitteilung der den Anschluss betreffenden Standortdaten entgolten.	100,00 €
321	Verlängerung der Maßnahme im Fall der Nummer 320	35,00 €
	Leitungskosten für die Übermittlung der Verkehrsdaten in den Fällen der Nummern 320 bis 321:	
322	– wenn die angeordnete Übermittlung nicht länger als eine Woche dauert	8,00 €
323	– wenn die angeordnete Übermittlung länger als eine Woche, aber nicht länger als zwei Wochen dauert	14,00 €
324	– wenn die angeordnete Übermittlung länger als zwei Wochen dauert: je angefangenen Monat	25,00 €
325	Übermittlung der Verkehrsdaten auf einem Datenträger	10,00 €
	Abschnitt 4. Sonstige Auskünfte	
400	Auskunft über den letzten dem Netz bekannten Standort eines Mobiltelefons (Standortabfrage)	90,00 €
401	Im Fall der Nummer 400 muss auf Verkehrsdaten nach § 113b Abs. 2 bis 4 TKG zurückgegriffen werden: Die Pauschale 400 beträgt	110,00 €
402	Auskunft über die Struktur von Funkzellen: je Funkzelle	35,00 €

Anhang Gebührentabellen

I. Die Gebühren nach § 13 RVG[1]
II. Die Gebühren nach § 49 RVG[1]

[1] Nr. 1.

I. Die Gebühren des § 13 RVG[1)]

Wert bis	1,0	0,3	0,5	0,65	0,8
500	45	15	22,5	29,25	36
1 000	80	24	40	52	64
1 500	115	34,5	57,5	74,75	92
2 000	150	45	75	97,5	120
3 000	201	60,3	100,5	130,65	160,8
4 000	252	75,6	126	163,8	201,6
5 000	303	90,9	151,5	196,95	242,4
6 000	354	106,2	177	230,1	283,2
7 000	405	121,5	202,5	263,25	324
8 000	456	136,8	228	296,4	364,8
9 000	507	152,1	253,5	329,55	405,6
10 000	558	167,4	279	362,7	446,4
13 000	604	181,2	302	392,6	483,2
16 000	650	195	325	422,5	520
19 000	696	208,8	348	452,4	556,8
22 000	742	222,6	371	482,3	593,6
25 000	788	236,4	394	512,2	630,4
30 000	863	258,9	431,5	560,95	690,4
35 000	938	281,4	469	609,7	750,4
40 000	1 013	303,9	506,5	658,45	810,4
45 000	1 088	326,4	544	707,2	870,4
50 000	1 163	348,9	581,5	755,95	930,4
65 000	1 248	374,4	624	811,2	998,4
80 000	1 333	399,9	666,5	866,45	1 066,4
95 000	1 418	425,4	709	921,7	1 134,4
110 000	1 503	450,9	751,5	976,95	1 202,4
125 000	1 588	476,4	794	1 032,2	1 270,4
140 000	1 673	501,9	836,5	1 087,45	1 338,4
155 000	1 758	527,4	879	1 142,7	1 406,4
170 000	1 843	552,9	921,5	1 197,95	1 474,4
185 000	1 928	578,4	964	1 253,2	1 542,4
200 000	2 013	603,9	1 006,5	1 308,45	1 610,4
230 000	2 133	639,9	1 066,5	1 386,45	1 706,4
260 000	2 253	675,9	1 126,5	1 464,45	1 802,4
290 000	2 373	711,9	1 186,5	1 542,45	1 898,4
320 000	2 493	747,9	1 246,5	1 620,45	1 994,4
350 000	2 613	783,9	1 306,5	1 698,45	2 090,4
380 000	2 733	819,9	1 366,5	1 776,45	2 186,4
410 000	2 853	855,9	1 426,5	1 854,45	2 282,4
440 000	2 973	891,9	1 486,5	1 932,45	2 378,4
470 000	3 093	927,9	1 546,5	2 010,45	2 474,4
500 000	3 213	963,9	1 606,5	2 088,45	2 570,4
550 000	3 363	1 008,9	1 681,5	2 185,95	2 690,4
600 000	3 513	1 053,9	1 756,5	2 283,45	2 810,4
650 000	3 663	1 098,9	1 831,5	2 380,95	2 930,4
700 000	3 813	1 143,9	1 906,5	2 478,45	3 050,4
750 000	3 963	1 188,9	1 981,5	2 575,95	3 170,4
800 000	4 113	1 233,9	2 056,5	2 673,45	3 290,4
850 000	4 263	1 278,9	2 131,5	2 770,95	3 410,4
900 000	4 413	1 323,9	2 206,5	2 868,45	3 530,4
950 000	4 563	1 368,9	2 281,5	2 965,95	3 650,4
1 000 000	4 713	1 413,9	2 356,5	3 063,45	3 770,4
1 050 000	4 863	1 458,9	2 431,5	3 160,95	3 890,4
1 100 000	5 013	1 503,9	2 506,5	3 258,45	4 010,4
1 150 000	5 163	1 548,9	2 581,5	3 355,95	4 130,4

1) Nr. **1**.

1,1	1,2	1,3	1,5	1,6	2,5	Wert bis
49,5	54	58,5	67,5	72	112,5	**500**
88	96	104	120	128	200	**1 000**
126,5	138	149,5	172,5	184	287,5	**1 500**
165	180	195	225	240	375	**2 000**
221,1	241,2	261,3	301,5	321,6	502,5	**3 000**
277,2	302,4	327,6	378	403,2	630	**4 000**
333,3	363,6	393,9	454,5	484,8	757,5	**5 000**
389,4	424,8	460,2	531	566,4	885	**6 000**
445,5	486	526,5	607,5	648	1 012,5	**7 000**
501,6	547,2	592,8	684	729,6	1 140	**8 000**
557,7	608,4	659,1	760,5	811,2	1 267,5	**9 000**
613,8	669,6	725,4	837	892,8	1 395	**10 000**
664,4	724,8	785,2	906	966,4	1 510	**13 000**
715	780	845	975	1 040	1 625	**16 000**
765,6	835,2	904,8	1 044	1 113,6	1 740	**19 000**
816,2	890,4	964,6	1 113	1 187,2	1 855	**22 000**
866,8	945,6	1 024,4	1 182	1 260,8	1 970	**25 000**
949,3	1 035,6	1 121,9	1 294,5	1 380,8	2 157,5	**30 000**
1 031,8	1 125,6	1 219,4	1 407	1 500,8	2 345	**35 000**
1 114,3	1 215,6	1 316,9	1 519,5	1 620,8	2 532,5	**40 000**
1 196,8	1 305,6	1 414,4	1 632	1 740,8	2 720	**45 000**
1 279,3	1 395,6	1 511,9	1 744,5	1 860,8	2 907,5	**50 000**
1 372,8	1 497,6	1 622,4	1 872	1 996,8	3 120	**65 000**
1 466,3	1 599,6	1 732,9	1 999,5	2 132,8	3 332,5	**80 000**
1 559,8	1 701,6	1 843,4	2 127	2 268,8	3 545	**95 000**
1 653,3	1 803,6	1 953,9	2 254,5	2 404,8	3 757,5	**110 000**
1 746,8	1 905,6	2 064,4	2 382	2 540,8	3 970	**125 000**
1 840,3	2 007,6	2 174,9	2 509,5	2 676,8	4 182,5	**140 000**
1 933,8	2 109,6	2 285,4	2 637	2 812,8	4 395	**155 000**
2 027,3	2 211,6	2 395,9	2 764,5	2 948,8	4 607,5	**170 000**
2 120,8	2 313,6	2 506,4	2 892	3 084,8	4 820	**185 000**
2 214,3	2 415,6	2 616,9	3 019,5	3 220,8	5 032,5	**200 000**
2 346,3	2 559,6	2 772,9	3 199,5	3 412,8	5 332,5	**230 000**
2 478,3	2 703,6	2 928,9	3 379,5	3 604,8	5 632,5	**260 000**
2 610,3	2 847,6	3 084,9	3 559,5	3 796,8	5 932,5	**290 000**
2 742,3	2 991,6	3 240,9	3 739,5	3 988,8	6 232,5	**320 000**
2 874,3	3 135,6	3 396,9	3 919,5	4 180,8	6 532,5	**350 000**
3 006,3	3 279,6	3 552,9	4 099,5	4 372,8	6 832,5	**380 000**
3 138,3	3 423,6	3 708,9	4 279,5	4 564,8	7 132,5	**410 000**
3 270,3	3 567,6	3 864,9	4 459,5	4 756,8	7 432,5	**440 000**
3 402,3	3 711,6	4 020,9	4 639,5	4 948,8	7 732,5	**470 000**
3 534,3	3 855,6	4 176,9	4 819,5	5 140,8	8 032,5	**500 000**
3 699,3	4 035,6	4 371,9	5 044,5	5 380,8	8 407,5	**550 000**
3 864,3	4 215,6	4 566,9	5 269,5	5 620,8	8 782,5	**600 000**
4 029,3	4 395,6	4 761,9	5 494,5	5 860,8	9 157,5	**650 000**
4 194,3	4 575,6	4 956,9	5 719,5	6 100,8	9 532,5	**700 000**
4 359,3	4 755,6	5 151,9	5 944,5	6 340,8	9 907,5	**750 000**
4 524,3	4 935,6	5 346,9	6 169,5	6 580,8	10 282,5	**800 000**
4 689,3	5 115,6	5 541,9	6 394,5	6 820,8	10 657,5	**850 000**
4 854,3	5 295,6	5 736,9	6 619,5	7 060,8	11 032,5	**900 000**
5 019,3	5 475,6	5 931,9	6 844,5	7 300,8	11 407,5	**950 000**
5 184,3	5 655,6	6 126,9	7 069,5	7 540,8	11 782,5	**1 000 000**
5 349,3	5 835,6	6 321,9	7 294,5	7 780,8	12 157,5	**1 050 000**
5 514,3	6 015,6	6 516,9	7 519,5	8 020,8	12 532,5	**1 100 000**
5 679,3	6 195,6	6 711,9	7 744,5	8 260,8	12 907,5	**1 150 000**

Wert bis	1,0	0,3	0,5	0,65	0,8
1 200 000	5 313	1 593,9	2 656,5	3 453,45	4 250,4
1 250 000	5 463	1 638,9	2 731,5	3 550,95	4 370,4
1 300 000	5 613	1 683,9	2 806,5	3 648,45	4 490,4
1 350 000	5 763	1 728,9	2 881,5	3 745,95	4 610,4
1 400 000	5 913	1 773,9	2 956,5	3 843,45	4 730,4
1 450 000	6 063	1 818,9	3 031,5	3 940,95	4 850,4
1 500 000	6 213	1 863,9	3 106,5	4 038,45	4 970,4
1 550 000	6 363	1 908,9	3 181,5	4 135,95	5 090,4
1 600 000	6 513	1 953,9	3 256,5	4 233,45	5 210,4
1 650 000	6 663	1 998,9	3 331,5	4 330,95	5 330,4
1 700 000	6 813	2 043,9	3 406,5	4 428,45	5 450,4
1 750 000	6 963	2 088,9	3 481,5	4 525,95	5 570,4
1 800 000	7 113	2 133,9	3 556,5	4 623,45	5 690,4
1 850 000	7 263	2 178,9	3 631,5	4 720,95	5 810,4
1 900 000	7 413	2 223,9	3 706,5	4 818,45	5 930,4
1 950 000	7 563	2 268,9	3 781,5	4 915,95	6 050,4
2 000 000	7 713	2 313,9	3 856,5	5 013,45	6 170,4
2 050 000	7 863	2 358,9	3 931,5	5 110,95	6 290,4
2 100 000	8 013	2 403,9	4 006,5	5 208,45	6 410,4
2 150 000	8 163	2 448,9	4 081,5	5 305,95	6 530,4
2 200 000	8 313	2 493,9	4 156,5	5 403,45	6 650,4
2 250 000	8 463	2 538,9	4 231,5	5 500,95	6 770,4
2 300 000	8 613	2 583,9	4 306,5	5 598,45	6 890,4
2 350 000	8 763	2 628,9	4 381,5	5 695,95	7 010,4
2 400 000	8 913	2 673,9	4 456,5	5 793,45	7 130,4
2 450 000	9 063	2 718,9	4 531,5	5 890,95	7 250,4
2 500 000	9 213	2 763,9	4 606,5	5 988,45	7 370,4
2 550 000	9 363	2 808,9	4 681,5	6 085,95	7 490,4
2 600 000	9 513	2 853,9	4 756,5	6 183,45	7 610,4
2 650 000	9 663	2 898,9	4 831,5	6 280,95	7 730,4
2 700 000	9 813	2 943,9	4 906,5	6 378,45	7 850,4
2 750 000	9 963	2 988,9	4 981,5	6 475,95	7 970,4
2 800 000	10 113	3 033,9	5 056,5	6 573,45	8 090,4
2 850 000	10 263	3 078,9	5 131,5	6 670,95	8 210,4
2 900 000	10 413	3 123,9	5 206,5	6 768,45	8 330,4
2 950 000	10 563	3 168,9	5 281,5	6 865,95	8 450,4
3 000 000	10 713	3 213,9	5 356,5	6 963,45	8 570,4
3 050 000	10 863	3 258,9	5 431,5	7 060,95	8 690,4
3 100 000	11 013	3 303,9	5 506,5	7 158,45	8 810,4
3 150 000	11 163	3 348,9	5 581,5	7 255,95	8 930,4
3 200 000	11 313	3 393,9	5 656,5	7 353,45	9 050,4
3 250 000	11 463	3 438,9	5 731,5	7 450,95	9 170,4
3 300 000	11 613	3 483,9	5 806,5	7 548,45	9 290,4
3 350 000	11 763	3 528,9	5 881,5	7 645,95	9 410,4
3 400 000	11 913	3 573,9	5 956,5	7 743,45	9 530,4
3 450 000	12 063	3 618,9	6 031,5	7 840,95	9 650,4
3 500 000	12 213	3 663,9	6 106,5	7 938,45	9 770,4
3 550 000	12 363	3 708,9	6 181,5	8 035,95	9 890,4
3 600 000	12 513	3 753,9	6 256,5	8 133,45	10 010,4
3 650 000	12 663	3 798,9	6 331,5	8 230,95	10 130,4
3 700 000	12 813	3 843,9	6 406,5	8 328,45	10 250,4
3 750 000	12 963	3 888,9	6 481,5	8 425,95	10 370,4
3 800 000	13 113	3 933,9	6 556,5	8 523,45	10 490,4
3 850 000	13 263	3 978,9	6 631,5	8 620,95	10 610,4
3 900 000	13 413	4 023,9	6 706,5	8 718,45	10 730,4
3 950 000	13 563	4 068,9	6 781,5	8 815,95	10 850,4
4 000 000	13 713	4 113,9	6 856,5	8 913,45	10 970,4
4 050 000	13 863	4 158,9	6 931,5	9 010,95	11 090,4
4 100 000	14 013	4 203,9	7 006,5	9 108,45	11 210,4
4 150 000	14 163	4 248,9	7 081,5	9 205,95	11 330,4

1,1	1,2	1,3	1,5	1,6	2,5	Wert bis
5 844,3	6 375,6	6 906,9	7 969,5	8 500,8	13 282,5	**1 200 000**
6 009,3	6 555,6	7 101,9	8 194,5	8 740,8	13 657,5	**1 250 000**
6 174,3	6 735,6	7 296,9	8 419,5	8 980,8	14 032,5	**1 300 000**
6 339,3	6 915,6	7 491,9	8 644,5	9 220,8	14 407,5	**1 350 000**
6 504,3	7 095,6	7 686,9	8 869,5	9 460,8	14 782,5	**1 400 000**
6 669,3	7 275,6	7 881,9	9 094,5	9 700,8	15 157,5	**1 450 000**
6 834,3	7 455,6	8 076,9	9 319,5	9 940,8	15 532,5	**1 500 000**
6 999,3	7 635,6	8 271,9	9 544,5	10 180,8	15 907,5	**1 550 000**
7 164,3	7 815,6	8 466,9	9 769,5	10 420,8	16 282,5	**1 600 000**
7 329,3	7 995,6	8 661,9	9 994,5	10 660,8	16 657,5	**1 650 000**
7 494,3	8 175,6	8 856,9	10 219,5	10 900,8	17 032,5	**1 700 000**
7 659,3	8 355,6	9 051,9	10 444,5	11 140,8	17 407,5	**1 750 000**
7 824,3	8 535,6	9 246,9	10 669,5	11 380,8	17 782,5	**1 800 000**
7 989,3	8 715,6	9 441,9	10 894,5	11 620,8	18 157,5	**1 850 000**
8 154,3	8 895,6	9 636,9	11 119,5	11 860,8	18 532,5	**1 900 000**
8 319,3	9 075,6	9 831,9	11 344,5	12 100,8	18 907,5	**1 950 000**
8 484,3	9 255,6	10 026,9	11 569,5	12 340,8	19 282,5	**2 000 000**
8 649,3	9 435,6	10 221,9	11 794,5	12 580,8	19 657,5	**2 050 000**
8 814,3	9 615,6	10 416,9	12 019,5	12 820,8	20 032,5	**2 100 000**
8 979,3	9 795,6	10 611,9	12 244,5	13 060,8	20 407,5	**2 150 000**
9 144,3	9 975,6	10 806,9	12 469,5	13 300,8	20 782,5	**2 200 000**
9 309,3	10 155,6	11 001,9	12 694,5	13 540,8	21 157,5	**2 250 000**
9 474,3	10 335,6	11 196,9	12 919,5	13 780,8	21 532,5	**2 300 000**
9 639,3	10 515,6	11 391,9	13 144,5	14 020,8	21 907,5	**2 350 000**
9 804,3	10 695,6	11 586,9	13 369,5	14 260,8	22 282,5	**2 400 000**
9 969,3	10 875,6	11 781,9	13 594,5	14 500,8	22 657,5	**2 450 000**
10 134,3	11 055,6	11 976,9	13 819,5	14 740,8	23 032,5	**2 500 000**
10 299,3	11 235,6	12 171,9	14 044,5	14 980,8	23 407,5	**2 550 000**
10 464,3	11 415,6	12 366,9	14 269,5	15 220,8	23 782,5	**2 600 000**
10 629,3	11 595,6	12 561,9	14 494,5	15 460,8	24 157,5	**2 650 000**
10 794,3	11 775,6	12 756,9	14 719,5	15 700,8	24 532,5	**2 700 000**
10 959,3	11 955,6	12 951,9	14 944,5	15 940,8	24 907,5	**2 750 000**
11 124,3	12 135,6	13 146,9	15 169,5	16 180,8	25 282,5	**2 800 000**
11 289,3	12 315,6	13 341,9	15 394,5	16 420,8	25 657,5	**2 850 000**
11 454,3	12 495,6	13 536,9	15 619,5	16 660,8	26 032,5	**2 900 000**
11 619,3	12 675,6	13 731,9	15 844,5	16 900,8	26 407,5	**2 950 000**
11 784,3	12 855,6	13 926,9	16 069,5	17 140,8	26 782,5	**3 000 000**
11 949,3	13 035,6	14 121,9	16 294,5	17 380,8	27 157,5	**3 050 000**
12 114,3	13 215,6	14 316,9	16 519,5	17 620,8	27 532,5	**3 100 000**
12 279,3	13 395,6	14 511,9	16 744,5	17 860,8	27 907,5	**3 150 000**
12 444,3	13 575,6	14 706,9	16 969,5	18 100,8	28 282,5	**3 200 000**
12 609,3	13 755,6	14 901,9	17 194,5	18 340,8	28 657,5	**3 250 000**
12 774,3	13 935,6	15 096,9	17 419,5	18 580,8	29 032,5	**3 300 000**
12 939,3	14 115,6	15 291,9	17 644,5	18 820,8	29 407,5	**3 350 000**
13 104,3	14 295,6	15 486,9	17 869,5	19 060,8	29 782,5	**3 400 000**
13 269,3	14 475,6	15 681,9	18 094,5	19 300,8	30 157,5	**3 450 000**
13 434,3	14 655,6	15 876,9	18 319,5	19 540,8	30 532,5	**3 500 000**
13 599,3	14 835,6	16 071,9	18 544,5	19 780,8	30 907,5	**3 550 000**
13 764,3	15 015,6	16 266,9	18 769,5	20 020,8	31 282,5	**3 600 000**
13 929,3	15 195,6	16 461,9	18 994,5	20 260,8	31 657,5	**3 650 000**
14 094,3	15 375,6	16 656,9	19 219,5	20 500,8	32 032,5	**3 700 000**
14 259,3	15 555,6	16 851,9	19 444,5	20 740,8	32 407,5	**3 750 000**
14 424,3	15 735,6	17 046,9	19 669,5	20 980,8	32 782,5	**3 800 000**
14 589,3	15 915,6	17 241,9	19 894,5	21 220,8	33 157,5	**3 850 000**
14 754,3	16 095,6	17 436,9	20 119,5	21 460,8	33 532,5	**3 900 000**
14 919,3	16 275,6	17 631,9	20 344,5	21 700,8	33 907,5	**3 950 000**
15 084,3	16 455,6	17 826,9	20 569,5	21 940,8	34 282,5	**4 000 000**
15 249,3	16 635,6	18 021,9	20 794,5	22 180,8	34 657,5	**4 050 000**
15 414,3	16 815,6	18 216,9	21 019,5	22 420,8	35 032,5	**4 100 000**
15 579,3	16 995,6	18 411,9	21 244,5	22 660,8	35 407,5	**4 150 000**

Wert bis	1,0	0,3	0,5	0,65	0,8
4 200 000	14 313	4 293,9	7 156,5	9 303,45	11 450,4
4 250 000	14 463	4 338,9	7 231,5	9 400,95	11 570,4
4 300 000	14 613	4 383,9	7 306,5	9 498,45	11 690,4
4 350 000	14 763	4 428,9	7 381,5	9 595,95	11 810,4
4 400 000	14 913	4 473,9	7 456,5	9 693,45	11 930,4
4 450 000	15 063	4 518,9	7 531,5	9 790,95	12 050,4
4 500 000	15 213	4 563,9	7 606,5	9 888,45	12 170,4
4 550 000	15 363	4 608,9	7 681,5	9 985,95	12 290,4
4 600 000	15 513	4 653,9	7 756,5	10 083,45	12 410,4
4 650 000	15 663	4 698,9	7 831,5	10 180,95	12 530,4
4 700 000	15 813	4 743,9	7 906,5	10 278,45	12 650,4
4 750 000	15 963	4 788,9	7 981,5	10 375,95	12 770,4
4 800 000	16 113	4 833,9	8 056,5	10 473,45	12 890,4
4 850 000	16 263	4 878,9	8 131,5	10 570,95	13 010,4
4 900 000	16 413	4 923,9	8 206,5	10 668,45	13 130,4
4 950 000	16 563	4 968,9	8 281,5	10 765,95	13 250,4
5 000 000	16 713	5 013,9	8 356,5	10 863,45	13 370,4
5 050 000	16 863	5 058,9	8 431,5	10 960,95	13 490,4
5 100 000	17 013	5 103,9	8 506,5	11 058,45	13 610,4
5 150 000	17 163	5 148,9	8 581,5	11 155,95	13 730,4
5 200 000	17 313	5 193,9	8 656,5	11 253,45	13 850,4
5 250 000	17 463	5 238,9	8 731,5	11 350,95	13 970,4
5 300 000	17 613	5 283,9	8 806,5	11 448,45	14 090,4
5 350 000	17 763	5 328,9	8 881,5	11 545,95	14 210,4
5 400 000	17 913	5 373,9	8 956,5	11 643,45	14 330,4
5 450 000	18 063	5 418,9	9 031,5	11 740,95	14 450,4
5 500 000	18 213	5 463,9	9 106,5	11 838,45	14 570,4
5 550 000	18 363	5 508,9	9 181,5	11 935,95	14 690,4
5 600 000	18 513	5 553,9	9 256,5	12 033,45	14 810,4
5 650 000	18 663	5 598,9	9 331,5	12 130,95	14 930,4
5 700 000	18 813	5 643,9	9 406,5	12 228,45	15 050,4
5 750 000	18 963	5 688,9	9 481,5	12 325,95	15 170,4
5 800 000	19 113	5 733,9	9 556,5	12 423,45	15 290,4
5 850 000	19 263	5 778,9	9 631,5	12 520,95	15 410,4
5 900 000	19 413	5 823,9	9 706,5	12 618,45	15 530,4
5 950 000	19 563	5 868,9	9 781,5	12 715,95	15 650,4
6 000 000	19 713	5 913,9	9 856,5	12 813,45	15 770,4
6 050 000	19 863	5 958,9	9 931,5	12 910,95	15 890,4
6 100 000	20 013	6 003,9	10 006,5	13 008,45	16 010,4
6 150 000	20 163	6 048,9	10 081,5	13 105,95	16 130,4
6 200 000	20 313	6 093,9	10 156,5	13 203,45	16 250,4
6 250 000	20 463	6 138,9	10 231,5	13 300,95	16 370,4
6 300 000	20 613	6 183,9	10 306,5	13 398,45	16 490,4
6 350 000	20 763	6 228,9	10 381,5	13 495,95	16 610,4
6 400 000	20 913	6 273,9	10 456,5	13 593,45	16 730,4
6 450 000	21 063	6 318,9	10 531,5	13 690,95	16 850,4
6 500 000	21 213	6 363,9	10 606,5	13 788,45	16 970,4
6 550 000	21 363	6 408,9	10 681,5	13 885,95	17 090,4
6 600 000	21 513	6 453,9	10 756,5	13 983,45	17 210,4
6 650 000	21 663	6 498,9	10 831,5	14 080,95	17 330,4
6 700 000	21 813	6 543,9	10 906,5	14 178,45	17 450,4
6 750 000	21 963	6 588,9	10 981,5	14 275,95	17 570,4
6 800 000	22 113	6 633,9	11 056,5	14 373,45	17 690,4
6 850 000	22 263	6 678,9	11 131,5	14 470,95	17 810,4
6 900 000	22 413	6 723,9	11 206,5	14 568,45	17 930,4
6 950 000	22 563	6 768,9	11 281,5	14 665,95	18 050,4
7 000 000	22 713	6 813,9	11 356,5	14 763,45	18 170,4
7 050 000	22 863	6 858,9	11 431,5	14 860,95	18 290,4
7 100 000	23 013	6 903,9	11 506,5	14 958,45	18 410,4
7 150 000	23 163	6 948,9	11 581,5	15 055,95	18 530,4

1,1	1,2	1,3	1,5	1,6	2,5	Wert bis
15 744,3	17 175,6	18 606,9	21 469,5	22 900,8	35 782,5	**4 200 000**
15 909,3	17 355,6	18 801,9	21 694,5	23 140,8	36 157,5	**4 250 000**
16 074,3	17 535,6	18 996,9	21 919,5	23 380,8	36 532,5	**4 300 000**
16 239,3	17 715,6	19 191,9	22 144,5	23 620,8	36 907,5	**4 350 000**
16 404,3	17 895,6	19 386,9	22 369,5	23 860,8	37 282,5	**4 400 000**
16 569,3	18 075,6	19 581,9	22 594,5	24 100,8	37 657,5	**4 450 000**
16 734,3	18 255,6	19 776,9	22 819,5	24 340,8	38 032,5	**4 500 000**
16 899,3	18 435,6	19 971,9	23 044,5	24 580,8	38 407,5	**4 550 000**
17 064,3	18 615,6	20 166,9	23 269,5	24 820,8	38 782,5	**4 600 000**
17 229,3	18 795,6	20 361,9	23 494,5	25 060,8	39 157,5	**4 650 000**
17 394,3	18 975,6	20 556,9	23 719,5	25 300,8	39 532,5	**4 700 000**
17 559,3	19 155,6	20 751,9	23 944,5	25 540,8	39 907,5	**4 750 000**
17 724,3	19 335,6	20 946,9	24 169,5	25 780,8	40 282,5	**4 800 000**
17 889,3	19 515,6	21 141,9	24 394,5	26 020,8	40 657,5	**4 850 000**
18 054,3	19 695,6	21 336,9	24 619,5	26 260,8	41 032,5	**4 900 000**
18 219,3	19 875,6	21 531,9	24 844,5	26 500,8	41 407,5	**4 950 000**
18 384,3	20 055,6	21 726,9	25 069,5	26 740,8	41 782,5	**5 000 000**
18 549,3	20 235,6	21 921,9	25 294,5	26 980,8	42 157,5	**5 050 000**
18 714,3	20 415,6	22 116,9	25 519,5	27 220,8	42 532,5	**5 100 000**
18 879,3	20 595,6	22 311,9	25 744,5	27 460,8	42 907,5	**5 150 000**
19 044,3	20 775,6	22 506,9	25 969,5	27 700,8	43 282,5	**5 200 000**
19 209,3	20 955,6	22 701,9	26 194,5	27 940,8	43 657,5	**5 250 000**
19 374,3	21 135,6	22 896,9	26 419,5	28 180,8	44 032,5	**5 300 000**
19 539,3	21 315,6	23 091,9	26 644,5	28 420,8	44 407,5	**5 350 000**
19 704,3	21 495,6	23 286,9	26 869,5	28 660,8	44 782,5	**5 400 000**
19 869,3	21 675,6	23 481,9	27 094,5	28 900,8	45 157,5	**5 450 000**
20 034,3	21 855,6	23 676,9	27 319,5	29 140,8	45 532,5	**5 500 000**
20 199,3	22 035,6	23 871,9	27 544,5	29 380,8	45 907,5	**5 550 000**
20 364,3	22 215,6	24 066,9	27 769,5	29 620,8	46 282,5	**5 600 000**
20 529,3	22 395,6	24 261,9	27 994,5	29 860,8	46 657,5	**5 650 000**
20 694,3	22 575,6	24 456,9	28 219,5	30 100,8	47 032,5	**5 700 000**
20 859,3	22 755,6	24 651,9	28 444,5	30 340,8	47 407,5	**5 750 000**
21 024,3	22 935,6	24 846,9	28 669,5	30 580,8	47 782,5	**5 800 000**
21 189,3	23 115,6	25 041,9	28 894,5	30 820,8	48 157,5	**5 850 000**
21 354,3	23 295,6	25 236,9	29 119,5	31 060,8	48 532,5	**5 900 000**
21 519,3	23 475,6	25 431,9	29 344,5	31 300,8	48 907,5	**5 950 000**
21 684,3	23 655,6	25 626,9	29 569,5	31 540,8	49 282,5	**6 000 000**
21 849,3	23 835,6	25 821,9	29 794,5	31 780,8	49 657,5	**6 050 000**
22 014,3	24 015,6	26 016,9	30 019,5	32 020,8	50 032,5	**6 100 000**
22 179,3	24 195,6	26 211,9	30 244,5	32 260,8	50 407,5	**6 150 000**
22 344,3	24 375,6	26 406,9	30 469,5	32 500,8	50 782,5	**6 200 000**
22 509,3	24 555,6	26 601,9	30 694,5	32 740,8	51 157,5	**6 250 000**
22 674,3	24 735,6	26 796,9	30 919,5	32 980,8	51 532,5	**6 300 000**
22 839,3	24 915,6	26 991,9	31 144,5	33 220,8	51 907,5	**6 350 000**
23 004,3	25 095,6	27 186,9	31 369,5	33 460,8	52 282,5	**6 400 000**
23 169,3	25 275,6	27 381,9	31 594,5	33 700,8	52 657,5	**6 450 000**
23 334,3	25 455,6	27 576,9	31 819,5	33 940,8	53 032,5	**6 500 000**
23 499,3	25 635,6	27 771,9	32 044,5	34 180,8	53 407,5	**6 550 000**
23 664,3	25 815,6	27 966,9	32 269,5	34 420,8	53 782,5	**6 600 000**
23 829,3	25 995,6	28 161,9	32 494,5	34 660,8	54 157,5	**6 650 000**
23 994,3	26 175,6	28 356,9	32 719,5	34 900,8	54 532,5	**6 700 000**
24 159,3	26 355,6	28 551,9	32 944,5	35 140,8	54 907,5	**6 750 000**
24 324,3	26 535,6	28 746,9	33 169,5	35 380,8	55 282,5	**6 800 000**
24 489,3	26 715,6	28 941,9	33 394,5	35 620,8	55 657,5	**6 850 000**
24 654,3	26 895,6	29 136,9	33 619,5	35 860,8	56 032,5	**6 900 000**
24 819,3	27 075,6	29 331,9	33 844,5	36 100,8	56 407,5	**6 950 000**
24 984,3	27 255,6	29 526,9	34 069,5	36 340,8	56 782,5	**7 000 000**
25 149,3	27 435,6	29 721,9	34 294,5	36 580,8	57 157,5	**7 050 000**
25 314,3	27 615,6	29 916,9	34 519,5	36 820,8	57 532,5	**7 100 000**
25 479,3	27 795,6	30 111,9	34 744,5	37 060,8	57 907,5	**7 150 000**

Wert bis	1,0	0,3	0,5	0,65	0,8
7 200 000	23 313	6 993,9	11 656,5	15 153,45	18 650,4
7 250 000	23 463	7 038,9	11 731,5	15 250,95	18 770,4
7 300 000	23 613	7 083,9	11 806,5	15 348,45	18 890,4
7 350 000	23 763	7 128,9	11 881,5	15 445,95	19 010,4
7 400 000	23 913	7 173,9	11 956,5	15 543,45	19 130,4
7 450 000	24 063	7 218,9	12 031,5	15 640,95	19 250,4
7 500 000	24 213	7 263,9	12 106,5	15 738,45	19 370,4
7 550 000	24 363	7 308,9	12 181,5	15 835,95	19 490,4
7 600 000	24 513	7 353,9	12 256,5	15 933,45	19 610,4
7 650 000	24 663	7 398,9	12 331,5	16 030,95	19 730,4
7 700 000	24 813	7 443,9	12 406,5	16 128,45	19 850,4
7 750 000	24 963	7 488,9	12 481,5	16 225,95	19 970,4
7 800 000	25 113	7 533,9	12 556,5	16 323,45	20 090,4
7 850 000	25 263	7 578,9	12 631,5	16 420,95	20 210,4
7 900 000	25 413	7 623,9	12 706,5	16 518,45	20 330,4
7 950 000	25 563	7 668,9	12 781,5	16 615,95	20 450,4
8 000 000	25 713	7 713,9	12 856,5	16 713,45	20 570,4
8 050 000	25 863	7 758,9	12 931,5	16 810,95	20 690,4
8 100 000	26 013	7 803,9	13 006,5	16 908,45	20 810,4
8 150 000	26 163	7 848,9	13 081,5	17 005,95	20 930,4
8 200 000	26 313	7 893,9	13 156,5	17 103,45	21 050,4
8 250 000	26 463	7 938,9	13 231,5	17 200,95	21 170,4
8 300 000	26 613	7 983,9	13 306,5	17 298,45	21 290,4
8 350 000	26 763	8 028,9	13 381,5	17 395,95	21 410,4
8 400 000	26 913	8 073,9	13 456,5	17 493,45	21 530,4
8 450 000	27 063	8 118,9	13 531,5	17 590,95	21 650,4
8 500 000	27 213	8 163,9	13 606,5	17 688,45	21 770,4
8 550 000	27 363	8 208,9	13 681,5	17 785,95	21 890,4
8 600 000	27 513	8 253,9	13 756,5	17 883,45	22 010,4
8 650 000	27 663	8 298,9	13 831,5	17 980,95	22 130,4
8 700 000	27 813	8 343,9	13 906,5	18 078,45	22 250,4
8 750 000	27 963	8 388,9	13 981,5	18 175,95	22 370,4
8 800 000	28 113	8 433,9	14 056,5	18 273,45	22 490,4
8 850 000	28 263	8 478,9	14 131,5	18 370,95	22 610,4
8 900 000	28 413	8 523,9	14 206,5	18 468,45	22 730,4
8 950 000	28 563	8 568,9	14 281,5	18 565,95	22 850,4
9 000 000	28 713	8 613,9	14 356,5	18 663,45	22 970,4
9 050 000	28 863	8 658,9	14 431,5	18 760,95	23 090,4
9 100 000	29 013	8 703,9	14 506,5	18 858,45	23 210,4
9 150 000	29 163	8 748,9	14 581,5	18 955,95	23 330,4
9 200 000	29 313	8 793,9	14 656,5	19 053,45	23 450,4
9 250 000	29 463	8 838,9	14 731,5	19 150,95	23 570,4
9 300 000	29 613	8 883,9	14 806,5	19 248,45	23 690,4
9 350 000	29 763	8 928,9	14 881,5	19 345,95	23 810,4
9 400 000	29 913	8 973,9	14 956,5	19 443,45	23 930,4
9 450 000	30 063	9 018,9	15 031,5	19 540,95	24 050,4
9 500 000	30 213	9 063,9	15 106,5	19 638,45	24 170,4
9 550 000	30 363	9 108,9	15 181,5	19 735,95	24 290,4
9 600 000	30 513	9 153,9	15 256,5	19 833,45	24 410,4
9 650 000	30 663	9 198,9	15 331,5	19 930,95	24 530,4
9 700 000	30 813	9 243,9	15 406,5	20 028,45	24 650,4
9 750 000	309 63	9 288,9	15 481,5	20 125,95	24 770,4
9 800 000	311 13	9 333,9	15 556,5	20 223,45	24 890,4
9 850 000	312 63	9 378,9	15 631,5	20 320,95	25 010,4
9 900 000	314 13	9 423,9	15 706,5	20 418,45	25 130,4
9 950 000	315 63	9 468,9	15 781,5	20 515,95	25 250,4
10 000 000	317 13	9 513,9	15 856,5	20 613,45	25 370,4

1,1	1,2	1,3	1,5	1,6	2,5	Wert bis
25 644,3	27 975,6	30 306,9	34 969,5	37 300,8	58 282,5	**7 200 000**
25 809,3	28 155,6	30 501,9	35 194,5	37 540,8	58 657,5	**7 250 000**
25 974,3	28 335,6	30 696,9	35 419,5	37 780,8	59 032,5	**7 300 000**
26 139,3	28 515,6	30 891,9	35 644,5	38 020,8	59 407,5	**7 350 000**
26 304,3	28 695,6	31 086,9	35 869,5	38 260,8	59 782,5	**7 400 000**
26 469,3	28 875,6	31 281,9	36 094,5	38 500,8	60 157,5	**7 450 000**
26 634,3	29 055,6	31 476,9	36 319,5	38 740,8	60 532,5	**7 500 000**
26 799,3	29 235,6	31 671,9	36 544,5	38 980,8	60 907,5	**7 550 000**
26 964,3	29 415,6	31 866,9	36 769,5	39 220,8	61 282,5	**7 600 000**
27 129,3	29 595,6	32 061,9	36 994,5	39 460,8	61 657,5	**7 650 000**
27 294,3	29 775,6	32 256,9	37 219,5	39 700,8	62 032,5	**7 700 000**
27 459,3	29 955,6	32 451,9	37 444,5	39 940,8	62 407,5	**7 750 000**
27 624,3	30 135,6	32 646,9	37 669,5	40 180,8	62 782,5	**7 800 000**
27 789,3	30 315,6	32 841,9	37 894,5	40 420,8	63 157,5	**7 850 000**
27 954,3	30 495,6	33 036,9	38 119,5	40 660,8	63 532,5	**7 900 000**
28 119,3	30 675,6	33 231,9	38 344,5	40 900,8	63 907,5	**7 950 000**
28 284,3	30 855,6	33 426,9	38 569,5	41 140,8	64 282,5	**8 000 000**
28 449,3	31 035,6	33 621,9	38 794,5	41 380,8	64 657,5	**8 050 000**
28 614,3	31 215,6	33 816,9	39 019,5	41 620,8	65 032,5	**8 100 000**
28 779,3	31 395,6	34 011,9	39 244,5	41 860,8	65 407,5	**8 150 000**
28 944,3	31 575,6	34 206,9	39 469,5	42 100,8	65 782,5	**8 200 000**
29 109,3	31 755,6	34 401,9	39 694,5	42 340,8	66 157,5	**8 250 000**
29 274,3	31 935,6	34 596,9	39 919,5	42 580,8	66 532,5	**8 300 000**
29 439,3	32 115,6	34 791,9	40 144,5	42 820,8	66 907,5	**8 350 000**
29 604,3	32 295,6	34 986,9	40 369,5	43 060,8	67 282,5	**8 400 000**
29 769,3	32 475,6	35 181,9	40 594,5	43 300,8	67 657,5	**8 450 000**
29 934,3	32 655,6	35 376,9	40 819,5	43 540,8	68 032,5	**8 500 000**
30 099,3	32 835,6	35 571,9	41 044,5	43 780,8	68 407,5	**8 550 000**
30 264,3	33 015,6	35 766,9	41 269,5	44 020,8	68 782,5	**8 600 000**
30 429,3	33 195,6	35 961,9	41 494,5	44 260,8	69 157,5	**8 650 000**
30 594,3	33 375,6	36 156,9	41 719,5	44 500,8	69 532,5	**8 700 000**
30 759,3	33 555,6	36 351,9	41 944,5	44 740,8	69 907,5	**8 750 000**
30 924,3	33 735,6	36 546,9	42 169,5	44 980,8	70 282,5	**8 800 000**
31 089,3	33 915,6	36 741,9	42 394,5	45 220,8	70 657,5	**8 850 000**
31 254,3	34 095,6	36 936,9	42 619,5	45 460,8	71 032,5	**8 900 000**
31 419,3	34 275,6	37 131,9	42 844,5	45 700,8	71 407,5	**8 950 000**
31 584,3	34 455,6	37 326,9	43 069,5	45 940,8	71 782,5	**9 000 000**
31 749,3	34 635,6	37 521,9	43 294,5	46 180,8	72 157,5	**9 050 000**
31 914,3	34 815,6	37 716,9	43 519,5	46 420,8	72 532,5	**9 100 000**
32 079,3	34 995,6	37 911,9	43 744,5	46 660,8	72 907,5	**9 150 000**
32 244,3	35 175,6	38 106,9	43 969,5	46 900,8	73 282,5	**9 200 000**
32 409,3	35 355,6	38 301,9	44 194,5	47 140,8	73 657,5	**9 250 000**
32 574,3	35 535,6	38 496,9	44 419,5	47 380,8	74 032,5	**9 300 000**
32 739,3	35 715,6	38 691,9	44 644,5	47 620,8	74 407,5	**9 350 000**
32 904,3	35 895,6	38 886,9	44 869,5	47 860,8	74 782,5	**9 400 000**
33 069,3	36 075,6	39 081,9	45 094,5	48 100,8	75 157,5	**9 450 000**
33 234,3	36 255,6	39 276,9	45 319,5	48 340,8	75 532,5	**9 500 000**
33 399,3	36 435,6	39 471,9	45 544,5	48 580,8	75 907,5	**9 550 000**
33 564,3	36 615,6	39 666,9	45 769,5	48 820,8	76 282,5	**9 600 000**
33 729,3	36 795,6	39 861,9	45 994,5	49 060,8	76 657,5	**9 650 000**
33 894,3	36 975,6	40 056,9	46 219,5	49 300,8	77 032,5	**9 700 000**
34 059,3	37 155,6	40 251,9	46 444,5	49 540,8	77 407,5	**9 750 000**
34 224,3	37 335,6	40 446,9	46 669,5	49 780,8	77 782,5	**9 800 000**
34 389,3	37 515,6	40 641,9	46 894,5	50 020,8	78 157,5	**9 850 000**
34 554,3	37 695,6	40 836,9	47 119,5	50 260,8	78 532,5	**9 900 000**
34 719,3	37 875,6	41 031,9	47 344,5	50 500,8	78 907,5	**9 950 000**
34 884,3	38 055,6	41 226,9	47 569,5	50 740,8	79 282,5	**10 000 000**

II. Die Gebühren des § 49 RVG[1]

Wert bis	1,0	0,3	0,5	0,8	1,2
500	45	15	22,5	36	54
1 000	80	24	40	64	96
1 500	115	34,5	57,5	92	138
2 000	150	45	75	120	180
3 000	201	60,3	100,5	160,8	241,2
4 000	252	75,6	126	201,6	302,4
5 000	257	77,1	128,5	205,6	308,4
6 000	267	80,1	133,5	213,6	320,4
7 000	277	83,1	138,5	221,6	332,4
8 000	287	86,1	143,5	229,6	344,4
9 000	297	89,1	148,5	237,6	356,4
10 000	307	92,1	153,5	245,6	368,4
13 000	321	96,3	160,5	256,8	385,2
16 000	335	100,5	167,5	268	402
19 000	349	104,7	174,5	279,2	418,8
22 000	363	108,9	181,5	290,4	435,6
25 000	377	113,1	188,5	301,6	452,4
30 000	412	123,6	206	329,6	494,4
>30 000	447	134,1	223,5	357,6	536,4

[1] Nr. **1.**

1,3	1,5	1,6	1,8	2,3	Wert bis
58,5	67,5	72	81	103,5	**500**
104	120	128	144	184	**1 000**
149,5	172,5	184	207	264,5	**1 500**
195	225	240	270	345	**2 000**
261,3	301,5	321,6	361,8	462,3	**3 000**
327,6	378	403,2	453,6	579,6	**4 000**
334,1	385,5	411,2	462,6	591,1	**5 000**
347,1	400,5	427,2	480,6	614,1	**6 000**
360,1	415,5	443,2	498,6	637,1	**7 000**
373,1	430,5	459,2	516,6	660,1	**8 000**
386,1	445,5	475,2	534,6	683,1	**9 000**
399,1	460,5	491,2	552,6	706,1	**10 000**
417,3	481,5	513,6	577,8	738,3	**13 000**
435,5	502,5	536	603	770,5	**16 000**
453,7	523,5	558,4	628,2	802,7	**19 000**
471,9	544,5	580,8	653,4	834,9	**22 000**
490,1	565,5	603,2	678,6	867,1	**25 000**
535,6	618	659,2	741,6	947,6	**30 000**
581,1	670,5	715,2	804,6	1 028,1	**>30 000**

Sachverzeichnis

Die fett gesetzten Zahlen bezeichnen die laufende Nummer des Gesetzes in der Textsammlung, die übrigen Zahlen die Paragrafen oder die Gebührennummern in der jeweiligen Anlage

Einstieg

RVG · Rechtsanwaltsvergütungsgesetz
Textausgabe TOPTITEL
13. Aufl. 2020. 298 S. NEU
€ 12,90. dtv 5762
Neu im April 2020

Rechtsanwaltsvergütungsgesetz, Gerichtskostengesetz, Justizvergütungs- und -entschädigungsgesetz.

Loos
Recht: verstanden!
So funktioniert unser Rechtssystem.
Juristische Grundlagen einfach erklärt.
Beck im dtv
2. Aufl. 2015. 186 S.
€ 12,90. dtv 50764
Auch als **ebook** erhältlich.

Warum gibt es Recht? Wer macht die Gesetze? Warum bekommt der, der Recht hat, nicht immer Recht. Mit vielen Beispielen.

Haft
Aus der Waagschale der Justitia
Eine Reise durch 4000 Jahre Rechtsgeschichte.
Beck im dtv
4. Aufl. 2009. 335 S.
€ 18,90. dtv 5690

Europa

EuR · Europa-Recht
Textausgabe TOPTITEL
27. Aufl. 2017. 767 S.
€ 12,90. dtv 5014

Vertrag über die Europäische Union und Vertrag über die Arbeitsweise der Europäischen Union in der Fassung des Vertrages von Lissabon, Charta der Grundrechte mit Erläuterungen, Rechtsstellung des Unionsbürgers, Integrationsverantwortungsgesetz, Verfahrensordnungen von EuGH und EuG, Satzung des Europarates, Menschenrechtskonvention, Europäisches Zivilverfahrensrecht, Währungsunion.

Schrötter
Kleines Europa-Lexikon
Geschichte · Politik · Recht.
Beck im dtv
2. Aufl. 2016. 623 S.
€ 24,90. dtv 50782
Auch als **ebook** erhältlich.

Über 200 praxisnahe Stichworte von der Agrarpolitik bis hin zur Zypernfrage. Die rechtlichen und politischen Hintergründe des modernen Europa werden in diesem Lexikon klar und verständlich dargestellt.

STAND
1.1.2020

Jugend und Recht

JugR · Jugendrecht
SGB VIII – Kinder- und Jugendhilfe, AdoptionsvermittlungsG, UnterhaltsvorschussG, JugendschutzG.
Textausgabe **TOPTITEL**
41. Aufl. 2020. 659 S. **NEU**
€ 10,90. dtv 5008
Neu im März 2020

AdoptionsvermittlungsG, BAföG, Bayerisches StrafvollzugsG (Auszug), BerufsbildungsG (Auszug), Brüssel IIa-VO (Auszug), Bürgerliches Gesetzbuch mit EGBGB (Auszug), Bundes-ImmissionsschutzG (Auszug), FamFG (Auszug), JugendarbeitsschutzG, JugendfreiwilligendiensteG, JugendgerichtsG, Jugendmedienschutz-Staatsvertrag, JugendschutzG, JugendstrafvollzugsG NRW, Gesetz zur Kooperation und Information im Kinderschutz (KKG), Kinderschutzübereinkommen (Auszug), SGB I: Allgemeiner Teil (Auszug), SGB II: Grundsicherung für Arbeitsuchende (Auszug), SGB III: Arbeitsförderung (Auszug), SGB VIII: Kinder- und Jugendhilfe, SGB XII: Sozialhilfe (Auszug), Strafgesetzbuch (Auszug), UnterhaltsvorschussG

Schule und Hochschule

Brehm/Zimmerling/
Brehm-Kaiser/Zimmerling
Erfolgreich zum Wunschstudienplatz
Bewerbung · hochschulstart.de · NC · Auswahlverfahren und -tests · Rechtsschutz · Studienplatzklage.
Rechtsberater
2. Aufl. 2015. 300 S.
€ 16,90. dtv 50765

BAföG · Bildungsförderung
Textausgabe
32. Aufl. 2016. 400 S.
€ 15,90. dtv 5033

Theisen
ABC des wissenschaftlichen Arbeitens
Erfolgreich in Schule, Studium und Beruf.
Beck im dtv
1. Aufl. 2006. 263 S.
€ 9,50. dtv 50897

Gramm/Wolff
Jura – erfolgreich studieren
Für Schüler und Studenten.
Rechtsberater
7. Aufl. 2015. 277 S.
€ 14,90. dtv 50770
Auch als **ebook** erhältlich.

Ehe, Familie und Partnerschaft

FamR · Familienrecht
Zu Ehe, Scheidung, Unterhalt, Versorgungsausgleich, Lebenspartnerschaft und internationalem Recht.
Textausgabe TOPTITEL
19. Aufl. 2019. 938 S.
€ 14,90. dtv 5577

Die 19. Auflage der Textausgabe ist umfassend aktualisiert und bietet ein ausführliches Sachverzeichnis für den schnellen, gezielten Zugriff sowie eine aktualisierte Einführung von Universitätsprofessorin Dr. Dagmar Coester-Waltjen.

Schwab/Görtz-Leible
Meine Rechte bei Trennung und Scheidung
Unterhalt · Ehewohnung · Sorge · Zugewinn- und Versorgungsausgleich.
Rechtsberater TOPTITEL
9. Aufl. 2017. 326 S.
€ 15,90. dtv 51208
Auch als **ebook** erhältlich.

Ratgeber zu allen Rechtsfragen bei Trennung und Scheidung.

Dahmen-Lösche
Ehevertrag – Vorteil oder Falle?
So finden Sie Ihre perfekte Regelung.
Rechtsberater
3. Aufl. 2017. 164 S.
€ 13,90. dtv 51216
Auch als **ebook** erhältlich.

Mit zahlreichen Mustern und Beispielen.

Peyerl
Vermögensteilung bei Scheidung
So sichern Sie Ihre Ansprüche.
Rechtsberater
3. Aufl. 2016. 132 S.
€ 11,90. dtv 50786
Auch als **ebook** erhältlich.